Jesús el Mesías:
Un estudio
de la vida de Cristo

Jesús el Mesías:
Un estudio
de la vida de Cristo

Robert Stein

editorial clie

EDITORIAL CLIE
Ferrocarril, 8
08232 VILADECAVALLAS (Barcelona)
E-mail: libros@clie.es
http://www.clie.es

JESÚS EL MESÍAS: UN ESTUDIO DE LA VIDA DE CRISTO
Robert Stein

Originally published by InterVarsity Press as *Jesus the Messiah*
by Robert H. Stein
©1996 by Robert H. Stein
TRanslated and printed by permission of InterVarsity Press,
P.O. Box 1400, Downers Grove, IL 60515, USA.
© 2006 por Editorial Clie para esta edición en castellano.

Director de la colección: Dr. Matt Williams

Traducción:
Pedro L. Gómez Flores

Equipo editorial (revisión y corrección):
Nelson Araujo Ozuna
Anabel Fernández Ortiz
Dorcas González Bataller

Diseño de cubiertas: Ismael López Medel

ISBN: 978-84-8267-478-0

Printed in USA

Clasifíquese: 2110 ESTUDIO BÍBLICO: En la persona de Cristo
C.T.C. 05-30-2110-16
Referencia: 22.46.05

COLECCIÓN TEOLÓGICA CONTEMPORÁNEA:
libros publicados

Estudios bíblicos

Michael J. Wilkins & J.P. Moreland (editores), *Jesús bajo sospecha*
F.F. Bruce, *Comentario de la Epístola a los Gálatas*
Peter H. Davids, *La Primera Epístola de Pedro*
Murray J. Harris, *3 preguntas clave sobre Jesús*
Leon Morris, *Comentario del Evangelio de Juan*, 2 volúmenes

Estudios teológicos

Richard Bauckham, *Dios Crucificado: Monoteísmo y Cristología en el Nuevo Testamento*
George E. Ladd, *Teología del Nuevo Testamento*
Leon Morris, *Jesús es el Cristo: Estudios sobre la Teología Joánica*
N.T. Wright, *El verdadero pensamiento de Pablo*
Clark H. Pinnock, *Revelación bíblica: el fundamento de la teología cristiana*

Estudios ministeriales

Bonnidell Clouse & Robert G. Clouse, eds. *Mujeres en el ministerio. Cuatro puntos de vista*
Michael Green & Alister McGrath, *¿Cómo llegar a ellos? Defendamos y comuniquemos la fe cristiana a los no creyentes*
Wayne. A. Grudem, ed., *¿Son vigentes los dones milagrosos? Cuatro puntos de vista*
J. Matthew Pinson, ed., *La seguridad de la salvación. Cuatro puntos de vista*
Dallas Willard, *Renueva tu corazón: Sé como Cristo*

Índice

Primera parte:
Cuestiones clave al estudiar la vida de Cristo

Segunda parte:
La vida de Cristo

ÍNDICE

Presentación de la
Colección Teológica Contemporánea

Cualquier estudiante de la Biblia sabe que hoy en día la literatura cristiana evangélica en lengua castellana aún tiene muchos huecos que cubrir. En consecuencia, los creyentes españoles muchas veces no cuentan con las herramientas necesarias para tratar el texto bíblico, para conocer el contexto teológico de la Biblia, y para reflexionar sobre cómo aplicar todo lo anterior en el transcurrir de la vida cristiana.

Esta convicción fue el principio de un sueño: la "Colección Teológica Contemporánea." Necesitamos más y mejores libros para formar a nuestros estudiantes y pastores para su ministerio. Y no solo en el campo bíblico y teológico, sino también en el práctico –si es que se puede distinguir entre lo teológico y lo práctico–, pues nuestra experiencia nos dice que por práctica que sea una teología, no aportará ningún beneficio a la Iglesia si no es una teología correcta.

Sería magnífico contar con el tiempo y los expertos necesarios para escribir libros sobre las áreas que aún faltan por cubrir. Pero como éste no es un proyecto viable por el momento, hemos decidido traducir una serie de libros escritos originalmente en inglés.

Queremos destacar que además de trabajar en la traducción de estos libros, en muchos de ellos hemos añadido preguntas de estudio al final de cada capítulo para ayudar a que tanto alumnos como profesores de seminarios bíblicos, como el público en general, descubran cuáles son las enseñanzas básicas, puedan estudiar de manera más profunda, y puedan reflexionar de forma actual y relevante sobre las aplicaciones de los temas tratados. También hemos añadido en la mayoría de los libros una bibliografía en castellano, para facilitar la tarea de un estudio más profundo del tema en cuestión.

En esta "Colección Teológica Contemporánea," el lector encontrará una variedad de autores y tradiciones evangélicos de reconocida trayectoria. Algunos de ellos ya son conocidos en el mundo de habla hispana (como F.F. Bruce, G.E. Ladd y L.L. Morris). Otros no tanto, ya que aún no han sido traducidos a nuestra lengua (como N.T. Wright y R. Bauckham); no obstante, son mundialmente conocidos por su experiencia y conocimiento.

Todos los autores elegidos son de una seriedad rigurosa y tratan los diferentes temas de forma profunda y comprometida. Así, todos los libros son el reflejo de los objetivos que esta colección se ha propuesto:

1. Traducir y publicar buena literatura evangélica para pastores, profesores y estudiantes de la Biblia.
2. Publicar libros especializados en las áreas donde hay una mayor escasez.

La "Colección Teológica Contemporánea" es una serie de estudios bíblicos y teológicos dirigida a pastores, líderes de iglesia, profesores y estudiantes de seminarios e institutos bíblicos, y creyentes en general, interesados en el estudio serio de la Biblia. La colección se dividirá en tres áreas:

Estudios bíblicos
Estudios teológicos
Estudios ministeriales

Esperamos que estos libros sean una aportación muy positiva para el mundo de habla hispana, tal como lo han sido para el mundo anglófono y que, como consecuencia, los cristianos –bien formados en Biblia y en Teología– impactemos al mundo con el fin de que Dios, y solo Dios, reciba toda la gloria.

Queremos expresar nuestro agradecimiento a los que han hecho que esta colección sea una realidad, a través de sus donativos y oraciones. "Tu Padre ... te recompensará".

Dr. Matthew C. Williams
Editor de la Colección Teológica Contemporánea
Profesor en IBSTE (Barcelona) y Talbot School of Theology
(Los Angeles, CA., EEUU)

Lista de títulos

A continuación presentamos los títulos de los libros que publicaremos, DM, en los próximos tres años, y la temática de las publicaciones donde queda pendiente asignar un libro de texto. Es posible que haya algún cambio, según las obras que publiquen otras editoriales, y según también las necesidades de los pastores y de los estudiantes de la Biblia. Pero el lector puede estar seguro de que vamos a continuar en esta línea, interesándonos por libros evangélicos serios y de peso.

Estudios bíblicos

Nuevo Testamento
D.A. Carson, Douglas J. Moo, Leon Morris, *Una Introducción al Nuevo Testamento* [*An Introduction to the New Testament*, rev. ed., Grand Rapids, Zondervan, 2005]. Se trata de un libro de texto imprescindible para los estudiantes de la Biblia, que recoge el trasfondo, la historia, la canonicidad, la autoría, la estructura literaria y la fecha de todos los libros del Nuevo Testamento. También incluye un bosquejo de todos los documentos neotestamentarios, junto con su contribución teológica al Canon de las Escrituras. Gracias a ello, el lector podrá entender e interpretar los libros del Nuevo Testamento a partir de una acertada contextualización histórica.

Jesús
Murray J. Harris, *3 preguntas clave sobre Jesús* [*Three Crucial Questions about Jesus*, Grand Rapids: Baker, 1994]. ¿Existió Jesús? ¿Resucitó Jesús de los muertos? ¿Es Jesús Dios? Jesús es uno de los personajes más intrigantes de la Historia. Pero, ¿es verdad lo que se dice de Él? *3 preguntas clave sobre Jesús* se adentra en las evidencias históricas y bíblicas que prueban que la fe cristiana auténtica no es un invento ni una locura. Jesús no es un invento, ni fue un loco. ¡Descubre su verdadera identidad!

Robert H. Stein, *Jesús, el Mesías: Un Estudio de la Vida de Cristo* [*Jesus the Messiah: A Survey of the Life of Christ*, Downers Grove, IL; Leicester, England: InterVarsity Press, 1996]. Hoy en día hay muchos escritores que están adaptando el personaje y la historia de Jesús a las demandas de la era en la que vivimos. Este libro establece un diálogo con esos escritores, presentando al Jesús bíblico. Además, nos ofrece un estudio tanto de las enseñanzas como de los acontecimientos importantes de la vida de Jesús. Stein enseña Nuevo Testamento en Bethel Theological Seminary, St. Paul, Minnesota, EE.UU. Es autor de varios libros sobre Jesús, y ha tratado el tema de las parábolas y el problema sinóptico, entre otros.

Michael J. Wilkins & J.P. Moreland (editores), *Jesús bajo sospecha*, Terrassa: CLIE, Colección Teológica Contemporánea, vol. 4, 2003. Una defensa de la historicidad de Jesús, realizada por una serie de expertos evangélicos en respuesta a "El Seminario de Jesús," un grupo que declara que el Nuevo Testamento no es fiable y que Jesús fue tan solo un ser humano normal.

Juan

Leon Morris, *Comentario del Evangelio de Juan* [*Commentary on John*, 2nd edition, New International Commentary on the New Testament; Grand Rapids, MI: Wm. B. Eerdmans Publishers, 1995]. Los comentarios de esta serie, *New International Commentary on the New Testament*, están considerados en el mundo anglófono como unos de los comentarios más serios y recomendables. Analizan el texto de forma detallada, deteniéndose a considerar temas contextuales y exegéticos, y el sentido general del texto.

Romanos

Douglas J. Moo, *Comentario de Romanos* [*Commentary on Romans*, New International Commentary on the New Testament; Grand Rapids, MI: Wm. B. Eerdmans Publishers, 1996]. Moo es profesor de Nuevo Testamento en Wheaton College. Los comentarios de esta serie, *New International Commentary on the New Testament*, están considerados en el mundo anglófono como unos de los comentarios más serios y recomendables. Analizan el texto de forma detallada, deteniéndose a considerar temas contextuales y exegéticos, y el sentido general del texto.

Gálatas

F.F. Bruce, *Comentario de la Epístola a los Gálatas*, Terrassa: CLIE, Colección Teológica Contemporánea, vol. 7, 2004.

Filipenses

Gordon Fee, *Comentario de Filipenses* [*Commentary on Philippians*, New International Commentary on the New Testament; Grand Rapids,

MI: Wm. B. Eerdmans Publishers, 1995]. Los comentarios de esta serie, *New International Commentary on the New Testament*, están considerados en el mundo anglófono como unos de los comentarios más serios y recomendables. Analizan el texto de forma detallada, deteniéndose a considerar temas contextuales y exegéticos, y el sentido general del texto.

Pastorales

Leon Morris, *1 & 2 Tesalonicenses* [*1 & 2 Thessalonians*, rev. ed., New International Commentary on the New Testament; Grand Rapids, MI: Wm. B. Eerdmans Publishers, 1991]. Los comentarios de esta serie, *New International Commentary on the New Testament*, están considerados en el mundo anglófono como unos de los comentarios más serios y recomendables. Analizan el texto de forma detallada, deteniéndose a considerar temas contextuales y exegéticos, y el sentido general del texto.

Primera de Pedro

Peter H. Davids, *La Primera Epístola de Pedro*, Terrassa: CLIE, Colección Teológica Contemporánea, vol. 10, 2004. Los comentarios de esta serie, *New International Commentary on the New Testament*, están considerados en el mundo anglófono como unos de los comentarios más serios y recomendables. Analizan el texto de forma detallada, deteniéndose a considerar temas contextuales y exegéticos, y el sentido general del texto. Davids enseña Nuevo Testamento en Regent College, Vancouver, Canadá.

Apocalipsis

Robert H. Mounce, *El Libro del Apocalipsis* [*The Book of Revelation*, rev. ed., New International Commentary on the New Testament; Grand Rapids, MI: Wm. B. Eerdmans Publishers, 1998]. Los comentarios de esta serie, *New International Commentary on the New Testament*, están considerados en el mundo anglófono como unos de los comentarios más serios y recomendables. Analizan el texto de forma detallada, deteniéndose a considerar temas contextuales y exegéticos, y el sentido general del texto. Mounce es presidente emérito de Whitworth College, Spokane, Washington, EE.UU., y en la actualidad es pastor de Christ Community Church en Walnut Creek, California.

Estudios teológicos

Cristología

Richard Bauckham, *Dios Crucificado: Monoteísmo y Cristología en el Nuevo Testamento*, Terrassa: CLIE, Colección Teológica Contemporánea, vol. 6, 2003. Bauckham, profesor de Nuevo Testamento en St. Mary's College de la Universidad de St. Andrews, Escocia, conocido por sus estudios sobre el contexto de los Hechos, por su exégesis del Apocalipsis, de 2ª de Pedro y de Santiago, explica en esta obra la información contextual necesaria para comprender la cosmovisión monoteísta judía, demostrando que la idea de Jesús como Dios era perfectamente reconciliable con tal visión.

Teología del Nuevo Testamento

G.E. Ladd, *Teología del Nuevo Testamento*, Terrassa: CLIE, Colección Teológica Contemporánea, vol. 2, 2002. Ladd era profesor de Nuevo Testamento y Teología en Fuller Theological Seminary (EE.UU.); es conocido en el mundo de habla hispana por sus libros *Creo en la resurrección de Jesús*, *Crítica del Nuevo Testamento*, *Evangelio del Reino* y *Apocalipsis de Juan: Un comentario*. Presenta en esta obra una teología completa y erudita de todo el Nuevo Testamento.

Teología joánica

Leon Morris, *Jesús es el Cristo: Estudios sobre la Teología Joánica*, Terrassa: CLIE, Colección Teológica Contemporánea, vol. 5, 2003. Morris es muy conocido por los muchos comentarios que ha escrito, pero sobre todo por el comentario de Juan de la serie *New International Commentary of the New Testament*. Morris también es el autor de *Creo en la Revelación*, *Las cartas a los Tesalonicenses*, *El Apocalipsis*, *¿Por qué murió Jesús?*, y *El salario del pecado*.

Teología paulina

N.T. Wright, *El verdadero pensamiento de Pablo*, Terrassa: CLIE, Colección Teológica Contemporánea, vol. 1, 2002. Una respuesta a aquellos que dicen que Pablo comenzó una religión diferente a la de Jesús. Se trata de una excelente introducción a la teología paulina y a la "nueva perspectiva" del estudio paulino, que propone que Pablo luchó contra el exclusivismo judío y no tanto contra el legalismo.

Teología Sistemática

Millard Erickson, *Teología sistemática* [*Christian Theology*, 2nd edition, Grand Rapids: Baker, 1998]. Durante quince años esta teología sistemática de Millard Erickson ha sido utilizada en muchos lugares como una introducción muy completa. Ahora se ha revisado este clásico teniendo en cuenta los cambios teológicos, igual que los muchos cambios intelectuales, políticos, económicos y sociales.

Teología Sistemática: Revelación/Inspiración

Clark H. Pinnock, *Revelación bíblica: el fundamento de la teología cristiana*, Prefacio de J.I. Packer, Terrassa: CLIE, Colección Teológica Contemporánea, vol. 8, 2004. Aunque conocemos los cambios teológicos de Pinnock en estos últimos años, este libro, de una etapa anterior, es una defensa evangélica de la infalibilidad y veracidad de las Escrituras.

Estudios ministeriales

Apologética/Evangelización

Michael Green & Alister McGrath, *¿Cómo llegar a ellos? Defendamos y comuniquemos la fe cristiana a los no creyentes*, Terrassa: CLIE, Colección Teológica Contemporánea, vol. 3, 2003. Esta obra explora la Evangelización y la Apologética en el mundo postmoderno en el que nos ha tocado vivir, escrito por expertos en Evangelización y Teología.

Discipulado

Gregory J. Ogden, *Discipulado que transforma: el modelo de Jesús* [*Transforming Discipleship: Making Disciples a Few at a Time*, Downers Grove, IL: InterVarsity Press, 2003]. Si en nuestra iglesia no hay crecimiento, quizá no sea porque no nos preocupemos de las personas nuevas, sino porque no estamos discipulando a nuestros miembros de forma eficaz. Muchas veces nuestras iglesias no tienen un plan coherente de discipulado y los líderes creen que les faltan los recursos para animar a sus miembros a ser verdaderos seguidores de Cristo. Greg Ogden habla de la necesidad del discipulado en las iglesias locales y recupera el modelo de Jesús: lograr un cambio de vida invirtiendo en la madurez de grupos pequeños para poder llegar a todos. La forma en la que Ogden trata este tema es bíblica, práctica e increíblemente eficaz; ya se ha usado con mucho éxito en cientos de iglesias.

Dones/Pneumatología

Wayne. A. Grudem, ed., *¿Son vigentes los dones milagrosos?* *Cuatro puntos de vista*, Terrassa: CLIE, Colección Teológica Contemporánea, vol. 9, 2004. Este libro pertenece a una serie que se dedica a exponer las diferentes posiciones que hay sobre diversos temas. Esta obra nos ofrece los argumentos de la perspectiva cesacionista, abierta pero cautelosa, la de la Tercera Ola, y la del movimiento carismático; cada una de ellas acompañadas de los comentarios y la crítica de las perspectivas opuestas.

Hermenéutica/Interpretación

J. Scott Duvall & J. Daniel Hays, *Entendiendo la Palabra de Dios* [*Grasping God's Word*, rev. ed., Grand Rapids: Zondervan, 2005]. ¿Cómo leer la Biblia? ¿Cómo interpretarla? ¿Cómo aplicarla? Este libro salva las distancias entre los acercamientos que son demasiado simples y los que son demasiado técnicos. Empieza recogiendo los principios generales de interpretación y, luego, aplica esos principios a los diferentes géneros y contextos para que el lector pueda entender el texto bíblico y aplicarlo a su situación.

Soteriología

J. Matthew Pinson, ed., *La Seguridad de la Salvación. Cuatro puntos de vista* [*Four Views on Eternal Security*, Grand Rapids: Zondervan, 2002]. ¿Puede alguien perder la salvación? ¿Cómo presentan las Escrituras la compleja interacción entre la Gracia y el Libre albedrío? Este libro pertenece a una serie que se dedica a exponer las diferentes posiciones que hay sobre diversos temas. En él encontraremos los argumentos de la perspectiva del calvinismo clásico, la del calvinismo moderado, la del arminianismo reformado, y la del arminianismo wesleyano; todas ellas acompañadas de los comentarios y la crítica de las posiciones opuestas.

Mujeres en la Iglesia

Bonnidell Clouse & Robert G. Clouse, eds., *Mujeres en el ministerio. Cuatro puntos de vista* [*Women in Ministry: Four Views*, Downers Grove: IVP, 1989]. Este libro pertenece a una serie que se dedica a exponer las diferentes posiciones que hay sobre diversos temas. Esta obra nos ofrece los argumentos de la perspectiva tradicionalista, la que aboga en pro del liderazgo masculino, en pro del ministerio plural, y la de la aproximación igualitaria; todas ellas acompañadas de los comentarios y la crítica de las perspectivas opuestas.

Vida cristiana

Dallas Willard, *Renueva tu Corazón: Sé como Cristo*, Terrassa: CLIE, Colección Teológica Contemporánea, vol. 13, 2004. No "nacemos de nuevo" para seguir siendo como antes. Pero: ¿Cuántas veces, al mirar a nuestro alrededor, nos decepcionamos al ver la poca madurez espiritual de muchos creyentes? Tenemos una buena noticia: es posible crecer espiritualmente, deshacerse de hábitos pecaminosos, y parecerse cada vez más a Cristo. Este *bestseller* nos cuenta cómo transformar nuestro corazón, para que cada elemento de nuestro ser esté en armonía con el reino de Dios.

Abreviaturas

Ant.	Josefo, *Las Antigüedades de los Judíos*
ANT	*The Apocryphal New Testament* [El Nuevo Testamento Apócrifo], editado por J.K. Elliott
b	Talmud babilónico
C. Marc.	Tertuliano, *Contra Marción*
CD	*Documento de Damasco*
CIL	*Corpus inscriptionum latinarum*
EvTom	*Evangelio de Tomás*
G.	Josefo, *La Guerra de los judíos*
Hist. Ecl.	Eusebio, *Historia Eclesiástica*
IDB	*Interpreter's Dictionary of the Bible*
L	material que solo aparece en el Evangelio de Lucas
Loeb	Loeb Classical Library
M	material que solo aparece en el Evangelio de Mateo
p	Talmud palestino
Q	material que aparece en Mateo y Lucas, pero no en Marcos
1QH	Himnos de Acción de Gracias, Manuscritos del Mar Muerto, Cueva 1
1QM	Manuscrito de la Guerra, Manuscritos del Mar Muerto, Cueva 1
1QS	Manual de Disciplina (o Regla de la Comunidad), Manuscritos del Mar Muerto, Cueva 1
4Q372	Fragmento 372, Cueva 4, Manuscritos del Mar Muerto
Sab.	Sabiduría de Salomón (en los apócrifos)
tb	tratados del Talmud babilónico
tj	tratados del Talmud de Jerusalén
tm	tratados de la Misná

Prefacio

Esta obra pretende llevar al lector a la vida de Cristo. Tras cada capítulo hay una lista de referencias bibliográficas para aquellos que deseen investigar más a fondo. Dado el tipo de lector al que se dirige este libro, solo se han reseñado obras en inglés.

Este libro se ha escrito sin notas a pie de página puesto que, documentar cada detalle de una vida de Cristo investigando toda la literatura relacionada, supone un problema de tal magnitud que uno se pregunta si es realmente posible escribir una obra de estas características. La monumental obra *The Death of the Messiah* de Raymond E. Brown, publicada en dos volúmenes, ilustra el hecho de que la redacción de un tratado de este tipo resulta una tarea imposible para el corto espacio de una vida humana.

A no ser que se especifique lo contrario, las referencias de las principales obras citadas en este trabajo son de las versiones siguientes: citas rabínicas (Babylonian Talmud [Soncino] y Mishnah [Herbert Danby]), Josefo (Loeb Clasical Library), La Tosefta (Joseph Neusner), *Evangelio de Tomás (Synopsis Quattuor Evangeliorum)*, el *Evangelio de la Infancia de Tomás* y el *Evangelio de los Nazarenos (The Apocryphal New Testament*, editado por J. K. Elliott [1993]).[1]

Quiero expresar mi gratitud a algunas personas que han jugado un papel decisivo en la redacción de esta obra: a los profesores adjuntos, Scott W. Johnson y Timothy J. Johnson, por su extensa revisión de todas las referencias y datos bibliográficos y por sus sugerencias en materia de estilo; a mi colega el dr. Thomas Schreiner que

1 En la edición española se ha usado la *Biblia de las Américas* (LBLA) para las citas bíblicas y se han traducido directamente del inglés las referencias de las demás obras. Obviamente, las referencias bibliográficas del autor son de las versiones inglesas de estas obras de la Antigüedad (nota del traductor).

tuvo la gran amabilidad de leer una de las primeras ediciones del manuscrito y aportar valiosas sugerencias; a Gloria Metz, la secretaria de la Facultad, que de nuevo ha puesto su gran talento al servicio de uno de mis trabajos; y también a Joan, mi esposa, que también leyó el manuscrito, aportó útiles sugerencias y me brindó su apoyo a lo largo de todo el proyecto.

Introducción

La historia de la redacción de este tipo de obras es curiosa. En el siglo XIX, escribir una vida de Cristo era casi un ejercicio obligado para cualquier erudito del Nuevo Testamento que se preciara. Lamentablemente, el producto de estos esfuerzos fue con demasiada frecuencia un Jesús de carácter «autobiográfico» que se parecía mucho al propio investigador: actuaba según sus mismos principios y propugnaba sus mismos valores. Sin embargo y debido a varios factores, hacia la segunda mitad del siglo XX, el interés por escribir una vida de Cristo decayó notablemente.

Por un lado, se suscitaron muchas dudas respecto a la posibilidad de llegar realmente al verdadero Jesús mediante la investigación histórica. Algunos autores como William Wrede, el historiador Wilhem Dilthey y los críticos de las formas, habían planteado preguntas muy serias respecto a la viabilidad de redactar una obra de tales características. Habían demostrado que, lejos de ser obras objetivas y desapasionadas, los Evangelios se habían escrito desde la perspectiva de la comunidad de la fe. Esto era un hecho que siempre se había reconocido, sin embargo, ahora se planteaba la duda de si le era o no posible al historiador situarse detrás de la fe de la comunidad y llegar al «verdadero» Jesús de la Historia. Además, también se cuestionaba seriamente el que la investigación histórica pudiera ser realmente neutral y objetiva.

Por otra parte, junto con las dudas sobre la posibilidad de llegar al Jesús histórico, se comenzó también a cuestionar el valor en sí de tal empresa. Hombres como Martin Khäler, Albert Schweitzer y Rudolf Bultmann pusieron en tela de juicio que el resultado de tal investigación «histórica» fuera de valor alguno para la fe. Resultaba evidente que el Jesús no sobrenatural de los liberales ofrecía muy poca ayuda al creyente cristiano. Lo que la fe buscaba y necesitaba no era un Jesús como nosotros. Sin embargo, el Jesús de la investigación histórica, por definición, solo podía ser como nosotros. Tenía que ser necesariamente un

Jesús despojado de lo sobrenatural y de lo milagroso. En el mejor de los casos, un Jesús así solo podía servir de ejemplo.

Es cierto que la Escritura concede importancia a la humanidad de Jesús (su semejanza con nosotros) y la subraya (ver por ejemplo Heb 2:14-18; 4:14-16). Sin embargo, siempre que la Escritura hace hincapié en la humanidad de Jesús, pone de relieve al mismo tiempo que Él es también muy distinto de nosotros: es sin pecado, procede del Padre y es el «Unigénito», (Jn 3:16); y por esto mismo puede ofrecer al creyente victoria sobre el pecado, la muerte y el diablo.

La pregunta que había dominado los estudios del Nuevo Testamento durante el siglo XIX había decaído y permaneció prácticamente adormecida hasta 1953. En octubre de este año, Ernst Käseman escribió un artículo en el que afirmaba que establecer una distinción absoluta entre el Jesús «histórico» y el Cristo de la fe era, en último análisis, una forma de docetismo (una temprana herejía de la Iglesia que negaba la verdadera humanidad de Jesucristo). Por otra parte, desde un punto de vista estrictamente histórico, no podía negarse que, sin duda, el historiador disponía de información acerca de Jesús de Nazaret. De este modo comenzó una «nueva búsqueda» del Jesús histórico. En el movimiento anterior se subrayaba el carácter discontinuo entre el Jesús de la «Historia» y el Cristo de los Evangelios y se pretendía liberar al «Jesús real» del Cristo de la Iglesia y de los credos; el objetivo de esta nueva búsqueda era el de encontrar una continuidad entre ellos.

Desafortunadamente, este segundo movimiento seguía trabajando con el mismo método histórico crítico, excluyendo de este modo la posibilidad de lo sobrenatural (ver el capítulo uno) y por ello estaba destinado al fracaso desde el comienzo. La continuidad que perseguía esta nueva indagación no se buscaba en la esencia y en el ser de Jesús (el que el Jesús histórico y el Cristo de la fe fueran la misma persona), sino más bien en la similitud del mensaje del Jesús de la Historia y el Cristo de la fe. Se encontró una continuidad en el hecho de que tanto el Jesús histórico como el Cristo de la fe propugnaron el mismo encuentro existencial con Dios.

La popularidad de esta nueva búsqueda declinó con rapidez puesto que era incapaz de salvar el vacío entre el Jesús puramente humano y el Hijo de Dios preexistente y sobrenatural de la fe cristiana. Por otra parte, no parecía existir diferencia alguna entre el encuentro existencial proclamado por el Jesús de la Historia y el Cristo de la fe, y el que anunciaban la iglesia primitiva y los profetas del Antiguo Testamento.

Por ello, la continuidad entre el Jesús de la Historia y el Cristo de la fe no era mayor que la que existía entre éste último y los profetas del Antiguo Testamento.

En nuestros días asistimos a un renovado interés por el Jesús de la Historia que algunos han llamado la «tercera búsqueda». En ella se subraya el carácter judío de Jesús y se trabaja con nuevos modelos sociológicos que ayudan a entender mejor la situación social y política del primer siglo. Sin embargo, hasta ahora los resultados son bastante desalentadores. La mayoría de los investigadores siguen basándose en el mismo método histórico crítico. Cualquier método de investigación que, de entrada, elimina lo sobrenatural siempre producirá un «Jesús histórico» que, por definición, es radicalmente distinto del Cristo de los Evangelios. Sin una actitud abierta a lo sobrenatural el resultado de cualquier investigación de la vida de Cristo ya ha predeterminado que el Jesús resultante será radicalmente distinto del Jesús que nació de una virgen, fue ungido por el Espíritu Santo, sanó a los enfermos, resucitó a los muertos, murió por los pecados del mundo, se levantó de los muertos y ascendió a los cielos. Sin embargo, es precisamente este Jesús sobrenatural el que el mundo necesita desesperadamente, puesto que solo Él puede salvar el vacío entre el pecado humano y la santidad de Dios. Lo que el mundo necesita apremiantemente es un Salvador, pero solo un Jesús sobrenatural puede serlo.

Al escribir esta obra he dado por sentada la presencia de lo sobrenatural en la vida de Jesús. En otras palabras, esta vida de Jesús se ha escrito desde la óptica de un creyente. Asumo que el registro de los Evangelios es fiable y que el peso de la evidencia está del lado de quienes afirman la historicidad de los acontecimientos y las palabras que encontramos en ellos. Entiendo que lo que requiere demostración es más bien la negación de su historicidad. Los relatos de los Evangelios, pues, se consideran veraces mientras no se demuestre lo contrario.

Jesús el Mesías, comprende dos partes. La primera, «Cuestiones clave al estudiar la vida de Jesús», consta de tres capítulos y desarrolla cuestiones de carácter introductorio. El capítulo inicial expone las presuposiciones de la investigación. En este apartado explico mi acercamiento a lo sobrenatural y lo milagroso en la vida de Jesús. No se puede investigar la vida de Jesús sin tener ciertas presuposiciones. Con mucha frecuencia, el debate respecto a la historicidad de un milagro de Jesús registrado en el relato evangélico viene determinado, más por las presuposiciones respecto a lo sobrenatural, que por los relatos del acontecimiento en sí. En el pasado, mucha de la investigación acerca de la «vida de Cristo», ha asumido desde el mismo comienzo la total imposibilidad de cualquier milagro. El lector tiene derecho a conocer de un modo franco y abierto la presencia de tales presuposiciones.

Después de exponer las presuposiciones o directrices de esta investigación de la vida de Jesús, examino las fuentes de que disponemos para tal indagación. El segundo capítulo analiza las fuentes judías, griegas y cristianas (tanto bíblicas como extrabíblicas) de que disponemos para estudiar la vida de Jesús, valorando cuáles de ellas serán más útiles a nuestro propósito. El capítulo tres expone lo que podemos saber respecto a los límites cronológicos de la vida de Jesús, investigando las pruebas disponibles para datar varios acontecimientos de la vida de Jesús.

La primera parte de *Jesús el Mesías* presenta «La Vida de Jesús»: La concepción virginal (capítulo cuatro), la juventud de Jesús (capítulo cinco), el bautismo (capítulo seis), la tentación (capítulo siete), el llamamiento de los discípulos (capítulo ocho), el mensaje de Jesús (capítulo nueve), Cristología (capítulo diez), la confesión de Pedro (capítulo once), la Transfiguración (capítulo doce), los acontecimientos del Domingo de Ramos (capítulo trece), la purificación del templo (capítulo catorce), la última cena (capítulo quince), Getsemaní, la traición y el arresto (capítulo dieciséis), el juicio (capítulo diecisiete), la crucifixión (capítulo dieciocho) y la resurrección y ascensión de Jesús (capítulo diecinueve).

Puede que algunos lectores consideren que la primera parte de esta obra es demasiado técnica. Si es así, pueden pasar por alto los primeros tres capítulos y comenzar a leer directamente la segunda parte (los capítulos cuatro al diecinueve).

Primera parte:

CUESTIONES CLAVE AL ESTUDIAR LA VIDA DE CRISTO

1

EL LUGAR DE DONDE PARTES DETERMINA EL LUGAR ADONDE LLEGAS

El papel de las presuposiciones al estudiar la vida de Jesús

Durante mi primer año en el seminario, un destacado erudito del país dijo lo siguiente en el transcurso de una conferencia: «Cuando se trata de la investigación de un texto histórico, a todos nos gustaría creer que, al margen de cuál sea nuestro punto de partida o nuestro acercamiento a las pruebas, si somos honestos y objetivos, todos llegaremos a los mismos resultados y conclusiones». En aquel tiempo y con la carrera de Biología y Química recién terminada, asentí inmediatamente. Al fin y al cabo, esto era la esencia de la buena praxis científica: lo importante no era el modo en que nos acercamos a la evidencia, sino hacerlo con objetividad y honradez; cumplida esta condición, todos obtendríamos los mismos resultados de nuestra investigación... Quedé estupefacto cuando el conferenciante siguió diciendo: «A todos nos gustaría creer que las cosas son así, sin embargo, esta es una suposición errónea, porque nuestro punto de partida en cualquier investigación determinará sus resultados». Nunca olvidaré la desilusión que me produjeron estas palabras. En un comienzo me negué rotundamente a creer lo que decía mi profesor. Sin embargo, con el paso de los años, la verdad de estas palabras se ha confirmado en mi experiencia una y otra vez. Nuestro punto de partida conformará en gran medida los resultados y conclusiones de nuestra investigación.

Asumiendo lo milagroso

Uno de los problemas básicos en el estudio de la vida de Jesús es el asunto de los milagros. Nadie puede investigar la vida de Jesús sin entender primero la cuestión de los milagros. Los Evangelios hablan de más de treinta milagros relacionados con la vida de Jesús y con su ministerio. Solo en Marcos, 209 de los 661 versículos del libro se relacionan con lo milagroso. Se consignan varias sanidades de distintas dolencias como la fiebre (Mr. 1:29-31), la lepra (Mr. 1:40-45), la parálisis (Mr. 2:1-12), una mano seca (Mr. 3:1-6), flujo de sangre (Mr. 5:25-34), mudez (Mr. 9:32-34), ceguera (Mr. 8:22-26), epilepsia (Mr. 9:14-29), extremidades deformadas (Lc. 13:10-17), hidropesía (Lc. 14:1-6), posesión demoníaca e incluso heridos por arma blanca (Lc. 22:49-51). Hay también resurrecciones de muertos (Mr. 5:35-43; Lc. 7.11-15; Jn. 11:44) y varios milagros de la Naturaleza como la alimentación de los cinco mil (Mr. 6:30-44) y de los cuatro mil (Mr. 8:1-10), el aquietamiento de una tormenta (Mr. 4:35-41), la maldición de una higuera (Mr. 11:12-14; 20-25), andar sobre las aguas (Mr. 6:45-52), la pesca de un pez con una moneda (Mt. 17:24-27), una pesca milagrosa (Lc. 5:1-11; Jn. 21:14), la conversión de agua en vino (Jn. 2:1-11), una concepción virginal (Mt. 1:18-25; Lc. 1:26-38) y una ascensión al Cielo (Lc. 24:50-53: Hech. 1:9). Resulta evidente que no se puede aceptar la vida de Jesús sin aceptar lo milagroso.

Por otra parte, en el mismo centro de la fe y del mensaje cristianos hay un milagro: la resurrección de Jesús. Pablo dice al respecto, «y si Cristo no ha resucitado, vuestra fe es falsa; todavía estáis en vuestros pecados» (1 Cor 15: 17; comparar también el vs. 14). Negar lo milagroso representa negar el propio cristianismo histórico.

Sería muy agradable poder decir que, al margen de cómo nos acerquemos a la vida de Jesús y a los muchos milagros relacionados con ella, todos llegaremos a las mismas conclusiones si tratamos con honradez las pruebas que tenemos. Sería agradable, pero totalmente erróneo. El hecho es que cualquier persona que se ponga a investigar los relatos milagrosos de la vida de Jesús ha predeterminado ya ciertos resultados antes de llevar a cabo su estudio. ¿Nos acercamos a los relatos bíblicos con una actitud abierta hacia la posibilidad de lo sobrenatural y, por tanto, de los milagros? ¿O lo hacemos por el contrario desde el presupuesto de que el tiempo y el espacio son ámbitos constantes en los que no existe posibilidad de alteraciones milagrosas? Ni que decir tiene que esta última posición ya ha predeterminado de antemano los posibles resultados de cualquier investigación de la vida de Jesús. Cada uno de estos puntos de vista se basa en un compromiso de fe contraído antes de investigar la evidencia. Estar abiertos a lo sobrenatural permite llegar a ciertas conclusiones que serían imposibilidades si no lo estuviéramos.

El acercamiento no sobrenatural

En el estudio de la vida de Jesús, muchos eruditos han asumido el acercamiento no sobrenatural. El más conocido erudito liberal del Nuevo Testamento, Adolf von Harnack, dijo a comienzos del siglo XX: «Estamos firmemente convencidos de que todo lo que ocurre en el espacio y en el tiempo está sujeto a las leyes generales del movimiento y que, por tanto, los 'milagros' no pueden existir ya que representarían la interrupción del orden de la Naturaleza» (*What is Christianity* [Nueva York, Putnam 1901], pp. 28-29). También es interesante consignar el punto de vista de Rudolf Bultmann, el erudito alemán del Nuevo Testamento más destacado del siglo XX:

El método histórico incluye la presuposición de que la Historia es una unidad en el sentido de un círculo cerrado de efectos dentro del que cada uno de los acontecimientos aislados están conectados por una sucesión de causas y efectos... Este carácter cerrado implica que tal continuidad de sucesos históricos no puede verse alterado por la interferencia de poderes sobrenaturales y trascendentes y que, por tanto, no existen los «milagros» en este sentido del término. Tal milagro sería un acontecimiento cuya causa no estaría dentro de la Historia. La ciencia histórica trabaja con los documentos según este método y no podemos hacer excepción alguna en el caso de los documentos bíblicos si queremos que estos sean entendidos históricamente. (*Existence and Faith* [Londres, Hodder & Stoughton, 1961], pp. 291-92).

Con anterioridad, el filósofo inglés David Hume ya había eliminado los milagros siguiendo el argumento filosófico que plantea: «[1] Un milagro es una violación de las leyes de la Naturaleza; [2] y puesto que estas leyes han sido establecidas por una experiencia firme e inalterable, [3] la prueba contra cualquier milagro, dada la naturaleza de los hechos, es tan completa como pueda serlo cualquier argumento concebible procedente de la experiencia» (*An Enquiry Concerning Human Understanding: Of Miracles* 10.1). En otras palabras, Hume nos propone el siguiente silogismo:

Un milagro es una violación de las «leyes de la Naturaleza».
Las «leyes de la Naturaleza» son inviolables.
Por tanto, una persona racional no puede encontrar justificación alguna para creer que ha tenido lugar un milagro.

Puede que sea el teólogo alemán Ernst Troelstch quien haya expuesto con mayor claridad este acercamiento a la Historia. Según él, toda investigación realmente histórica ha de estar enmarcada por tres principios. El primero es el *principio de la crítica*: todas las conclusiones históricas son y serán siempre provisionales. En el mejor de los casos son aproximadas y solo pueden tratar con probabilidades. Por tanto, cualquier conclusión histórica respecto a Jesús solo puede ser más o menos probable y estará siempre sujeta a revisión. Si esto es cierto, es entonces imposible, o arriesgado cuando menos, basar la propia esperanza eterna sobre cualquier acontecimiento del pasado. El segundo es el *principio de la analogía*, que asume la uniformidad de la Naturaleza (las experiencias pasadas son similares a las presentes). Considerando que nuestras experiencias presentes no son milagrosas nuestra interpretación del pasado tampoco ha de serlo. En cuanto a la vida de Jesús, esto significa que debe interpretarse como una existencia no milagrosa. Este principio es enormemente importante y quienes lo aceptan sin reservas han de concluir que los milagros no pueden tener lugar, y que todos los que encontramos consignados en la Biblia, o bien son de carácter mitológico o representan una distorsión de lo que realmente sucedió. El tercer principio es el de la *correlación*, que se basa en la afirmación de que la explicación histórica ha de tener siempre en cuenta los acontecimientos anteriores y posteriores al suceso específico, que habrá de ser interpretado a la luz de tales acontecimientos anteriores y posteriores.

Ver todos estos principios en acción en un ejemplo concreto puede ser de gran utilidad. Según esta metodología, un investigador del relato de la resurrección que encontramos en Mateo 28:1-10 procedería del siguiente modo:

En primer lugar, tal persona analizaría el relato a fin de encontrar cosas como la editorial de Mateo y la contribución teológica de este acontecimiento al relato, la manera en que éste encaja dentro de los acentos peculiares de Mateo en el resto del Evangelio, etcétera. Para denotar este tipo de investigación se habla con frecuencia de *la crítica de las formas*. A continuación, el historiador intentaría remontarse a una etapa previa del registro del acontecimiento en cuestión, analizando las fuentes que supuestamente habría utilizado Mateo como por ejemplo el relato de Marcos. (Con ello se asume que el Evangelio de Marcos habría sido el primero en redactarse y que Mateo utilizó este texto para la confección del suyo. Si hubiera sucedido lo contrario, investigaríamos el relato de Mateo como el más temprano, y después procederíamos a la investigación de los materiales orales).

En el siguiente paso, el investigador intentaría comprender el modo en que Marcos interpretó el relato oral de la resurrección que utilizó, y eliminaría todas las aportaciones literarias y teológicas del autor. Esto requiere la aplicación de la crítica de la redacción, aunque aquí el propósito no sería procurar entender lo que Marcos quería enseñar mediante sus aportaciones al relato, sino eliminar el material que él habría añadido.

Después de haber hecho esto, el investigador estaría en condiciones de analizar el relato tal y como éste circulaba durante el tiempo en que los materiales del Evangelio se transmitían oralmente: el periodo entre la muerte de Jesús y la redacción del primer Evangelio. ¿Cuál era la «forma» de este relato? ¿Por qué fue preservado en el seno de la iglesia primitiva? ¿Cuáles eran las necesidades que suplía? ¿Cuál era la forma más antigua de este relato? El estudio de estas cuestiones se denomina crítica de las formas. Llegados aquí, la siguiente cuestión que puede plantearse el historiador es la que concierne al modo en que se originó la tradición. La respuesta es que este relato oral de la resurrección surgió de la fe de los primeros discípulos.

Hasta este momento, el método histórico-crítico no plantea ninguna dificultad teórica. La cuestión de lo sobrenatural todavía no ha entrado en consideración. En la práctica habrá todo tipo de problemas (como por ejemplo, qué papel desempeñaron los testigos presenciales en todo ello). En teoría, sin embargo, la investigación histórica esbozada hasta aquí no se encuentra con ningún obstáculo de orden filosófico. Un buen número de las mejores investigaciones de la resurrección las han hecho aquellos que siguen esta metodología. Tanto quienes van con una actitud previa de aceptación de lo sobrenatural como quienes niegan tal posibilidad pueden investigar y debatir conjuntamente las áreas que se han mencionado hasta ahora. Sin embargo, en este punto, las presuposiciones con que llegamos a la investigación determinan de antemano la respuesta a la pregunta: «¿Cómo se suscitó la fe de los discípulos en la resurrección?».

Si alguien acepta sin reservas alguna versión del principio de analogía tal y como lo enseñó Troelstch y se incorporó al método histórico-crítico, tal investigador habrá de concluir que, sea lo que sea lo que suscitó la fe de los discípulos, una cosa es segura: no puede ser el milagro de la resurrección. Si bien nunca lo afirmará de manera tan rotunda, lo que en realidad está diciendo el investigador histórico-crítico del relato de la resurrección del texto de Mateo es: «Investiguemos para ver qué podemos aprender acerca de la historia de este relato, pero obviamente hemos de dejar claro desde el principio que ¡Jesús no resucitó de los muertos!».

Reconociendo la incapacidad del método histórico-crítico para tratar con la dimensión histórica de los milagros ha surgido un vocabulario nuevo y característico. Esta nueva terminología se originó en Alemania donde los teólogos disponían de varios términos para describir la investigación histórica. Cuando un relato contiene acontecimientos históricos susceptibles de ser investigados mediante el método histórico-crítico se le llama *historisch*. En este apartado entrarían relatos como el de la crucifixión, el bautismo de Jesús y sus tratos con los marginados de Israel que no contienen elementos sobrenaturales. Ocasionalmente utilizamos nuestro término «histórico» como equivalente de *historisch*. Sin embargo, cuando el método histórico-crítico no es suficiente (es decir, cuando la narración contiene elementos milagrosos), tal relato recibe el nombre de *geschichtlich*. Hechos como la concepción virginal, la resurrección y los milagros de Jesús son *geschichtlich* puesto que tienen un carácter sobrenatural. Para traducir este segundo término alemán se suelen utilizar las palabras «kerigmático» e «histórico».

No obstante, el uso de las locuciones *geschichtlich, kerigmático* e *histórico*, ha suscitado cierta confusión. En ocasiones, estos términos se utilizan en relación con acontecimientos que no pueden investigarse según el método histórico-crítico. Puesto que por el principio de analogía el método histórico-crítico no es capaz de analizar relatos milagrosos, estos son *geschichtlich*. Por este razonamiento, calificar una narración como *geschichtlich* o «histórica», es sencillamente una cuestión de definición. En otras palabras, el material en cuestión trata de lo milagroso.

Sin embargo, algunos eruditos utilizan estos términos en un sentido distinto. No aceptan que el método histórico-crítico sea limitado en su alcance y que por ello no pueda usarse para analizar acontecimientos que pretenden ser sobrenaturales. Por tanto, no usan este término para referirse a la naturaleza de los sucesos a investigar, sino más bien como un veredicto respecto a su historicidad. En este sentido, un suceso calificado de *geschichtlich* no sucedió, porque de hecho no podía suceder. En estos casos, se emite un veredicto respecto a la historicidad de unos hechos sin mediar ninguna investigación, sobre la base de un previo compromiso con la convicción de que los milagros no pueden producirse. De este modo, el uso que se hace del lenguaje y de las categorías de la investigación histórica genera la conclusión de que, la incapacidad de esta disciplina para manejar los sucesos fuera de la propia experiencia uniforme de la realidad que tiene el investigador, determina ahora lo que pudo o no haber sucedido en la vida real.

Se han hecho varios intentos de acuñar un nuevo nombre para designar un método de investigación histórica que persigue también la interpretación de los acontecimientos en su contexto histórico, pero que está abierto a lo sobrenatural. Algunos de los nombres que se han sugerido son: *método gramático-histórico*, *método histórico-teológico* o *método bíblico-histórico*. Tras todos estos nombres subyace la idea de que el término *crítico* es el villano que niega lo sobrenatural. Sin embargo, esta palabra no denota tanto una actitud crítica ante la posibilidad de que lo sobrenatural irrumpa en la Historia, sino que alude más bien a la naturaleza minuciosa, precisa y analítica de tal investigación. La causante del problema es más bien la palabra *histórico* con todo el bagaje que la acompaña. Para muchos eruditos, este término significa que la Historia está cerrada a lo sobrenatural y que el método histórico-crítico ha de asumirlo. De modo que el término «ofensivo» que hemos de eliminar es *histórico*. Sin embargo y dado que algunos de los eruditos que están abiertos a la realidad de lo sobrenatural también utilizan la expresión *método histórico-crítico* para referirse a su metodología, hemos de reconocer que estas palabras significan cosas distintas para cada grupo. Por tanto, puede que lo mejor sea conservar la expresión y definir exactamente el sentido con que la utilizo.

En vista de la importancia de las presuposiciones respecto a lo sobrenatural para los resultados de cualquier investigación, quienes escriben sobre estos temas deberían clarificar desde el principio cuál es su posición al respecto. Resulta falaz utilizar frases como «tras investigar los relatos» los eruditos han llegado a la conclusión de que Jesús no nació de una virgen, los milagros son mitos posteriores creados por la Iglesia, y que fue la fe de la iglesia primitiva la que dio origen a los relatos de la resurrección y no al revés. Todas estas conclusiones ya habían sido predeterminadas antes de que se iniciara cualquier investigación. No es de extrañar que cuando alguien comienza su trabajo con la idea de que los milagros no pueden producirse, llegue a la conclusión de que los sucesos milagrosos que se investigan no se produjeron.

Conclusión

La cuestión de si los milagros relacionados con la vida de Jesús sucedieron de verdad en la Historia no debería dilucidarse por medio de una decisión arbitraria que niega a Dios cualquier posibilidad de intervenir en la Historia. Este asunto debería más bien decidirse sobre la base de las pruebas de que se dispone. La actitud verdaderamente «liberal» hacia la vida de Jesús es la que no predetermina los resultados sino que admite honestamente la posibilidad de que los milagros que se atribuyen a Jesús en los Evangelios, realmente se hubieran producido en la Historia. Si es o no así habrá de decidirse mediante el adecuado análisis de la evidencia.

Para el creyente evangélico, tal evidencia es contundente: la naturaleza de los relatos escritos en los que aparecen tales milagros (a lo largo de los siglos, la iglesia cristiana ha considerado los Evangelios como escritos inspirados y, por tanto, distintos de cualquier otro libro); el hecho de que los milagros tuvieran lugar en público, fueran reconocidos por los oponentes de Jesús, y llevados a cabo dentro de un periodo específico de tiempo y en circunstancias muy variadas; el carácter de los testigos presenciales de los hechos cuya veracidad rara vez es cuestionada. Las tradiciones de milagros aparecen en todos los estratos de los Evangelios (Marcos, Q, M, L y Juan) y en una gran variedad de formas literarias distintas (dichos, relatos de milagros, resúmenes, relatos de controversias, relatos acerca de Jesús y la narración de la Pasión). Todo esto hace que la evidencia a favor de ciertos milagros como la resurrección sea sin duda muy sólida y convincente.

Cualquier estudio de la vida de Jesús que excluya lo milagroso está destinado desde un principio a producir un Jesús aberrante que sería un extraño tanto para sus adversarios que reconocían sus milagros (comparar Mr 3:22; *tb Sanedrín* 43a), como para sus seguidores que ya no podrían continuar considerándole como objeto de su fe. Existe una cierta consistencia en el Jesús que anunció la llegada del reino de Dios, que comió con recaudadores de impuestos y pecadores, que sanó a los enfermos y resucitó a los muertos, que murió en la Cruz ofreciéndose como un sacrificio y resucitó de los muertos. Tal consistencia produce un retrato total de Jesús de Nazaret que resulta convincente para quien lee los Evangelios con una actitud abierta. Los intentos de amputar todo lo sobrenatural de la vida de Jesús solo pueden producir un personaje tan radicalmente distinto de Él que resulta por completo irreconocible y que hace imposible explicar su impacto en la Historia.

Preguntas para la reflexión

1. ¿Es relevante el papel de las presuposiciones acerca de lo milagroso cuando se trata de analizar los datos que tenemos de Jesús? ¿Por qué sí o por qué no?
2. Valora los tres principios postulados por Troeltsch (criticismo, analogía y correlación). Señala cuáles son sus puntos fuertes y/o débiles. ¿Cuál de estos principios –tal como Troeltsch los formuló– es más determinante cuando se trata de la investigación bíblica? ¿Por qué?
3. En la designación «método histórico-crítico», ¿cuál es el término problemático y necesitado de una reinterpretación para poder definir la realidad tal como la revela la Escritura? Razona la respuesta.
4. ¿Cuál es la actitud metodológica del autor respecto a lo sobrenatural?

Referencias

Blackburn, Barry L. «Miracles and Miracle Stories». En *Dictionary of Jesus and the Gospels,* editado por Joel B. Green, Scot McKnight e I. Howard Marshall, pp. 549-60. Downers Grove, Ill.: InterVarsity Press, 1992.

Brown, Colin. *Miracles and the Critical Mind.* Grand Rapids, Mich.: Eerdmans, 1984.

Davis, Stephen T. *Risen Indeed: Making Sense of the Resurrection.* Grand Rapids, Mich.: Eerdmans, 1993.

Evans, C. Stephen. *The Historical Christ and the Jesus of Faith: The Incarnational Narrative as History.* Oxford: Clarendon, 1996.

Fitzmyer, Joseph A. «Historical Criticism: Its Role in Biblical Interpretation and Church Life», *Theological Studies 50* (1989): 244-59.

Hofius, Otfried. «Miracle, Wonder, Sign». En *New International Dictionary of New Testament Theology,* editado por Colin Brown, 2:620-35. Grand Rapids, Mich.: Zondervan, 1976.

Kee, Howard Clark. *Miracle in the Early Christian World: A Study in Sociohistorical Method.* New Haven, Conn.: Yale University Press, 1983.

Latourelle, René. *The Miracles of Jesus and the Theology of Miracles.* Nueva York: Paulist, 1988.

Meier, John P. *A Marginal Jew: Rethinking the Historical Jesus*, 2:509-970. Nueva York: Doubleday, 1994.

Sanders, E. P. *The Historical Figure of Jesus,* pp. 132-68. Nueva York: Penguin, 1993.

Theissen, Gerd. *The Miracles Stories of the Early Christian Tradition.* Philadelphia: Fortress, 1983.

Wenham, David, and Craig Blomberg, eds. *The Miracles of Jesus.* Vol. 6 of *Gospel Perspectives.* Sheffield, U.K.: JSOT, 1986.

2

¿ADÓNDE PODEMOS RECURRIR?

Fuentes para estudiar la vida de Jesús

Después de establecer la metodología para estudiar la vida de Jesús (una actitud abierta hacia lo sobrenatural), conviene delimitar las fuentes de que disponemos para tal estudio; las principales pueden dividirse en las siguientes categorías: fuentes no cristianas, que se subdividen en paganas y judías, y fuentes cristianas que a su vez se dividen en bíblicas y extrabíblicas.

Fuentes no cristianas

Fuentes paganas. El término *paganas* se viene utilizando tradicionalmente para definir aquellas fuentes cuyo origen no es ni judío ni cristiano. No tiene ninguna connotación moral y sirve simplemente para designar a aquellos autores griegos o romanos de la época que no formaban parte de la tradición judeo-cristiana. El número de tales autores es escaso y en su mayor parte pertenecen a un periodo tardío. Esto no es de extrañar puesto que no sería lógico que autores de este trasfondo dieran excesiva importancia a una secta, que para ellos era insignificante, y a su fundador. Sin embargo, con el paso de los años, a medida que crecía el número de sus miembros y se dejaba sentir el impacto de su influjo, comenzó a concedérsele mayor atención. De este modo, a comienzos del siglo segundo algunos escritores paganos comienzan a referirse a los cristianos y a su fundador, Jesús de Nazaret. Las principales fuentes paganas de que disponemos para estudiar la vida de Jesús son Plinio el Joven, Tácito y Suetonio; otras fuentes de menor relevancia son Mara bar Serapion y Julio Africano.

1. Plinio el Joven (62-113 dC), *Epístolas* 10.96. La cláusula «el Joven», añadida a su nombre, distingue a este Plinio de su tío (Plinio el Viejo) que era más conocido y que antes había escrito su gran obra, *Historia Natural*. Cuando era gobernador de la provincia romana de Bitinia, Plinio el Joven escribió una carta al emperador Trajano hablándole del juicio de algunos cristianos que tuvo lugar bajo su jurisdicción. Plinio menciona que les dio oportunidad de retractarse de su fe invocando a los dioses paganos, mostrando reverencia a la imagen del Emperador y maldiciendo a Cristo, y explica que libertó a los que lo hicieron. Sigue su relato aclarando que su razón para haber hecho lo anterior era que, según se le había informado, a los que son verdaderamente cristianos no puede forzárseles a hacer tales cosas. Continúa diciendo que ejecutó a aquellos que se mantuvieron tercamente en sus convicciones, exceptuando a los que eran ciudadanos romanos. A estos últimos los envió a Roma (comparar con Hechos 25-28). A partir de sus interrogatorios a los cristianos, Plinio se enteró de que éstos tenían el hábito de reunirse cierto día fijo (el domingo) antes del alba para cantar de manera alterna un himno a Cristo como si de un dios se tratara, y se juramentaban solemnemente entre ellos, no para cometer ningún acto inicuo, sino para no incurrir en ningún fraude, robo o adulterio, para nunca hablar falsamente, ni quedarse con fondos que se les hubieran encomendado cuando se les pidiera que los entregaran; después de esto acostumbraban a separarse para después volver a encontrarse y compartir una comida (pero una comida sencilla e inocente).

2. Tácito, *Anales* 15.44. Tácito fue un historiador romano (60-120 dC.) que escribió una historia del Imperio Romano del periodo que va entre los años 14-68 dC.. No se han encontrado la totalidad de los libros que forman sus *Anales* y, lamentablemente, uno de los períodos que no se han encontrado es precisamente el que comprende los años 29 al 32 dC., con lo cual falta la etapa más importante con respecto a la vida de Jesús. No obstante, Tácito menciona a Jesús cuando hace referencia al incendio de Roma (64 dC.) que tuvo lugar durante el reinado de Nerón. Afirma que, para sofocar los rumores de que había sido el propio Nerón quien había ordenado provocar aquel incendió que devastó la ciudad, el Emperador echó la culpa a los cristianos y les persiguió. En el transcur-

so de una descripción del modo en que Nerón torturaba y asesinaba a los cristianos, Tácito declara:

> Cristo, el fundador de la secta, sufrió sentencia de muerte durante el reinado de Tiberio, por sentencia del procurador Poncio Pilato, y la perniciosa superstición fue controlada, aunque solo momentáneamente. Volvió a surgir una vez más, y ahora no solo en Judea, la cuna de la enfermedad, sino en la propia capital, donde todas las cosas horribles y vergonzosas del mundo se reúnen y encuentran sus defensores.

3. Suetonio, *La Vida de Claudio* 25.4. Alrededor del año 120 dC., el historiador romano Suetonio (75-160 dC.) compiló una serie de biografías de los primeros doce emperadores comenzando con Julio César. En la sección titulada *Vidas de los Doce Césares*, donde habla del emperador Claudio, Suetonio afirma: «Puesto que los judíos causaban constantes disturbios instigados por Cresto, les expulsó de Roma». La mayoría de los historiadores consideran que Suetonio ha escrito mal el nombre del instigador y ha confundido el acontecimiento que describe. El nombre en cuestión no era «Cresto» (un error común) sino «Cristo» y el tumulto no lo habría causado «Cristo» directamente sino que habría sido *acerca de* «Jesucristo». Al parecer, durante el reinado de Claudio, un grupo de judíos tanto cristianos como no cristianos provocaron un desorden público a causa de la predicación del Evangelio (comparar Hechos 13:49-51; 14:19-20). Si es así como hay que entender el relato de Suetonio, ello concordaría con lo que dice Lucas en Hechos 18:2: «Y se encontró [Pablo] con un judío que se llamaba Aquila, natural del Ponto, quien acababa de llegar de Italia con Priscila su mujer, pues Claudio había ordenado a todos los judíos que salieran de Roma».

4. Mara bar Serapion. Un manuscrito siríaco del siglo VII dC. que se conserva en el Museo Británico contiene una carta del siglo segundo o tercero escrita por un hombre llamado Mara bar Serapion y dirigida a su hijo. Se refiere al martirio de Sócrates, Pitágoras y Cristo. Los atenienses experimentaron hambre y sufrieron un severo juicio por haber asesinado a Sócrates. Los habitantes de Samos padecieron graves inundaciones por haber quemado a Pitágoras. Al «ejecutar a su sabio rey» los judíos fueron «arruinados y expulsados de su tierra [y ahora] viven completamente dispersados... Pero el sabio rey no murió para siempre sino que siguió manifestándose mediante la enseñanza que les había dado». (Bruce, *Jesus and Christian Origins Outside the New Testament*, p. 31).

5. Julio Africano, *Cronología* 18. En esta obra escrita a comienzos del siglo III, el autor hace referencia al tiempo de la crucifixión de Jesús:

> En el tercer libro de su *Historia*, Talus identifica esta oscuridad –de manera injustificada, creo yo– con un eclipse de sol. Lo entiendo así puesto que los hebreos celebraban la Pascua el día decimocuarto según la luna, y la Pasión de nuestro Señor tuvo lugar el día anterior a la Pascua; sin embargo, los eclipses de sol solo se producen cuando la luna se sitúa debajo del sol (*Los padres ante-nicenos*).

Las fuentes paganas sobre la vida de Jesús son pocas en número y de naturaleza secundaria. Más que ofrecernos testigos presenciales, relatos o informes, estas fuentes nos brindan una información procedente del contacto con cristianos de, al menos, dos o tres generaciones posteriores a los sucesos en sí. Por ello, tienen más valor como fuentes para el estudio de la historia de la iglesia primitiva que para investigar la vida de Jesús.

Existen otros dos relatos dignos de mención respecto a esta cuestión: la obra de Orígenes, *Contra Celso*, y la de Lucio de Samosata, *El Paso de los Peregrinos*. Orígenes defiende el cristianismo ante los ataques de Celso mientras que Lucio lo ridiculiza hablando de algunos peregrinos mercachifles que fingían haberse convertido para abusar de la hospitalidad de algunos cristianos generosos e ingenuos. En ambas obras se habla de la vida de Jesús, pero en el caso de Plinio y Suetonio la información se obtiene de segunda mano de cristianos que habían sido testigos de los acontecimientos algún tiempo atrás.

En el caso de Tácito, sin embargo, la información respecto a la sentencia y ejecución de Jesús a manos de Poncio Pilato durante el reinado de Tiberio puede haberse basado en los registros oficiales de Roma, donde llegaban despachos regulares con los registros de los sucesos importantes que sucedían en las provincias. Es posible que en uno de tales despachos hubiera llegado a Roma un registro del juicio y crucifixión de Jesús. (En su obra *Primera Apología* 35.7-9, Justino Mártir afirma que la crucifixión de Jesús está consignada en los registros oficiales romanos en un legajo que lleva por título «Los hechos de Pilato». Sin embargo, la naturaleza apócrifa de esta obra desaconseja que se conceda demasiada credibilidad a esta afirmación).

Fuentes judías. Entre los autores judíos, las dos fuentes principales de información respecto a la vida de Jesús son Josefo y los escritos rabínicos.

1. Josefo, *Antigüedades de los Judíos* (18.3.3 [18.63-64] y 20.9.1 [20.200-203]). José, hijo de Matías, nació en el año 37 dC. en el seno de una familia sacerdotal. Niño precoz, estudió las doctrinas de las principales sectas judías y se hizo fariseo. Durante la revuelta judía contra Roma se le puso al frente de la defensa de Galilea a pesar de que solo tenía veintinueve años. Preparó las defensas y reclutó tropas para el inevitable ataque romano. Hacia el año 67, la única fortaleza judía que quedaba en Galilea era la de Jotapata que cayó también tras un sitio de 47 días. Josefo consiguió huir de la ciudad escondiéndose en una cueva con otros cuarenta judíos. Siendo descubiertos, el grupo decidió que la salida más honrosa dadas las circunstancias era un suicidio colectivo. No obstante, Josefo y otro compañero consiguieron conservar la vida mediante un truco y ambos se entregaron a los romanos (*Guerras* 3.8-9 [3.392-403]).

Cuando fue llevado ante Vespasiano, el general romano, Josefo le saludó como César, y predijo que tanto él como su hijo Tito llegarían a ser emperadores. En el año 68, Nerón fue sucedido por Galba, Otón y Vitelio que entre los tres apenas consiguieron reinar un año. Dado el caos que existía en Roma, las legiones de Vespasiano le proclamaron emperador y tanto él como su hijo se convirtieron en los soberanos del Imperio. De este modo, la suerte de Josefo cambió radicalmente: fue puesto en libertad y se convirtió en su pupilo; también se le dio el nuevo nombre de Flavio Josefo (Flavio era el nombre familiar de Vespasiano y de Tito). Durante el sitio de Jerusalén, Josefo trabajó como traductor e intérprete de Tito y se convirtió en un apologista de Roma.

Tras la guerra, Josefo regresó a Roma con Tito donde escribió varias obras. Las más conocidas son *Las Guerras de los Judíos* (77 dC.) y la aun más importante, *Antigüedades de los Judíos* (93 dC.). (Escribió también *La Vida de Josefo*, una defensa de su conducta durante la revuelta judía y, *Contra Apio*, donde defiende la religión judía). En sus *Antigüedades* hay dos importantes referencias a Jesús. La más famosa se conoce como el «Testimonium Flavianum»:

Por este tiempo vivió Jesús, un hombre sabio, si es que puede llamársele hombre, puesto que realizó proezas sorprendentes y fue el maestro de quienes aceptan con agrado la verdad. Ganó para su causa a muchos de los judíos y también de los griegos. Era el Mesías. Cuando Pilatos, después de oírle por la acusación de hombres de las más altas posiciones entre nosotros, le condenó a ser crucificado, aquellos que primeramente le habían amado, no dejaron de hacerlo. Al tercer día se les apareció vivo de nuevo, porque los profetas de Dios habían predicho éstas y otras cosas maravillosas acerca de Él. Y la tribu de los cristianos, así llamados según su nombre, no ha desaparecido hasta hoy (18.3.3 [18.63-64]).

A primera vista este testimonio de Jesús es muy impresionante. Sin embargo, cuando reflexionamos al respecto surgen muchas preguntas. En toda la monumental obra de Josefo solo hay una mención más de Jesús, cuando aquél habla de Santiago un poco antes de su martirio que tuvo lugar en el año 62:

> Poseído por este carácter, Anás [el sumo sacerdote] pensó que tenía una oportunidad puesto que Festo estaba muerto y Albino todavía no había tomado posesión del cargo [tanto Festo como Albino fueron gobernadores romanos]. De modo que se puso de acuerdo con los jueces del Sanedrín y llevó delante de ellos a un hombre llamado Santiago, el hermano de Jesús, llamado el Cristo y a algunos otros (20.9.1 [20.200-203].

Esta última referencia a Jesús plantea la pregunta de si alguien que primero ha afirmado positivamente que Jesús es el Mesías, puede ahora hablar de él llamándole simplemente «Jesús, llamado el Cristo».

También se presentan otros problemas. Orígenes nos informa de que Josefo no era cristiano (*Contra Celso* 1.47). Si esto es cierto, ¿dónde queda el supuesto testimonio de que Cristo era el Mesías y que resucitó de los muertos? Es también muy significativo que los Padres Apostólicos no citaran el Testimonium Flavianum en sus obras de carácter apologético. Esto sería muy extraño si éstos hubieran sabido que Josefo, el famoso historiador, había escrito una recomendación tan contundente de Jesús y una afirmación de la resurrección. El autor cristiano más temprano que se refiere al *Testimonium Flavianum* es Eusebio y no lo hace hasta el siglo IV.

Otro problema relacionado con la autenticidad de este pasaje es la falta de continuidad del argumento de Josefo. El relato inmediatamente anterior termina con las palabras «de este modo se terminó el alzamiento». El pasaje siguiente comienza diciendo: «Por aquel mismo tiempo se produjo otro ultraje que provocó una nueva y airada protesta de los judíos». Por ello, si bien la omisión del Testimonium permite que este pasaje se entienda sin mayor problema, su inclusión introduce una ruptura de la continuidad argumental y suscita la cuestión de si dicho Testimonium no podría haber sido introducido posteriormente por otra persona. A pesar de que los manuscritos griegos más antiguos de las *Antigüedades* (siglo XI) contienen este testimonio de Jesús, su autenticidad es muy dudosa y controvertida.

Existen tres posibles posiciones respecto al Testimonium Flavianum. La primera es la de aceptar como válida, sin más, la autoría de Josefo. De ser auténtica, tendríamos una referencia histórica de importancia capital procedente de un historiador judío del primer siglo. Sin embargo, pocos eruditos asumen este punto de vista. Una segunda alternativa sería considerar el Testimonium como la adición de un copista cristiano que habría puesto este testimonio de Jesús en la célebre pluma de Josefo. La tercera alternativa sería considerar la forma actual y positiva del testimonio como la versión corregida de una afirmación negativa o neutral hecha con anterioridad por Josefo.

El hecho de que las obras de Josefo fueran preservadas y transcritas principalmente por copistas cristianos, da apoyo a las dos últimas posiciones, no obstante, la opinión de los investigadores está dividida entre ambas. La mayoría de ellos está, no obstante, de acuerdo en rechazar la forma presente del Testimonium Flavianum como auténtica, y los que se adhieren a la segunda posición rechazan completamente este texto como una fuente válida para el estudio de la vida de Jesús.

2. Los escritos rabínicos. El escrito rabínico más importante es el Talmud que consta de dos partes, la Misná i la Guemará. La Misná es una recopilación de las tradiciones orales del judaísmo que circularon durante el periodo que va aproximadamente desde el año 200 aC. hasta el 200 dC. (comparar Mr. 7:1-13). Según la tradición, fueron compiladas en hebreo por el rabino Judá. (Otras tradiciones que no aparecen en la Misná se incorporaron más adelante en una obra titulada Tosefta). Estas tradiciones dieron origen a varios comentarios sobre ellas recogidos en la Guemará y que se escribieron en arameo. La Misná y la Guemará forman el Talmud.

La Guemará, que surgió en Palestina, se comenzó a combinar con la Misná entre los años 350 y 400 dC. y forman la obra que se conoce como el Talmud de Palestina o de Jerusalén (tj). En Babilonia y alrededor del 500 dC. se añadieron más comentarios a la Misná. Juntos forman el más conocido y voluminoso *Talmud Babilónico*. El Talmud consta de sesenta y tres «tratados» que están dispuestos en seis «Órdenes». El problema principal que plantean los materiales talmúdicos es el de separar las añadiduras posteriores de los materiales más tempranos. Muy a menudo se confirma que los materiales talmúdicos no representan el simple testimonio de lo que realmente sucedió en periodos anteriores, sino más bien una redacción idealizada de lo que hubiera sucedido si la concepción rabínica posterior de la ley hubiera estado en vigor en los tiempos en cuestión.

El Talmud contiene varias referencias a Jesús. La más famosa de ellas es la que se encuentra en *tb Sanedrín* 43 a (b):

En la víspera de la Pascua Yeshu fue colgado porque cuarenta días antes de su ejecución, un heraldo clamó: «va a ser apedreado porque ha practicado la magia y ha llevado a Israel a la apostasía. Si alguien tiene algo que decir en su favor, que pase adelante y le defienda». Pero puesto que no se presentó ninguna prueba a su favor fue colgado en la víspera de la Pascua. Ulla replicó: ¿Crees que era alguien a quien podía defenderse? ¿Acaso no era uno de esos *mesiths* [embaucador] acerca de quienes la Escritura dice, *no lo perdonarás ni lo encubrirás*? No obstante, en el caso de Yeshu fue distinto porque tenía contactos en el gobierno [o la realeza; es decir, era influyente]. Nuestros rabinos enseñaron que Yeshu tuvo cinco discípulos: Mattai, Nakai, Nezer, Buni y Todah.

Existen ciertos paralelismos entre esta tradición y el relato de los Evangelios. La muerte de Jesús se asocia con la Pascua y tuvo lugar efectivamente durante la víspera de esta festividad (cf. Jn 19:31). De manera indirecta se da testimonio de sus milagros por medio de la afirmación de que había practicado la magia (cf. Mr. 3:22 donde los milagros de Jesús se atribuyen a una fuente demoníaca). Se le acusa de apostasía y, a pesar de que la pena por este delito es la «lapidación» Jesús no murió de este modo sino que fue «colgado», es decir, crucificado. Nada se dice respecto al papel de los romanos en el juicio de Jesús. Sin embargo, esto no tiene nada de extraño si consideramos que el interés de la Misná está en explicar la ley judía, y en este sentido, el papel de Roma es por completo irrelevante. Hay un claro reconocimiento de que los dirigentes de Israel participaron activamente en la muerte de Jesús. Se menciona el hecho de que Jesús tuvo discípulos, aunque solo se menciona a cinco de ellos y sus nombres no parecen tener demasiado sentido (Mattai= Mateo, Nakai= ¿Nicodemo?, Nezer= ¿Nazareno?, Buni= ¿Boanerges, los hijos del trueno? y Todah= ¿Tadeo?).

Se plantea la pregunta de si este material procede de tradiciones orales de los propios testigos presenciales del juicio o si proviene de personas que tuvieron acceso a algún relato de lo sucedido narrado por los testigos directos. De ser así, estas tradiciones serían muy valiosas. No obstante, la mayor parte del material procede de debates posteriores entre judíos y cristianos y parece ser de naturaleza apologética. Por ejemplo, la declaración de que se estableció un plazo de cuarenta días para que pudieran comparecer testigos a favor de Jesús suena a una defensa por parte de los judíos de la afirmación cristiana en el sentido de que el juicio de Jesús no fue justo. Por ello, aunque este material resulta muy útil y valioso para la investigación del judaísmo y de la iglesia antigua durante los siglos II al V, no lo es tanto para el estudio de la vida de Jesús.

Existen algunos otros pasajes del Talmud en los que se han visto referencias a Jesús; sin embargo, tales referencias son en su mayor parte problemáticas puesto que no le mencionan directamente. Esto podría explicarse mediante la costumbre judía de evitar pronunciar el nombre de herejes. Los pasajes siguientes pueden ser una respuesta a la defensa cristiana de la concepción virginal:

También a Balaam, hijo de Beor, el adivino [mataron a espada los hijos de Israel]. ¿Adivino? ¡Era un profeta! Dijo el rabino Johanan: en principio era un profeta, pero por ello era adivino. El rabino Papa observó: lo que dicen los hombres es: «Aquella que descendía de gobernantes y príncipes se hizo la prostituta de carpinteros». (*tb Sanedrín* 106a cf. También con 106b).

Dijo el rabino Simeón B. Azzai: existe en Jerusalén un legajo de registros genealógicos que dice: «tal y tal persona es un bastardo [puesto que ha nacido] de [una unión prohibida con] una mujer casada», lo cual confirma la idea del rabino Joshua (*tb Yebamot* 49a).

Esto también recuerda lo dicho por Celso según lo escribe Orígenes (248 dC.): «Volvamos, no obstante, nuevamente a las palabras puestas en boca del judío, que afirman que la madre de Jesús fue abandonada por el carpintero con quien estaba desposada, ya que había sido hallada culpable de adulterio habiendo tenido un hijo con cierto soldado llamado Pantera» (*Contra Celso* 1:32). Es evidente que este texto representa una defensa del neoplatónico Celso en contra de la afirmación cristiana de que María, la madre de Jesús, era virgen cuando le concibió. Puede que aquí haya incluso un juego de palabras: aunque los cristianos afirmaban que Jesús fue concebido por una virgen (*parthenos* es el término griego para virgen), sus adversarios decían: «No, no ha nacido de una *parthenos* sino de un/a *panthera*». Con solo cambiar la «r» de lugar se «revelaba» el nombre del verdadero padre de Jesús y se afirmaba que éste era un hijo ilegítimo.

Las anteriores referencias de los tratados *Sanedrín* y *Yebamot* podrían representar perfectamente un ataque parecido a la posición cristiana. Existen varios argumentos a favor de esta interpretación. Para empezar, aunque en tales referencias no se consigna el nombre de la mujer y del niño, se asume que todo el mundo entendería perfectamente de quién estaban hablando. Sin duda, Jesús habría sido el principal candidato a ojos del pueblo. En segundo lugar, la referencia a un carpintero encajaría bien con el hecho de que tanto José como Jesús eran de este oficio, a pesar de que quien se describe con tal profesión no es el marido de María sino el adúltero. Puede también que la alusión a María como descendiente de príncipes y gobernadores se deba a los registros genealógicos de los Evangelios donde aparecen personajes como David, Salomón y Zorobabel (Mat. 1:1-17; Lc. 3:23-37). Se ha afirmado también que para los judíos, el nombre de Balaam se consideraba como un tipo de Jesús. De ser así, los pasajes anteriores serían posiblemente referencias a Jesús concebidas como una respuesta propagandística contra las afirmaciones cristianas. Sin embargo, son de naturaleza secundaria y fruto del debate posterior entre judíos y cristianos más que de informes contemporáneos hechos por testigos presenciales de los hechos.

También se ha sugerido que ciertos pasajes que tratan del asunto de la herejía se refieren posiblemente a Jesús aunque su nombre no se menciona directamente.

tb Berakot 17b: «Ojalá que nuestros colaboradores no sean como los de Eliseo de quien surgió Giezi. Que no produzcamos hijos o discípulos que se pongan en evidencia públicamente». Un manuscrito (M) añade al final de este dicho, «como el Nazareno».

tb Sanedrín 103a: «Otra interpretación: *'ningún mal te acontecerá'* —no serás aterrorizado por pesadillas o pensamientos de terror— *'ni ninguna plaga se acercará a tu morada'*, no tendrás ningún hijo ni discípulo que públicamente queme la comida». La expresión «queme la comida» se refiere a aceptar la herejía o difundirla.

El Talmud contiene otras posibles alusiones a Jesús o a su enseñanza como en *tb Sabat* 116b (una posible referencia a Mt. 5:17) y en *tb Sane-*

drín 107tb, donde un manuscrito se refiere a «Jesús Nazareno, [quien] practicó la magia y descarrió a Israel».

La cuestión clave que se plantea es la del origen de estos comentarios rabínicos. El valor de tales referencias aumentaría en gran medida si hubieran emanado de personas contemporáneas de Jesús que hubieran presenciado directamente los sucesos que narraban, aunque representaran la óptica de los oponentes de Jesús. Sin embargo, en varios momentos del relato, algunos aspectos de estas narraciones hacen pensar más en la interacción judía con las afirmaciones de la Iglesia de un periodo posterior que en un testimonio de primera mano de los hechos. Esto es especialmente cierto en lo que se refiere a cuestiones como la afirmación de que se estableció un periodo de cuarenta días para buscar testigos favorables a Jesús antes de su juicio y, en el caso de que los relatos se refieran a Jesús, el que el origen de su nacimiento no fuera una concepción virginal sino el adulterio de su madre. Por ello, los materiales rabínicos son principalmente valiosos en tanto que aportan información sobre el judaísmo de los siglos II, III y IV, e incluso considerados de este modo han de leerse desde una óptica crítica. Sin embargo, al igual que sucede con las fuentes paganas, los materiales rabínicos aportan poca información para el historiador que desea construir una vida de Jesús.

Fuentes cristianas

Fuentes extrabíblicas: Es evidente que no todo lo que Jesús dijo o hizo ha quedado registrado en los cuatro Evangelios canónicos. Esto es lo que se afirma explícitamente en Juan 21:25: «Y hay también muchas otras cosas que Jesús hizo, que si se escribieran con detalle, pienso que ni aun el mundo mismo podría contener los libros que se escribirían». Es probable que aun después de la redacción de los Evangelios, circularan oralmente algunas tradiciones acerca de Jesús, que más adelante se habrían puesto por escrito. Papías, un Padre de la Iglesia primitiva manifestó su interés por investigar algunas de estas tradiciones orales.

A diferencia de lo que hacían la mayoría, mi interés no estaba en aquellos que hablan mucho, sino en quienes enseñan la verdad; ni tampoco en quienes hablan de los mandamientos de otros, sino en quienes presentan aquellos que dio el Señor para que sean creídos y emanan de la propia verdad. Pero cuando en alguna ocasión vino alguien que había seguido a los presbíteros, les preguntaba por lo que éstos habían dicho, por las palabras de Andrés, Pedro, Felipe, Tomás, Santiago, Juan o Mateo, o por lo que había dicho cualquier otro de los discípulos del Señor, o por lo que estaban enseñando el presbítero Juan y Aristión, también discípulos del Señor. No pensaba que la información procedente de los libros me ayudaría tanto como las palabras de una voz viva e imperecedera (citado en la obra de Eusebio, *Historia Eclesiástica* 3.39.4).

¿Adónde podemos recurrir para encontrar estas tradiciones? Las principales posibilidades son (1) los evangelios apócrifos, en especial el *Evangelio de Tomás*, (2) varios hipotéticos manuscritos como el Q, el *Evangelio Secreto de Marcos* y un «Evangelio de la Cruz», (3) Las variantes textuales que encontramos en varios manuscritos de los Evangelios.

Durante la mitad del siglo segundo, comenzaron a aparecer una serie de obras llamadas evangelios apócrifos. Muchos de ellos reivindican, sin duda falsamente, una autoridad apostólica y llevan títulos como: *El Evangelio de la infancia de Tomás, el Evangelio de Pedro, el Evangelio de Nicodemo, el Evangelio de Felipe, el Evangelio de Bernabé, el Evangelio de María, el Evangelio de Tomás y el Evangelio de los Doce Apóstoles*. Otro tipo de títulos son: *el Evangelio de la Verdad, el Evangelio de los Ebionitas, el Evangelio de los Egipcios, el Evangelio de los Hebreos, el Evangelio de los Nazareos, el Protoevangelio de Santiago y el Evangelio Secreto de Tomás*. Otros llevan nombres de herejes *como el Evangelio de Cerinto, el Evangelio de Basilides, el Evangelio de Marción, el Evangelio de Apeles, el Evangelio de Mani*, etcétera. Existen también fragmentos de papiro pertenecientes a otros evangelios de este tipo.

Respecto a su carácter, estas obras son muy distintas, las hay ortodoxas, semiortodoxas, heterodoxas y claramente heréticas. De algunas de ellas tenemos todo el texto, de otras solo poseemos algunos fragmentos y hay un tercer grupo del que solo tenemos constancia porque se mencionan en otras obras. Es evidente que tales obras son de gran valor para el estudio de la Iglesia de los siglos II, III y IV, sin embargo, su utilidad como fuente para la investigación de la vida de Jesús es objeto de debate. Algunos escritos como *el Evangelio de la Verdad* (que no es más que un tratado teológico gnóstico del siglo segundo) no tienen un valor real:

El evangelio de la verdad es alegría para aquellos que han recibido del Padre de la Verdad la gracia de conocerle, mediante el poder del Verbo que procede del *pleroma*, aquel que está en la mente y en los pensamientos del Padre, es decir, aquel a quien se conoce como el Salvador, siendo ello el nombre de la obra que ha venido a llevar a cabo para la redención de aquellos que estaban en ignorancia con respecto al Padre, mientras que en el nombre del evangelio se proclama la esperanza que encuentran aquellos que le buscan (1.3: *The Nag Hammadi Library in English* [San Francisco, Harper, 1988]).

Algunas obras representan relatos imaginarios acerca de los periodos de la vida de Jesús que no se mencionan en los Evangelios canónicos. En el *Evangelio de la Infancia de Tomás* tenemos un ejemplo típico y bien conocido:

Cuando este muchacho, Jesús tenía cinco años, estaba jugando cerca de un riachuelo, puso en pequeños estanques el agua que descendía de la corriente; ésta, al momento y a una sola palabra de él, se hizo completamente limpia. Después hizo barro, y con él modeló doce gorriones. El día que hizo estas cosas era sábado y había muchos otros niños jugando con él. Cierto judío, viendo que Jesús estaba jugando durante el sábado fue inmediatamente a ver a José, su padre, y le dijo: «Tu hijo ha estado jugando en el riachuelo y ha hecho doce pajarillos de barro con lo cual ha profanado el sábado». Cuando José fue al lugar y le vio, le dijo con voz alterada: «¿Por qué haces en sábado cosas que no están permitidas?». Pero Jesús, dando una palmada les dijo a los gorriones, «¡Marchaos!», y los pajarillos echaron a volar y se alejaron piando. Cuando vieron esto, los judíos se sorprendieron y fueron a decirles a sus líderes lo que habían visto hacer a Jesús (2.1-5; *ANT*, pp. 75-76)

El *Evangelio de la Infancia de Tomás* sigue explicando que un niño judío cayó muerto cuando rompió uno de los estanques que Jesús había hecho. Otro niño que corría y chocó accidentalmente con Jesús, también cayó muerto. Es fácil advertir que estos relatos carecen de cualquier base histórica en la vida de Jesús. Juan 2:11 afirma explícitamente que el milagro de las bodas de Caná fue la primera señal o milagro de Jesús. Sin duda, lo que tenemos en estas narraciones es un intento por parte de cristianos piadosos (o no) de constatar el modo en que el Hijo de Dios se habría conducido durante sus años tempranos.

De entre todos los evangelios apócrifos el *Evangelio de Tomás* destaca en importancia por encima de todos los demás. Esta obra copta fue descubierta en 1945 entre los numerosos manuscritos que se encontraron en la localidad egipcia de Nag Hammadi. Algunos fragmentos de papiros griegos (*Oxyrhyunchus Papyrus* 1, 654, 655) descubiertos en 1897 y en 1904 parecen ser parte de las tres copias distintas de esta obra. La fecha del *Evangelio de Tomás* es una cuestión muy debatida. Algunos afirman que su forma original dataría de mediados del primer siglo y es anterior a cualquiera de los Evangelios canónicos. El mencionado manuscrito copto data aproximadamente del año 400 mientras que los fragmentos de papiro son del año 200. La forma presente probablemente hay que datarla alrededor del año 150, aunque contiene dichos que se remontan al primer siglo. Existe cierta controversia respecto a si hubo o no una forma más antigua de este Evangelio.

El *Evangelio de Tomás* consta de una colección de 114 dichos. Algunos de ellos repiten casi literalmente los dichos que encontramos en nuestros Evangelios; otros se parecen mucho a ellos, pero han sido modificados (de un modo interesante) o se les ha añadido algo. Otros son muy extraños y dejan traslucir un claro talante gnóstico:

> Jesús dijo: si os dicen, ¿de dónde procedéis? Decidles, hemos salido de la luz, del lugar de donde la luz llegó a existir solo por medio de sí misma... y se ha revelado a sí misma en la imagen de ellos. (50)
> Sus discípulos [*mathetes*] le dijeron: veinticuatro profetas [*prophetes*] hablaron en Israel, y todos ellos lo hicieron de [literalmente en] ti. Él les dijo: habéis abandonado a Aquel que vive y que está en vuestra presencia y habéis hablado de los muertos (52).
> Jesús dijo: yo soy la luz que está por encima de todo. Soy el Todo. El Todo procede de mí y me ha alcanzado. Astilla el tronco y me encontrarás, levanta la piedra y allí estaré (77).
> Jesús dijo las imágenes [*eikon*] les son manifiestas a los hombres, y la luz que subyace en su interior está oculta en la imagen [*eikon*] de la luz del Padre. Él se manifestará, y su imagen [*eikon*] queda eclipsada por su propia luz. Jesús dijo: los días en que ves tu semejanza son días gozosos. Sin embargo, cuando [*hotan de*] ves tus imágenes [*eikon*], que comenzaron a existir antes que tú –que ni [*oute*] mueren ni [*oute*] se manifiestan–, ello representa una gran carga (83-84).

Otros de los conceptos que se expresan no son necesariamente gnósticos pero sí muy extraños:

> Los discípulos [*mathetes*] dijeron a Jesús: sabemos que te irás de nosotros, ¿quién será (entonces) el mayor entre nosotros? Jesús les dijo: cuando llegue este momento, iréis a Jacobo el justo [*dikaios*], por cuya causa fueron creados los cielos y la tierra (12).
> Jesús dijo: el reino es como un pastor que tenía cien ovejas. Una de ellas se descarrió; era la más grande; dejó las noventa y nueve y la buscó hasta hallarla. Después del enorme esfuerzo le dijo a la oveja: te amo más que [*para*] a las otras noventa y nueve (107).

A pesar de estas ideas tan extrañas, lo que hace del *Evangelio de Tomás* un texto valioso, son una serie de dichos que son similares o casi idénticos a los de nuestros cuatro Evangelios. La mayoría de los eruditos no creen que estos textos procedan de los Evangelios canónicos sino de tradiciones separadas, ya sean orales o escritas. De ser así, en estos escritos tendríamos un testimonio independiente de las tradiciones de los Evangelios. En tales casos, cuando estas tradiciones se ponen del lado del dicho de un Evangelio en contraposición con el de otro, da apoyo a la autenticidad de aquel con que coincide.

Encontramos un ejemplo de ello en la parábola de la Gran Cena. En la forma de esta parábola que aparece en Lucas (Lc. 14: 15-24), los siervos son enviados dos veces en busca de nuevos invitados a la cena y, al hacerlo, el evangelista alude a la misión gentil de su día. Sin embargo, tanto en la forma de Mateo (Mt. 22.1.14) como en la del *Evangelio de Tomás* (64) se menciona un solo envío de los siervos en busca de invitados. Esto sugiere que el segundo envío es una adición de Lucas. Otros dichos del *Evangelio de Tomás* que se parecen a los de nuestros Evangelios son los de los vv 26, 31 y 47:

> Jesús dijo: miras la mota que hay en el ojo de tu hermano pero *[de]* no ves la viga que hay en el tuyo. Cuando *[hotan]* saques la viga de tu ojo, entonces verás bien para poder sacar la mota del ojo de tu hermano (26).
> Jesús dijo: ningún profeta *[prophetes]* es acepto en su pueblo; ningún médico ejerce *[therapein]* entre aquellos que le conocen (31).
> Jesús dijo: es imposible que un hombre pueda montar dos caballos a la vez (y) tensar dos arcos, y es igualmente imposible que un siervo

sirva a dos señores; o bien *[e]* honrará *[timan]* a uno y despreciará *[hybrizein]* al otro (47).

Recientemente se han hecho algunas afirmaciones un tanto extravagantes respecto al valor histórico de tres hipotéticos documentos: Q, un Evangelio de la Cruz y el *Evangelio secreto de Marcos*. Q es una hipotética reconstrucción de una fuente utilizada por Mateo y Lucas (una compilación del material que aparece en Mateo y Lucas pero no en Marcos). La existencia de Q se basa en la idea de que Marcos fue el evangelio que se escribió primero, y que Mateo y Lucas hicieron uso de Marcos para la redacción de sus evangelios. Esto es algo que asumen la mayoría de los eruditos del Nuevo Testamento. De ser cierta tal suposición, la siguiente pregunta es ¿por qué hay tanto material en común en estos dos evangelios (unos 235 versículos) que no aparece en Marcos? ¿De dónde procede todo este material? Estrechamente relacionada con estas preguntas está la cuestión de si Marcos y Lucas se conocían o no entre sí: ¿Fue Mateo quien utilizó el texto de Lucas para escribir su evangelio o viceversa? Existen numerosas razones para concluir que Mateo y Lucas no se conocían entre sí, por ello estos evangelistas deben de haber usado otra fuente común además de Marcos. (Probablemente, la designación «Q» procede de la primera letra del término alemán *quelle* que significa «fuente»). Esto es lo que creen la mayoría de eruditos del Nuevo Testamento.

Esta teoría ha dado origen a algunas reconstrucciones y conclusiones notablemente imaginarias. Se ha sugerido que hubo hasta tres ediciones distintas en la historia de la fuente Q y se ha descrito con toda confianza el perfil de la comunidad que dio origen a este documento así como las luchas que produjeron las nuevas ediciones. Sin embargo, cuando calculamos las probabilidades de que todo esto sea cierto nos damos cuenta de inmediato que se está construyendo sobre un fundamento arenoso. Observemos las presuposiciones que habría que asumir:

1. Que Marcos fue el primero de los Evangelios que se escribió (esto es muy probable, pero no deja de ser una teoría y no un axioma o prueba).
2. Que Mateo y Lucas no se conocían entre sí (nuevamente algo probable, pero mera teoría, no un axioma o prueba).
3. Que la fuente Q se escribió realmente (más cuestionable que las presuposiciones anteriores puesto que muchas de las coincidencias entre

Lucas y Mateo se podrían explicar mediante la existencia de una tradición oral común).

4. Que Q fue un solo documento escrito (más cuestionable aun puesto que el orden en que Mateo y Lucas disponen su material no demuestra que hayan utilizado un solo documento escrito).

5. Que Q revela la teología básica de una comunidad específica que creó este documento (altamente cuestionable). La mayor parte de la literatura es el producto de la acción individual. ¿Refleja Lucas la teología de una comunidad lucana o simplemente la de Lucas el autor? ¿Refleja Marcos la teología de una comunidad o simplemente la de Marcos? ¿O acaso Gálatas refleja la teología de una iglesia gálata? ¿No expone más bien la teología de un Pablo que quería corregir los errores de aquella iglesia? ¿Podemos acaso asumir que los receptores o creadores de las obras del Nuevo Testamento solo creían aquello que contenían tales obras? De ser así, las iglesias paulinas creían muy pocas cosas respecto al Jesús histórico, igual que las iglesias que se presentan en Hebreos, 1 y 2 Pedro, Santiago y 1, 2 y 3 Juan.

6. Aunque creamos que podemos determinar cuál era la forma final de Q que utilizaron Mateo y Lucas, asumiendo que Q era un solo documento escrito, es impensable entender que se pueda llegar a la forma de una edición anterior.

7. Es aún más impensable pretender que podamos reconstruir la edición original de esta hipotética obra.

8. Por último, suponer que podamos entonces determinar las luchas que supuestamente dieron origen a estas nuevas ediciones es algo sencillamente imposible.

La probabilidad de que esta última presuposición sea cierta equivale al resultado de la multiplicación entre sí de todas estas presuposiciones. En otras palabras, si las probabilidades de las primeras cinco hipótesis fueran (1) 90%, (2) 80%, (3) 60 %, (4) 50%, (5) 40 % la posibilidad de que la quinta sea cierta es de .90 x .80 x .60 x .50 x .40, o *¡un poco más del 8 %!* Algunos de los porcentajes anteriores son bastante generosos, y en nuestra ecuación ni siquiera hemos multiplicado las pequeñas probabilidades que suponen las presuposiciones 6-8. Se hace evidente que, con tales procedimientos, la investigación histórica se ha convertido en pura ficción.

La existencia del Evangelio de la Cruz y del *Evangelio Secreto de Marcos*, es aun más cuestionable. El Evangelio de la Cruz es una obra hipotética que se habría compilado a partir del *Evangelio de Pedro*, un tratado apócrifo de finales del siglo segundo. El llamado *Evangelio Secreto de Marcos* fue descubierto en 1958 por Morton Smith, pero no se publicó hasta 1973. El texto pretende ser una carta de Clemente de Alejandría (150-215). Se trata de una nota manuscrita que se encontró en una edición del siglo XVII de las obras de Ignacio de Antioquía en el monasterio de Mar Saba situado entre Belén y el Mar Muerto. Esta nota se escribió en el siglo XVIII en las últimas tres páginas de esta edición impresa de la obra de Ignacio. A excepción de Morton Smith, que hizo fotografías del material, nadie ha visto el manuscrito original. Es materia de debate si el manuscrito original es una falsificación o una verdadera carta de Clemente de Alejandría. Según algunos eruditos –que asumen que este material es un verdadero fragmento de una carta auténtica de Clemente de Alejandría– esta carta contiene elementos de un *Evangelio Secreto de Marcos* que antecede al Marcos de la Biblia y que habría servido de base para la forma temprana de un evangelio parecido al de Marcos. A partir de este texto se confeccionó una versión herética de Marcos que después de una reelaboración se habría convertido en nuestro Evangelio de Marcos. Deducir todo este complicado sistema sobre el fundamento de la adición a una obra impresa del siglo XVIII que nadie ha visto a excepción de su descubridor, implica edificar un edificio muy alto sobre unos cimientos excepcionalmente débiles. Por otra parte, varios eruditos han presentado argumentos convincentes en el sentido de que el material del *Evangelio Secreto* no constituye la base del material que se utilizó para el Marcos bíblico, sino que, por el contrario, el *Evangelio Secreto* presupone a Marcos.

El argumento a favor de la existencia de un *Evangelio de la Cruz* es, si cabe, menos convincente aun. Algunos de quienes sostienen esta posición afirman que tras el *Evangelio de Pedro* de finales del siglo II hay un *Evangelio de la Cruz* que sería la única fuente para la narrativa de la Pasión que encontramos en nuestros cuatro Evangelios. El relato de Marcos habría sido en tal caso utilizado por Mateo, Lucas y Juan, que también conocían este supuesto *Evangelio de la Cruz.* Sin embargo y al igual que sucede con el *Evangelio Secreto de Marcos,* se ha demostrado que el *Evangelio de la Cruz* contiene marcas muy reveladoras de su dependencia de los Evangelios canónicos. Por esta razón, no ofrece ningún acceso independiente a las tradiciones tempranas acerca del Jesús de la Historia.

El balance de nuestro análisis de las fuentes cristianas no canónicas, acaba siendo bastante negativo. Esto se hace evidente para cualquiera que lea los evangelios apócrifos. Estas obras, no solo fueron escritas mucho más tarde sino que casi siempre dan testimonio de ideas y situaciones muy alejadas del Israel del primer siglo en que vivió Jesús de Nazaret. Solo en el *Evangelio de Tomás* encontramos posiblemente algo de ayuda para entender al Jesús histórico. Sin embargo, también esta obra está impregnada de las ideas y enseñanzas del gnosticismo del segundo siglo. A pesar de ello, algunos textos de esta obra pueden dar testimonio de tradiciones del primer siglo respecto a las enseñanzas de Jesús.

Si estas tradiciones no eran dependientes de nuestros Evangelios canónicos –y es muy posible que fuera así– pueden servir en ocasiones para sustentar la autenticidad del material encontrado en uno de los cuatro Evangelios en contraposición con el que aparece en otro de ellos. Por ejemplo, si tenemos dos versiones de un dicho o de una parábola en Mateo y en Lucas, el testimonio del *Evangelio de Tomás* a favor de una de las dos versiones apoya la autenticidad de tal versión. Sin embargo, existen serios problemas para afirmar que un dicho que solo aparece en el *Evangelio de Tomás* sea auténtico.

Fuentes bíblicas: del Libro de los Hechos al Apocalipsis. Si excluimos los Evangelios, en el Nuevo Testamento encontramos menos información de lo que suponemos acerca de Jesús de Nazaret. Lo que aprendemos son principalmente algunas cosas relativas a su nacimiento, su carácter, algunos sucesos de su vida, su crucifixión y sus enseñanzas.

Respecto a su nacimiento, era descendiente de David (Ro. 1.3); como cualquier judío, creció bajo la ley (Gal. 4:4); era un verdadero hombre (es decir, su encarnación era verdadera; 1 Jn. 1:1-3; 4:1-3); era pobre (2 Cor 8:9). Aunque este último versículo se refiere principalmente a la *kenosis* de Jesús (el vaciamiento al que se sometió al hacerse un hombre), probablemente se refiere también a su posición económica cuando era niño.

Respecto a su carácter: era manso y tierno (2 Cor 10:1); justo (1 Ped. 3:18; comparar con Hechos 7:52); era sin pecado (2 Cor. 5:21; Heb. 4:15; 1 Ped 2:22); era humilde (Fil. 2:6-8); fue tentado (Heb 2.18; 4:15).

Respecto a ciertos sucesos de su vida: la cena del Señor (1 Cor 11:23-26), la Transfiguración (2 Ped 1:16-18), una posible referencia a Getsemaní (Heb 5:7).

Respecto a su crucifixión: experimentó hostilidad (Heb 12:3; Rom 15:3); fue traicionado (1 Cor 11.23 cf. Hech 1:15-20); los judíos presentes durante su juicio escogieron a Barrabás en lugar de a Él (Hech 3:14); los líderes judíos fueron responsables de su crucifixión (1 Tes 2.14-15; Hech 2:23, 36; 7:52); sufrió sin ofrecer resistencia (1 Ped 2:21-23); fue crucificado (por ejemplo 1 Cor 1:23); resucitó de los muertos (por ejemplo 1 Cor 15); ascendió a los cielos (Hech 1:8-11; Ef 4:8-10).

Respecto a algunas de sus enseñanzas: Comparar Rom 12.14 con Mt 5:44; Rom 12:17 con Mt 5:39; Ro 13:7 con Mr 12.17; Ro 13:8-10 con Mr 12:31; Ro 14:10 con Mt 7:1.

Si no fuera por los Evangelios estaríamos en una total ignorancia respecto a muchas cosas: el nacimiento de Jesús, su bautismo, su ministerio entre los marginados, los sucesos de Cesarea de Filipos, todo lo que rodeó a su juicio y crucifixión, sus milagros, las enseñanzas de sus parábolas, las bienaventuranzas y la oración del Señor. Está claro que los autores de los libros de Hechos a Apocalipsis no pretendían aportar información acerca de Jesús de Nazaret. Probablemente daban por sentado, como lo hacía Lucas con respecto a los lectores de su Evangelio y del libro de los Hechos, que ellos ya poseían esa información (cf. Lc 1:4).

Otra fuente de información respecto a la vida de Cristo son los Ágrafa. El término *ágrafa* combina *grafa* que significa «escritos» y la letra *a.* El carácter de negación de *a,* puede apreciarse en términos como teísta (ateo), moral (amoral), típico (atípico), etc. En el contexto del estudio de los Evangelios, esta expresión se refiere a los dichos no escritos de Jesús, es decir, auténticos dichos de Jesús que no aparecen en los Evangelios canónicos. Los dichos del Cristo resucitado (Ap 1.8, 11, 17-3:22; cf. Hech 9:4-6, 11-12, 15-16) quedan excluidos. Este material se busca en distintos lugares: en el Nuevo Testamento fuera de los Evangelios (Hch 20:35; Ro 14.14; 1Cor 7:10; 9.14; 11.23-26; 1 Tes 4.15-17, manuscritos variantes de los Evangelios (Lc 6:5 en el Códice D; Jn 7:53-8:11), los Evangelios apócrifos, en especial el *Evangelio de Tomás*, los escritos de los llamados Padres Apostólicos (ver por ejemplo la supuesta carta de Jesús al rey Abgar en la *Historia Eclesiástica* 1.13. 4-10) de Eusebio y obras misceláneas como el Talmud e incluso el Corán.

Es difícil demostrar que un supuesto ágrafa en una obra como el *Evangelio de Tomás* sea un verdadero dicho de Jesús. Por ejemplo, ¿sería un auténtico ágrafa el que encontramos en el *Evangelio de Tomás* 19: «Jesús dijo, bienaventurado aquel que ya era antes de devenir»? Es muy improbable que lo sea puesto que es muy distinto de lo que encontramos en los Evangelios y se parece mucho a la fraseología del gnosticismo del siglo segundo. Y ¿qué hacemos con el *Evangelio de Tomás* 47?: «Jesús dijo: es imposible que un hombre pueda montar dos caballos a la vez (y) tensar dos arcos, y es igualmente imposible que un siervo sirva a dos señores; o bien honrará a uno y despreciará al otro...» La última parte de este dicho concuerda con lo que leemos en Mt 6:24 y Lc 16:13 y muchos lo aceptarían de buen grado. Pero ¿qué decimos de la primera parte? Ciertamente no contradice lo que Jesús dijo en otros lugares, pero ¿es realmente auténtico? ¿Qué podríamos decir de la frase siguiente?: «Jesús dijo: es imposible que un hombre pueda montar dos caballos a la vez o conducir al mismo tiempo dos motocicletas». Sin duda, la segunda parte no puede ser auténtica ya que registra un anacronismo, algo que contradice lo que sabemos respecto a los tiempos de Jesús. Pero ¿qué podemos decir de la primera? Sin duda encajaría, pero fue redactada por el mismo autor que la primera. Indudablemente, el propio lector podría redactar dichos similares capaces de ajustarse al tiempo en que Jesús vivió y al contexto general de sus enseñanzas.

El problema con los ágrafas es sencillamente que, aunque podamos eliminar algunos de ellos que Jesús claramente no pudo haber dicho («Nadie puede conducir al mismo tiempo dos motocicletas»), es imposible demostrar cuáles son los auténticos. La prueba fundamental que habla en favor de la autenticidad de tales dichos tiene que ver con el valor que demos a sus testigos. Si damos poca credibilidad a los evangelios apócrifos, a los escribas posteriores que añadieron tales escritos a varios manuscritos y a los Padres de la Iglesia distanciados de los sucesos en cuestión por un considerable lapso de tiempo, entonces es difícil conceder mucha credibilidad a los presuntos dichos de Jesús de los que estamos hablando. Si concedemos una credibilidad más elevada a los textos del Nuevo Testamento, es entonces más probable que aceptemos dichos como «es más bienaventurado dar que recibir» (Hch 20:35) dada nuestra percepción positiva del testimonio del Nuevo Testamento. Al tomar esta actitud, hemos de reconocer nuestra predisposición. Damos más credibilidad al Nuevo Testamento que a otros libros porque consideramos que el Nuevo Testamento es una obra única, escrita bajo la guía de Dios de un modo que no reconocemos en estos otros materiales. Aparte de estas credenciales es difícil, por no decir imposible, aceptar como verdaderos ágrafas aquellos dichos que encontramos en los evangelios apócrifos y en otras fuentes no bíblicas.

Fuentes bíblicas: los Evangelios. Respecto a los Evangelios canónicos, siempre ha sido evidente que tres de ellos (Mateo, Marcos y Lucas) se parecen mucho entre sí, mientras que el otro (Juan) es muy distinto. El gran parecido que guardan los tres primeros Evangelios del Nuevo Testamento es lo que les ha hecho acreedores de la expresión «Evangelios Sinópticos», es decir, Evangelios que han de considerarse conjuntamente. La razón por la que estos Evangelios se parecen entre sí y la relación que ha habido entre ellos se ha llamado «el problema sinóptico». El carácter de esta relación se trató ya en una etapa muy temprana de la historia de la Iglesia. La solución general de este «problema» y el estado de las tradiciones antes de que se incorporaran a los documentos escritos puede expresarse como sigue.

Antes de que las tradiciones de Jesús fueran escritas para formar los Evangelios, este material circulaba entre los cristianos oralmente. De este modo, durante las primeras décadas de la Iglesia primitiva, el conocimiento de Jesús se impartía mediante la predicación y la enseñanza. El modo preciso en que se transmitían estas tradiciones acerca de Jesús, es un asunto muy discutido. Probablemente, el patrón más semejante que conocemos para explicar el modo en que se desarrollaba este proceso es el método de memorización que utilizaban los rabinos y sus estudiantes, tal como se describe en los escritos rabínicos, aunque la analogía presenta algunas dificultades.

Sea cual haya sido exactamente el método, Lucas afirma que todo ello tuvo lugar bajo la supervisión y vigilancia de quienes fueron testigos directos de los hechos (Lc 1:1-4). Al escribir su Evangelio, Lucas pretendía demostrar el carácter fidedigno de las tradiciones que habían instruido a Teófilo, el receptor inmediato de su Evangelio. Esto indica que debe de haber habido una estrecha continuidad entre las tradiciones orales con las que estaban familiarizados los lectores de Lucas y los relatos de su Evangelio y de los otros dos sinópticos (Marcos y Mateo). De haber habido una discontinuidad radical entre las tradiciones que conocía Teófilo y los relatos del Evangelio de Lucas se habrían generado dudas más bien que certeza (Lc 1:4).

Con el transcurrir del tiempo, se comenzaron a poner por escrito las colecciones de tradiciones orales. Estas obras incorporaban materiales muy parecidos a los que forman los Evangelios: colecciones de parábolas, relatos de milagros y controversias, la narrativa de la Pasión, etcétera. La mayoría de los eruditos creen que el primer Evangelio en escribirse fue el que llamamos *Evangelio de Marcos.* La tradición afirma que fue redactado conjuntamente por Juan Marcos y Pedro en algún periodo entre el año 65 y el 70 dC. Al escribir sus Evangelios, Mateo y Lucas probablemente utilizaron el Evangelio de Marcos, una colección de varios dichos de Jesús que no aparecen en Marcos (el material de la fuente Q junto con sus colecciones únicas de tradiciones), M (las tradiciones de Jesús que solo registra Mateo) y L (las que solo registra Lucas). Las fuentes M y L pueden haber sido tanto orales como escritas y puede que se trate solo de dos o que sean varias. Su redacción se sitúa en general entre los años 75 y 90 dC. Según la tradición, el Evangelio de Juan se escribió en un periodo más tardío (90-95 dC.), y aunque tradicionalmente se relaciona al apóstol Juan con este Evangelio, está claro que el último capítulo fue escrito por sus discípulos (ver Jn 21:24: ... sabemos [los autores del capítulo 21] que su testimonio [el del discípulo amado] es verdadero.

La tradición no ha atribuido autoría apostólica ni a Marcos ni a Lucas. Esto va en dirección contraria a la marcada tendencia de la Iglesia primitiva a dar a los Evangelios nombres de los apóstoles (Mateo, Juan y los evangelios apócrifos de Pedro, Pablo, Tomás, etcétera) y por ello hemos de prestar seria atención a este hecho. La atribución del segundo Evangelio a Juan Marcos que encontramos en el prólogo antimarcionita (150-180 dC.) debería considerarse con atención dada su descripción de éste como «flojo». Las secciones del Libro de Hechos en que el autor se incluye en la acción (Hch 16:10-17; 20:25-21:18; 27:1-28:16) encajan bien con la autoría de Lucas, y el hecho de que se mencione como autor a alguien que no era uno de los apóstoles, debería considerarse con seriedad.

Prácticamente, la tradición es unánime al atribuir a Mateo la autoría del primer Evangelio, sin embargo, también hay una gran unidad respecto a que Mateo habría redactado su obra en hebreo (probablemente en arameo). Esto plantea un serio problema puesto que no es nada fácil traducir al arameo el texto griego de Mateo, cosa que no cabría esperar que sucediera. El origen griego de la presente forma de Mateo encontraría también apoyo en la dependencia de este Evangelio del texto (griego) de Marcos. Por ello, la cuestión de la autoría del apóstol Mateo es una cuestión difícil de dilucidar. Una de las cuestiones más importantes relacionadas con este asunto es el valor que concedamos a la tradición. Si la tomamos seriamente, probablemente nos inclinaremos a ver la mano del apóstol en algún lugar de la formación de las fuentes del Evangelio de Mateo o en un proto-Mateo.

La tradición es también muy categórica con respecto a la autoría apostólica de Juan, y de nuevo hemos de preguntarnos cuál es el valor que concedemos al testimonio de la tradición. Otro factor que juega también un importante papel cuando se trata de dilucidar la reivindicación de una autoría apostólica (como es el caso de Mateo y Juan) o de tener estrechos vínculos apostólicos (Marcos con Pedro y Lucas con Pablo), es el de nuestras presuposiciones. Aunque casi nunca (o nunca) se habla de esto, la propia actitud hacia lo sobrenatural juega un papel muy importante en la reivindicación de una autoría apostólica de Mateo y de Juan o de los estrechos vínculos apostólicos de Marcos y de Lucas. Si alguien niega la vigencia de lo sobrenatural y la posibilidad de los milagros, ¿cómo pueden los Evangelios, para tal persona, haber sido escritos mediante el testimonio de testigos directos si estas obras registran numerosos milagros? (Y lo mismo se aplica al libro de los Hechos, cuyo autor pretende haber sido testigo ocular de los sucesos en las secciones en que él mismo se incluye en la acción mediante el uso de la primera persona del plural). ¿Cómo es posible que unos testigos directos de los hechos –cuya inteligencia y competencia histórica se ha cuestionado, pero no su integridad puesto que creían de verdad que el contenido de los Evangelios era cierto– escribieran relatos de milagros?. Así, si los autores creían lo que escribían (y no hay duda de que lo creían), entonces hay que desvincularse de los sucesos que narran (es decir, no pudieron ser testigos directos de ellos). Es, por tanto, evidente que las presuposiciones que tengamos en relación con el método histórico-crítico y el hecho de si los milagros quedan o no, por definición, excluidos de la Historia afectan de manera muy importante a la cuestión de la autoría de los Evangelios.

Criterios de autenticidad para los dichos de Jesús

¿Cómo podemos estar seguros de que un supuesto dicho de Jesús registrado en los Evangelios es auténtico (que Jesús realmente lo pronunció)? ¿Son los dichos que aparecen en nuestros Evangelios traducciones exactas de lo que Jesús dijo y enseñó durante su ministerio?

Se han hecho intentos de establecer ciertos criterios para juzgar la autenticidad de ciertos dichos y enseñanzas de Jesús. Algunos de tales criterios son más valiosos que otros, aunque hay un tercer grupo cuyo valor es muy cuestionable. No obstante, si una enseñanza de Jesús encaja en los parámetros de estos criterios, la probabilidad de que sea auténticamente suya se hace mayor, y, cuantos más criterios cumpla, más probable es su autenticidad. Existen seis criterios de carácter *positivo*: múltiple testimonio, múltiples formas, fenómeno lingüístico arameo, fenómeno del contexto palestino, disimilitud, patrones divergentes de la tradición en desarrollo. Los principales criterios negativos son tres: las tendencias de la tradición en desarrollo, la contradicción contextual y la contradicción de dichos auténticos.

1. El criterio del múltiple testimonio. A este criterio se le ha llamado también «Acercamiento del cotejo de secciones». Afirma que si las varias fuentes que encontramos en los Evangelios (Marcos, Q, L, M y Juan) dan testimonio de una enseñanza específica de Jesús, es en tal caso probable que sea auténtica. Un ejemplo es que tanto en Marcos (Mr 2:21-22), como en Q (Lc 11:20), M (Mt 5:17), L (Lc 17:20-21) y Juan (Jn 12:31), encontramos enseñanzas respecto a que el reino de Dios se ha hecho una realidad presente en el ministerio de Jesús.

2. El criterio de las múltiples formas. Como el anterior, también éste busca múltiples testigos que encuentra, sin embargo, en las distintas formas del material del Evangelio en lugar de en sus distintas fuentes. Aquí encontramos, por ejemplo, la enseñanza de Jesús en el sentido de que el reino de Dios había llegado, expresada mediante relatos en que Jesús se pronuncia (Mr 2.18-20), relatos de milagros (Lc 7:11-17), relatos acerca de Jesús (Lc 4:16-30), parábolas (Lc 14:15-24) y dichos (Mt 5:17).

3. El criterio del fenómeno lingüístico arameo. Este criterio plantea que, considerando que el primer idioma de Jesús era el arameo y que éste era también el lenguaje en que impartía su enseñanza, el hallazgo en los Evangelios de características lingüísticas de este idioma nos acerca a la situación de Jesús y hace más probable que tales enseñanzas procedan de Él. Un ejemplo de esto lo encontramos en Mateo 23.24 que cuando se traduce al arameo resulta en un juego de palabras (mosquito = *galma*, camello = *gamla*).

4. El criterio del fenómeno contextual palestino. Este se parece mucho al anterior, solo que en lugar de buscar fenómenos linguísticos que reflejen las expresiones originales (arameas) de Jesús, indaga la presencia de aspectos sociológicos, geográficos, religiosos o culturales de la tradición que delaten el contexto palestino en que se movía Jesús. Esto de nuevo incrementa la posibilidad de que la tradición en cuestión proceda de Jesús. Ejemplos de ello son: la parábola del sembrador (Mr 4.2-20), la del fariseo y el publicano (Lc 18:9-14), la gran

red (Mt 13:47-50), los trabajadores de la viña (Mt 20:1-16) y la parábola de las diez vírgenes (Mt 25:1-13).

5. El criterio de la disimilitud. Este criterio se ha estudiado con mucha
atención y se le ha concedido mucha importancia. Afirma que si una
tradición no pudo haber surgido en el contexto de la Iglesia primitiva
o del judaísmo del primer siglo, entonces debía proceder de Jesús. El
título «Hijo del Hombre» encajaría en este criterio. En un comienzo
los eruditos recibieron esta pauta con gran entusiasmo, sin embargo,
en la actualidad se considera bastante limitada en su uso. Sería igual
de lógico pensar que la gran mayoría de las enseñanzas de Jesús
tenían que ser distintas de las del judaísmo del primer siglo y de
las de la Iglesia primitiva, como suponer que la mayor parte de las
enseñanzas de Lutero lo serían de las de la Iglesia Católico-roma-
na del siglo XVI y del luteranismo. Este criterio nos ayuda a descubrir fragmentos de auténtica tradición. Sin embargo, por definición
solo puede revelarnos aquello que es exclusivo de las enseñanzas de
Jesús pero no lo que era más característico de ellas, ya que esto último tendría mucho en común con las enseñanzas de la Iglesia primitiva o con el judaísmo del primer siglo.

6. El criterio de los patrones divergentes de la tradición en desarrollo. Si
en un Evangelio encontramos un dicho de Jesús o un incidente que no
armoniza con el acento concreto del evangelista o que incluso entra
en conflicto con él, ello es un claro indicativo de la antigüedad del
dicho en cuestión, y en último análisis, de su autenticidad. Ello se
debe a que la única razón por la que el evangelista habría incluido la
tradición habría sido que ésta estaba bien establecida y habría circula-
do durante un prolongado período. Esto sitúa la tradición cerca
del tiempo de Jesús y apoya su autenticidad. Un dicho como el de
Mateo 11:13 («Porque todos los profetas y la ley profetizaron hasta
Juan», encajaría con este criterio dado el énfasis de Mateo respecto a
la permanente relevancia de la ley).

7. El criterio de las tendencias de la tradición en desarrollo. Si pudiéra-
mos establecer el modo en que se transmitían las tradiciones, podríamos trabajar retrospectivamente y eliminar de la tradición las tendencias. El problema de este criterio, es que las tradiciones orales no
estaban sujetas a «leyes». Al estudiar esta cuestión descubrimos que
en ocasiones las tradiciones se hacían más detalladas mientras que en
otras evolucionaban hacia una mayor generalización. En ocasiones se
tendía a dar nombres a los personajes que anteriormente no los te-

nían; otras veces se omitían. Por ello se está debatiendo mucho toda la cuestión de las tendencias existentes (si de hecho las había) al transmitir tales tradiciones.

8. El criterio de la contradicción contextual. Según este criterio, si un dicho o actividad de Jesús presupone una situación de su vida que no era posible, el dicho o la actividad no sería auténtico/a. Se ha sugerido que el dicho que menciona a la mujer que se divorcia de su marido (Marcos 10:12), no puede ser auténtico puesto que las mujeres judías no podían tomar la iniciativa en el divorcio. Hay que notar, sin embargo, que Juan el Bautista acababa de criticar al tetrarca de Galilea por haberse casado con una mujer que había hecho precisamente esto (Mr 6:17-18). Este ejemplo debería ser una advertencia respecto al peligro de usar este criterio de manera acrítica. Es difícil estar seguros de lo que Jesús pudo o no haber dicho. El dicho de Marcos 10:12 respecto a la mujer que se divorcia de su marido puede o no ser auténtico, pero decir que Jesús no pudo haberlo pronunciado es erróneo.

9. El criterio de la contradicción de dichos auténticos. Esta pauta sostiene que si nos encontramos en los Evangelios con un dicho que contradice algún material conocido como auténtico, el dicho en cuestión no lo es. Sin embargo, esto plantea el problema de que hemos de estar absolutamente seguros de que tal material es sin duda contradictorio. El abundante uso que hizo Jesús de la exageración, el lenguaje figurado y la hipérbole hace que tal certeza sea en ocasiones difícil de alcanzar.

Existe un peligro cuando, al utilizar estos criterios, asumimos que el peso de la prueba está con aquellos que creen que una tradición en concreto es auténtica. Tal peso de la prueba es injusto y prejuiciado. Igual que en materia de jurisprudencia asumimos que alguien es inocente hasta que no se demuestra lo contrario, también cuando se trata de tradiciones de los Evangelios hemos de considerarlas auténticas a no ser que se demuestre que no lo son. Los criterios que acabamos de enumerar son bastante limitados en cuanto a su alcance. Tales criterios no pueden aplicarse a un gran número de dichos de Jesús. Sin embargo, sí sirven para algo: si demostramos que la autenticidad de varios dichos o enseñanzas de Jesús pueden apoyarse según estos criterios (y es algo que podemos hacer), ello aporta confianza respecto a la autenticidad de otros dichos y enseñanzas que no pueden evaluarse con tales criterios.

Conclusión

Es evidente que no podemos aprender gran cosa acerca de Jesús de Nazaret de fuentes ajenas al Nuevo Testamento. Las fuentes no cristianas establecen fuera de cualquier duda razonable los mínimos siguientes: (1) Jesús fue sin duda un personaje histórico. Puede parecer innecesario establecer este hecho, sin embargo, algunos han venido negando la historicidad de Jesús; las fuentes extrabíblicas desautorizan claramente tal insensatez. (2) Jesús vivió en Palestina en el primer siglo de nuestra era. (3) Los dirigentes judíos tuvieron parte en la muerte de Jesús. (4) Jesús fue crucificado por los romanos siendo Poncio Pilato el gobernador de Judea. (5) El ministerio de Jesús se relacionó con milagros y hechicería. Estas fuentes no pueden aportarnos mucha más información.

En las fuentes cristianas extrabíblicas encontramos pocos datos que podamos sostener con certeza. Es posible que el *Evangelio de Tomás* contenga varios ágrafas, pero no puede demostrarse fehacientemente. Su principal valor radica en el apoyo que ofrecen a los Evangelios canónicos respecto a la forma de un dicho en concreto. Los otros evangelios apócrifos no tienen prácticamente ningún valor. En el Nuevo Testamento, aparte de los Evangelios, también encontramos cierta información que ya se ha pormenorizado. Sin embargo, en conjunto se trata de poco material. Desde los tempranos días de la iglesia primitiva se ha puesto de relieve, que cualquiera que desee conocer la vida de Jesús ha de recurrir a los Evangelios de Mateo, Marcos, Lucas y Juan.

Preguntas para la reflexión

1. Construye una tabla que ordene según su valor las distintas fuentes de que disponemos para estudiar la vida de Jesús.
2. Valora el contenido del «Testimonium Flavianum». Analiza su valor como fuente de información: ¿Cuáles son sus problemas para poder considerarlo fidedigno?
3. ¿Qué valor tienen los evangelios apócrifos para el estudio de la vida de Jesús? Razona tu respuesta.
4. ¿Cómo pueden explicarse las similitudes que existen entre los Evangelios sinópticos?
5. Enumera los criterios para valorar la autenticidad de los dichos de Jesús. ¿Cuáles son los puntos fuertes y débiles de cada uno de ellos?

Referencias

Birdsall, J. Neville. «The Continuing Enigma of Josephus' Testimony about Jesus». *Bulletin of the John Rylands University Library of Manchester 67* (1984): 609-22.

Bruce, F. F. *Jesus and Christian Origins Outside the New Testament.* Grand Rapids, Mich.: Eerdmans, 1974.

Cameron, Ron, ed. *The Other Gospels: Non-canonical Gospel Texts.* Philadelphia: Westminster Press, 1982.

Elliott, J. K. *The Apocryphal New Testament.* Oxford: Clarendon, 1993.

Evans, Craig A. «Jesus in Non-Christian Sources». En *Dictionary of Jesus and the Gospels,* editado por Joel B. Green, Scot McKnight and I. Howard Marshall, pp. 364-68. Downers Grove, Ill.: InterVarsity Press, 1992.

Hofius, Otfried. «Unknown Sayings of Jesus». En *The Gospel and the Gospels,* editado por Peter Stuhlmacher, pp. 336-60. Grand Rapids, Mich.: Eerdmans, 1991.

Jeremias, Joachim. *Unknown Sayings of Jesus.* Londres: S.P.C.K., 1958.

Meier, John P. *A Marginal Jew: Rethinking the Historical Jesus,* Vol. 1. Nueva York: Doubleday, 1991.

Schneemelcher, Wilhelm, ed. *New Testament Apocrypha.* Louisville, Ky.: Westminster Press, 1991.

Stein, Robert H. *The Synoptic Problem.* Grand Rapids, Mich.: Baker Book House, 1987.

Stroker, William D. *Extracanonical Sayings of Jesus.* Atlanta: Scholars, 1989.

Wenham, David, and Craig Blomberg, eds. *The Jesus Tradition Outside the Gospels.* Vol. 5 de *Gospel Perspectives.* Sheffield, U.K.: JSOT, 1985.

3

¿CUÁNDO SUCEDIÓ TODO ESTO?

El problema de la cronología

En su mayor parte, los autores de los Evangelios no demuestran un especial interés en ubicar cronológicamente varios acontecimientos de la vida de Jesús. Un examen de los Evangelios, aunque sea superficial, pone de relieve este hecho. La redacción del Evangelio de Marcos gira en torno a un sencillo marco geográfico. La primera parte trata de acontecimientos que se produjeron en Galilea y alrededores (Mr 1-9) y va seguida por una segunda que desarrolla sucesos acaecidos en Judea (Mr 10-16). Consecuentemente, cualquier acontecimiento que tuvo lugar en Galilea habrá que buscarlo en los primeros capítulos, mientras que los que se produjeron en Judea se localizarán en la segunda. (Por el contrario, en el Evangelio de Juan, Jesús se mueve constantemente entre Galilea y Judea). Mateo sigue a Marcos y mantiene este mismo marco Galilea-Jerusalén aunque alterna su relato entre series de sucesos (Mt 1-4, 8-9, 11-12 , 14-17, 19-22, 26-28) y dichos (Mt 5-7, 10, 13, 18, 23-25; comparar con 7:28-29; 11:1; 13:53; 19:1; 26:1). Lucas, por su parte, ha situado la mayoría de las enseñanzas de Jesús en dos secciones de su Evangelio (6:20-8:3 y 9:51-18:14). Todo ello no significa que los intentos de conseguir una cronología de la vida de Jesús no sean legítimos o no tengan valor. Sin embargo, sí representa una advertencia para que no pretendamos interpretar los Evangelios como si fueran diarios (tal como los entendemos hoy) de la vida de Jesús.

El nacimiento de Jesús

La muerte de Herodes

Puesto que Jesús nació «en tiempos del rey Herodes» (Mt 2:1; comparar con Lc 1:5) y puesto que conocemos con razonable certeza el año de la muerte de Herodes, podemos establecer la fecha límite (el *terminus ad quem*) para el nacimiento de Jesús. En el año 40 aC., el Senado Romano proclamó a Herodes rey de Judea. Tras tres años de lucha y con la ayuda de Roma, Herodes venció a sus oponentes y comenzó a reinar en el año 37 aC. Según Josefo, murió en el año trigésimo cuarto de su reinado (*Ant.* 17.8.1 [17.191]; *Guerras de los Judíos* 1.33.8 [1.665]). Según el calendario romano esto sucedió en el 750 A.U.C. (*ab urbe condita*, de la fundación de la ciudad [de Roma]). Traducido a nuestro calendario esto sería el año 4 aC. (nuestro calendario occidental es obra de Dionisio Exiguo, un monje escita que evidentemente erró en sus cálculos al menos en 4 años). Josefo declara que poco antes de la muerte de Herodes el Grande se produjo un eclipse lunar (Ant. 17.6.4 [17.167]). Este eclipse tuvo lugar durante la noche del 12 al 13 de marzo del año 4 aC. Josefo nos dice también que en aquel año, la Pascua (11 de abril) se celebró tras la muerte de Herodes (*Ant.* 17.9.3 [17.213]; *Guerras de los Judíos* 2.1.3 [2.10]). Por tanto, la muerte de Herodes puede situarse con bastante precisión en algún punto entre el 12 de Marzo y el 11 de abril del año 4 aC.; este mismo periodo marcaría también el límite para la fecha del nacimiento de Jesús.

Sin embargo, ¿cuánto tiempo antes de la muerte de Herodes nació Jesús? ¡Herodes reinó durante treinta y cuatro años! Si solo dispusiéramos de esta información habría que decir que Jesús nació en algún momento entre el año 37 y el 4 aC. Afortunadamente, contamos con más datos. Por lo que nos dice Lucas, sabemos que Jesús fue circuncidado ocho días después de su nacimiento (Lc 2:21; comparar 1:59; Fil 3:5; Lv. 12:3). Cuarenta y un días después del parto, María se sometió al rito de la purificación y Jesús fue «presentado» al Señor. Este último rito representaba una rememoración simbólica de la Pascua del Éxodo, cuando los primogénitos de Israel fueron protegidos por la sangre del sacrificio pascual y el ángel destructor no acabó con sus vidas (Ex 12:1-30). La redención simbólica de Jesús mediante este rito implicó el pago de una pequeña cantidad de dinero (cinco siclos según Nm 3:47-48). La purificación de María requería la aportación de un par de tórtolas o dos pichones (Lc 2:24).

Este sacrificio tiene implicaciones muy evidentes como indicativo de la posición económica de los padres de Jesús. Según Lv 12:6, el sacrificio normal para la purificación de una mujer constaba de un cordero y de una tórtola o un pichón. Sin embargo, si el matrimonio era pobre podía ofrecer solo un par de tórtolas o dos pichones (Lv 12:8). De modo que, cuarenta y un días después del nacimiento de Jesús, sus padres eran tan pobres que no podían presentar el sacrificio normal para la purificación. A juzgar por este detalle cabe deducir que los magos de Oriente no habrían llegado todavía con sus regalos de oro, incienso y mirra. Por tanto, podemos situar el nacimiento de Jesús al menos cuarenta y un días antes de la muerte de Herodes asumiendo que los magos se hubieran entrevistado con Herodes el mismo día de su muerte. Es muy improbable, sin embargo, que podamos compaginar en un solo día la visita de los magos a Herodes, la posterior visita de estos a Jesús en Belén y el descubrimiento de Herodes de haber sido burlado (Mt 2:1-12). Por ello, hemos de añadir algunos días más a los cuarenta y uno de que hemos hablado.

Mateo 2:16 y 19-20 sugiere que hemos de situar el nacimiento de Jesús en un punto aun anterior, puede que dos años antes de la muerte de Herodes. En su relato, Mateo señala que Herodes preguntó a los magos el «tiempo en que había aparecido la estrella» (Mt 2:7) y también que el asesinato masivo de los inocentes en Belén afectó a «todos los niños que había en Belén y en todos sus alrededores, de dos años para abajo, según el tiempo que había averiguado de los magos» (Mt 2:16). Con ello, Mateo está indicando que Jesús podría haber tenido hasta dos años cuando se produjo la visita de los magos. Si consideramos también que los magos encontraron a Jesús en una «casa» (Mt 2:11) en lugar de un «establo» (Lc 2:16), esto pondría de relieve que su visita tuvo lugar algún tiempo después de la de los pastores. De modo que podemos hablar de algún momento entre los años 7 y 5 aC. para situar el nacimiento de Jesús.

Las fechas de Lucas

Según Lc 2:1, Jesús nació en los días de César Augusto que reinó desde el año 44 aC. hasta el 14 dC. siendo Cirenio gobernador de Siria (Lc 2:2). La referencia a Cirenio es la que plantea el problema más serio respecto a situar el momento del nacimiento de Jesús. La mayoría de las fechas de los gobernadores de Siria de este periodo son bien conocidas: M. Titio (10 aC.), C. Sentio Saturnino (9-7/6 aC.), P. Quintilio Varo (7-6-4 aC.), Gayo César (1 aC.-4 dC.), L. Volusio Saturnino (4-5 dC.), P. Sulpicio Cirenio (6-7 dC.). No sabemos quién fue el gobernador durante el periodo del 3-2 aC., pero ésta no es una información importante puesto que es demasiado tarde para el nacimiento de Jesús.

Josefo sitúa a Cirenio como Gobernador de Siria solo en el 6 dC. (Ant. 17.13.5 [17.355] y 18:1.1 [18:1]. ¿Es, por tanto, errónea la mención de Cirenio como gobernador de Siria en el tiempo en que nació Jesús? Esto es lo que al parecer opinaba Tertuliano, uno de los padres de la Iglesia primitiva, según inferimos de un escrito suyo (*C. Marc.* 4.19) del año 210 dC. Tertuliano sostenía que cuando Jesús nació, el gobernador de Siria era C. Sentio Saturnino en lugar del Cirenio de Lucas 2:2. Sin embargo, no hay ningún apoyo textual para leer C. Sentio Saturnino en lugar de Cirenio en Lucas 2:2. Se han hecho distintos intentos de explicar esta dificultad histórica.

Uno de ellos sugiere que el término primero (*protos*) que aparece en Lucas 2:2 no debería traducirse como un adjetivo que califica a «censo» (*primer* censo) sino como un adverbio con lo que el texto diría: «este censo fue anterior al que hizo Cirenio» Aunque el término *protos* puede traducirse de estos dos modos, en esta frase sería algo insólito traducir «antes» dado el genitivo absoluto «siendo Cirenio gobernador» Las principales versiones de la Biblia son unánimes en traducir «primer censo».

Otra explicación que se ha sugerido es que el censo que se menciona en Lucas 2:2 y el que aparece en Hechos 5:37 representan dos aspectos del mismo censo. Lucas 2:2 se refiere a la *apographe* (el registro) que tuvo lugar bajo Saturnino en el año 7 aC. Este censo se habría completado catorce años después, bajo el mandato de Cirenio (6-7 dC.) mediante el *apotimesis* (la valoración censal tributaria). De este modo, al referirse a Cirenio, Lucas se estaría refiriendo (2:2) al gobernador más famoso que completó el censo. Esta supuesta solución plantea varios problemas. Uno de ellos es que no está nada claro que estas dos palabras fueran términos técnicos para designar dos distintas etapas de un solo censo. Josefo las utiliza indistintamente (*Ant.* 18.1.1 [18:1]). También hay que observar que Lucas utiliza el mismo término (*apographe*) tanto en Lc 2:2 como en Hch. 5:37. Parece, por tanto, que Lc 2:2 y Hch. 5:37 se refieren a dos censos distintos.

Otro de los argumentos que se utilizan para resolver esta dificultad es que Cirenio fue gobernador de Siria en dos ocasiones distintas. La última habría sido en el año 6 dC. y la primera –comisionado con carácter extraordinario por el Senado Romano para sofocar una revuelta en el sudeste de Turquía– entre los años 12 y 6 aC. (en aquel tiempo el sudeste de Turquía formaba parte de Siria; ver la *Geografía* de Estrabón, 12.6.5, y los *Anales* de Tácito 3:48). Se afirma que en esta primera ocasión se le concedieron poderes extraordinarios, y asimismo un cargo que le hacía co-gobernador junto con C. Sentio Saturnino. El apoyo fundamental para esta hipótesis se encuentra en una deteriorada inscripción (llamada Lapis Tiburtinus [*CIL* XIV, 3613]) que se encontró en Tivoli en 1764 y que en la actualidad se conserva en el Museo del Vaticano. En esta inscripción se menciona a un ciudadano romano, del que no aparece el nombre, que fue legado o gobernador en dos ocasiones distintas y que, al menos en la segunda, lo fue de Siria. Se ha sugerido que la inscripción se refiere a Cirenio y que la primera vez que fue legado, lo fue también en Siria. De modo que Cirenio no solo habría sido legado o gobernador en los años 6-7 dC. (todos están de acuerdo con esto), sino también en el periodo del 7-6 aC. La debilidad de esta tesis es que se ve obligada a suponer que la inscripción se refiere a Cirenio y que este fue legado de Siria en las dos ocasiones mencionadas.

Esta exposición pone de relieve que la referencia al censo de Cirenio en Lc 2:12 plantea una serie de problemas. ¿Está cometiendo Lucas un error histórico descomunal? La respuesta que demos a esta pregunta depende en gran medida de la impresión general que tengamos de Lucas como historiador. Si creemos de verdad que Lucas investigó «todo con diligencia desde el principio» (1:3) y que estaba convencido de que la lectura de su Evangelio aportaría a Teófilo una gran certeza respecto a las cosas en las que había sido instruido (1:4), en tal caso seremos muy cautos para decir que Lucas se equivocó. Dado que Lucas conocía la existencia del segundo censo que se llevó a cabo en 6-7 dC. durante el mandato de Cirenio (Hch 5:37), y teniendo en cuenta la exactitud general que se aprecia en el material del libro de los Hechos, deberíamos ser reacios a atribuir a Lucas un error tan mayúsculo. Por ello, aun dejando a un lado la cuestión de la inspiración divina, lo más sabio sea probablemente reconocer la dificultad de lo que Lucas dice pero abstenernos de catalogarlo de claro error. Puede que en el futuro aparezcan nuevas pruebas que resuelvan claramente el problema.

La visita de los magos

La aparición de la «estrella» de Belén (Mt 2:1-12) está estrechamente relacionada con el nacimiento de Jesús. La aparición de esta estrella se ha convertido en un importante tema de la música y el arte cristianos y sin ella, el relato de los magos se hace inconcebible. El interés de las antiguas civilizaciones en la Astronomía está bien documentado. Lo que quizás no sea tan conocido es la notable capacidad de los antiguos astrónomos para predecir las órbitas y conjunciones de los planetas y sus meticulosos registros de los fenómenos astronómicos. El relato que nos ofrece Mateo de la visita de los magos (Mt 2:1-12), ha suscitado algunas preguntas respecto a la estrella que, según se dice, les guió en su periplo.

Ya en 1606 el astrónomo Johannes Kepler intentó dar una explicación de este fenómeno astronómico hablando de una triple conjunción de los planetas Saturno y Júpiter que habría tenido lugar en los meses de mayo/junio, septiembre/octubre y diciembre del año 7 aC. El siguiente mes de marzo transcurrió bajo la conjunción de estos dos planetas. Kepler sostuvo que esta triple conjunción, que solo ocurre cada 805 años, era la «estrella» de Belén, y por ello concluye que Jesús nació en el año 7/6 aC. La tesis de Kepler se hace más interesante, si cabe, por el hecho de que en aquellos días se consideraba a Júpiter como una estrella de reyes y a Saturno se le relacionaba con el sábado y con los judíos. Esta conjunción encajaría con la sugerencia de que, probablemente, Jesús nació entre los años 7 y 5 aC.

Otra sugerencia que se ha planteado es que lo que vieron los magos fue una nova o una supernova. Estos fenómenos consisten en la explosión de una estrella que produce una proyección de luz fuera de lo normal durante varias semanas. Las novas son estrellas muy tenues, apenas perceptibles a simple vista y que sin embargo aumentan su luminosidad en más de 100.000 veces. Las supernovas son aún más espectaculares puesto que durante la explosión, su luminosidad se incrementa millones de veces, llegando en ocasiones a medirse en miles de millones. Tal explicación no es imposible aunque sí improbable ya que a lo largo de la Historia no se han registrado muchos de estos casos.

Se ha llegado a sugerir que la estrella era el cometa Halley, que se habría hecho visible entre los años 12/11 aC. Estas fechas son sin embargo, demasiado tempranas para situar el nacimiento de Jesús. Los registros chinos hablan de cometas y supernovas avistados en los años 5 y 4 aC. Por otra parte, si la «estrella» no fue la conjunción normal de unos planetas o cualquier otro fenómeno astronómico previsible sino una «estrella» de carácter milagroso, todos los intentos de explicar su naturaleza o de situarla en el tiempo serían erróneos.

La Astronomía y la Astrología gozaban de una notable popularidad en el Antiguo Oriente. Muchas personas de aquel tiempo habrían considerado la aparición de una nueva estrella como el presagio de un importante acontecimiento. Sería irresponsable dogmatizar respecto a la estrella de Belén. Sin embargo, personas como los magos, habrían observado el fenómeno y especulado respecto a su significado. Si aceptamos la posibilidad de que en Mateo 2:9 se esté utilizando lenguaje figurado, la conjunción de Júpiter y Saturno podría en tal caso haberse asociado con el nacimiento de un «rey» judío. Esto sería especialmente pertinente, si como sugieren Suetonio (*Vespasiano* 4) y Tácito (*Historias* 5:13), en aquel tiempo se esperaba la manifestación de un gobernador mundial procedente del judaísmo.

El comienzo del ministerio de Jesús

A primera vista parece que disponemos de una referencia cronológica muy clara respecto al comienzo del ministerio público de Jesús en Lucas 3:1-2:

> En el año decimoquinto del imperio de Tiberio César, siendo Poncio Pilato gobernador de Judea, y Herodes tetrarca de Galilea, y su hermano Felipe tetrarca de la región de Iturea y Traconite, y Lisanias tetrarca de Abilinia, durante el sumo sacerdocio de Anás y Caifás, vino la palabra de Dios a Juan, hijo de Zacarías, en el desierto.

A excepción de la referencia al año «decimoquinto» las demás referencias temporales de Lucas cubren un amplio periodo de tiempo. Pilato fue gobernador de Judea desde el año 26 al 36 dC.; Herodes fue tetrarca de Galilea desde el 4 aC. al 39 dC.; Felipe fue tetrarca de Iturea y Traconite desde el 4aC. al 34 dC.; Caifás fue sumo sacerdote aproximadamente desde el 18 al 36 dC. y Anás, su suegro, lo fue desde el 6 al 14, aunque retuvo el título y las prerrogativas ceremoniales hasta su muerte cuya fecha es incierta. El mandato de Lisanias como tetrarca de Abilinia no puede fecharse con demasiada precisión. Es evidente, por tanto, que hay un considerable periodo de coincidencia entre los gobiernos de los mandatarios que menciona Lucas.

Desafortunadamente, aun la referencia que hace Lucas al año decimoquinto del imperio de Tiberio César no es todo lo clara que nos gustaría. ¿Se refiere al año decimoquinto a contar desde la muerte de César Augusto el 19 de Agosto del 14 dC.? ¿O acaso al año decimoquinto desde que Tiberio fue proclamado co-emperador junto con Augusto en el año 11/12 dC.? De referirse a la primera opción, estaríamos hablando del año 28/29, y del 25/26 si se tratara de la segunda. Existen algunos otros factores que hacen este asunto aún más complicado. ¿Distinguía Lucas el año de instalación en el trono de los años de gobierno propiamente dichos, o consideraba el año de instalación (el tiempo que va desde el comienzo del reinado hasta el inicio oficial del gobierno propiamente dicho) como el primer año de gobierno? ¿Y cuál era el calendario que tenía en mente? ¿El romano o juliano? ¿El judío? ¿O acaso estaba pensando en el sirio-macedonio o en el egipcio? Si, como es más probable tratándose de un receptor griego, Lucas utilizó el calendario romano tenemos las siguientes posibilidades:

1. El año decimoquinto a partir de la co-regencia sin tener en cuenta el año de instalación en el trono: 25/26.
2. El año decimoquinto a partir de la co-regencia teniendo en cuenta un año para la instalación en el trono: 26/27.
3. El año decimoquinto a partir de su mandato en solitario sin tener en cuenta el año de la instalación en el trono: 28.
4. El año decimoquinto a partir de su mandato en solitario teniendo en cuenta un año para la instalación en el trono: 29.

Otra de las pruebas de que disponemos en nuestro intento de fechar el comienzo del ministerio de Jesús la encontramos en Juan 2:20. La afirmación de que la construcción del templo estaba en su cuadragésimo sexto año se hizo probablemente al comienzo de su ministerio. Según Josefo (*Ant.* 15.11.1 [15.380] la reconstrucción del templo comenzó en el año decimoctavo del reinado de Herodes el Grande, o aproximadamente entre el 20 y el 19 aC. En otro lugar, Josefo da una fecha distinta (*Guerras de los Judíos* 1.21.1 [1.401]), pero esta podría ser una referencia a la fecha del inicio de la planificación del programa de reconstrucción. Si aceptamos la fecha más probable del año decimoctavo, el año cuarenta y seis de la reconstrucción del templo, sería el 28 dC.

Por último, hay que observar que en 3:1-2, Lucas se refiere al comienzo del ministerio de Juan el Bautista. ¿Pero cuánto tiempo transcurrió entre el inicio de su ministerio y el bautismo de Jesús? ¿Fueron meses? ¿O acaso fueron años? Probablemente sea más bien lo primero. En vista de las anteriores consideraciones, la mayoría de eruditos creen que Jesús comenzó su ministerio aproximadamente en el año 28 dC.

La edad de Jesús

Según Lucas 3:23, Jesús «tenía unos treinta años» cuando comenzó su ministerio. Puede que Lucas supiera exactamente la edad de Jesús al iniciar su ministerio y que redondeara a treinta para establecer un paralelo con la edad que tenía David al comenzar su reinado (2 Sam 5:3-4 comparar con José [Gen 41:46], Ezequiel [Ez 1.1] y *CD* 17:5-6 donde se afirma que para poder servir en la comunidad de Qumram había que tener treinta años). Lo más probable, sin embargo, es que con esta expresión el evangelista estuviera admitiendo que no conocía la edad exacta de Jesús. Para Lucas, el que Jesús tuviera veinticinco, treinta, treinta y cinco años o cualquier edad dentro de este periodo no afectaba de ningún modo a su enseñanza o a su obra. Si Jesús nació entre el 7 y 5 aC. y si comenzó su ministerio hacia el 28 dC., tendría unos treinta y tres años al inicio de su manifestación pública.

En Juan 8:57, encontramos otra referencia a la edad de Jesús: «Por esto los judíos le dijeron: Aún no tienes cincuenta años, ¿y has visto a Abraham?». Estas palabras no deberían considerarse como una referencia exacta a la edad de Jesús por parte de sus oponentes. La frase pretende más bien subrayar la diferencia entre el tiempo en que vivía Jesús y la época de Abraham más de quince siglos antes. ¿Cómo podían haberse conocido Abraham y Jesús como éste pretendía (Jn 8:56? La cifra cincuenta años es probablemente una generosa exageración de la edad de Jesús para subrayar el argumento. Lo que estaban diciendo los judíos es que, aunque se adjudicara a Jesús una edad superior a la que tenía, no podría haber conocido a Abraham.

La duración del ministerio de Jesús

Los Evangelios Sinópticos parecen indicar que el ministerio de Jesús duró algo más de un año. Ningún acontecimiento de carácter anual como la Pascua se menciona dos veces. Se han hecho intentos de establecer un orden de los acontecimientos del siguiente modo: Marcos 1:9: bautismo durante un periodo cálido antes del invierno; Marcos 2:23: primavera y cosecha; Marcos 6:39: primavera; los sucesos de Marcos 6:45-13:37 requieren varios meses; Marcos 14.1: la Pascua tras un verano, otoño e invierno necesarios en el periodo de tiempo anterior. El problema de tal razonamiento es la necesidad de presuponer que Marcos dispuso su material en estricto orden cronológico. Existen varias razones para dudar de que esto haya sido así. El hecho de que el material de este Evangelio esté dispuesto en dos divisiones geográficas –las actividades de Jesús en Galilea (Mr 1-9) y sus actividades en Judea (10-16)– sugiere que el lugar donde se han situado los acontecimientos no responde esencialmente a razones de tipo cronológico.

Normalmente, cuando se trata de recabar información respecto a la duración del ministerio de Jesús hay que ir al Evangelio de Juan. En este Evangelio encontramos lo siguiente: inicio del ministerio (Jn 1:29-2:12); primera Pascua (2:13); enero-febrero (4:35); segunda Pascua (6:4); la Fiesta de los Tabernáculos (7:2); la Fiesta de la Dedicación (10:22); y tercera Pascua (11:55). Además de esto, hay una referencia a «una fiesta de los judíos»que es un tanto ambigua. Si Juan ha dispuesto su material en orden cronológico y si se refiere a tres pascuas diferentes, tenemos entonces un ministerio de dos años y algo más o de tres años y algo más dependiendo de cómo interpretemos Jn 5:1.

La fecha de la muerte y resurrección de Jesús

La cuestión de la fecha de la crucifixión de Jesús está estrechamente relacionada con la consideración anterior respecto a la duración del ministerio de Jesús. El último año posible de este acontecimiento sería el último año del mandato de Poncio Pilato en Judea (36/37). Una segunda prueba confirma ésta como la última fecha posible: Caifás, el sumo sacerdote en ejercicio en el tiempo de la crucifixión, fue depuesto en el año 37. Afortunadamente disponemos de otra prueba para fechar el año de la muerte y la resurrección de Jesús. Más adelante se explicará que Jesús murió un viernes, el día catorce o quince de Nisán, y que este día fue seguido por un *sabat* (Mr 15:42). (Ver la explicación del capítulo quince). Puesto que el mes judío venía determinado por la luna nueva, mediante cálculos astronómicos se puede establecer en qué año o años

JESÚS EL MESÍAS: UN ESTUDIO DE LA VIDA DE CRISTO

del período entre el 27 y el 37 dC., el día 14 o 15 de Nisan cayó en sábado o en víspera de sábado. Esto sucedió en los años 27, 30, 33 y 36. El 27 es obviamente demasiado temprano, y el 36, demasiado tarde. De modo que, por lo que hace a la muerte de Jesús, nos vemos prácticamente limitados a los años 30 o 33.

A favor del año 33 está el hecho de que es muy fácil hacer encajar un ministerio de tres o cuatro años. Por otra parte es menos fácil hacer que concuerde con la fecha de la conversión de Pablo, que fue alrededor del año 33 y con Lc 3:23. Situar la muerte en el año 30 plantearía menos problemas con respecto a estas dos cuestiones pero en tal caso se hace muy difícil hacer encajar un ministerio de tres años. Visto todo ello, la mayoría de eruditos han optado por el año 30.

Conclusión

Es evidente que, si bien podemos llegar a fechas aproximadas respecto a la vida de Jesús, es difícil estar seguros de las fechas exactas de los principales acontecimientos de su vida. No obstante, no estaremos muy errados si presentamos las siguientes fechas:

Nacimiento de Jesús: 7-5 aC.
Comienzo de su ministerio: 27-28 dC.
Duración del ministerio de Jesús: de un año y medio a tres años y medio.
Crucifixión y resurrección de Jesús: 30 o 33 dC. siendo más probable la primera.

Preguntas para la reflexión

1. ¿Hasta qué punto se esforzaron los autores bíblicos por situar cronológicamente los distintos acontecimientos de la vida de Jesús? ¿Qué valor atribuyeron al rigor cronológico de sus relatos? ¿Es correcto acercarnos a los relatos de los Evangelios como si fueran «diarios» de la vida de Jesús?
2. Enumera y resume los puntos de referencia fidedignos que tenemos para determinar la fecha del nacimiento de Jesús.

3. ¿Cuáles son los problemas que plantea Lucas 3:1-2 cuando se trata de determinar la fecha del comienzo del ministerio público de Jesús? ¿De qué otras referencias disponemos para establecer este asunto?
4. Valora las referencias de Lucas (3:23) y de Juan (8:57) a la edad de Jesús. ¿Qué conclusiones podemos sacar de la información que nos dan estos versículos?
5. ¿Cuál es la fecha por la que han optado la mayoría de eruditos en relación con la muerte y resurrección de Jesús? ¿Cuáles son las fechas que propone el autor para situar cronológicamente las principales referencias de la vida de Jesús (su nacimiento, el comienzo y duración de su ministerio y su crucifixión y resurrección?

Referencias

Brown, Raymond E. *The Birth of the Messiah.* Nueva York: Doubleday, 1979.

Caird, George B. «The Chronology of the NT». En *Interpreter's Dictionary of the* Bible, 1:599-607. Nueva York: Abingdon, 1962.

Donfried, Karl P. «Chronology». En *Anchor Bible Dictionary,* 1:1012-16. Nueva York: Doubleday, 1992.

Finegan, Jack. *Handbook of Biblical Chronology.* Princeton, N.J.: Princeton University Press, 1964.

Fotheringham, J. K. «The Evidence of Astronomy and Technical Chronology for the Date of the Crucifixion». *Journal of Theological Studies* 35 (1934): 146-62.

Hoehner, Harold W. *Chronological Aspects of the Life of Christ.* Grand Rapids, Mich.: Zondervan, 1977.

Meier, John P. *A Marginal Jew: Rethinking the Historical Jesus,* 1:372-433. Nueva York: Doubleday, 1991.

Ogg, George. *The Chronology of the Public Ministry of Jesus.* Cambridge: Cambridge University Press, 1940.

Olmstead, A. T. «The Chronology of Jesus' Life». Anglican *Theological Review* 24 (1942): 1-26.

Segunda parte:

LA VIDA DE CRISTO

4

CONCEBIDO POR EL ESPÍRITU SANTO, NACIDO DE LA VIRGEN MARÍA

Cómo comenzó todo

A lo largo de toda su historia, la iglesia cristiana ha confesado que Jesús de Nazaret «fue concebido por el Espíritu Santo y nació de la Virgen María» Esta afirmación surge de los relatos que encontramos en Mateo 1:18-25 y Lucas 1:26-38, 46-56; 2:1-7. Se ha pretendido ver alusiones al nacimiento virginal, o mejor aun, a la «concepción virginal» en muchos pasajes.

Marcos 6:3   Se habla de Jesús como hijo de María en lugar de presentarle como hijo de José.

Juan 1:13   Al parecer Juan está pensando en el nacimiento virginal cuando habla de nacer «no de sangre o de voluntad de carne».

Juan 6:41-51 De nuevo parece que Juan tiene en mente el nacimiento virginal.

Juan 7: 41-42 Puesto que, al parecer, Juan sabe del nacimiento de Jesús en Belén, se asume que también ha de conocer la naturaleza virginal de la concepción.

Juan 8:41   La afirmación de los adversarios de Jesús en el sentido de que ellos no son «hijos ilegítimos» se considera como un ataque contra la pretendida concepción virginal de Jesús, que ellos consideran un intento de ocultar su carácter ilegítimo.

Romanos 1:3   Se dice que Jesús «desciende» de David, no que haya «nacido»de él.

Gálatas 4:4   Se dice que Jesús es (literalmente) concebido [*genomenon*] «de mujer» no «nacido [gennomenon] de mujer»

Filipenses 2:7   Se dice que Jesús tomó la forma de siervo, no que nació en esa condición.

Estas referencias nunca serían, por sí mismas, base suficiente para establecer una doctrina de la concepción virginal. En el mejor de los casos se trata de alusiones a esta doctrina que se establece sólidamente sobre la enseñanza que encontramos en los relatos de Mateo y de Lucas. Aun si las consideramos como meras alusiones, resultan muy débiles y fácilmente podrían explicarse de un modo distinto. Por ejemplo, en Gálatas 4:4 Pablo no pretende demostrar el carácter «distinto» de Jesús, sino más bien su semejanza con aquellos que vino a redimir. Por ello, la expresión «nacido de mujer» pretende establecer la verdadera humanidad de Jesús (comparar con Job 14:1, donde la misma palabra griega sirve para denotar un nacimiento normal).

Críticas a la concepción virginal

Se han planteado muchas críticas con respecto a la concepción virginal y los relatos relacionados con esta enseñanza. Para algunos, la posibilidad misma de una concepción y un nacimiento de este tipo queda excluida como una consecuencia lógica de la eliminación de todo lo sobrenatural de la Historia (ver el primer capítulo). Si los milagros son imposibles, no puede darse en tal caso una concepción virginal. Aunque para apoyar este punto de vista se ofrecen varios argumentos, éstos no son la verdadera causa de su punto de vista sino que, en el mejor de los casos, son solo apoyos adicionales. La causa real es que han eliminado lo sobrenatural de la Historia. Sin embargo, algunos dudan de la afirmación de la concepción virginal que encontramos en Mateo y Lucas debido a las dificultades históricas relacionadas con los relatos bíblicos. Por ello, la enseñanza tradicional de la iglesia cristiana sobre este asunto ha de hacer frente a tales argumentos.

Probablemente, el argumento más frecuente que se plantea contra la concepción virginal es el hecho de que existen demasiados relatos similares en la literatura antigua para que podamos tomarnos en serio lo que dice el texto de los Evangelios. Según este punto de vista, los relatos de Mateo y de Lucas surgieron entre cristianos griegos que estaban muy familiarizados con los muchos mitos del paganismo que hablaban del nacimiento virginal de varios de los dioses y súper héroes griegos. Consecuentemente, los cristianos de la iglesia primitiva crearon un relato similar de su héroe y «Señor».

Dos de las analogías que se repiten con más frecuencia, son el mito de Perseo, que nació del amor entre su madre Dana y Zeus, siendo concebido mediante una lluvia de oro que descendió sobre ella, y el nacimiento de Hércules que fue el fruto del amor entre Zeus y una humana.

Sin embargo, cuando los examinamos con atención, todos estos supuestos «paralelos» resultan ser muy diferentes de los relatos del Nuevo Testamento. Casi todos los relatos paganos describen un encuentro sexual entre un dios y una mujer. Por ello, en la mayoría de los casos, la mujer en cuestión no puede pretender que es virgen, y en el caso de que lo hubiera sido antes de tal relación obviamente dejaría de serlo después de ella. Aun en el caso del nacimiento de Perseo, su concepción se debe claramente a la adúltera lujuria que Zeus siente hacia la que será su madre. Aunque es cierto que la literatura griega está repleta de relatos de nacimientos sobrenaturales, éstos siempre implican una fecundación de carácter físico. En el paganismo, pues, no existen relatos de nacimientos *virginales*. No hay ninguna clara analogía capaz de suscitar los relatos de los Evangelios.

Cuando comparamos minuciosamente los mitos paganos con los relatos de los Evangelios obtenemos un contundente argumento contra la supuesta derivación de estos últimos a partir de los primeros. Cuanto más cuidadosamente los comparamos, más claro se aprecia el contraste absoluto que hay entre ellos. Por lo que hace a nacimientos sobrenaturales, el paganismo ofrece muchos ejemplos. Siendo, no obstante, de naturaleza sexual, no nos ofrecen verdaderos paralelos con los relatos de los Evangelios. El carácter asexual de las narraciones evangélicas se observa claramente cuando nos hacemos preguntas como «¿Se menciona algún tipo de lujuria por parte de YHWH hacia María?» o, «¿Cómo fecundó el Espíritu Santo a María?». El mero planteamiento de tales cuestiones resulta ya ofensivo, y ello muestra a las claras la gran diferencia que existe entre los relatos de los Evangelios y los que encontramos en el paganismo. Las insinuaciones de un apareamiento entre María y el ángel Gabriel resultan igualmente repulsivas. Los Padres de la Iglesia eran muy conscientes de este agudo contraste entre los relatos bíblicos de la concepción virginal y estos supuestos paralelos con las narraciones paganas, y así lo expresaron en sus escritos (ver la *Apología* de Tertuliano [15,21] y la obra de Orígenes, *Contra Celso* 1,37).

Probablemente, el argumento más contundente contra los mencionados intentos de atribuir un origen pagano a los relatos de la concepción virginal sea la naturaleza judía de tales relatos. Estas narraciones de los Evangelios acerca del nacimiento de Jesús no surgieron entre los cristianos griegos. Por el contrario, esta parte del texto de Lucas es la sección más judía de todo su Evangelio. El relato no surgió en una iglesia helenista, sino en un contexto judaico. Y ¿cómo pudo suscitarse dentro del judaísmo la narración de una concepción virginal? Aun en un contexto judeo helenista hubiera sido absolutamente imposible que surgiera ningún texto con el más ligero atisbo de sexualidad entre Dios y María.

Se ha sugerido que los relatos de la concepción virginal podrían haber surgido entre cristianos de origen judío debido a la interpretación que hacía la Iglesia de Isaías 7:14. Puesto que se trata de una profecía que predice un alumbramiento por parte de una virgen, se afirma que la Iglesia creó los relatos del nacimiento virginal para dar cumplimiento a esta profecía. El problema que plantea esta explicación es que, durante el primer siglo, el texto de Isaías 7:14 no se interpretó como una alusión a la concepción virginal. La interpretación predominante consideraba que este versículo hacía referencia a una muchacha joven (el término hebreo *almah* describe principalmente a una «mujer joven» que puede o no ser virgen), y se entendía como una referencia a Ezequías, el hijo y sucesor del rey Acaz. Tampoco hay ninguna evidencia de que este pasaje se interpretara con un sentido mesiánico dentro del judaísmo. En la Septuaginta, la traducción griega del Antiguo Testamento, se utiliza la palabra *parthenos* (virgen), sin embargo, lo que se quería significar era que una muchacha, que en aquel momento era virgen, daría a luz tras concebir, no de un modo extraordinario por el que seguiría en un estado de virginidad, sino de un modo natural.

Por ello, aunque es comprensible que la Iglesia interpretara Isaías 7:14 como una referencia profética a la concepción virginal debido a una tradición ya establecida acerca de esta cuestión, no es nada probable que el proceso se hubiera producido en dirección contraria. Es muy difícil de creer que, sin la existencia de una tradición plenamente establecida respecto a la concepción virginal, la mera lectura de Isaías 7:14 diera lugar a los relatos bíblicos de Mateo y Lucas. Fue la narración evangélica lo que dio lugar a la interpretación mesiánica de este pasaje, no al contrario.

En Mateo 2:23 encontramos un buen ejemplo de este proceso: «y llegó y habitó en una ciudad llamada Nazaret, para que se cumpliera lo que fue dicho por medio de los profetas: Será llamado Nazareno». Este texto bíblico nunca hubiera podido dar origen a la tradición de que Jesús creció en Nazaret. El que Mateo lo utilice se debe a que ya había una tradición en el sentido de que Jesús vivió en Nazaret. La mayoría de profecías que se refieren al nacimiento de Jesús parecen ser ideas posteriores o reflexiones sobre las tradiciones evangélicas ya existentes. Es difícil de entender que de tales profecías hubieran podido surgir tradiciones históricas. Sin duda, para Mateo hubiera sido muy difícil poder decir: «Todo esto sucedió para que se cumpliera lo que el Señor había hablado por medio del profeta» (Mt 1:22), si él mismo hubiera creado el relato para dar cumplimiento a la profecía bíblica. El hecho de que estas explicaciones que estamos comentando pretendan que estos materiales fueron creados por la «iglesia anónima» pone de relieve esta dificultad. Sin embargo, cualquiera de la Iglesia que hubiera creado esta tradición habría tenido que hacer frente al mismo problema. Por otra parte, la mayoría de leyendas creadas por esta clase de interpretación midráshica requieren un periodo de tiempo más largo que el que existe entre el Jesús histórico y el establecimiento de las tradiciones que subyacen bajo los relatos de la concepción virginal de Mateo y Lucas.

Dentro del judaísmo se negó rotundamente la concepción virginal y se dio una explicación alternativa. La explicación giraba alrededor de la palabra griega *parthenos* (virgen). Se afirmaba que Jesús no procedía de una virgen sino que era fruto de una relación ilegítima entre María y un soldado llamado Pantera (o Pandira). De modo que Jesús no había sido concebido de manera sobrenatural por una virgen (*parthenos*) que estaba desposada con José. Por el contrario, todo este mito se creó para encubrir el adulterio de María con *Pantera* que lógicamente hacía de Jesús un hijo ilegítimo (ver el apartado «fuentes judías» en el capítulo segundo; ver también la obra de Orígenes, *Contra Celso* 1.28; *tb Sanedrín* 106a y b; *Yebamot* 49a). Esta parodia que se fundamentaba en el cambio de posición de la *r* y la *n* del término griego no tiene ninguna evidencia histórica donde apoyarse. Surgió como una estratagema de la reacción propagandística judía dirigida contra la proclamación cristiana de la concepción virginal.

Tras examinar todas las supuestas analogías del paganismo y todos los presuntos orígenes veterotestamentarios de los relatos evangélicos, es evidente que no hay ejemplos adecuados de una concepción virginal que expliquen que Jesús fue «concebido por el Espíritu Santo y nacido de la virgen María». Las explicaciones racionalistas del origen de estos relatos bíblicos siempre serán incompletas debido a la ausencia de cualquier analogía seria que pueda haber producido su creación. Por otra parte, entre los cristianos de origen judío no había ninguna necesidad de una concepción virginal milagrosa del Mesías. En el pensamiento judío, el Mesías sería descendiente de David mediante una concepción natural. En un contexto griego, sometido a la intensa presión del dualismo filosófico del gnosticismo o del platonismo, una concepción virginal podía, de algún modo, proteger al descendiente de la «contaminación física». Sin embargo, esta explicación sería completamente ajena al judaísmo puesto que en este contexto nunca se habría considerado de un modo negativo que el Mesías hubiera nacido mediante un proceso estrictamente natural. Como hemos dicho antes, los relatos de la concepción virginal revelan claramente un origen judío, no griego.

Dificultades históricas de los relatos bíblicos

Además de la dificultad que ya de por sí plantea para algunos la concepción virginal, los relatos bíblicos que la registran contienen algunas dificultades históricas añadidas. Dos de ellas, el mandato de Cirenio como gobernador y la aparición de la estrella de Belén ya las hemos comentado en el capítulo anterior (ver los apartados, «Las Fechas de Lucas» y la «Visita de los Magos»). Aquí consideraremos las dificultades históricas que surgen de las frases: «para que se hiciera un censo de todo el mundo habitado» (Lc 2:1); «siendo, como se suponía, hijo de José» (Lc 3:23); y «Raquel que llora por sus hijos» (Mt 2:18).

«Para que se hiciera un censo de todo el mundo habitado». La afirmación de que en el tiempo del nacimiento de Jesús se estaba llevando a cabo un censo universal (Lc 2:1) plantea un serio problema. La *New International Version* (NIV), traduce el término *oikumenen* (mundo) como «mundo romano». Esta traducción refleja mejor el pensamiento de Lucas que la expresión «todo el mundo» que encontramos en otras versiones. La naturaleza hiperbólica que tiene este término para Lucas puede verse en Hechos 11:28, donde éste se refiere a la hambruna que se

estaba produciendo específicamente en Judea como un fenómeno que sucedía «en todo el mundo» De hecho, en Lucas 1-2 aparecen veintitrés veces los términos «todo» y «entero».

Durante el reinado de César Augusto no hubo ningún censo que se llevara a cabo en todo el Imperio Romano al mismo tiempo. No obstante, durante su mandato sí se realizaron varios censos y valoraciones censales de manera sistemática, de modo que finalmente se cubrió la totalidad del imperio (ver las obras de Tácito, *Anales*, *Dio Casio* 53.30.2). Existen muchos registros de tales operaciones administrativas; de hecho tenemos censos completos de algunas ciudades estado autónomas. Sabemos que desde el año 34 dC. al 258, en Egipto se llevaron a cabo censos cada catorce años (*Papiro Oxyrhynchus 2:254-256*) y que los censos de los ciudadanos romanos se recopilaron en los años 28 y 18 aC., y en el 14 dC. (Suetonio, *Augusto* 27:5). De igual modo, en las Galias hubo un censo en los años 27 y 12 aC. y 14-16 dC. Se conoce también la existencia de censos en otros lugares. La existencia de un censo de estas características en Judea no sería, por tanto, imposible sino bastante probable.

El que César Augusto propugnara un decreto «para que se hiciera un censo de todo el mundo habitado» no tiene necesariamente que interpretarse como la referencia a un solo censo universal. Puede aludir a la institución de un programa por el que varios censos, en distintos lugares y momentos acabarían abarcando la totalidad del imperio. Puede ser que Lucas no esté utilizando un lenguaje técnico y que simplemente quiera referirse a un aspecto de este censo tan amplio que había promulgado César Augusto, a saber, el que afectaba a José y a María.

Se ha planteado también la objeción de que tales censos no requerían que se viajase a la localidad de nacimiento o hacerse acompañar necesariamente de la esposa. La última objeción carece de peso significativo, al menos por dos razones. Aunque no fuera necesario que María se desplazase a Belén, hubiera podido acompañar a José por propio deseo lo cual, dadas la condiciones, sería de lo más natural. Por otra parte, si María había reflexionado acerca de las palabras que había oído en el sentido de que su hijo iba a heredar «el trono de su padre David» bien podía desear que éste naciera en Belén, la «ciudad de David». En segundo lugar, hay constancia de ciertos censos en los que se requería la presentación de las mujeres. Respecto a la objeción de que no era necesario desplazarse al lugar de nacimiento, no existe ninguna evidencia de ello. Por el contrario, se sabe de ciertos censos en que se obligaba al padre de familia a censarse en el pueblo de sus antepasados. En el caso de Israel, bien podía haberse tenido en cuenta el apego judío a las relaciones ancestrales para delimitar las condiciones del censo.

«*Siendo, como se suponía, hijo de José*». En los Evangelios, Jesús aparece en dos distintas genealogías: Mateo 1:1-16 y Lucas 3:23-38. Las diferencias entre estos dos registros se han considerado y debatido desde los mismos inicios de la Iglesia. Algunas de las diferencias no suponen prácticamente ningún problema. El hecho de que la genealogía de Mateo se trace solo hasta Abraham, mientras que la de Lucas se prolonga hasta Adán, nunca se ha visto como una cuestión problemática sino solo como la revelación de los intereses teológicos complementarios de los dos evangelistas. Mateo quería mostrar a sus lectores judeo cristianos que Jesús representaba el cumplimiento de todas las esperanzas y promesas del pueblo judío. Esta es la razón por la que su genealogía se remonta solo hasta Abraham, el padre del pueblo de Israel. Por otra parte, Lucas quería mostrar a sus lectores cristianos de trasfondo gentil que Jesús representaba el cumplimiento de todas las esperanzas de la Humanidad, y por ello su genealogía alcanza a Adán como padre de todos los pueblos. Tampoco existe ningún problema con otras diferencias como las distintas ubicaciones de las genealogías dentro del texto o la disposición de la genealogía de Mateo en tres grupos de catorce.

La principal dificultad que encontramos en las dos genealogías estriba en las personas que componen la lista de los antepasados de Jesús. Mientras que los descendientes entre Abraham y David son esencialmente los mismos en ambas genealogías (comparar Mt 1:2-6 y Lucas 3:31-34), a partir de David y hasta llegar a Jesús solo existen tres nombres en común. El descendiente de David del que parten las genealogías es distinto en cada caso: Mateo sigue la línea de Salomón y Lucas, la de Natán. Por esta razón, solo encontramos tres nombres comunes a ambos fragmentos del registro genealógico: Salatiel, Zorobabel y José. Si establecemos una comparación entre los descendientes más recientes descubrimos lo siguiente: en Mateo 1:14-16, Azor, Sadoc, Aquim, Eliud, Eleazar, Matán, Jacob y José; en Lucas 3:23-24, José, Elí, Matat, Leví, Melqui y Jana. Las diferencias entre las genealogías son muy evidentes.

Sería incorrecto concluir que estas genealogías han de ser ficticias basándonos en la suposición de que en los días de Jesús no existían registros que pudieran utilizarse para trazar genealogías tan prolongadas. Pablo, por ejemplo, sabía que él pertenecía a la tribu de Benjamín

(Filipenses 3:5). Josefo reproduce su propio árbol genealógico en su autobiografía (*Vida* 1:3), y el gran rabino Hillel trazaba su linaje hasta David. El Talmud Babilónico habla de un rabino que siguió el hilo genealógico de su futura nuera hasta llegar a David (*tb Ketubot* 62b). Por ello, el problema no está en la posibilidad de que exista una genealogía de Jesús, sino en las diferencias que hay entre las dos existentes.

Los intentos de resolver tales problemas se remontan al menos al año 220 dC. En su carta a Arístides, Julio Africano presenta una explicación al problema proponiendo que Mateo nos ofrece el linaje *real* de Jesús a través de José y Salomón, mientras que Lucas registra el linaje *sacerdotal*, también a través de José, pero pasando por Natán. Juan Calvino y más adelante Gresham Machen, propusieron una modificación de la idea que Lucas presente la genealogía física de Jesús a través de José. La idea que defendía Africano era que Jacob (Mt 1:15-16) y Elí (Lc 3:23) eran hermanastros. Tras la muerte de Elí, Jacob habría tomado por esposa a su viuda siguiendo los dictados del levirato (Dt 25:5-10) y se habría convertido en el padrastro de José. Así, las diferencias en las genealogías habría que explicarlas en el sentido de que Lucas se estaría refiriendo al linaje del padre legal de José (Elí) mientras que Mateo habría registrado la línea de su padre biológico (Jacob). Todas estas interpretaciones tienen en común que consideran que ambas genealogías (tanto la de Mateo como la de Lucas) son las de José.

Otro intento de explicar el problema, propone que cada una de estas dos genealogías desarrolla la línea de la familia de uno de los «progenitores» de Jesús: la de Mateo es la de José y la de Lucas la de María. La cuestión clave aquí sería dilucidar la traducción correcta de Lucas 3:23. La mayoría de las traducciones asumen que la expresión «como se suponía» representa un paréntesis: «Y cuando comenzó *su ministerio*, Jesús mismo tenía unos treinta años, siendo, *como se suponía*, hijo de José, *quien era hijo* de Elí...» (cursivas del autor). Por supuesto, el lector de Lucas sabe ya, por lo que ha leído hasta este punto (y quizá también porque está familiarizado con el relato bíblico) que la concepción de Jesús fue virginal y que José era solo su padre adoptivo: a su vez, José era hijo de Elí que era hijo de... Esta manera de traducir la frase implica que la genealogía que tenemos a continuación es la de José. Sin embargo, el texto puede también interpretarse en el sentido siguiente: «Y cuando comenzó su ministerio, Jesús mismo tenía unos treinta años, siendo (*como se suponía de José*), hijo de Elí...» (cursivas del autor; comparar con la *New American Standard Bible [NASB]*). Al ampliar los paréntesis a la expresión «de José» lo que tenemos ahora es una genealogía de Elí, que según esta interpretación sería el padre de María. No hay duda de que Lucas concede una gran importancia a María a juzgar por el espacio que le dedica en los primeros tres capítulos de su Evangelio y por comentarios como los que encontramos en Lc 2:19 («Pero María atesoraba todas estas cosas, reflexionando sobre ellas en su corazón») y 51 («Y su madre atesoraba todas estas cosas en su corazón»). Estas últimas referencias pueden indicar incluso que María era la fuente última de algunas de las tradiciones narrativas del nacimiento.

Aunque la última explicación de las dos distintas genealogías resolvería muy bien el problema, hay que admitir que la interpretación más natural de Lucas 3:23 es la que excluye del paréntesis la expresión «de José» no la que la incluye. Hay que observar también que Lucas está especialmente interesado en el linaje davídico de José, y que anteriormente señala que José era «de la casa de David» (1:27). Este hecho nos predispone de algún modo a interpretar una genealogía que menciona a David (3:31) como una referencia al linaje de José debido a lo que se ha leído en 1:27. Hasta este momento no se ha planteado una explicación satisfactoria de este problema. Por otra parte, es aún más difícil de creer que estas genealogías sean pura ficción, porque en el tiempo en que fueron escritas parte de la familia de Jesús estaba viva y pudo haber sido consultada.

«*Raquel llorando por sus hijos*». Existe aún otra dificultad relacionada con los relatos del nacimiento: la masacre de los inocentes en Belén (Mt. 2:16-18). No existe ningún registro de tal suceso en las historias de la época y se alega que, de haber ocurrido una matanza tan espantosa, ésta hubiera sido sin duda registrada. Sin embargo, este es un argumento de silencio y por su carácter, tales argumentos no suelen ser concluyentes. Por un lado, no tenemos una gran cantidad de registros históricos del siglo primero y no puede demostrarse que Josefo tendría que haberse referido necesariamente a él. Es también importante observar que Belén era una pequeña aldea y que el número de niños varones y menores de dos años difícilmente habría sobrepasado los veinte.

Por otra parte, la masacre se le atribuye a Herodes el Grande. ¿Sería acaso increíble pensar, dado su carácter, que Herodes hubiera podido cometer un acto tan monstruoso? Sin duda, atribuir un acto así a alguien como Francisco de Asís o Albert Schweitzer suscitaría grandes dudas y escepticismo; personas como ellos nunca hubieran podido llevar a cabo algo tan perverso. Pero, tratándose de Herodes el Grande las cosas cambian. Todo lo que sabemos de este hombre nos ayuda a configurar el perfil de alguien perfectamente capaz de hacer una cosa así. Herodes defendía su reinado de un modo paranoico. No solo mandó construir fortalezas como la Antonia en Jerusalén, Sebaste, Cesarea, Gaba, Hesbón, Masada y Herodium para su protección personal, sino que eliminaba implacablemente a cualquiera de quien pudiera tener la más ligera sospecha de conspiración. Ahogó a Aristóbulo III y ejecutó a Hircano II, dos sumos sacerdotes. Mandó dar muerte a su tío José, a su suegra (Alejandra), a sus hijos Alejandro y Aristóbulo, a su esposa favorita (Mariamne) y a Antipater, el hijo que había escogido para que le sucediera en el trono, porque creía que pretendían derrocarle. En su lecho de muerte en la fortaleza de Herodium, mandó reunir a los ciudadanos más destacados de su reino en el anfiteatro de Jericó. Después ordenó que cuando él hubiera muerto todos aquellos hombres fueran ejecutados ¡para que hubiera gran luto por su muerte! (Afortunadamente, esta orden no se obedeció).

Aunque no hay ningún documento extrabíblico que confirme la masacre de los inocentes no hay razones para negar la historicidad de este suceso. Algunos eruditos, sin embargo, opinan que hay una referencia a él en la *Asunción de Moisés* 6:2-4. Refiriéndose a Herodes, el pasaje en cuestión habla de su «matanza de viejos y jóvenes». Es imposible demostrar que se trata de una alusión a este incidente pero encaja con todo lo que sabemos del paranoico y despiadado Herodes el Grande. Esto justifica lo que se decía en Roma «es mejor ser el cerdo */hys/* de Herodes que su hijo */hyios/*». Dada su condición de medio judío, Herodes se abstenía de comer cerdo. Por tanto, los cerdos estaban seguros. Pero ¡ay de aquel hijo de quien Herodes sospechara! Es a un hombre de esta ralea a quien Mateo atribuye la matanza de los inocentes.

El nacimiento de Jesús

El relato del nacimiento de Juan el Bautista, que era «pariente de Jesús» (una expresión un tanto imprecisa), forma parte integral de la narración del nacimiento de Jesús. Un mensajero angélico les anunció la llegada de un hijo a Zacarías, un anciano y devoto sacerdote y a su esposa Elisabet que no habían tenido descendencia y habían sobrepasado largamente la edad fértil (Lc 1:5-22). Este nacimiento sobrenatural, al igual que otros registrados en el Antiguo Testamento y cuyos protagonistas eran personas que habían sobrepasado la edad de tener hijos (Gen 18, 25, 30, Jue 13, 1 Sam 1), indicaba que la persona que había nacido de este modo habría de jugar un papel especial en el plan salvífico de Dios. En este caso, el niño sería un precursor que prepararía al pueblo para la venida del Mesías.

Seis meses después de la visita angélica a Zacarías y Elisabet (Lc 1:26), el mismo ángel visitó a una mujer joven llamada María para anunciarle lo que habría de ser un nacimiento mucho más sorprendente. Sería más exacto referirnos a María, no como una mujer sino más bien como una muchacha. En Israel, los compromisos matrimoniales se celebraban frecuentemente antes de la pubertad y la edad normal para los desposorios de una muchacha estaba en torno a los trece años. Se le dijo a María que experimentaría algo por completo fuera de lo normal: daría a luz un hijo que sería el tan anhelado Mesías (Lc 1:31-33). Siendo virgen, María preguntó cómo podría llevarse a cabo tal cosa. Estaba confusa puesto que el mensaje angélico afirmaba que habría de concebir en su estado de virginidad y no más adelante, cuando se casara con José. El ángel le informó que el Espíritu Santo realizaría en ella un milagro y se lo ratificó mediante el hecho de que Dios ya había llevado a cabo algo parecido, aunque menos espectacular, al propiciar el embarazo de su pariente Elisabet (Lc 1:35-38).

Puesto que José era un hombre recto, al enterarse del embarazo de María quiso divorciarse de ella. (La descripción de José como un hombre justo que se hace en Mateo 1:19 explica la razón por la que éste quiso divorciarse de María, no el porqué quiso hacerlo en secreto). De acuerdo con la ley hubiera sido erróneo casarse con María puesto que, según entendía José, ésta había cometido adulterio. En el judaísmo del siglo primero, un compromiso matrimonial era una contrato legal vinculante entre un hombre y una mujer. Durante este periodo ya se les consideraba como marido y mujer aun cuando la ceremonia nupcial no se hubiera celebrado todavía ni el matrimonio se hubiera consumado. Este contrato matrimonial solo podía disolverse mediante un procedimiento formal de divorcio. Si durante este periodo una mujer era infiel, se la consideraba adúltera. Por ello, con la convicción de que María había cometido adulterio, José quiso divorciarse de ella. Sin embargo, tras oír la explicación del ángel respecto a la concepción virginal de María, la tomó como esposa aunque el matrimonio no se consumó hasta después del nacimiento de José (Mt 1:25).

En obediencia al edicto censal de César Augusto, José se desplazó desde Nazaret hasta Belén para ser inscrito en el registro de esta localidad puesto que era descendiente de David. No es razonable negar el linaje davídico de Jesús simplemente porque estaba de acuerdo con las expectativas mesiánicas de su tiempo. En Romanos 1:3, Pablo cita la fórmula de un credo de la Iglesia primitiva cuando dice: «de la descendencia de David» (cf. también 2 Tim 2:8). Se han hecho algunos intentos –poco convincentes, por cierto– de argumentar que en Marcos 12:35-37 Jesús niega su ascendencia davídica. Tanto Mateo (Mt 22:41-46) como Lucas (20:41-44) incluyen este episodio en sus relatos. Esto demuestra que ambos evangelistas no consideraban que ello refutara la vinculación davídica de Jesús que ellos mismos habían registrado en sus relatos de la concepción virginal (comparar también Mr 10:47, Mt 9:27, 12:23, 15:22, 20:30-31, 21:9, 15, Lc 18:38-39; Hch 2:25-31, 13:22-23). Eusebio (*Historia Eclesiástica* 3.20.1-6) apoya el linaje davídico de Jesús cuando relata un suceso en el que el emperador Domiciano hizo interrogar a los parientes de Jesús porque eran descendientes de David. Ha de recordarse además que el grueso de la población judaica del tiempo de Jesús procedía de solo dos tribus y media: Judá (de la que David era descendiente), Benjamín, y la mitad de la tribu de Leví. No es de extrañar, pues, que en el primer siglo hubiera numerosos descendientes vivos de David.

Dado su linaje davídico, José se desplazó a Belén para inscribirse en el censo y llevó a María consigo. La distancia entre Nazaret y Belén es de unos 150 kilómetros que habrían recorrido a pie a un promedio de 25-35 km. por día, lo cual nos permite calcular unos 5 ó 6 días de viaje. Durante su estancia nació Jesús. El momento preciso del parto es incierto. Aunque el nacimiento de Jesús se suele situar inmediatamente tras la llegada de José y María a Belén, una tradición apócrifa indica que éste se produjo un poco antes de que llegaran a esta población (*Protoevangelio de Santiago* 17.3). El relato bíblico consigna simplemente que Jesús nació «mientras estaban ellos allí» (Lc 2:6).

Lucas sitúa el nacimiento en un lugar donde había un «pesebre» (un comedero para animales), puesto que no había lugar para ellos en el «mesón». No deberíamos interpretar esta frase como un hostal u hotel que ha tenido que poner el letrero de «completo». El término «*mesón*» podría hacer referencia a un caravasar público (un lugar acondicionado de manera rudimentaria para el estacionamiento de las caravanas itinerantes), un tipo de albergue primitivo (cf. Ex 4:27; 1 Sam 1.18; sin embargo, Lucas utiliza una palabra distinta para referirse al albergue que menciona en 10:34), una habitación de huéspedes en una casa privada o un espacio de alojamiento sin especificar (Sirach 14:25). Si bien a lo largo de los siglos el «mesonero» en cuestión ha sido objeto de mucha censura y recriminación por no haber dado una habitación a José y María, lo que Lucas quiere decir en 2:7 es que la habitación de los huéspedes no tenía suficiente espacio («lugar», *topos* puede significar «espacio» como en Lucas 14:22) para que María pudiera dar a luz y pudiera instalar a su bebé. Por ello, Jesús nació en un establo y se le instaló en un pesebre del mismo establo.

El emplazamiento del nacimiento de Jesús se sitúa tradicionalmente en una cueva que hoy forma parte de la iglesia de la Natividad. Es difícil saber qué hacer exactamente con estas tradiciones. Por un lado hemos de resistirnos a aceptar incuestionablemente como auténticos todos los lugares «santos» de Israel, por otro, sin embargo, existe también el peligro de rechazar todos los lugares como emplazamientos sin base histórica alguna. En favor de la ubicación tradicional existe la referencia a una cueva en el *Protoevangelio de Santiago* 18:1 que también mencionan Justino Mártir y Orígenes; otra prueba que favorece este emplazamiento es la temprana fecha de su reconocimiento. (La tradición relativa al emplazamiento de este lugar estaba tan sólidamente establecida en el 325 dC. que se construyó una iglesia para señalarlo. Jerónimo, que vivió en aquella zona durante cierto tiempo, subrayó que aquel lugar era honrado por los cristianos desde el año 135 dC.).

Con motivo del nacimiento de Jesús, unos pastores que se encontraban con sus rebaños en el campo fueron testigos del anuncio de este feliz acontecimiento por parte de unos ángeles (Lc 2:8-20). El pastoreo de las ovejas en el campo se producía normalmente entre los meses de marzo y noviembre. Durante los meses de invierno, las ovejas permanecían en los establos. No se debería idealizar esta escena como si se tratara de un anuncio hecho a respetables y laboriosos «ganaderos». Los pastores eran generalmente considerados personas deshonestas (*tb Sanedrín* 25b). Según la ley eran inmundos. Lucas registra su presencia en el nacimiento de Jesús para mostrar a sus lectores que las Buenas Nuevas del Evangelio son para los pobres, los pecadores, los marginados, para personas como estos pastores.

Siguiendo las indicaciones de los ángeles, los pastores encontraron a José, María y al recién nacido Jesús. Se le describe «envuelto en pañales», es decir jirones de ropa que se enrollaban alrededor de las piernas y brazos para que el bebé se mantuviera recto (Ez 17:4; *Sabiduría* 7:4). No debiéramos pasar por alto la ironía de esta escena: no fueron los reyes y nobles del tiempo quienes se personaron con motivo del nacimiento del Hijo de Dios, sino unos pastores marginados y despreciados. Y éstos no acudieron a un palacio o edificio de gran belleza sino que encontraron al rey de Israel en un pesebre donde comían los animales. Con la venida del Hijo de Dios, los valores y pensamientos de este mundo fueron trastocados. Dios convirtió en necedad la sabiduría de este mundo y sus más preciados valores (1 Cor 1:20).

Lucas describe tres ritos judíos en relación con el nacimiento de Jesús. El primero es su circuncisión en el octavo día (cf. Lc 1:59, Fil 3:5 y para su trasfondo veterotestamentario, Gen 17:12-14, 21:4; Lev 12:13). Fue en el transcurso de esta ceremonia cuando se le puso oficialmente el nombre de Jesús, que ya el ángel había anunciado (cf. Lc 2:21 con 1:31). Este nombre es una forma abreviada de Josué o Jeshua. Fue un nombre muy popular en Israel hasta el siglo II dC., cuando su asociación con Jesucristo hizo que perdiera mucho de su atractivo entre los judíos. Josefo se refiere a unos veinte individuos con este nombre, de los que más de la mitad eran contemporáneos de Jesús de Nazaret. La especificación «de Nazaret» se hizo necesaria para distinguirle de otros que se llamaban igual. Se le dio el nombre de Jesús para describir la obra que venía a realizar. Jesús significa «YHWH es salvación» y Jesús de Nazaret habría de salvar «a su pueblo de sus pecados» (Mt. 1:21).

Transcurridos treinta y tres días de la circuncisión de Jesús se celebró el segundo rito: la purificación de María. (Lc 2:22 se refiere a su [de ellos] purificación, si bien el rito era solo para la mujer). El hecho de que Lucas hable de la purificación «de ellos» puede ser debido a que María y José hubieran ido juntos como matrimonio, participando como una sola carne). Según la ley, tras el nacimiento de su hijo, las mujeres tenían que someterse al rito de la purificación que implicaba la presentación del sacrificio de un cordero y un pichón o una tórtola (Lv 12:1-8). No obstante, las familias pobres podían ofrecer solo dos pichones, que es lo que hicieron María y José (Lc 2:24), indicando de este modo que eran pobres. Evidentemente, los magos no habrían todavía entrado en escena con sus valiosos regalos (Mt 2:11).

Estrechamente relacionado con la purificación de María hubo un tercer rito que consistía en la presentación o «redención» de Jesús (Lc 2:22-23; comparar con 1 Sam 1:22-24). Este ritual cuyo protagonista era el hijo primogénito de cada familia representaba una rememoración simbólica de la Pascua. Se evocaba la preservación de la vida de los primogénitos mediante el sacrificio del cordero pascual, una vida que era ahora consagrada a Dios (Ex 13:2 y 12). Consistía en el pago de cinco *shekels* (Num 3:47-48; 18:15-16). Los últimos dos ritos se llevaron a cabo en el templo de Jerusalén, situado a unos ocho Km. al norte de Belén.

En el relato de la purificación de María y la presentación de Jesús, Lucas menciona un incidente que tiene como protagonistas a un sacerdote llamado Simeon y a una profetisa llamada Ana (Lc 2:25-38). (A Lucas le encanta encadenar acontecimientos protagonizados respectivamente por hombres y mujeres: Zacarías y María [1:5-38]; la sanidad de un hombre con un espíritu inmundo y la de la suegra de Pedro [4:38-39]; la sanidad del siervo del centurión y la resurrección del hijo de la viuda de Naín [7:1-17]; la liberación del endemoniado gadareno y la sanación de la mujer con flujo de sangre [8:26-56]; y las parejas de parábolas protagonizadas por un hombre y una mujer [13:18-21 y 15:4-10; este último par de parábolas se ve oscurecido por la traducción de algunas versiones como la *New Revised Standard Version*]). Cuando vio a Jesús, Simeón dio gracias por haber vivido el tiempo necesario para ver la salvación prometida tiempo atrás y que ahora veía su cumplimiento en el nacimiento del Mesías; sin embargo, hizo una velada referencia a una espada que habría de traspasar el alma de María (2:35) y con ella apuntaba a un aspecto oscuro. También Ana se alegró intensamente por haber visto la redención que Dios estaba ahora llevando a cabo a favor de su pueblo.

Mateo cuenta el relato de unos magos procedentes de Oriente algún tiempo después que habían hecho un largo viaje para ver al rey de los judíos (Mt 2:11-12). Aunque el folklore popular sitúa a tres reyes en el pesebre junto con los pastores en el tiempo del nacimiento de Jesús, Mateo señala que «ellos» (no se especifica el número) hallaron a Jesús en una «casa» (Mt 2:11), no en un establo con un pesebre (Lc 2:7-12). La referencia de Mateo al tiempo de la estrella (2:7) y la posterior matanza de los niños de menos de dos años y medio (2:16) indica que el evangelista entendía que Jesús tenía más de dos años cuando se produjo la visita de los magos. La referencia a estos magos encaja bien con la concepción de Mateo respecto al carácter universal de las Buenas Nuevas, puesto que los gentiles están ya presentes en el comienzo mismo del relato del Evangelio. No es necesario, sin embargo, que la historia de los magos se considere una ficción creada por él mismo. Es mejor ver en este relato la selección por parte de Mateo de una tradición que incluyó en su Evangelio porque le era útil para su propósito teológico.

Siendo advertidos en sueños de que no regresaran a Jerusalén, los magos emprendieron el camino de vuelta por otra ruta. También José recibió por medio de un sueño una advertencia semejante acerca de los malignos propósitos de Herodes y huyó a Egipto con María y Jesús. La huida les salvó, sin embargo, Herodes descargó su furia malsana contra los inocentes niños de Belén. No se dice nada en el relato bíblico acerca de este periodo que la familia vivió en Egipto, si bien algunos de los Evangelios apócrifos se recrean en la creación de historias relativas al viaje y a la estancia en territorio egipcio. Sin duda la vida en tierra extranjera debió de ser difícil para ellos. A buen seguro, el oficio de José fue de utilidad, no obstante era un oficio que en el mejor de los casos les habría servido solo para poder vivir con lo justo. Es también posible que fueran los regalos de los magos lo que durante esta etapa les permitió subsistir. Cuando murió Herodes en el 4 aC., José regresó con su familia a Nazaret (Mt 2:19-23).

Como sucede con la concepción virginal, los críticos han atacado la historicidad de los relatos de los magos, la huida a Egipto y la matanza de los inocentes que registra Mateo. Es cierto que Lucas no menciona estos episodios, sin embargo, afirmar por ello que son imaginarios está por completo fuera de lugar. La mayor debilidad de este argumento de silencio es que tiene que asumir: (1) que de haber sido ciertas estas tradiciones, Lucas debería de haber tenido necesariamente noticias de ellas y (2) que, de haberlas conocido, sin duda las habría consignado en su Evangelio. Esto es imposible de demostrar. Por otra parte, aun en el caso de que Lucas no hubiera tenido conocimiento de estos sucesos, ello no demostraría que no sean históricos.

En ocasiones los críticos han afirmado que estas tradiciones se crearon para dar cumplimiento a las profecías y expectativas mesiánicas. En Mateo 2:15 el evangelista declara que la estancia en Egipto y posterior regreso representaba el cumplimiento de la profecía de Oseas 11:1 («de Egipto llamé a mi hijo»). Es difícil de creer que la tradición de la estancia en Egipto y el posterior regreso a Nazaret pudiera haber sido inventada por alguien que creyera que Oseas 11:1 era una profecía mesiánica que requería una tradición como ésta para ver su cumplimiento. Es mucho más probable que fuera precisamente al contrario: la tradición de la estancia en Egipto y el posterior regreso a Galilea hizo que alguien entendiera que Oseas 11:1 era una predicción de estos acontecimientos. De igual modo, es más probable que la tradición del nacimiento de Jesús en Belén llevara a la Iglesia a ver en ello el cumplimiento de la profecía mesiánica de Miqueas 5:2 que al contrario. La propia dificultad que han encontrado los cristianos para entender el modo en que las tradiciones de los Evangelios han dado cumplimiento a distintas profecías del Antiguo Testamento habla a favor de la historicidad de estas tradiciones y de que fueron ellas las que llevaron a la Iglesia a ver varios pasajes veterotestamentarios como una predicción de tales acontecimientos.

La importancia teológica de la concepción virginal

Entre finales del siglo XIX y principios del XX se escribió una obra en doce volúmenes titulada *Los Fundamentos* en respuesta a la negación de varias enseñanzas bíblicas. Uno de los cinco «fundamentos» que aparecía en esta obra era la concepción virginal. (Los otros eran la inerrancia de las Escrituras, la deidad de Cristo, la expiación sustitutoria y la resurrección corporal e inminente venida corpórea del Señor). Hacia la mitad del siglo XX un destacado teólogo afirmó que los relatos de la concepción virginal representaban intentos impertinentes de explicar la Encarnación por parte de la Iglesia primitiva. Lo crucial del relato bíblico, afirmaba, era que el verbo se hizo carne (1:14), sin embargo, no debía hacerse ningún intento de explicar el modo en que esto se llevó a cabo.

Esta última crítica debería tomarse en serio. La esencia del relato de la Natividad no es el hecho de que cuando María concibió era virgen, ni tampoco puede entenderse este relato como una oda a la maternidad. Lo esencial de la Navidad es que el Hijo de Dios vino al mundo en forma humana y habitó entre nosotros. Lo clave de este acontecimiento es el «hecho» de la Encarnación, no el «modo» en que ésta se produjo. Sería muy presuntuoso pretender que el Omnipotente Dios de toda la Creación no podría haber llevado a cabo la Encarnación de ningún otro modo.

Algunos han intentado demostrar que la concepción virginal era necesaria para impedir que el Hijo de Dios heredara la corrupción y el pecado de Adán. (En ocasiones, quienes afirman esto están imbuidos de una idea negativa del acto sexual que procede más de un dualismo platónico que de la concepción bíblica que afirma que, dentro del plan de Dios, el acto sexual es «bueno» [Gen 1:28-31]). Sin embargo, quienes defienden este punto de vista han de proteger al Hijo de Dios para que no herede tal corrupción y pecado por medio de Eva. No es sorprendente, por tanto, que como consecuencia lógica de esta forma de pensar surgiera la doctrina de la inmaculada concepción de María. De este modo, el Hijo de Dios estaba perfectamente protegido respecto a la transmisión del pecado puesto que tampoco lo habría podido recibir de su madre. El Nuevo Testamento no entra en tales especulaciones. Lucas dice simplemente que el Espíritu Santo vino sobre María y la cubrió impidiendo que todo esto ocurriera. Por medio de esta protección divina, el hijo de María sería Santo: el Hijo de Dios (Lc 1:35).

La esencia del relato de la Natividad es, por tanto, la Encarnación y no la concepción virginal. Para el cristianismo ortodoxo esto es muy evidente. El Hijo de Dios no llegó a existir por medio de una concepción virginal; Él ya era, es y siempre será quien es. Mucho antes de la concepción virginal, del nacimiento de María, de toda la genealogía de Lucas 3:23-38 y de la creación del mundo, el Hijo ya existía. La concepción virginal fue tan solo el medio por el cual Dios llevó a cabo la encarnación de su Hijo.

Sin embargo, la Biblia afirma que la Encarnación se realizó mediante la concepción virginal, y si esta fue la manera en que Dios lo hizo, no podemos por más que reconocerlo. La importancia de confesar o negar la concepción virginal no radica en las consecuencias cristológicas que conlleva. La concepción y el nacimiento virginal no hicieron que Jesús fuera el Hijo de Dios. No era necesaria para que éste pudiera ser santo y sin mancha. Lo que está en juego no es la doctrina de Cristo sino la de la Biblia. Para los autores de *Los Fundamentos*, la concepción virginal era una especie de prueba de fuego para dilucidar el punto de vista sobre la Biblia que tenía alguien en concreto. Negarla implicaba obviamente rechazar la Biblia como infalible regla de fe. En este sentido la pregunta ¿crees en la concepción virginal? era una especie de *shibolet* (Jue 12:6) del siglo XX con que poner a prueba la idea que se tenía de la Biblia.

Conclusión

Y he aquí, concebirás en tu seno y darás a luz un hijo, y le pondrás por nombre Jesús. Este será grande y será llamado Hijo del Altísimo; y el Señor Dios le dará el trono de su padre David; y reinará sobre la casa de Jacob para siempre, y su reino no tendrá fin. Entonces María dijo al ángel: ¿Cómo será esto, puesto que soy virgen? Respondiendo el ángel, le dijo: El Espíritu Santo vendrá sobre ti, y el poder del Altísimo te cubrirá con su sombra; por eso lo santo que nacerá será llamado Hijo de Dios (Lc 1:31-35).

Y dará a luz un hijo, y le pondrás por nombre Jesús, porque Él salvará a su pueblo de sus pecados (Mt 1:21).

Y el Verbo se hizo carne, y habitó entre nosotros (Jn 1:14).

Preguntas para la reflexión

1. ¿Pueden equipararse los distintos relatos grecolatinos antiguos de «concepciones virginales» con el que presentan los Evangelios? ¿Por qué sí o no? Razona la respuesta.
2. Menciona las dificultades históricas relativas al censo que se estaba llevando a cabo en los días del nacimiento de Jesús. ¿Cuál podría ser el sentido del término *oikumenen* y qué implicaciones tendría traducirlo de este modo para la resolución de los problemas históricos del censo?
3. Reflexiona sobre las implicaciones y el sentido de los tres ritos judíos que describe Lucas en relación con el nacimiento de Jesús. ¿Qué información nos ofrecen acerca de José y de María?
4. ¿En qué sentido es la concepción virginal un «fundamento» del cristianismo bíblico? ¿Cuál es la implicación teológica esencial de la concepción virginal, y cuáles sus consecuencias en la esfera de la Bibliología y la Soteriología?

Referencias

Brown, Raymond E. *The Birth of the Messiah*. Nueva York: Doubleday, 1979.

Cranfield, C. E. B. «Some Reflections on the Subject of the Virgin Birth». *Scottish Journal of Theology 41* (1988): 177-89.

Johnson, Marshall D. *The Purpose of the Biblical Genealogies*. Cambridge: Cambridge University Press, 1988.

Machen, J. Gresham. *The Virgin Birth of Christ*. Nueva York: Harper, 1930.

Maier, Paul L. *First Christmas*. Nueva York: Harper, 1971.

Meier, John P. *A Marginal Jew: Rethinking the Historical Jesus,* 1:205-52. Nueva York, Doubleday, 1991.

Miguens, Manuel. *The Virgin Birth*. Westminster, Md.: Christian Classics, 1975.

Nolland, John. *Luke*, 1:13-135. Word Biblical Commentary. Dallas: Word, 1989.

Witherington, Ben, III. «Birth of Jesus». En *Dictionary of Jesus and the Gospels,* editado por Joel B. Green, Scot McKnight e I. Howard Marshall, pp. 60-74. Downers Grove, Ill.: InterVarsity Press, 1992.

5

¿CÓMO FUERON REALMENTE LA INFANCIA Y LA JUVENTUD DE JESÚS?

Los años de silencio

Los Evangelios canónicos registran un solo suceso entre la primera infancia y el bautismo de Jesús (Lc 2:41-52). En este pasaje se narra el viaje de Jesús con sus padres a Jerusalén cuando éste tenía doce años para celebrar la Pascua. Al parecer era costumbre de la familia hacerlo cada año (vs. 41). Lucas registra el suceso dado su carácter fuera de lo común. El evangelista quería que sus lectores supieran que, ya a la edad de doce años, Jesús tenía conciencia de una relación única con Dios: el templo era «la casa de mi Padre» (vs. 49). De regreso a casa con la caravana de peregrinos, José y María creían que Jesús estaba con otros niños. Cuando descubrieron que no era así, volvieron a Jerusalén y allí encontraron a Jesús en el templo, manifestando entre los líderes religiosos su extraordinaria sabiduría. La sorpresa de sus padres (vs 48-49) pone de relieve que a pesar de los milagrosos acontecimientos que rodearon su nacimiento, los años que siguieron habían sido muy normales, hasta el punto de que el carácter único de su hijo y su llamamiento divino habían sido poco menos que olvidados.

La normalidad de los años de silencio de Jesús

Además de la sorpresa que produjo en José y María el peculiar comportamiento de Jesús, existen otras razones para afirmar que los años de silencio de Jesús transcurrieron con toda normalidad. El hecho de que este sea el único incidente que registran los Evangelios durante este periodo, hace suponer que no existen tradiciones relativas a esta parte de la vida de Jesús que tengan alguna significación cristológica importante. Los evangelistas no tuvieron constancia de que se hubiera producido ningún acontecimiento fuera de lo común o milagroso durante este periodo. De hecho, tras el relato del milagro de las bodas de Caná, Juan afirma explícitamente: «Este principio de *sus* señales hizo Jesús en Caná de Galilea» (Jn 2:11).

Otro factor que da testimonio de la normalidad de los años de silencio es la incredulidad de la familia de Jesús y de sus vecinos y conocidos. A diferencia de lo que encontramos en los relatos del *Evangelio de la Infancia de Tomás* (ver el apartado «Fuentes extrabíblicas» en el segundo capítulo), en Nazaret no había un cementerio especial para las víctimas de Jesús ni un importante problema con los gorriones que hubiera llevado a su familia (Jn 7:5) o conocidos (Mr 6:4) a creer que Jesús tenía un llamamiento especial de parte de Dios o una relación especial con Él.

Puede argumentarse que, si la enseñanza bíblica respecto a la persona de Jesús es correcta, sus años de silencio tuvieron que haber sido excepcionales. Por supuesto, la revelación del hecho de que Jesús era sin pecado tiene que llevarnos a concebirle como alguien extraordinario y completamente fuera de lo común (2 Cor 5:21; Heb 4:15; 9:14; 1 Ped 2:22; 1 Jn 3:5; ver también Lc 1:35; Jn 8:46). Sin embargo, cabe la pregunta, ¿acaso este carácter manifiestamente impecable de Jesús era algo claramente perceptible para los demás? Dejando a un lado las representaciones medievales de Jesús en su juventud rodeado de una aureola, ¿habría sido su naturaleza inmaculada esencial algo realmente observable? Sin lugar a dudas, sí tuvieron que serlo su devoción y su bondad. Ciertamente no pudieron pasar desapercibidos rasgos como su obediencia a los padres (Lc 2:51), su honestidad, sinceridad e integridad, ¿pero podemos decir lo mismo de su naturaleza sin pecado? Para que alguien hubiera podido afirmar que en Jesús no había pecado habría tenido que observarle durante las veinticuatro horas de cada día de su vida, y aun así tal persona no podría estar segura del todo dada su incapacidad para juzgar los pensamientos y motivos de su corazón. El carácter sin pecado de Jesús era algo conocido solo para Dios y que su familia y conocidos no pudieron llegar a percibir.

Los hermanos y hermanas de Jesús

El Nuevo Testamento menciona a los hermanos y hermanas de Jesús en varias ocasiones (Mr 3.31-35; 6:3; Jn 2:12; 7:3-5, 10; Hch 1:14; 1 Cor 9:5; Gal 1:19). En la Iglesia primitiva estas referencias se interpretaron de tres maneras distintas. (1) Según Helvidio (siglo IV), éstos eran los hermanos y hermanas menores de Jesús, hijos posteriores de José y María. (2) Epifanio (también del siglo IV) afirmaba que eran los hijos e hijas que tuvo José en un matrimonio anterior. Según este punto de vista, José habría sido viudo cuando se casó con María y habría llevado al matrimonio al menos cuatro hijos y dos hijas (Mr 6:3). (3) Jerónimo (igualmente del siglo IV), cuyo nombre en latín era *Hieronymus*, sostuvo que tales «hermanos» de Jesús habrían sido en realidad sus primos. Sostenía que la expresión «hermanos y hermanas» había de entenderse como haciendo referencia a una relación mucho menos estrecha, igual que cuando el Nuevo Testamento se refiere a los creyentes como «hermanos y hermanas».

La estrecha relación de tales «hermanos y hermanas» con la madre de Jesús que se evidencia en Mr 6:3, sugiere que no eran meros sobrinos y sobrinas o algún otro tipo de parientes. Esto se ve con mayor claridad si cabe en el pasaje paralelo de Mateo, donde el evangelista se refiere específicamente a «su madre y sus hermanos» (Mt 12:46). Estos versículos plantean una seria objeción a la interpretación de Jerónimo. Por otra parte, el hecho de que en Mr 6:3 se vincule de manera especial a los hermanos y hermanas de Jesús con su madre y no con su padre también representa un serio problema para la interpretación de Epifanio. De no ser por la doctrina de la perpetua virginidad de María que se sostuvo en algunos sectores de la Iglesia, no habría ninguna necesidad de las explicaciones de Jerónimo y Epifanio. (La doctrina de la perpetua virginidad de María no es solo una doctrina católico romana. La iglesia ortodoxa oriental la sostiene también, y el propio Juan Calvino dejó abierta esta cuestión). En Juan 19:26-27 la posición de Jerónimo encuentra cierto apoyo dado que Jesús confía el cuidado de su madre al apóstol Juan.

El modo más natural de interpretar las referencias a los hermanos y hermanas de Jesús es entendiéndolas como alusiones a los hijos e hijas de José y María. Aparte del argumento gramatical que señala este modo de interpretar la expresión en cuestión como el más natural, en Mateo 1:24 y 25 encontramos más razones para apoyar este punto de vista: «Y cuando despertó José del sueño, hizo como el ángel del Señor le había mandado, y tomó consigo a su mujer [María]; y la conservó virgen hasta que dio a luz un hijo; y le puso por nombre Jesús». El término *hasta* representa solo uno de los modos en que se puede interpretar la expresión griega *heos hou.* Puede también entenderse con el sentido de que desde el momento del anuncio del ángel hasta el nacimiento de Jesús, José no tuvo relaciones íntimas con María («no la conoció» dice la RV 60), sin que ello implique que sí las tuviera después. No obstante, el mejor modo de interpretar la expresión griega de este pasaje es entendiendo este «hasta» en el sentido de que tras el nacimiento de Jesús, José y María vivieron una relación conyugal normal y que Dios les bendijo con al menos cuatro hijos y dos hijas. (Teniendo en cuenta Ex 13:2 y Num 3.12-13; 18:15-16, la palabra «primogénito» que se utiliza para aludir a Jesús [Lc 2:7] ha de entenderse como un término técnico que no implica necesariamente el nacimiento de posteriores hermanos y hermanas. Una antigua lápida funeraria se refiere a una mujer que murió al dar a luz a su «hijo primogénito»).

La vida familiar de Jesús

Resulta evidente que Jesús nació en el seno de una familia pobre si consideramos el sacrificio que ofreció María para su purificación (ver el capítulo cuatro; Lc 2:24 cf Lv 12:8). Esto es precisamente lo que sugiere Pablo cuando dice: «Porque conocéis la gracia de nuestro Señor Jesucristo, que siendo rico, sin embargo por amor a vosotros se hizo pobre, para que vosotros por medio de su pobreza llegarais a ser ricos» (2 Cor 8:9). Aunque Pablo tiene en mente el hecho de que el Hijo de Dios se despojó a sí mismo al tomar forma humana (Fil 2:7), el marcado contraste que plantea este texto se desdibujaría por completo si Jesús hubiera nacido en un hogar pudiente. Otros aspectos que apuntarían también en esta dirección son el desdén que mostraron a Jesús los dirigentes de su tiempo (Mr 11.27-28; Lc 4:22; ver también Jn 1:46; 7:41-42, 52), su preocupación por los pobres y la naturalidad con que se desenvolvía entre ellos (Lc 4:18-19; 14.13; 21), y el hecho de que fuera enterrado en una tumba que no le pertenecía.

Jesús trabajó como carpintero (Mr 6:3). (No hay ninguna prueba de que hubiera sido agricultor y ganadero). Este término no solo describe a quienes trabajaban la madera sino también a los artesanos de la piedra y el metal. En el segundo siglo, Justino Mártir se refiere a Jesús como fabricante de yugos y arados (*Diálogo con Trifón 88*). No es posible determinar si esta afirmación responde a que Justino disponía de una información hoy desconocida o si lo dedujo a partir del texto bíblico. En tanto que carpinteros, Jesús y José, su padre, formaban parte de la clase trabajadora pobre, aunque sería incorrecto situarles entre los indigentes. El trabajo de Jesús le exigía esfuerzo físico, de ahí que las pinturas posteriores de la Iglesia propensas a representar a Jesús con una complexión delgada y frágil sean claramente desacertadas.

Si bien María aparece en distintas ocasiones durante el ministerio de Jesús (Mr 3.31-35; 6:3; 15:40; Hch 1:14), nunca en cambio leemos nada acerca de José. La referencia a Jesús como el «hijo de María» en Marcos 6:3 es difícil de entender aun en el supuesto de que José hubiera fallecido puesto que normalmente a los hombres se les menciona en relación con sus padres. No obstante, si José hubiera estado vivo en aquel tiempo, tal modo de referirse a Jesús sería completamente inconcebible. El hecho de que Marcos 3:35 mencione a los «hermanos,» «hermanas» y «madre de Jesús», pero no se haga referencia alguna a su «padre», es también un indicio de que José ya no estaba con vida en aquel tiempo. Al parecer, pues, José habría fallecido en algún momento entre el incidente de Jesús en el templo cuando tenía doce años y el comienzo de su ministerio público.

Las especulaciones respecto al modo en que la muerte de su padre habría afectado a Jesús son sencillamente esto: especulaciones. Quienes hablan de la muerte de José como el momento crucial de la vida de Jesús, del golpe devastador que este suceso supuso para Él a juzgar por su «fijación paternal», se mueven en el campo de la ficción literaria. Para el creyente, tales conjeturas noveladas no serán nunca más que especulaciones irrelevantes y a menudo irreverentes que revelan más acerca de sus autores que de Jesús. La única cosa que sí sabemos, es que con la muerte de José, la responsabilidad de hacerse cargo de la familia habría recaído sobre el hijo mayor: Jesús. (Nótese la preocupación que Jesús muestra por su madre en Juan 19:27). De modo que, durante el periodo que va desde la muerte de Jesús y hasta el tiempo de su ministerio, Jesús fue probablemente el sostén y el cabeza de la familia.

La vida personal de Jesús

Se han hecho intentos de elucidar cuál habría sido el aspecto físico de Jesús. A partir de lo que dice Isaías 53:2: «No tiene aspecto *hermoso* ni majestad para que le miremos, ni apariencia para que le deseemos», algunos han intentado demostrar que la apariencia física de Jesús no era nada atractiva. Los que se adhieren a este punto de vista, sin embargo, malinterpretan el lenguaje poético de este pasaje. Por otra parte, se ha afirmado también que, considerando el alto valor que los rabinos del tiempo de Jesús concedían al aspecto físico de los maestros judíos, Jesús no podía tener ningún defecto físico importante puesto que nunca le criticaron por ninguna cuestión relativa a su aspecto físico.

Es imposible demostrar o refutar cualquiera de estos puntos de vista. En su sabiduría y control providencial, Dios ha permitido que no se haya conservado prácticamente ningún detalle del aspecto exterior de su Ungido. Todo lo que podemos decir es que Jesús fue un varón judío del primer siglo. Probablemente su peso y estatura estaban dentro de lo normal pero no hay ningún modo de demostrarlo. Sin lugar a dudas, los autores de los Evangelios estaban mucho más interesados en reseñar *quién* era Jesús y en *lo que hizo* que en describirnos su aspecto. Sería sabio por nuestra parte que también nuestro interés fuera en esta misma dirección.

Se ha afirmado de manera sensacionalista que Jesús estaba casado. Algunos incluso han llegado a escribir obras de carácter efectista pretendiendo que Jesús estaba unido en matrimonio con María Magdalena o con Salomé. El argumento más fuerte que presentan quienes opinan que Jesús estaba casado, es que era lo normal en aquel tiempo para un hombre judío y que se esperaba especialmente que los maestros se casaran y fueran un ejemplo en la zona en que vivían. Al considerar esta cuestión hemos de tener especial cuidado de entender que, sea cual sea nuestra posición al respecto, ésta no puede basarse en que creamos o no que el celibato es más noble que el matrimonio.

El hecho de que en todo el Nuevo Testamento no haya nada que directa o indirectamente nos lleve a suponer que Jesús estuviera casado, es de por sí un argumento muy fuerte, por no decir concluyente, en contra del punto de vista contrario. Cabe también mencionar que en Israel existían ciertos grupos que se abstenían del matrimonio y abogaban por el celibato. Entre ellos estaban los esenios (Josefo, *Guerras* 2.8.2. [2.120.21]; *Antigüedades* 18.1.5 [18.18-22]; el viejo *Historia Natu-*

ral 5.15.73; *Preparación para el Evangelio* 8.11), y también los *terapeutas*, un grupo de ascetas que vivieron en el bajo Egipto. El argumento de que hubiera sido muy anormal que Jesús no se hubiera casado tiene que hacer frente a la objeción de que, a decir verdad, Jesús fue alguien muy poco «normal». El que éste dejara instrucciones para el cuidado de su madre pero no dijera nada de ninguna hipotética esposa suscita también objeciones muy importantes. No existe, por tanto, ninguna prueba de que Jesús estuviera casado.

Los idiomas de Jesús

En el tiempo de Jesús había tres idiomas que ejercían gran influencia en la vida de la gente. Si bien la vida y enseñanzas de Jesús se han preservado en el Nuevo Testamento por medio del idioma griego, su lengua nativa era el arameo. En los Evangelios se han preservado algunas expresiones arameas como *Talita cumi* (Niña, a ti te digo, ¡levántate!; Mr 5:41); *eloi, eloi, ¿lama sabactani?*, (Dios mío, Dios mío, ¿por qué me has abandonado? Mr 15:34), *Abba* («Padre»; Mr 14:36; Gal 4:6; Rom 8:15) *Cefas* («Pedro»; Jn 1:42), *Mammon* («riqueza»; Mt 6:24) *Raca* (necio; Mt 5:22) etcétera. Podemos ser incluso más concretos y decir que Jesús hablaba una versión galilea del «arameo occidental» distinta de la que se hablaba en Jerusalén (Mt 26:73; cf. Hch 2:7).

Al parecer, Jesús también leía y hablaba el hebreo. Si bien en un tiempo se creía que, en el primer siglo, ésta era esencialmente una lengua muerta, el descubrimiento de los Rollos del Mar Muerto ha puesto de relieve que en algunos círculos seguía teniendo una gran vigencia. La capacidad de Jesús para la lectura del hebreo se hace evidente en el relato de Lucas 4:16-20 que recoge el episodio de la sinagoga de Nazaret donde se pide a Jesús que lea en las Escrituras hebreas el texto correspondiente. En los Evangelios se han conservado también algunas palabras hebreas: *Effatá* («Ábrete»; Mr 7:34), *amen* («amén»; Mt 5:26; Mr 14:30).

El tercer idioma importante que se hablaba en Palestina era el griego. Las conquistas de Alejandro Magno en el siglo IV aC. habían hecho que, en los días de Jesús, el Mediterráneo fuera un «mar griego». En el siglo tercero, los judíos desplazados a Egipto no podían leer las Escrituras en hebreo, de modo que comenzaron a traducirlas al griego. Esta famosa traducción se llamó la Septuaginta (LXX). Jesús, que creció en

«Galilea de los gentiles», vivía a tan solo seis o siete kilómetros de la próspera ciudad griega de Séforis. Puede que incluso José y Jesús hubieran trabajado ocasionalmente en este centro metropolitano de rápido crecimiento que funcionó como la capital de Herodes Antipas hasta que en el año 26 dC., éste la trasladó a Tiberias.

La existencia de un sector «helenista» en la Iglesia primitiva (Hch 6:1-6) sugiere que desde el mismo comienzo, hubo cristianos de origen judío que tenían el griego como lengua materna. (La expresión «helenistas» hay que entenderla más como una referencia al idioma que en su sentido cultural y filosófico). Dos de los discípulos de Jesús utilizaban habitualmente sus nombres griegos (Felipe y Andrés). Además, existen varios incidentes en el ministerio de Jesús en los que le encontramos hablando con personas que no sabían ni hebreo ni arameo. De modo que, a no ser que hubiera habido algún traductor (lo cual no se menciona), tales conversaciones se habrían desarrollado en griego. Es probable que Jesús hablara en griego en las siguientes ocasiones: durante su visita a las ciudades de Tiro, Sidón y Decápolis (Mr 7:31 y ss.), la conversación con la mujer sirofenicia (Mr 7:24-30, especialmente vs 26) y en el juicio ante Poncio Pilato (Mr 15:2-15; ver también la conversación con unos griegos en Jn 12:20-36).

Al parecer, pues, los judíos vivían inmersos en una atmósfera idiomática trilingüe. Por ello, aunque la lengua materna de Jesús era el arameo, probablemente era capaz de comunicarse hasta cierto punto tanto en griego como en hebreo. Puede que incluso conociera un poco de latín dada la influencia de Roma con sus legiones y funcionarios. No obstante, sería más exacto decir que si bien Jesús era un judío trilingüe no lo era como maestro.

¿Hasta qué punto era Jesús un hombre cultivado? Aunque en la literatura talmúdica se concede un gran valor a la cultura, en el primer siglo la educación judía no estaba muy extendida. Siendo el hijo mayor, Jesús habría sido el que mayores oportunidades habría tenido de recibir una educación formal. No obstante, Juan parece haber estado de acuerdo con los adversarios de Jesús cuando dijeron: «¿Cómo puede éste saber de letras sin haber estudiado?» (Jn 7:15). Por lo que leemos en Lc 4:16-21 (le encontramos leyendo las Escrituras durante un servicio sabático en la sinagoga), parece evidente que Jesús sabía leer. A partir del pasaje no canónico que encontramos en Jn 7:53-8:11 se puede también deducir que Jesús sabía escribir (Jn 8:6), sin embargo hay que valorar con sentido crítico este texto que representa la adición posterior de algún escriba.

Ni que decir tiene que Jesús era un hombre docto. Se enzarzó en debates con los líderes intelectuales (Mr 2:23-28; 3:1-6; 7:1-23; 10:2-12; 12:13-17; 18-27; 28-34; Lc 11:14-23); se le llamaba «rabí» (Mt 26:25; Mr 9:5; 11:21; 14.45; Jn 1.:8; 49; 3:2) y «maestro» (Mr 4:38; 9:17; 38; 10:17; 20, 35, 12-14); y lo que es más importante: enseñaba en las sinagogas (Mt 4:23; 9:35; Mr 1:21, 39, 6:2; Lc 4:15, 28, 33, 44; 6:6; 13:10; Jn 6:59; 18:20). De modo que, si bien no sabemos el medio por el que Jesús recibió su formación, no hay duda de que sabía leer y de que era capaz de debatir las Escrituras y de responder a preguntas de carácter exegético; y esto significa que era un hombre culto.

Conclusión

Los años de silencio de la vida de Jesús no juegan un papel importante en el relato que nos brindan los evangelistas acerca del «evangelio de Jesucristo, Hijo de Dios» (Mr 1:1). A excepción del episodio del templo que Jesús protagonizó cuando tenía doce años, las tradiciones de que disponían los autores de los Evangelios no aportaban información respecto a esta etapa de su vida. Esto contrasta marcadamente con obras apócrifas como el *Evangelio de la Infancia de Tomás* y el *Protoevangelio de Jacobo*, que se recrean en la invención de sucesos imaginarios situados en este periodo de la vida de Jesús con la pretensión de darnos una semblanza de la niñez y juventud del hijo de Dios.

El silencio de nuestros Evangelios pone de relieve que este periodo de la vida de Jesús fue esencialmente normal y similar al de cualquier otro niño, joven y adulto judío de su tiempo. De este periodo no se ha conservado ninguna enseñanza aunque sí un incidente que se consignó debido a su importancia cristológica. Ya a la edad de doce años Jesús de Nazaret tenía una conciencia singular de su condición como Hijo de Dios. Para Jesús, el templo de Jerusalén era «la casa de mi [no de nuestro] Padre» (Lc 2:49). De este modo, Lucas indica que la filiación divina de Jesús que le fue revelada a María en su anunciación por parte del ángel (Lc 1:32, 35) fue confirmada durante los años de silencio. Su manifestación definitiva tendría que esperar sin embargo, a su bautismo y ministerio posterior. Los Evangelios no describen un proceso de desarrollo en el que el pequeño Jesús llega de manera gradual a descubrir su condición de hijo de Dios y el carácter único de su relación con Dios. Permanecen también en silencio respecto a cualquier detalle de su desarrollo psicológico y religioso. Lo que sí nos dicen claramente es que ya a la edad de doce años Jesús tenía plena conciencia de ello.

A pesar del silencio de nuestros Evangelios respecto a este periodo de la vida de Jesús, representa una etapa de gran importancia para la comunidad de los creyentes. El autor de la epístola a los Hebreos afirma que las experiencias que Jesús vivió en este periodo y durante su ministerio le hacen capaz de compadecerse de nuestras «debilidades» puesto que «ha sido tentado en todo como *nosotros* , *pero* sin pecado» (Heb 4:15). Por ello se invita a sus seguidores a que se acerquen a Él confiadamente en los momentos de tentación y de debilidad. Dado que Jesús ha compartido plenamente nuestra humanidad (Heb 2:14), podemos acercarnos a Él con la plena convicción de que entiende verdaderamente nuestras tentaciones y debilidades:

> Teniendo, pues, un gran sumo sacerdote que trascendió los cielos, Jesús, el Hijo de Dios, retengamos nuestra fe. Porque no tenemos un sumo sacerdote que no pueda compadecerse de nuestras flaquezas, sino uno que ha sido tentado en todo como *nosotros*, *pero* sin pecado. Por tanto, acerquémonos con confianza al trono de la gracia para que recibamos misericordia, y hallemos gracia para la ayuda oportuna. (Heb 4:14-16; ver también 2:14-18)

Preguntas para la reflexión

1. ¿Cuál podría ser la razón teológica por la que Lucas consigna el único suceso que conocemos de los años de silencio de la vida de Jesús?
2. ¿Por qué puede hablarse de «normalidad» en relación con los años de silencio?
3. ¿Cómo se interpretaron en la Iglesia primitiva las referencias de los Evangelios a los hermanos y hermanas de Jesús? ¿Quiénes fueron los exponentes de estas interpretaciones? Valora el peso específico de cada una de ellas.
4. ¿Qué datos objetivos podemos derivar del texto bíblico en relación con la vida familiar y personal de Jesús? ¿Cómo pueden valorarse las afirmaciones en el sentido de que Jesús sufrió una profunda crisis tras la muerte de su padre y que Jesús estuvo casado?
5. ¿Qué razones tenemos para afirmar que Jesús hablaba arameo y hebreo? ¿Por qué se hablaba también griego en la Palestina de los tiem-

pos de Jesús? ¿Habría alguna razón (o razones) para afirmar que Jesús era un hombre docto?

Referencias

Barr, James. «Which Language Did Jesus Speak? Some Remarks of a Semitist». *Bulletin of the John Rylands University Library of Manchester* 53 (1970): 9-29.

Brown, Raymond E., et al., eds. *Mary in the New Testament.* Filadelfia: Fortress, 1978.

Fitzmyer, Joseph A. «The Languages of Palestine in the First Century A.D.». *Catholic Biblical Quarterly* 32 (1970): 501-31.

Harrison, Everett F. *A Short Life of Christ*, pp. 51-65. Grand Rapids, Mich.: Eerdmans, 1968.

Meier, John P. *A Marginal Jew: Rethinking the Historical Jesus,* 1:253-371. New York: Doubleday, 1991.

6

EL BAUTISMO DE JESÚS

La unción del Ungido

Sabemos muy poco de lo que hizo Jesús durante el lapso que va desde su visita a Jerusalén a los doce años y su bautismo. Es casi seguro que José murió en este periodo y que Jesús, por su condición de hijo mayor, habría asumido el papel de cabeza de familia. En esta época, el pueblo judío estaba de nuevo bajo el dominio de un poder extranjero. Exceptuando un corto periodo de independencia (142-63 aC.), los años que siguieron a la caída de Jerusalén en el año 587 aC. fueron años de servidumbre a otras naciones. Al dominio de la Babilonia de Nabucodonosor siguió la dominación de Persia, Grecia, el Egipto de los ptolomeos y después la Siria de los seléucidas. El breve paréntesis de independencia que disfrutó Israel bajo los macabeos tocó a su fin en el año 63 aC., cuando Pompeyo entró en Jerusalén con sus legiones.

Roma fue muy condescendiente con el pueblo judío y respetó algunos antiguos tratados y leyes que se habían firmado con los Macabeos: se les exoneraba de la responsabilidad de asistir a los ritos religiosos paganos; se les permitió introducir algunas puntualizaciones a los títulos divinos que se aplicaban a los emperadores romanos; podían jurar lealtad al Emperador utilizando sus propias fórmulas de los juramentos religiosos; podían ofrecer sacrificios a Dios a favor de César en su propio templo en lugar de verse obligados a ofrecer sacrificios a César en un templo pagano; no tenían que adorar imágenes del Emperador; estaban exentos del servicio militar obligatorio lo cual les habría forzado a profanar el sábado y a participar en actos idólatras; se les permitía utilizar su propio calendario; podían solicitar el pago de las prestaciones sociales en metálico cuando el pago en especies supusiera algún producto prohibido por la ley; podían cambiar el día para la percepción de las prestaciones sociales si éstas hubieran sido programadas en sábado o en cualquier otra festividad judía; no estaban sujetos a la obligatoriedad de comparecer ante los tribunales en sábado; tenían autorización para recaudar un impuesto para el templo entre los judíos varones de todo el Imperio, y disfrutaban asimismo de otras concesiones por el estilo.

Roma tenía buenas razones para hacer tales concesiones. Los líderes romanos querían vivir pacíficamente con el pueblo judío, cuya población, que se estimaba de entre tres y ocho millones de personas hacía de ella una importante minoría. Aproximadamente uno de cada catorce súbditos del Imperio (más o menos un siete por ciento) era judío. Sin embargo y a pesar de tales concesiones, grandes sectores judíos de Palestina hervían de descontento. Para los tales, el vasallaje a que se veían sometidos no dejaba de serlo por muchas concesiones que lo atenuaran. Este resentimiento se veía agravado por los constantes errores del gobierno delegado en Palestina. Esto culminó con una abierta revuelta en el año 66 dC., que a su vez habría de finalizar con la destrucción de Jerusalén.

La venida de Juan el Bautista

En el año 27 o 28 dC. un hombre extrañamente vestido comenzó su ministerio cerca del extremo sur del río Jordán. Asceta en su forma de alimentación y estilo de vida (Mt 11:18; Mr 1:6), Juan el Bautista produjo una gran conmoción entre los judíos. Las principales razones eran tanto su indumentaria como sus enseñanzas. Nos dice el texto de Marcos que «estaba vestido de pelo de camello [y que], tenía un cinto de cuero a la cintura» (Mr 1:6), la misma clase de ropas que llevó el famoso profeta Elías (2 Reyes 1:8). La similitud entre los atuendos de ambos personajes suscitó una importante pregunta: ¿Podía acaso aquel hombre ser el Elías que había de volver? (había una profecía que indicaba su regreso. Mal 4:5; Mr 9:11-13).

Su predicación dio más fuerza aún a estas especulaciones ya que –igual que en el caso de los profetas veterotestamentarios– su enérgico mensaje hablaba de arrepentimiento y de juicio: «¡Camada de víboras!

¿Quién os enseñó a huir de la ira que vendrá? Por tanto, dad frutos dignos de arrepentimiento... Y el hacha ya está puesta a la raíz de los árboles; por tanto, todo árbol que no da buen fruto es cortado y echado al fuego» (Mt 3:7-8, 10). Según la concepción de Jesús, Juan cumplió el papel del Elías que había de volver (Mr 9:11-13). Por supuesto, cuando se le preguntó a Juan si él era el profeta Elías que había resucitado de entre los muertos, Juan lo negó (Jn 1:21).

En la época en que Juan comenzó a bautizar, dentro de la comunidad judía se practicaban ritos similares. Entre los sectarios de la comunidad de Qumrán existía un ritual de purificación con agua relacionado con el arrepentimiento (1QS 3:4-9; 5:13-14; 6:14-23), y entre los judíos se practicaba también el bautismo de prosélitos. No se sabe con exactitud cuándo comenzó esta última práctica. Al parecer este tipo de bautismo estaba vigente a finales del siglo primero, sin embargo no hay claras razones para pensar que se practicara ya en un periodo tan temprano como el del ministerio de Juan. Al margen de estas coincidencias de forma, existen no obstante diferencias muy claras y notorias entre el bautismo de Juan y estos dos ritos.

Para comenzar, estos otros dos ritos eran administrados por los propios participantes. En otras palabras, los devotos no eran bautizados por otra persona sino que lo hacían ellos mismos. Por lo que respecta a los ritos de purificación que practicaba la comunidad de Qumram, éstos eran actos que se repetían periódicamente, a diferencia del bautismo de Juan y el bautismo judío de prosélitos que tenían lugar en una única ocasión. Una de las diferencias esenciales entre el bautismo de Juan y el de los prosélitos es que éste último solo lo practicaban los gentiles (los no judíos que querían hacerse judíos). Junto con la circuncisión y la presentación de un sacrificio, el bautismo formaba parte de la experiencia de conversión. En contraste, el mensaje de arrepentimiento que proclamaba Juan se dirigía en primer término a los judíos: «no comencéis a deciros a vosotros mismos: 'Tenemos a Abraham por padre', porque os digo que Dios puede levantar hijos a Abraham de estas piedras» (Lc 3:8). Juan rechazó contundentemente la idea de que era posible entrar en el reino venidero simplemente por pertenecer a la descendencia física de Abraham. La raza no era fundamento suficiente; solo aquellos de Israel que se arrepintieran entrarían en el reino.

El mensaje de Juan no lo era solo de juicio. Junto con su escatológica proclamación de juicio se anunciaba también la llegada del esperado reino mesiánico: «Tras mí viene uno que es más poderoso que yo, a quien no soy digno de desatar, inclinándome, la correa de sus sandalias. Yo os bauticé con agua, pero Él os bautizará con el Espíritu Santo» (Mr 1:7-8). Aquel a quien Juan se refiere como «más poderoso que yo», no era Dios sino el Mesías; agacharse para desatar la correa de las sandalias de Dios no tendría mucho sentido. Obviamente, se le llamó «el Bautista» por su práctica de bautizar, si bien él mismo se veía como el precursor del Mesías llamado a prepararle un pueblo bien dispuesto: «Yo soy LA VOZ DEL QUE CLAMA EN EL DESIERTO: ENDERE-ZAD EL CAMINO DEL SEÑOR» (Jn 1:23; comparar con Mr 1:2-3). (A pesar del hecho de que, en la experiencia de Israel, el desierto se relacionaba con la murmuración y la obediencia, fue también un lugar de revelación y especial provisión providencial. Por ello, las bendiciones de la edad mesiánica venidera se veían con frecuencia como un retorno al «desierto» [Is 40:3; 48:20-22; Os 2:14-15; 12:9; 1QS 8:12-14]. No se sabe hasta qué punto Juan estaba influenciado por esta forma de pensar. Lo que sí está claro es que él se veía a sí mismo como alguien llamado a preparar un pueblo para el que había de venir. Por ello y según Is 40:3, Juan predicó en el desierto).

Para preparar el camino del que había de venir, Juan bautizó a un grupo de personas arrepentidas. En los textos bíblicos no se establece claramente la relación exacta entre este arrepentimiento y el bautismo. A los autores bíblicos ni siquiera se les pasó por la cabeza que estas cosas pudieran separarse; la relación entre ellas era tan íntima que se las consideraba como parte de la misma experiencia. Un arrepentimiento desvinculado del bautismo era tan inconcebible como un bautismo desvinculado del arrepentimiento. El bautismo de Juan era de naturaleza esencialmente «eclesiástica». No era en esencia una experiencia personal que se llevaba a cabo a favor del individuo en un aislamiento total, sino un rito colectivo por el que el participante entraba a formar parte de una comunidad que esperaba al Mesías prometido. Por ello, la experiencia del arrepentimiento y el rito del bautismo eran inseparables.

El profundo impacto que causó el ministerio de Juan el Bautista se incrementó, más si cabe, ya que para los judíos Dios había silenciado la voz profética durante más de cuatrocientos años. Los profetas y la presencia de Dios eran una cuestión del pasado:

Sabed que en tiempos pasados y anteriores generaciones, nuestros padres tuvieron ayudadores, profetas justos y hombres santos.... estábamos también en nuestro país y ellos nos ayudaban cuando pecábamos e intercedían por nosotros ante nuestro Creador puesto que confiaban en sus obras. Y el Todopoderoso les oía y nos purificaba de nuestros pecados. Pero ahora Dios ha llevado consigo a los justos y los profetas están dormidos. También hemos abandonado nuestra tierra y Sión nos ha sido arrebatada, y no nos queda nada aparte del Todopoderoso y su Ley (2 Baruc 85:1-3).

Cuando murieron los últimos profetas, es decir, Hageo, Zacarías y Malaquías, entonces el Espíritu Santo se extinguió de Israel (Tosefta Sota 13:3; comparar también 1 Macabeos 4:46; 9:27; 14:41; Josefo, *Contra Apión* 1:41)

En esta época, algunos escribían con el nombre de los profetas y santos de tiempos anteriores cuando el Espíritu Santo estaba activo. Haciendo esto esperaban que sus escritos recibirían mayor atención. Por ello, durante este periodo se produjeron una gran cantidad de obras pseudoepigráficas.

Sin embargo, a pesar de que la voz profética se asociaba con el pasado también se vinculaba con el futuro. Para muchos judíos, el Espíritu y los profetas regresarían un día. Cuando esto ocurriera, Dios visitaría a su pueblo y traería consigo «la consolación de Israel» (Lc 2:25) y «la redención de Jerusalén». Se acercaba un tiempo en el que Dios se manifestaría a su pueblo de una manera nueva y más grandiosa. Las promesas hechas a los patriarcas, a David y a los profetas se cumplirían un día. Para muchos judíos esto implicaba la venida del Ungido del Señor. Cuando este Mesías viniera, el Espíritu Santo volvería a estar presente una vez más. Juan dijo a sus oyentes que él les bautizaría con un bautismo de arrepentimiento en preparación para el tiempo que había de venir, pero el Mesías les bautizaría con «Espíritu Santo y con fuego» (Mt 3:11).

Se esperaba que cuando el Mesías hiciera su aparición juzgaría a los malvados y libertaría a los justos. La referencia al «fuego» del mensaje de Juan se entiende mejor con el sentido de un juicio negativo sobre los incrédulos. Mateo y Lucas parecen interpretarlo de este modo puesto que tales palabras van precedidas y seguidas de un mensaje de juicio (Mt 3:10 y 12). Muchos judíos tenían una concepción del juicio mesiánico que comprendía tanto la destrucción de sus enemigos como la restauración de Israel a su antiguo esplendor. Su venida habría de traer tanto retribución, condenación y juicio como redención, liberación y justicia. Para los arrepentidos de Israel el bautismo del Mesías estaba relacionado con el don del Espíritu Santo; para los no arrepentidos, sin embargo, su venida traería un bautismo de ardiente juicio. Cuando esto sucediera, todos los caminos llevarían, no a Roma, sino a Jerusalén.

Jesús, sin embargo, no creía que su ministerio traería el inmediato juicio de las naciones ni tampoco que Israel sería prontamente restaurado a su antiguo esplendor de la época de David y Salomón. Para Jesús, el juicio del mundo tendría sin duda lugar, pero no en el tiempo presente. Por otra parte, este juicio no solo afectaría a los gentiles (Mt 25:31-46) sino también a Israel. No obstante, Israel tenía que hacer frente a un juicio más inminente (Mr 12:1-2; Lc 11:45-52; 19:41-44).

El elemento que distinguiría a las ovejas de los cabritos sería su actitud hacia Jesús. La respuesta del pueblo a la persona de Cristo configuraría el claro remanente de los creyentes. En Israel había otros grupos que hablaban de tal separación aunque lo hacían según otros criterios. Algunos fariseos, por ejemplo, hablaban de la separación del remanente de los justos de los «malditos que no conocen la ley», y los miembros de la secta de los esenios se referían a la separación entre los hijos de la luz y los hijos de las tinieblas. No obstante, la venida de Jesús habría de producir una separación mucho más drástica; para Él, los primeros serían últimos, y los últimos, primeros (Mr 10:31, comparar Mt 20:16; Jn 9:39). Por medio de su ministerio, los recaudadores de impuestos y los pecadores entraban en el reino mientras que aquellos que se creían con un derecho especial, encontraban la entrada bloqueada (Lc 14:15-24). Puesto que el reino pertenecía a los «pobres de espíritu» (Mt 5:3), aquellos que se consideraban «primeros» y se sentían satisfechos con su propia justicia se autoexcluían del remanente creyente, mientras que los pecadores que reconocían su indignidad se aferraban a la gracia y misericordia de Dios y entraban en él (Lc 7:36-50).

Para la mayoría de los judíos, el tiempo que precedió a la manifestación de Juan el Bautista estuvo marcado por la ausencia de profetas de parte de Dios y de su Espíritu. Ahora, de nuevo, un profeta era enviado a Israel, y venía con un mensaje sobre el Espíritu venidero. En vista de todo esto no es de extrañar que su aparición creara gran revuelo. ¿Acaso aquel hombre era el Elías que había de venir? ¿Estaba Dios visitando a su pueblo? ¿Estaban próximos a franquear el umbral de la edad mesiánica? ¿Estaban viviendo «los últimos días»?

A unos quince kilómetros de la región donde predicaba Juan, en el ángulo noroccidental del Mar Muerto, se estableció la comunidad de Qumrán. Esta comunidad compartía con Juan el Bautista y su mensaje algunas sorprendentes similitudes. Tanto Juan el Bautista como los eremitas de Qumrán eran descendientes de sacerdotes, subrayaban la necesidad de arrepentimiento, practicaban un «bautismo» similar –aunque no idéntico–, proclamaban un juicio semejante sobre los fariseos, eran ascetas en su estilo de vida y vivían en el desierto. Aún más sorprendente es el hecho de que ambos tenían el mismo texto bíblico como divisa: «Una voz clama: Preparad en el desierto camino al SEÑOR; allanad en la soledad calzada para nuestro Dios» (Is 40:3; ver también Mr 1:3 y 1QS 8:12-14). Entre los esenios de Qumram (no se ha demostrado que la comunidad de Qumram fueran esenios pero es probable que lo fueran), había también un sentir de que el Espíritu Santo estaba activo entre ellos.

Todas estas semejanzas han suscitado mucha especulación: ¿Había sido Juan el Bautista miembro de la comunidad de Qumrán antes de llevar a cabo su propio ministerio? ¿Acaso sus padres ya ancianos le internaron para que creciera en el ambiente de la comunidad? ¿Sufrió una desilusión con la concepción de la comunidad en el sentido de que Isaías 40:3 hallaría mejor cumplimiento con una vida aparte de las corruptas influencias de la sociedad y dedicada al estudio de la ley? Los escritores de ficción se deleitan especulando con todos estos elementos. En cambio, los historiadores han de confesar que no saben nada de ello con certeza. Su proximidad geográfica hace que sea razonable asumir que se conocían, pero las pruebas de que disponemos en este momento no nos permiten ir más allá.

El bautismo de Jesús

En el clímax del ministerio de Juan vino a bautizarse un hombre que era diferente de los demás. El bautismo de Jesús por parte de Juan es uno de los acontecimientos más seguros de la vida de Jesús. Está atestiguado por Marcos, por la fuente común que utilizaron Mateo y Lucas (Q) y también por Juan. Por otra parte, la propia dificultad que este suceso planteó a la Iglesia es una prueba de su autenticidad. ¿Quién habría creado en la Iglesia primitiva un relato en el que Jesús se sometiera a un bautismo de arrepentimiento?

Sin duda, el hecho de que Jesús se sujetara al bautismo de Juan suscita muchas preguntas. ¿Lo hizo porque también Él tenía que arrepentirse de sus pecados como todos los demás que acudían para recibir el bautismo? No hay ninguna mención explícita ni ningún indicio que pueda llevar a pensar que Jesús se acercó a Juan movido por un sentimiento de culpa. El *Evangelio de los Nazareos*, escrito en la primera parte del siglo segundo contiene otro intento de explicación.

La madre y los hermanos de Jesús le dijeron «Juan el Bautista bautiza para la remisión de los pecados; vayamos pues y seamos bautizados por él». Pero Él dijo: «¿Qué pecado he cometido que haga necesario que Juan me bautice, como no sea que al decir esto esté en ignorancia?» (*ANT*, p 13)

Aquí se presenta a Jesús sometiéndose al bautismo de Juan ante la posibilidad de que hubiera podido pecar por ignorancia.

Mateo se refiere a las dudas de Juan respecto a bautizar a Jesús con estas palabras: «Pero Juan trató de impedírselo, diciendo: Yo necesito ser bautizado por ti, ¿y tú vienes a mí? Y respondiendo Jesús, le dijo: Permíte*lo* ahora; porque es conveniente que cumplamos así toda justicia. Entonces *Juan* se lo permitió» (Mt 3:14-15). Para otros, la aceptación personal del bautismo de Juan implicaba arrepentimiento y una decisiva ruptura con el pecado para poder entrar en el reino de Dios. Mateo, sin embargo, entiende el bautismo de Jesús como el cumplimiento de «toda justicia». No queda del todo claro lo que Mateo quiso decir con esta expresión. Sin duda no significaba que Jesús expresaba arrepentimiento por sus pecados. Posiblemente tenía el sentido de seguir el camino que Dios había revelado como su voluntad. En el caso de Jesús, esto implicaba identificarse con la comunidad mesiánica que Juan había fundado sometiéndose a su rito de iniciación. Convencido de que el ministerio y bautismo de Juan habían sido ordenados por Dios, quiso identificarse con este movimiento «piadoso».

Es tan especial el carácter del bautismo de Jesús que, si bien se ordena a todos aquellos que le siguen que se bauticen (Mt 28:19), en ningún lugar del Nuevo Testamento se dice a los creyentes que haciéndolo están siguiendo las pisadas de Jesús. A diferencia de lo que afirmaron maestros posteriores que hablaron de «seguir a Jesús en el bautismo», los autores del Nuevo Testamento nunca se refieren a seguir a Jesús en esta cuestión.

El bautismo de Juan implicaba una conversión que demandaba una ruptura radical con el pasado por medio del arrepentimiento y la integración en la comunidad mesiánica. Para Jesús, el bautismo implicó una «conversión» en el sentido de una ruptura decisiva con su pasado y una positiva identificación con la comunidad del reino. Significaba abandonar la tranquilidad del taller de carpintería y asumir su tarea mesiánica. Los años «de silencio» habían llegado a su fin. Había llegado el momento de dar cumplimiento a la razón por la que había nacido.

Este compromiso con la obra del Padre era total. Más adelante se referiría a su sacrificada dedicación hasta la muerte como un «bautismo». Cuando Juan y Jacobo le pidieron privilegios especiales en el reino de Dios, Jesús les contestó con estas palabras:

> ¿Podéis beber la copa que yo bebo, o ser bautizados con el bautismo con que soy bautizado? Y ellos le dijeron: Podemos. Y Jesús les dijo: La copa que yo bebo, beberéis; y seréis bautizados con el bautismo con que yo soy bautizado. Pero el que os sentéis a mi derecha o a mi izquierda, no es mío el concederlo, sino que es para quienes ha sido preparado. (Mar 10:38-40; ver también Lc 12:50)

No podemos estar del todo seguros de que Jesús supiera ya en el momento de su bautismo que su tarea mesiánica implicaba la Cruz. Lo que sí es seguro es que en su bautismo, Jesús se encomendó a la voluntad de Dios y la aceptó plenamente aun si ésta significaba la muerte. Jesús sabía lo que les había acontecido a los profetas del Antiguo Testamento. Era plenamente consciente que la denuncia del pecado y el llamamiento al arrepentimiento no serían bien recibidos por la acomodada élite religiosa. Por ello, en su bautismo Jesús se comprometió con un camino que le llevaría inevitablemente al conflicto y a la persecución (comparar Mt 5.12; 23:29-36; Lc 13:33-34). Aquel que más adelante invitaría al pueblo a tomar la cruz y seguirle (Mr 8:34) asumió este mismo compromiso con su bautismo.

Los relatos de los Evangelios registran tres sucesos fuera de lo común en el marco del bautismo de Jesús: el primero de ellos es que los cielos se abrieron (Mr 1:10); en segundo lugar se nos dice que el Espíritu descendió sobre Jesús «como paloma» (v. 10); y por último, que se oyó una voz procedente del cielo (v 11).

No queda muy claro si Marcos entendió la apertura de los cielos como un fenómeno de orden meramente físico, como indicativo de una realidad teológica o como una combinación de ambas cosas a la vez. Como mínimo expresaba la realidad teológica de que Jesús disfrutaba de un acceso directo a Dios. El evangelista solo utiliza esta palabra en otro lugar para explicar que mientras Jesús moría «el velo del templo se rasgó en dos, de arriba abajo» (Mr 15:38). Con ello podría estar indicando a sus lectores que por medio de la muerte de Jesús también ellos gozaban ahora un similar acceso directo a Dios.

Cuando leemos que el Espíritu descendió sobre Jesús «como» una paloma, esta forma de expresión no demanda necesariamente la presencia de una paloma verdadera. Según se esperaba, uno de los dones que habría de traer la edad mesiánica era la venida del Espíritu. Juan el Bautista había llegado a proclamar que si bien él bautizaba con un bautismo de arrepentimiento, aquel que venía después de él y a quien estaba preparando el camino, administraría un bautismo relacionado con el Espíritu (Mr 1:8). Y, sin embargo, antes de que el Ungido impartiera su bautismo a sus seguidores, él mismo había de ser ungido con el Espíritu. (Hay que recordar que *Mesías, Cristo* y *Ungido* son términos que significan lo mismo en sus respectivos idiomas [hebreo, griego y español]).

La gran importancia que para Jesús tenía esta unción y su conciencia de que esta experiencia inauguraba un nuevo periodo en su vida se hace patente en las palabras de su primer sermón pronunciado en Nazaret. Abriendo el rollo de Isaías, Jesús seleccionó el siguiente pasaje de Isaías 61:1-2:

EL ESPIRITU DEL SEÑOR ESTÁ SOBRE MÍ, PORQUE ME HA UNGIDO PARA ANUNCIAR EL EVANGELIO A LOS POBRES. ME HA ENVIADO PARA PROCLAMAR LIBERTAD A LOS CAUTIVOS, Y LA RECUPERACIÓN DE LA VISTA A LOS CIEGOS; PARA PONER EN LIBERTAD A LOS OPRIMIDOS; PARA PROCLAMAR EL AÑO FAVORABLE DEL SEÑOR. (Lc 4:18-19; ver también Hch 10:38)

Mientras devolvía el rollo a uno de los funcionarios de la sinagoga, Jesús dijo: «Hoy se ha cumplido esta Escritura que habéis oído» (Lc 4:21). Durante su bautismo Jesús fue consciente de que había sido ungido para una tarea divina. Habían pasado los días de su tranquilo y sosegado servicio a Dios como carpintero en Nazaret. El Espíritu le había ungido y su misión mesiánica había comenzado. (Nótese que al citar Isaías 61:1-2, Jesús dejó intencionadamente a un lado la frase «el día de la venganza de nuestro Dios». Su misión inmediata no incluía aquel aspecto. Aquel día en que habría de regresar como Hijo del Hombre para juzgar al mundo, seguía siendo futuro).

Durante el bautismo de Jesús se produjo un tercer acontecimiento: se oyó una voz desde el cielo que decía: «Tú eres mi Hijo amado, en ti me he complacido» (Mr 1:11). (En Mt 3:17, se registra el mensaje divino desde el punto de vista de los lectores del Evangelio: «Este es mi Hijo amado en quien me he complacido»). Se ha querido interpretar éste como el momento en que Dios adoptó a Jesús como su Hijo, pero evidentemente este no es el modo en que los evangelistas entendieron esta voz. Para Juan, Jesús era/es el Hijo aun antes de su encarnación (Jn 1:1-4 precede a 1:14). Para Lucas y Mateo, Jesús era ya el Hijo de Dios en el momento de la concepción virginal (Lc 1:35; 42-45; Mt 1:20-25). De manera similar, estas palabras tampoco indican para Marcos un cambio de la posición de Jesús ante Dios. Jesús no subió de «escalafón» en su bautismo. La voz representa más bien una afirmación de quién era Jesús así como el reconocimiento de que Dios estaba plenamente satisfecho con los años de silencio. Sin duda, tal reconocimiento trajo ánimo y consuelo a Jesús durante las crisis y dificultades que experimentó en su ministerio.

Se ha especulado mucho respecto a la relación que hubo entre Jesús y Juan el Bautista. Se ha sugerido que en un comienzo trabajaron juntos y predicaron un mensaje similar de juicio y bautismo (ver Jn 3:22-24 y 4:1-11). Algunos han afirmado que al principio Jesús era discípulo de Juan. (Es evidente que los intentos de interpretar la expresión «después de mí» [Mt 3:11; Mr 1:7; Jn 1:15, 27, 30] en el sentido de «detrás de mí», como haciendo referencia a que Jesús era discípulo de Juan, malinterpretan el claro elemento temporal que conlleva la frase). Según este punto de vista, con el paso del tiempo Jesús se habría desalentado con el mensaje tan pesimista que proclamaba Juan, y comenzó a proclamar el mensaje positivo de las «buenas nuevas». Esta ruptura creó tensión entre ellos y Juan comenzó a ver a Jesús como un rebelde. Esta concepción es especialmente atractiva para quienes ven en todas partes un elemento evolutivo. No obstante, no podemos crear la historia a nuestro antojo.

Todas las pruebas de que disponemos indican que Jesús y Juan el Bautista desarrollaron ministerios independientes y se respetaron mutuamente (Mt 14:12; Mr 9:11-13; 11:30; Lc 7:24-28; Jn 3:25-30; y especialmente Mt 11:2-15 donde se consigna que Juan envió discípulos a Jesús durante su encarcelamiento). Para Mateo el mensaje de ambos era idéntico: «En aquellos días llegó Juan el Bautista predicando en el desierto de Judea, diciendo: Arrepentíos, porque el reino de los cielos se ha acercado» (Mt 3:1-2 ver también 4:17 y Mr 1:14-15; Lc 4:18-21, 43). (Para observar otras similitudes entre Jesús y Juan el Bautista comparar Mt 3:7 con 12:34, Mt 3:8 con 7:16-20; Mt 3:9 con 8:11-12; Mt 3:10 con 7:19; Mt 3:12 con 13:30; Lc 3:12-14 con 7:1-10, 29 y Mt 21.31-32). A pesar de ello, algunos de los discípulos de Juan (a diferencia de los discípulos que aparecen en Jn 1:35-42) continuaron formando una secta independiente durante varios siglos (Hch 18:24-19:7; *Reconocimientos Clementinos* 1:53-54, 60, 63; *Homilías Clementinas* 2:23-24; comparar también con Jn 1:8, 20, 21-23; 3:25-30, palabras que quizá iban dirigidas contra los seguidores de Juan el Bautista que estaban vivos cuando se escribió el Evangelio). No hay ninguna prueba de que entre Juan y Jesús existiera más que respeto mutuo durante sus ministerios que aunque coincidentes fueron independientes.

Conclusión

Con la venida de Juan el Bautista se oyó de nuevo la voz de la profecía en Israel. La sequía espiritual de los últimos cuatro siglos había tocado a su fin. Dios visitaba de nuevo a su pueblo. No obstante, el mensaje de Juan no era un fin en sí mismo; el anuncio del «que había de venir» le era parte integral y quizá su rasgo más destacado. Juan el Bautista era mayor que el más grande de los profetas del Antiguo Testamento (Mt 11:9-11), sin embargo alguien mucho mayor iba a hacer su aparición. El ministerio de Juan consistía en preparar al pueblo para la venida de Jesús, y él tuvo el privilegio de bautizarle. Si bien Juan se planteó más adelante algunas preguntas respecto al carácter mesiánico de Jesús (Mt 11:2-6), la respuesta de éste fue al parecer satisfactoria (al menos los evangelistas quieren que entendamos de este modo este incidente).

Con su bautismo, Jesús inició su ministerio como el Ungido, el Cristo o Mesías. «He aquí mi Siervo, a quien yo sostengo, mi escogido, *en quien* mi alma se complace. He puesto mi Espíritu sobre Él; Él traerá justicia a las naciones» (Is 42:1). De igual modo que se ungía a los profetas (1 Reyes 19:16), a los sacerdotes (Ex 29:7, 21) y a los reyes (1 Sam 10:1) para realizar sus tareas, también el Profeta, Sacerdote y Rey fue ungido a fin de capacitarle para su ministerio. Ahora la cuestión era cómo desempeñaría Jesús su papel divino y qué clase de Mesías sería. Ambas cosas se resolverían en el desierto.

Preguntas para la reflexión

1. ¿Qué significado tiene el ministerio de Juan el Bautista en el trasfondo de las profecías veterotestamentarias? ¿Cuál era el ambiente reinante en Palestina respecto a las aspiraciones judías de emancipación del yugo romano?
2. ¿Cuáles eran las diferencias entre el bautismo de Juan y el que practicaban los miembros de Qumrán y los prosélitos judíos?
3. ¿Qué implicó para Jesús participar del bautismo de Juan?
4. ¿Qué razones tenemos para vincular el bautismo de Jesús con su unción? ¿Cuál es el sentido de tal unción?
5. ¿Qué implicaciones tienen las palabras que pronunció la voz procedente del cielo durante el bautismo de Jesús?

Referencias

Badia, Leonard F. *The Qumran Baptism and John the Baptist's Baptism.* Lanham, Md.: University Press of America, 1980.

Beasley-Murray, G. R. *Baptism in the New Testament.* Grand Rapids, Mich.: Eerdmans, 1962.

Beasley-Murray, G. R. «Baptism, Wash». En *New International Dictionary of New Testament Theology,* editado por Colin Brown, 1:143-54. Grand Rapids, Mich.: Zondervan, 1975.

Danielou, Jean. *The Work of John the Baptist.* Baltimore: Helicon, 1966.

France, Richard T. «Jesus the Baptist?» En *Jesus of Nazareth: Lord and Christ,* editado por Joel B. Green, pp. 94-111. Grand Rapids, Mich.: Eerdmans, 1994.

Meyer, Ben F. *The Aims of Jesus,* pp. 115-128. Londres: SCM Press, 1979.

Scobie, Charles H. H. *John the Baptist.* Philadelphia: Fortress, 1964.

Webb, Robert L. «John the Baptist and His Relationship to Jesus». En *Studying the Historical Jesus,* editado por Bruce Chilton y Craig A. Evans, pp. 179-229. Leiden: E. J. Brill, 1994.

Wink, Walter. *John the Baptist in the Gospel Tradition.* Cambridge: Cambridge University Press, 1968.

Witherington III, Ben. «John the Baptist». En *Dictionary of Jesus and the Gospels,* editado por Joel B. Green, Scot McKnight e I. Howard Marshall, pp. 383-91. Downers Grove, Ill.: InterVarsity Press, 1992.

7

LA TENTACIÓN DE JESÚS

Comienza la batalla y se decide el camino

La tentación de Jesús está íntimamente vinculada con su bautismo. Marcos conecta los dos relatos con su expresión característica: «Enseguida» (Mr 1:12), y Mateo lo hace con el adverbio «Entonces» (ver Mt 4.1). Lucas, sin embargo, interrumpe la secuencia introduciendo en este punto su genealogía de Jesús (Lc 3:23-37). Lo hace para confirmar la afirmación de la divina voz que se oye durante el bautismo («Tú eres mi Hijo amado, en ti me he complacido» [Lc 3:22]) poniendo de relieve que, en el último análisis, Jesús es el Hijo de Dios (Lc 3:38). Los extensos relatos de la tentación que encontramos en Mateo y Lucas contienen ecos del bautismo de Jesús. En ambas narraciones la primera tentación comienza con la frase: «Si eres Hijo de Dios», y también en ambos casos la tentación a arrojarse desde el pináculo del templo comienza del mismo modo. En los tres Evangelios Jesús es llevado al desierto por el Espíritu Santo que ha recibido en su bautismo.

Al parecer, antes aun de la redacción de los Evangelios, los relatos del bautismo y de la tentación estaban ya vinculados. La tradición relaciona ambos eventos y a no ser que alguien descarte la posibilidad de lo sobrenatural de la vida de Jesús no existe ninguna razón para negar su conexión histórica. En los relatos mismos no se ofrece ninguna información respecto a las razones para la tentación. No obstante, Jesús tuvo que hacer frente desde el comienzo mismo de su ministerio a la cuestión del tipo de Mesías que habría de ser. En varias tradiciones religiosas, la iniciación (el bautismo en el caso de Jesús) y la tentación están a menudo estrechamente vinculadas: «Hijo mío, cuando te dispongas a servir al Señor, prepárate para ser probado» (Sirach 2.1). Se entiende, por tanto, que Jesús tuviera una temprana confrontación con su principal adversario. Para poder saquear el reino de Satanás, Jesús tendría primero que derrotarle (Mr 3:22-27), y resistir sus tentaciones supondría su primera derrota (ver Mr 1:21-28, 39; 3:11, 5:1-20; 7:24-30; 9:14:29 etcétera).

La naturaleza de las tentaciones de Jesús plantea la cuestión de las fuentes de información que usaron los autores de los Evangelios. Es evidente que Mateo y Lucas poseían datos a los que Marcos no tuvo acceso, probablemente procedentes de la fuente Q. Pero ¿de dónde obtuvieron su información la fuente Q y antes de ella la propia Iglesia? En el relato, solo aparecen Jesús y Satanás, ¿cómo pudo, pues, la Iglesia conocer este episodio?

Es posible concebir situaciones análogas de tentación en el ministerio de Jesús en las cuales habría sido pertinente que revelara esta parte de su autobiografía espiritual. Jesús hubo de hacer frente en numerosas ocasiones a la cuestión de la clase de Mesías que iba a ser. La sugerencia planteada por Pedro de una misión sin Cruz (Mr 8:31-33), la entrada en Jerusalén (Mr 11:1-11) y la respuesta a algunos de sus milagros como la alimentación de los cinco mil (Jn 6:1-15, en especial el vs 15: «Por lo que Jesús, dándose cuenta de que iban a venir y llevárselo por la fuerza para hacerle rey, se retiró otra vez al monte Él solo») podrían ser algunos ejemplos de situaciones en las que Jesús compartió con sus discípulos la visión de su cometido mesiánico que había salido reforzada tras su tentación (ver también Mt 27:40-43; Mr 12:13-17; Lc 11.16; 16:19:31). La naturaleza mesiánica de las tentaciones de Jesús que se centran en su carácter como Hijo unigénito, hacen inverosímil que este relato surgiera de las tempranas experiencias de tentación y prueba que experimentó la Iglesia.

La naturaleza de las tentaciones

Es necesario que nos interroguemos respecto a la naturaleza exacta de las tentaciones que experimentó Jesús. ¿Fueron acaso experiencias interiores de Jesús que ponían de relieve el carácter único de sus luchas respecto a la naturaleza de su mesianismo? ¿O fueron por el contrario tentaciones comunes a cualquier ser humano? ¿Fueron experiencias de naturaleza psicológica o mental? ¿Fueron vivencias completamente subjetivas? Entender las tentaciones de este modo no las haría de ningún modo menos reales. No obstante, la impresión general que queda después de leer los relatos es que tales tentaciones fueron experiencias objetivas que incorporaban eventos externos: lugares reales (el desierto y el templo de Jerusalén) y un periodo de tiempo real –aunque simbólico– (cuarenta días y cuarenta noches [comparar Gen 7:12; Ex 34:28; Deut 9:18; Jue 13:1; Jue 13:1; 1 Rey 19:8; Sal 95:10]). Todo esto impide que veamos las tentaciones como visiones o experiencias completamente subjetivas.

Por otro lado, está claro que al menos una de las tentaciones incluyó una experiencia alucinatoria. En la tercera tentación que registra Mateo (la segunda de Lucas) Jesús es llevado a un monte alto desde donde se le muestran todos los reinos del mundo y la gloria de ellos (compárese con la panorámica que le fue mostrada a Moisés de la tierra prometida en Dt 3:27 y 34: 1-4). Ni que decir tiene que no existe ningún «lugar» desde el cual se puedan avistar todos los reinos de este mundo. Aun sin contar con la curvatura de la Tierra, tal cosa sería por completo imposible para un ser humano. En esta tentación se produjo alguna clase de experiencia alucinatoria.

Las tentaciones de Jesús no encajan de manera perfecta en las categorías objetiva, subjetiva, externa o interna. Su naturaleza real o histórica no depende de que encajen o no en tales categorías. Jesús experimentó las tentaciones de Satanás en el desierto. Tales tentaciones fueron reales. Procedieron realmente de Satanás y Jesús las experimentó verdaderamente.

Los relatos de la tentación

Existen tres relatos separados de la tentación de Jesús. El de Marcos es el más corto y está consignado de manera resumida en tan solo dos versículos (Mr 1:12-13). Los relatos de Mateo y Lucas son considerablemente más extensos (once y catorce versículos respectivamente). En contraste con el de Marcos, las narraciones de Mateo y Lucas contienen la descripción de tres tentaciones específicas. La semejanza entre estos relatos indica que ambos autores habrían utilizado una fuente común (Q). No obstante, el orden de las tentaciones es distinto. Ambos concuerdan respecto a la primera tentación –convertir las piedras en pan– pero las dos siguientes presentan un orden distinto.

El orden respectivo de las dos últimas tentaciones encaja perfectamente con los propósitos teológicos de los dos evangelistas. No es de extrañar que Mateo termine las tentaciones en un Monte elevado. El primer sermón de Jesús tiene lugar en un monte. También la Transfiguración se produce en un «monte alto» (Mt 17:1-13), y el Evangelio termina con el anuncio de la Gran Comisión en un monte (Mt 28:16-20). Para Lucas, sin embargo, los montes son lugares de oración y revelación (Lc 6:12; 9:28; 22:39-40), y su interés en Jerusalén y en el templo (Lc 24:49; Hch 1:4; 6:8-7:60: 21:17-22:21) puede ser la razón de haber puesto en último lugar la tentación del pináculo del templo para subrayarla especialmente. Aunque no podemos ser dogmáticos respecto al orden original de los relatos, hay más eruditos a favor del orden de Mateo que pondría juntas las tentaciones que comienzan con la cláusula «si eres Hijo de Dios».

Tras su bautismo, Jesús fue llevado por el Espíritu al desierto. Puesto que fue el Espíritu Santo quien tomó la iniciativa en llevar a Jesús al terreno de las tentaciones, éstas no deberían considerarse como una escaramuza defensiva sino como un ataque directo contra el gobierno de Satanás. El Reino de Dios había llegado y el gobernador de este «presente siglo malo» iba a ser ahora desafiado. El conflicto tuvo lugar en el desierto de Judea situado en el borde occidental del Mar Muerto. El hecho de que Jesús se dirigiera al desierto después de su bautismo sugeriría también que se trataba de esta región.

Lo más difícil es determinar si hemos de entender el «desierto» de un modo positivo o negativo. En su sentido negativo, el desierto es un lugar de demonios (1 QM 1) donde la Creación ha sido maldecida (Is 13:19-22; Ez 34:25; Lc 11:24-28), y en su sentido positivo representa un lugar restaurado a una nueva creación con la venida de la edad mesiánica (Is 11:6-9; 32:14-20; 40:3; 65:25; Os 2:18, comparar el paraíso anterior a la Caída de Gén 1:26-28). ¿Cómo hemos, pues, de entenderlo en este contexto? La referencia de Marcos al hecho de que Jesús estaba entre las «fieras» (Mr 1:13) también puede entenderse tanto en un sentido positivo como negativo. ¿Representa acaso la maléfica hostilidad del desierto? (Las fieras y los demonios aparecen asociados en el *Testamento de Isacar* 7:7; *Testamento de Neftalí* 8:4 y *Testamento de Benjamín*; y las fieras se contraponen a los ángeles en el Sal 91:11-13) ¿O acaso se pretende reflejar con esta expresión la sosegada tranquilidad de la Creación restaurada en el paraíso (comparar Gén 2:19)?

Lo más probable es que el «desierto» y la referencia a las «fieras» deban interpretarse en su sentido negativo denotando la naturaleza caída de la Creación ahora dominada por Satanás, el gobernador de este mundo. La tentación de Jesús no se produjo en un paraíso restaurado. Tal restauración era todavía futura y aguardaba la victoria de Jesús en el desierto, en su ministerio, en la Cruz, y a su gloriosa venida como Hijo del Hombre para concluir la Historia. La tentación se produjo más bien en el corazón del territorio satánico: un maléfico desierto lleno de fieras y demonios. Aunque nunca se afirma de manera explícita, estos relatos evocan el fracaso de Adán.

Si bien la primera tentación se sitúa en el desierto, en la segunda y la tercera se produce un cambio de escenario. La segunda se produce en el pináculo del templo y la tercera en un monte alto (en Mateo). No está claro si se refiere a un monte específico o si éste también forma parte de la visión. Si el relato alude a un monte real, ni Mateo ni Lucas nos dicen cuál es. En caso de que lo conocieran, habrían considerado que no era relevante consignar su nombre. Si ellos no sabían de qué monte se trataba Jesús (en caso de que sea un pasaje autobiográfico) no habría considerado importante registrarlo.

El significado de las tentaciones

«Si eres Hijo de Dios, di a esta piedra que se convierta en pan» (Lc 4:3). Tanto en Mateo 4:2 como en Lucas 4:2 se nos dice que después de cuarenta días en el desierto, Jesús tuvo hambre. Mateo nos explica que durante este periodo Jesús estuvo ayunando, Lucas declara que no comió nada. (Comparar el ayuno de Moisés de cuarenta días y cuarenta noches [Ex 34:28; Deut 9:9-18; 25]). Al igual que en la primera tentación del Hombre (Gen 3:1-7), esta provocación de Satanás tiene que ver con la comida. La implicación es que, en tanto que Hijo de Dios, Jesús tenía la capacidad para realizar este milagro. Esto resulta evidente tanto por las palabras de Satanás como por la respuesta de Jesús que dan a entender claramente que, si así lo deseara, Jesús podía hacerlo.

Por supuesto, no hay nada erróneo en el deseo de satisfacer el hambre. Sin embargo, cuando la satisfacción del apetito entra en conflicto con lo que Dios ha ordenado, ésta es pecado. Al citar Deuteronomio 8:3, Jesús pone de relieve que la vida es más que comida (Mt 6:25). La vida ha de vivirse en obediencia a la voluntad de Dios tal como se ha revelado en su Palabra. Para Jesús, esta «palabra» se encontraba en las Escrituras y por ello en las tres tentaciones, Jesús respondió citando el Antiguo Testamento.

Para Jesús, esta tentación tenía que ver con el modo en que iba a desarrollar su llamamiento y ministerio. No era una tentación a la inmoralidad o al pecado en un sentido tradicional. Era más bien una prueba respecto a la clase de Mesías que sería Jesús. Al haber sido ungido por el Espíritu, poseía una autoridad y un poder único para cumplir con su misión mesiánica. ¿Lo utilizaría, sin embargo, para sus propios fines? ¿Viviría según las mismas exigencias de fe y dependencia que cualquier otro súbdito del reino? ¿Era acaso el hecho de ser el Mesías una excusa para concederse privilegios o lo asumía como una responsabilidad de servir? ¿Cómo podía llamar a otros a seguir a Dios en obediencia, fe y sumisión si Él no estaba dispuesto a hacer lo mismo?

De modo que la primera tentación puso a prueba la confianza de Jesús en el hecho de que el Padre proveería lo necesario para sus necesidades básicas. Aquel que habría de enseñar a sus seguidores a confiar en Dios y a pedirle «el pan nuestro de cada día» (Mt 6:11) demostró que también Él tendría una actitud de confianza durante su tentación. Jesús vino «no a ser servido sino a servir» (Mr 10:45) y por ello hubo de someter su vida a Dios en esta ocasión igual que lo haría más adelante. Si el Padre quería proporcionarle maná en el desierto como ya lo había hecho en la Antigüedad con los hijos de Israel (Ex 16:4-21; comparar con Jn 6.30-31), Él estaba dispuesto a esperar; pero en ningún caso iba a apropiarse del soberano control de Dios sobre su vida.

«*Si eres Hijo de Dios, lánzate abajo desde aquí*» *(Lc 4:9)*. Se ha discutido mucho cuál fue exactamente el objetivo de esta tentación. Algunos han propuesto que Satanás quería llevar a Jesús a llevar a cabo una señal espectacular conducente a que Israel le siguiera. Esta tentación en concreto la encontramos en una etapa posterior de su ministerio cuando sus hermanos le desafiaron con estas palabras: «Sal de aquí, y vete a Judea para que también tus discípulos vean las obras que Tú haces. Porque nadie hace nada en secreto cuando procura ser *conocido* en público. Si haces estas cosas, muéstrate al mundo. Porque ni aun sus hermanos creían en Él» (Jn 7:3-5; comparar también Jn 6:30 y 1 Cor 1:22).

El problema de esta interpretación es que el texto no dice que hubiera nadie más que Jesús y Satanás durante la tentación. Si ésta fue en verdad una tentación a hacer un milagro ante algunas personas, sería lógico esperar que en el relato se mencionara a tales personas. (Esta es también la interpretación que algunos presentan para la primera tentación. Sin embargo, también en este caso habría que hacer frente a la misma objeción de que tampoco aquí se consigna la presencia de ningún grupo de personas).

Para apoyar su artificio, Satanás hace lo mismo que Jesús en respuesta a su primera proposición y apela a la autoridad del texto bíblico, en este caso el Salmo 91:11-12: «Pues Él dará órdenes a sus ángeles acerca de ti, para que te guarden en todos tus caminos. En sus manos te llevarán, para que tu pie no tropiece en piedra». Satanás cita la Biblia para apoyar su punto de vista. Tuerce el sentido del texto para que éste sirva a sus propósitos. (Hay que observar que tanto el contexto de estos versículos del Antiguo Testamento como su sentido directo no proponen llevar a cabo una señal delante de un grupo de personas para conseguir adeptos).

La interpretación más factible de esta tentación es que, de haber accedido a la propuesta de Satanás, Jesús habría expresado una arrogante osadía al obligar a Dios a acudir en su rescate. De entre todos los lugares desde los que podía arrojarse, ninguno mejor que el templo (donde era tan evidente que Dios habitaba) para que Dios rescatara a su Hijo. La naturaleza diabólica de esta tentación se ve en el hecho de que, basándose en una supuesta «fe», este acto constituiría un desafío a Dios poniéndole en el brete de salvar a su Hijo de manera sobrenatural después de que éste se arrojara desde la cúspide del templo. (El sentido exacto del término «pináculo» o lugar más elevado del templo es incierto).

Esta tentación ha demostrado ser muy común entre aquellos que siguen a Jesús. No siempre está claro si lo que se suele llamar un «paso de fe» es un acto de fe verdadera o si por el contrario representa «tentar a Dios». Esto se aplica también a aquellas ocasiones en las que a este desafío se le llama «poner a prueba las promesas de Dios». Puesto que Jesús se había negado a utilizar sus prerrogativas mesiánicas hablando de la necesidad de depender de Dios y esperar que Él supliría las necesidades materiales, Satanás le propone ahora que si de veras quiere depender de Dios, lo que ha de hacer es saltar desde el pináculo del templo «confiando» en las promesas de su protección providencial.

Jesús percibió la delgada línea de separación que existe entre confiar en Dios como proveedor de las necesidades de la vida y desafiarle para que le rescatara de unas dificultades creadas de manera artificial. Lo primero sería un acto de fe mientras que lo segundo representaría una malévola y desafiante provocación a Dios. De nuevo Jesús citó las Escrituras: «No tentaréis al SEÑOR vuestro Dios» (Dt 6:16). Jesús, el Hijo de Dios no iba a tentar a su Padre celestial. Tal acto no sería un acto de fe sino, por el contrario, de incredulidad. Quien confía en los cuidados providenciales de Dios no tiene que «demostrarlo» desafiándole. Por ello, precisamente porque Jesús creía en la protección de su Padre, no tenía ninguna necesidad de desafiarle. Si estaba viviendo la vida de fe y obediencia a que Dios le había llamado, podía descansar plenamente en la certeza del amoroso control que Él ejercía sobre su vida.

«Por tanto, si te postras delante de mí, todo será tuyo» (Lc 4:7). La última tentación constituye una experiencia alucinatoria. Jesús es llevado a un monte elevado donde se le muestran todos los reinos de la Tierra. Satanás se los ofrece a condición de que le adore. Puesto que Jesús no cuestionó la capacidad de Satanás para plantear tal oferta, hemos de asumir que Satanás, en su condición de príncipe de este mundo, podía hacerla legítimamente. Por ello, hemos de responder negativamente a quienes plantean que Satanás estaba ofreciéndole a Jesús algo que, de hecho, no podía darle. Dado que Satanás es el gobernador de este mundo estaba en condiciones de ofrecerle a Jesús los reinos en cuestión. El asunto de lo que sucedería con esta autoridad en el juicio final no llegó a plantearse. En el momento de la tentación, Satanás afirmó que estaba en condiciones de cumplir su oferta y ni Jesús ni los evangelistas pusieron en duda tal afirmación. Los autores bíblicos consideraron, por tanto, que esto fue una tentación real, no un intento de engaño por parte de Satanás que ofrecía algo que no estaba en condiciones de dar.

Aunque la formulación de esta tentación no comienza con la cláusula «si eres hijo de Dios» habría que asumirla puesto que se usa en las dos anteriores y dado que Satanás no hace esta oferta a cualquier ser humano sino al Jesús de Mateo 1:1-4:7 y de Lucas 1:1-4:4, al Hijo de Dios. En resumidas cuentas, esta tentación representa una oferta a ganar el mundo sin necesidad de beber la «copa» que Dios ha puesto delante de Él (Mr 10:38). Implica la aceptación de una solución política a los problemas del mundo. Si las necesidades básicas del mundo pudieran resolverse mediante la acción política, este hubiera sido el mejor camino para Jesús. Teniendo autoridad sobre los reinos de este mundo, Jesús habría podido erradicar el hambre, las guerras, la injusticia social, la pobreza etcétera. Tales problemas podían resolverse sin la Cruz y para Él implicaba evitar todo el sufrimiento que ésta habría de suponer. Por otra parte, si la necesidad básica del mundo entrañaba la consecución del perdón, la reconciliación con Dios y la salvación del juicio venidero, entonces tal «victoria» sería un logro superficial. «Pues, ¿de qué le sirve a un hombre ganar el mundo entero y perder su alma?» (Mr 8:36). Jesús entendió que su misión era salvar a su pueblo de sus pecados (Mt 1:21), liberar a los perdidos (Mr 10:45) y conducir a sus discípulos al paraíso (Lc 23:43). Él sabía también que tenía que seguir el camino que Dios le había marcado en su bautismo (Mr 10:38-39).

Jesús era plenamente consciente de que la aceptación de cualquier sugerencia que llevara su ministerio por otro camino o dirección no llevaría a ninguna parte. Se le había enseñado: «Yo soy el SEÑOR tu Dios, que te saqué de la tierra de Egipto, de la casa de servidumbre. No tendrás otros dioses delante de mí» (Ex 20:2-3). Desde su infancia había aprendido a decir, «Escucha, oh Israel, el SEÑOR es nuestro Dios, el SEÑOR uno es. Amarás al SEÑOR tu Dios con todo tu corazón, con toda tu alma y con toda tu fuerza» (Dt 6:4-5). Su amor hacia Dios no le permitía considerar la propuesta de Satanás como una opción válida. No era posible servir a Dios y a las riquezas (ver Mt 6:24). Por ello, la única respuesta posible a esta tentación era: «¡Vete, Satanás! Porque escrito está: 'AL SEÑOR TU DIOS ADORARÁS, Y SOLO A ÉL SERVIRÁS'» (Mt 4:10).

Tras la última tentación «el diablo... le dejó» (Mt 4:11). Lucas añade que lo hizo «esperando un tiempo *oportuno*». Algunos han sugerido que lo que Lucas quería decir con esta frase es que Satanás no volvió a tentar a Jesús hasta el día de su arresto, juicio y crucifixión (comparar Lc 22:3, 31, 53). No obstante, si bien es cierto que hasta este momento no volvió a producirse una confrontación directa con Satanás, esto no significa que el diablo no estuviera activo y que no hubiera tentado a Jesús durante el tiempo que llevó a su crucifixión (Lc 8:12; 10:17-18; 11:14-22; 13:11-17; 22:28; comparar también Mr 4:15; 8:33). Mateo declara que, cuando Satanás dejó a Jesús los ángeles le servían, implicando que le trajeron comida (comparar 1 Rey 19:4-8).

Conclusión

En su tentación Jesús dejó zanjada la cuestión relativa a la clase de mesías que habría de ser. No iba a utilizar sus poderes mesiánicos para sus propios fines. Jesús rechazó todos los conceptos de un mesianismo político y de manera especial el camino que proponían los zelotes. Él aceptaría el camino del siervo sufriente que Dios le había preparado. En consonancia con lo que más tarde enseñaría a sus discípulos, Jesús confiaría en que Dios supliría sus necesidades diarias; igual que los demás, experimentaría hambre, hostilidad, tristeza y frustración. Cuando llegara el momento de hacerle frente a la Cruz, no utilizaría sus poderes mesiánicos para evitarla. Aunque tuviera a su disposición doce legiones de ángeles, no recurriría a ellas (ver Mt 26:53). En lugar de ello, confiaría en el cuidado providencial de su Padre. Junto con millones de sus posteriores seguidores Jesús diría: «Padre, en tus manos encomiendo mi espíritu» (Lc 23:46). Al rechazar el camino fácil, el autor y consumador de nuestra fe escogió la puerta estrecha y la senda angosta que Dios había puesto delante de Él (Mt 7:13-14).

Se ha planteado la cuestión de si Jesús era o no verdaderamente capaz de pecar. Este tipo de preguntas suelen ir acompañadas de una cristología que dice más o menos lo siguiente: «Puesto que Jesús era Dios y Dios no puede pecar, Jesús no era realmente capaz de pecar». Aun en el mejor de los casos esto parece una premisa teológica que se impone a la vida de Jesús. Los autores de los Evangelios no dicen nada que haga suponer que en las «tentaciones», Jesús meramente representó un papel; para ellos, la confrontación con Satanás fue una verdadera «tentación». Es imposible leer los relatos de Mateo y de Lucas e imaginar a los evangelistas pensando que Jesús habría podido decir en cualquier momento, «Vete Satanás, ¡ya sabes que no puedo pecar!».

El autor del libro a los Hebreos parece haber entendido que el pecado fue una posibilidad muy real en la vida de Jesús. Asume tal posibilidad cuando afirma que, «por cuanto Él mismo fue tentado en el sufrimiento, es poderoso para socorrer a los que son tentados» (Heb 2:18) y que «ha sido tentado en todo como *nosotros*, *pero* sin pecado» (Heb 4:15).

Nunca hemos de separar este suceso de la vida de Jesús de su verdadera humanidad. Es mejor construir una cristología que permite la existencia de una tentación verdadera con todas sus implicaciones que eliminar de los relatos bíblicos la naturaleza de verdadera tentación que tuvo este acontecimiento con el fin de salvaguardar una cristología preconcebida.

Preguntas para la reflexión

1. ¿Podemos afirmar que la triple tentación de Jesús fuera una experiencia completamente subjetiva? Razona y matiza la respuesta. ¿Resta-

ría tal naturaleza subjetiva algo de su valor y significado a las tentaciones?

2. ¿Podría explicar el distinto énfasis teológico de Mateo y de Lucas la diferencia en el orden en que consignan las tentaciones? ¿De qué modo?

3. Reflexiona respecto al sentido del «desierto» como marco de la tentación de Jesús.

4. ¿Qué sentido tuvo para Jesús cada una de las tres tentaciones? ¿Se aplican también a tu propia experiencia los dilemas que Jesús tuvo que enfrentar? ¿De qué modo/s?

5. ¿Cómo pone de relieve la tentación de Jesús su naturaleza humana? ¿De que forma le «ayuda» la experiencia de la tentación a su actual tarea sumosacerdotal? ¿Fue la tentación de Jesús una experiencia «real» o «virtual»?

Referencias

Bauckham, Richard. «Jesus and the Wild Animals (Mark 1:13): A Christological Image for an Ecological Age». En *Jesus of Nazareth: Lord and Christ*, editado por Joel B. Green, pp. 3-21. Grand Rapids, Mich.: Eerdmans, 1994.

Best, Ernest. *The Temptation and the Passion.* Cambridge: Cambridge University Press, 1990.

Gerhardsson, Birger. *The Testing of God's Son.* Lund, Suecia: CWK Gleerup, 1966.

Harrison, Everett F. *A Short Life of Christ,* pp. 80-93. Grand Rapids, Mich.: Eerdmans, 1968.

Jeremias, Joachim. *New Testament Theology,* pp. 68-75. Nueva York: Scribner's, 1971.

Mauser, Ulrich W. *Christ in the Wilderness.* Naperville, Ill.: Allenson, 1963.

Pokorny, Petr. «The Temptation Stories and Their Intention». *New Testament Studies* 20 (1974): 115-27.

Twelftree, Graham H. «Temptation of Jesus». En el *Dictionary of Jesus and the Gospels,* editado por Joel B. Green, Scot McKnight e I. Howard Marshall, pp. 821-27. Downers Grove, Ill.: InterVarsity Press, 1992.

8

EL LLAMAMIENTO
DE LOS DISCÍPULOS

Seréis mis testigos

Habiendo sido ungido para su misión en su bautismo (ver capítulo seis) y tras establecer claramente la clase de misión que habría de llevar a cabo (ver capítulo siete), Jesús comenzó su ministerio. No existe ninguna prueba bíblica de que Jesús iniciara su ministerio en conjunción con Juan el Bautista o bajo su tutela. Tanto en los Evangelios Sinópticos (Mr 1.14-20) como en Juan (Jn 1:35-42) se describe el ministerio de Jesús como completamente independiente. Lo más probable es que el ministerio de Jesús y el de Juan coincidieran durante un corto periodo de tiempo (Jn 3:22-4:3). De haber sido así, las palabras de Marcos 1:14 («Después que Juan había sido encarcelado, Jesús vino a Galilea proclamando el Evangelio de Dios»; comparar con Mt 4:12), se entienden mejor como una afirmación teológica que cronológica. Marcos sabía que el ministerio de Juan había continuado durante un tiempo (comparar Mr 6:14-29), pero mediante esta declaración quería decir a sus lectores que con Juan el Bautista el antiguo pacto había llegado a su fin. Juan fue el último de los profetas del Antiguo Testamento. Por otra parte, Jesús inauguró el nuevo pacto. Juan y Jesús pertenecen a dos eras distintas: el tiempo de la profecía y el tiempo del cumplimiento.

Con frecuencia, el ministerio de Jesús se traza del siguiente modo:

1. El ministerio temprano en Judea, del que tenemos conocimiento principalmente por Juan 2:13-4:43. Dado el plan geográfico que sigue Marcos para estructurar su Evangelio (Galilea Mr 1:14-7:23; fuera de Galilea, Mr 7:24-9:50: Judea, Mr 10:1-16:8) ni él ni los demás autores de los Sinópticos hablan de un ministerio temprano en Judea. No obstante, sí hay algunos indicios en sus relatos que llevan a suponer que tal ministerio tuvo lugar. Comparar Mr 10:46-52; 11:2-6; 14.3-9; 13.16, 49; Lc 13.34.
2. El ministerio en Galilea. Comparar Mr 1:14-7:23 y pasajes paralelos.
3. El periodo de tránsito. Comparar Mr 7:24-9:50 y pasajes paralelos.
4. El viaje a Jerusalén y el ministerio en Judea. Comparar Mr 10:1-16:8 y pasajes paralelos.

Estos periodos se describen también como el año de oscuridad (1), el año del favor público (2) y el año de la oposición (3 y 4).

Cuando nos acercamos a los Evangelios como si fueran estrictos relatos geográficos o cronológicos de la vida de Jesús siempre surgen problemas. Considerando la disposición geográfica de los materiales de su Evangelio, Marcos no podía seguir un orden estrictamente cronológico ya que todos los materiales que se relacionaban con Galilea tenía que colocarlos en 1:14-7:23, y todos los relativos a Judea y Jerusalén habían de ser situados en la sección 10:1-16:8. Por ello, en su Evangelio no había espacio para situar un ministerio temprano en Judea ni viajes intermedios a esta región.

En ocasiones, los materiales de los Evangelios se disponían también según un orden temático. (Comparar la manera en que Mateo alterna distintos episodios de la vida de Jesús en los capítulos 1-4, 8-9, 11-12, 14-17, 19-22, 26-28 con los dichos de Jesús en los capítulos 5-7, 10, 13, 18, 23-25. Obsérvese también que el material del Sermón del Monte de Mateo [5-7] está repartido en Lucas 6-16, y que Marcos presenta distintas colecciones de sanidades [1:21-45], relatos de controversias [2:1-3:6] parábolas [4:1-34] etcétera). Por ello, si bien es probable que el ministerio de Jesús se hubiera iniciado con una breve misión en Judea, seguida por otra más larga en Galilea para concluir con una segunda misión en Judea, hemos de admitir que existe cierta incertidumbre respecto a cuándo y dónde se produjeron ciertos incidentes y hemos de dejar espacio para acontecimientos que no encajan en el anterior bosquejo esquemático.

Según Mateo 4:13 (comparar Mt 9:1 y Mr 2:1), al comienzo de su ministerio Jesús dejó su hogar de Nazaret y se trasladó a Capernaum. Si bien Nazaret –situada a solo cinco kilómetros de Séforis– distaba mucho de ser un pueblo aislado de una zona rural, era menos importante que Capernaum por lo que respecta a la corriente dominante de la vida en Galilea. Capernaum era también una ciudad mucho más populosa que Nazaret puesto que era un centro de comercio y estaba situada junto a una importante ruta comercial entre el Este y el Oeste. Probablemente Jesús se habría trasladado a esta ciudad por su posición estratégica y mayor utilidad para su ministerio en Galilea. No está claro que este traslado se debiera también a que en Nazaret hubiera una menor receptividad a su ministerio (comparar Mr 6:1-6, Lc 4:16-30).

El llamamiento de los discípulos

Una de las primeras cosas que hizo Jesús al iniciar su ministerio, fue seleccionar a doce de sus discípulos. El pasaje más conocido que trata de este llamamiento de los discípulos se encuentra en Marcos 1:16-20:

> Mientras caminaba junto al mar de Galilea, vio a Simón y a Andrés, hermano de Simón, echando una red en el mar, porque eran pescadores. Y Jesús les dijo: Seguidme, y yo haré que seáis pescadores de hombres. Y dejando al instante las redes, le siguieron. Yendo un poco más adelante vio a Jacobo, el hijo de Zebedeo, y a su hermano Juan, los cuales estaban también en la barca, remendando las redes. Y al instante los llamó; y ellos, dejando a su padre Zebedeo en la barca con los jornaleros, se fueron tras Él.

Este pasaje transmite la impresión de que éste habría sido el primer encuentro entre Jesús y los cuatro discípulos: Simón (Pedro) y su hermano Andrés, Jacobo el hijo de Zebedeo y su hermano Juan. Sin embargo, en Juan 1:35-51 descubrimos que hubo un encuentro anterior entre Jesús, Pedro y Andrés (también con Natanael y Felipe). Así pues, el llamamiento de Pedro y Andrés a dejar su oficio y su familia (Mr 1:17-18) no se produjo como un acontecimiento inesperado sino que fue precedido por un primer encuentro con Jesús y por la convicción de que Él era el Mesías (Jn 1:35-42). Puede que incluso hubiera habido otros contactos entre ellos. Es posible que, a su vez, la respuesta de Jacobo y Juan se hubiera basado en el testimonio de Pedro y de Andrés.

Jesús llamó a doce hombres para que fueran sus discípulos. La naturaleza simbólica de este número no es algo casual. Sin duda, esto fue algo que quienes escuchaban a Jesús tuvieron que notar. Inevitablemente, el número «doce» traía a la mente de cualquier judío el número de las tribus de Israel. En el tiempo de Jesús, se creía comúnmente que solo habían quedado dos tribus y media: las tribus de Judá, Benjamín y media tribu de Leví. Las otras nueve tribus y media se habían perdido en el año 722 aC. cuando , con la caída de Samaria, éstas fueron dispersadas entre los gentiles. Sin embargo, permanecía la esperanza de un tiempo en que Dios visitaría a su pueblo y restauraría las doce tribus de Israel. En aquel día, el día de la salvación de Israel, las tribus perdidas serían de nuevo reunidas y Dios establecería su reino sobre la Tierra (comparar Is 11:10-16; 49:6; 56:8; Miqueas 2:12; Sirach 48:10 etcétera).

El llamamiento de doce discípulos por parte de Jesús fue un acto simbólico que ilustraba visualmente lo que éste proclamaba verbalmente: «El tiempo se ha cumplido y el reino de Dios se ha acercado; arrepentíos y creed en el Evangelio» (Mr 1:15). Dios estaba visitando a su pueblo y la restauración de las doce tribus de Israel se estaba llevando a cabo. Sin embargo, para Jesús tal restauración no consistía en un resurgimiento político de Israel como nación, sino más bien en la experiencia de la presencia divina y la llegada del reino de Dios entre su pueblo de un modo singular. (Ver el apartado «Una nueva era», en el capítulo nueve).

Los nombres de los discípulos

En los Evangelios encontramos tres listados de los discípulos:

Marcos 3:13-19	Mateo 10:1-4	Lc 6:12-16
Simón (Pedro)	Simón (Pedro)	Simón (Pedro)
	su hermano Andrés	su hermano Andrés
Jacobo el hijo de Zebedeo	Jacobo el hijo de Zebedeo	Jacobo
Juan (Boanerges, hijos del trueno)	su hermano Juan	Juan
Andrés		
Felipe	Felipe	Felipe
Bartolomé	Bartolomé	Bartolomé
Tomás	Mateo, el recaudador de impuestos	Tomás

Jacobo, el hijo de Alfeo	Jacobo, el hijo de Alfeo	Jacobo, el hijo de Alfeo
Tadeo	Tadeo	
Simón el cananita	Simón el cananita	Simón el Zelote
		Judas, hijo de Jacobo
Judas Iscariote	Judas Iscariote	Judas Iscariote

(En Hechos 1:13 aparece una cuarta lista de los discípulos y, aunque el orden es un poco distinto, no hay ninguna diferencia en los nombres). Las cuatro listas constan de tres grupos de cuatro nombres, siendo el primer nombre de cada grupo el mismo (Simón [Pedro], Felipe, Jacobo, el hijo de Alfeo). No obstante, concluir a partir de este hecho que durante el ministerio de Jesús los doce estaban divididos en tres grupos de cuatro dirigidos por estos hombres sería especular mucho.

Estas listas paralelas plantean algunos problemas. Mateo y Marcos mencionan en sus listas a Simón el «cananita», mientras que Lucas se refiere a Simón el Zelote. Esta diferencia se explica fácilmente: *cananita* es la palabra aramea que significa «zelote». Mientras que Mateo y Marcos mantienen el apelativo original arameo, Lucas lo ha consignado con su equivalente griego. Una segunda diferencia que encontramos en las listas estriba en que Mateo y Lucas, a diferencia de Marcos, sitúan el nombre de Andrés junto al de su hemano (Pedro, Andrés, Jacobo y Juan) mientras que Marcos consigna primero el nombre de los tres discípulos más importantes (Pedro, Jacobo, Juan y Andrés). El acuerdo que existe entre Mateo y Lucas se entiende perfectamente. Es más lógico mantener juntas las dos parejas de hermanos, que separar una de ellas e introducir la otra entre medio.

La mayor dificultad que existe en estas tres reseñas tiene que ver con los nombres de Tadeo (Marcos y Mateo) y Judas, el hijo de Jacobo (Lucas). Se ha afirmado que ambos nombres pertenecen a la misma persona. Según este punto de vista, igual que el primer discípulo de la lista tenía un nombre hebreo (Simón) y otro griego (Pedro), así este discípulo tenía también dos nombres: Judas (hebreo) y Tadeo (griego). Antes de concluir que esto es solo un intento desesperado de resolver el problema, debemos observar que cinco de los nombres de la lista van acompañados de especificaciones: Simón (Pedro) y Simón el Zelote, Jacobo, hijo de Zebedeo y Jacobo, hijo de Alfeo; y Judas Iscariote. En los cuatro primeros casos, la especificación sirve para ayudarnos a distinguir entre dos discípulos que tenían el mismo nombre (Simón y Jacobo). En el caso de Juan, Andrés, Felipe, Bartolomé, Mateo y Tomás no se añade ninguna especificación puesto que no es necesario diferenciarlos de ningún otro discípulo con el mismo nombre.

Por otra parte, a Judas se le menciona siempre como Judas «Iscariote». ¿Por qué? Si no hubiera ningún otro discípulo que tuviera el mismo nombre no habría ninguna necesidad de hacerlo; bastaría con llamarle Judas. El hecho de que se le llame Judas Iscariote sugiere que había otro discípulo con este mismo nombre (Judas, hijo de Jacobo). Es posible que Mateo y Marcos se refirieran a este Judas mediante su apellido para evitar el estigma vinculado a este nombre. (¿Cuántos cristianos en nuestros días ponen a sus hijos el nombre de Judas?)

Los doce discípulos formaban un grupo muy peculiar y variopinto: Pedro, Andrés, Jacobo y Juan eran pescadores (Mr 1:16-20) y al parecer compartían el mismo negocio (Lc 5:10). Entre ellos había dos pares de hermanos (Pedro y Andrés, Jacobo y Juan; Mr 1:19; Jn 1:40). Por lo que parece, Pedro, Andrés y Felipe habían sido discípulos de Juan el Bautista (Jn 1:35-42, 43-46; comparar con 1:28). Mateo, quizá llamado también Leví (comparar Mr 2:14 con Mt 9:9), era recaudador de impuestos. Entre los judíos, se menospreciaba a los recaudadores de impuestos y no se aceptaba su testimonio en los tribunales. Se les veía como colaboracionistas que compraban al invasor romano los derechos de la recaudación de impuestos entre sus compatriotas. Los beneficios de los recaudadores estaban en función del volumen de sus recaudaciones, lo cual a menudo les llevó a la expoliación de sus conciudadanos.

Por otra parte, entre los discípulos había también un ultra nacionalista como Simón el Zelote. Los zelotes pretendían derribar al odiado gobierno romano y esperaban con anhelo el día en que el pueblo judío quedaría libre de su yugo. No albergaban ninguna esperanza de que esto pudiera conseguirse por un camino pacífico; estaban convencidos de que las únicas vías que harían plausible alcanzar sus objetivos eran la revolución y la guerra. A Bartolomé se le menciona en las cuatro listas de discípulos pero no se sabe nada de él. Se ha sugerido que Bartolomé y Natanael eran la misma persona, pero esto es imposible de demostrar. Tampoco sabemos prácticamente nada acerca de Tomás y de Jacobo, el hijo de Alfeo.

Si bien tenemos una buena cantidad de material respecto al papel que jugó Judas Iscariote en la traición de Jesús, no se sabe gran cosa de su trasfondo. El término *Iscariote* ha sido objeto de mucha investigación y abundan las interpretaciones respecto a su significado. La existencia misma de tantas interpretaciones pone de relieve que no es posible conseguir una explicación que sea convincente. Algunos creen que procede del término *Sicarii*, que describe a los asesinos zelotes que con sus dagas (*sikarios* es una palabra griega proveniente del latín *sica*, «daga») mataban a quienes se oponían a sus aspiraciones revolucionarias. Otros sugieren que el término podría haber derivado de una palabra hebrea que significa «falso» o de otro vocablo, también hebreo, que significa «entregar» y que relacionaría el término con el acto de traición de Judas. Quizás la explicación más popular es la que afirma que Iscariote procede de las palabras hebreas *ish* («hombre de») y *Kerioth* («la ciudad de Kerioth»). Según esta interpretación, el término «Iscariote» aludiría al lugar de procedencia de Judas. (Una variante de este último punto de vista entiende que *Kerioth* es una referencia a la ciudad de Jerusalén). Si esta última interpretación es correcta, Judas habría sido entonces el único discípulo no oriundo de Galilea.

La composición de este grupo de doce discípulos es un testimonio de la influencia que Jesús ejerció sobre ellos. Todos siguieron a Jesús durante la mayor parte de su ministerio compartiendo con Él una relación muy íntima. Comieron, trabajaron y durmieron juntos. Pese a que se produjeron algunos brotes de rivalidad y de celos entre ellos (Mr 9:33-35; 10:35-45), su capacidad para trabajar juntos día tras día y a lo largo de muchos meses, pone de relieve el asombroso poder transformador del amor de Jesús. El temperamento exaltado de los hermanos Jacobo y Juan les hizo acreedores del apelativo «hijos del trueno». (En Lc 9:51-56 y Mr 9:38-41 se registran algunos ejemplos de su talante apasionado). No obstante, Jesús transformó a estos «hijos del trueno» hasta el punto que uno de ellos llegó a ser conocido como el «discípulo del amor». Entre los discípulos había también un colaboracionista (Mateo, el recaudador de impuestos) y un zelote revolucionario (Simón). El hecho de que pudieran convivir en un régimen de colaboración e intimidad durante un largo periodo pone de relieve hasta qué punto Jesús es capaz de cambiar las disposiciones naturales de los corazones y traer reconciliación y paz. Ciertamente, Jesús demostró mediante las vidas de sus discípulos que podía derribar los muros de la hostilidad humana.

¿Por qué escogió Jesús a los doce discípulos?

Una de las razones por las que Jesús escogió a los doce discípulos –y que ya se ha considerado– es la que tiene que ver con el simbolismo del número doce. Con el ministerio de Jesús, el tan esperado reino de Dios había llegado, y con él había dado también comienzo la consolación (Lc 2:25) y la redención (Lc 2:38) de Israel. Para simbolizar la reunión de las diez tribus perdidas (exactamente nueve y media) y la reunificación de Israel, Jesús escogió a doce discípulos. Durante todo su ministerio, su número y su presencia representaban una proclamación visual de que, en efecto, el reino de Dios había llegado.

En Marcos 3:14-15 descubrimos otras dos razones por las que Jesús llamó a los Doce. Una de ellas es «para que estuvieran con Él». Fueron seleccionados para acompañarle durante su ministerio. Este acompañamiento haría posible que aprendieran tanto a través de su enseñanza como por medio de su ejemplo. Su elección adquiría un carácter singular en tanto que les hacía testigos de excepción de su conducta y de sus acciones, y les llamaba a impregnarse de sus enseñanzas (Jn 19:35; 21:24; Hch 5:32; 10:39-41; etcétera). Solo viviendo con Jesús podrían llegar a descubrir quién era y a familiarizarse con las enseñanzas del Evangelio que Él les habría de encomendar más adelante.

Jesús escogió también a los Doce por una segunda razón: para que llegaran a ser sus apóstoles, «enviados» a predicar su mensaje y a ayudarle en su ministerio sanador. Ya durante su ministerio, Jesús envió a los discípulos para que en su nombre predicaran que el reino de Dios se había iniciado (Mr 6:7-13; 30; ver también Lc 10:1-12). Los discípulos serían el fundamento sobre el que Jesús edificaría su Iglesia (Ef 2:20; comparar con Ap 21:14). Por medio de su testimonio la Iglesia crecería y sería establecida. Serían responsables de transmitir y preservar el testimonio oral de las enseñanzas y acciones de Jesús (Lc 1:2). Por supuesto, es cierto que el propio Jesús es el fundamento último de la Iglesia (1 Cor 3.11), sin embargo, el Nuevo Testamento señala también que, en un sentido, ésta se fundamenta sobre la obra de los apóstoles y sobre sus escritos.

La historicidad de los doce discípulos

Los ataques contra la historicidad de los doce discípulos han sido numerosos. Muchos han afirmado que la idea de que Jesús escogió intencionadamente a doce discípulos se originó en la iglesia primitiva que reinterpretó este aspecto del ministerio de Jesús. El hecho de que en el Nuevo Testamento no exista ningún otro listado de los discípulos aparte de los tres registros de los Evangelios Sinópticos y del que encontramos en el libro de los Hechos (consignado por Lucas), se considera prueba de ello. De hecho, algunos de tales discípulos no aparecen en ningún otro pasaje del Nuevo Testamento –Bartolomé, Simón el Zelote, Jacobo el hijo de Alfeo y Matías el último de ellos– y a Tadeo/Judas, el hijo de Jacobo solo se le menciona una vez más (Jn 14:22). Por otra parte, sin embargo, existen sólidos argumentos a favor de la historicidad de este grupo.

En primer lugar está el triple testimonio de Mateo, Marcos y Lucas. Si bien Mateo y Lucas no hacen más que reiterar en esencia la tradición que encuentran en Marcos, la aceptación misma de tal tradición hace razonable asumir que esta lista no les era extraña. Puede que Lucas creyera incluso estar repitiendo una tradición que Teófilo ya conocía (Lc 1:4).

Por otra parte, la expresión «los doce» aparece otras tres veces en el Nuevo Testamento (Hch 6:2; 1 Cor 15:5; Ap 21:14) y siempre se utiliza con un sentido técnico sin ninguna explicación. Evidentemente, los autores asumen que los receptores de sus textos estaban familiarizados con esta expresión. La referencia de Pablo en 1 Corintios es especialmente reveladora puesto que aparece en el marco de la fórmula de un credo pre-paulino. (Obsérvese que Pablo «recibió» la fórmula de este credo y la «entregó» a los corintios durante el establecimiento de la iglesia de esta ciudad [1 Cor 15:3-8] en el 49 dC.). Por ello, la referencia a «los doce» de 1 Cor 15:5 es muy temprana. (Algunos eruditos han sugerido que esta fórmula tuvo su origen hacia finales de la década 30-40 dC.). También la referencia de los doce sentándose sobre doce tronos para juzgar a las doce tribus de Israel (Mat 19:28 y Lc 22:30) aporta sólidos tintes de historicidad a la expresión. Es difícil concebir que la Iglesia primitiva hubiera creado este dicho sabiendo que Judas era uno de los Doce.

Existen aun dos argumentos más a favor de la historicidad de los Doce. En el libro de los Hechos, Lucas deja constancia de que la primera decisión de la Iglesia primitiva fue la de escoger un sustituto de Judas. El modo tan categórico en que Lucas registra este incidente unido al hecho de que Matías, el hombre que se escogió, no jugara un papel relevante en la Iglesia primitiva apoyan la historicidad de este episodio. El argumento más sólido a favor de la existencia de un grupo llamado «los doce» durante el ministerio de Jesús es el hecho de que uno de ellos era un traidor. Es difícil de imaginar que la Iglesia primitiva creara un relato completamente ficticio de Jesús escogiendo a doce discípulos y que, al mismo tiempo, atribuyera a uno de ellos el papel de traidor. La existencia de Judas, el traidor, está vinculada de un modo tan absoluto a todo el relato del juicio y la muerte de Jesús que no puede negarse su papel en estos acontecimientos.

Conclusión

Es probable que, aparte de su muerte y resurrección, no exista ningún otro suceso de la vida de Jesús tan relevante y que tuviera consecuencias tan permanentes como la elección de los Doce. Tal elección revela per se que Jesús vio en su ministerio el cumplimiento de las promesas del Antiguo Testamento. Como veremos en el próximo capítulo, el mensaje de Jesús entrañaba una dimensión de consumación. El fin de los siglos había llegado, era una realidad, ya no solo del futuro inmediato, sino del presente. Para Jesús «en aquel día» había dejado de ser algo vinculado con el futuro para instalarse en el presente, y su elección de los doce discípulos ilustra este hecho.

La elección y formación de los Doce revela también que Jesús entendió que la trascendencia de su obra y ministerio tenía un carácter permanente. Según algunos eruditos, Jesús pensaba que la Historia iba a terminar pronto y que, por tanto, no podía haber planeado la existencia de una «iglesia» y de unos «apóstoles» para que la dirigieran. No obstante, parece más sabio invertir este razonamiento y concluir que, puesto que escogió e instruyó a doce discípulos, Jesús contemplaba la realidad de un periodo de tiempo antes de la consumación definitiva de todas las cosas. Por ello aleccionó a Pedro, Andrés, Jacobo, Juan y los demás para que condujeran a sus seguidores, la Iglesia, durante este periodo.

Se ha debatido mucho respecto al modo en que Jesús enseñó a sus discípulos. ¿Lo hizo según los criterios del Talmud que asegura que, en ocasiones, los rabinos usaban la memorización? Tal procedimiento choca frontalmente con el talante individualista y el espíritu independiente de nuestros días. Se ha afirmado que, a diferencia de los discípulos rabínicos, los seguidores de Jesús no lo eran de tradiciones e ideas sino de una persona. Esto, no obstante, no haría que estuvieran menos comprometidos con las enseñanzas de tal persona sino que, en todo caso, sería una razón para que su compromiso con ellas fuera aun mayor. Los Evangelios dejan constancia de una ocasión durante el ministerio de Jesús en que los propios discípulos proclamaron tales enseñanzas. Es difícil de concebir que cuando Jesús envió a predicar a los doce discípulos (Mr 6:7), les dejara libres para que dijeran lo que les pareciera o se les pasara por la imaginación. ¿Qué clase de discípulo hubiera preferido su propia predicación y formulación del mensaje divino a la presentada por el propio mensajero divino? Sin duda, la proclamación del mensaje de Jesús durante esta misión ayudó a grabar indeleblemente tales enseñanzas en su memoria.

Tras la resurrección y ascensión de Jesús, los discípulos habrían de aportar el liderazgo que necesitaba la joven iglesia al tiempo que ellos mismos serían los garantes de las tradiciones de los Evangelios. Para ello habían sido llamados y capacitados. Tenían que predicar (Mr 3:14) y supervisar –en tanto que «testigos oculares y ministros de la Palabra»– el proceso de transmisión de las tradiciones de Jesús (Lc 1:2). Por tanto, en un sentido muy real, aun la Iglesia de hoy se sigue edificando sobre el fundamento de los doce discípulos. Esto no es solo cierto en el sentido histórico de que la Iglesia cristiana de hoy desciende de la Iglesia apostólica que ellos fundaron, sino también por el hecho de que los Evangelios que la Iglesia posee hoy son fruto de la preservación y transmisión de las tradiciones de los Evangelios por parte de aquellos que «desde el principio fueron testigos oculares y ministros de la Palabra» (Lc 1:2). La tradición de la Iglesia asocia dos de los Evangelios con los Doce (Mateo y Juan). Todas las tradiciones de la Iglesia primitiva coinciden en relacionar al Evangelio de Marcos con el apóstol Pedro. Lucas afirma que su Evangelio es fruto de su minuciosa investigación tanto de las obras escritas por otros autores, como de los relatos orales procedentes de los propios testigos presenciales (Lc 1:1-3). De este modo, en la medida que sea fiel a las enseñanzas de los Evangelios, la Iglesia de hoy descansa sobre «el fundamento de los apóstoles» (Ef 2:20).

Preguntas para la reflexión

1. ¿Qué sentido tiene que Jesús llamara precisamente a «doce» hombres para que fueran sus discípulos en un sentido especial?
2. ¿Qué respuesta podemos dar a las aparentes discrepancias que existen entre las cuatro listas de discípulos?
3. Reflexiona sobre el carácter tan heterogéneo del grupo de discípulos. ¿Qué nos dice este hecho sobre la persona de Jesús y su misión?
4. ¿Qué propósitos tenía Jesús para el llamamiento de los doce?
5. ¿Qué diferencia existe entre el acercamiento de Jesús a la formación de sus discípulos y la perspectiva esencialmente académica de nues-

tras instituciones de formación actuales? ¿Tiene este hecho alguna relevancia por lo que respecta a nuevos planteamientos para el diseño de las escuelas y seminarios cristianos?

6. ¿Tienen un fundamento sólido los ataques contra el carácter histórico de los doce apóstoles? ¿Cómo responde el texto bíblico a estos ataques?

Referencias

Best, Ernest. *Disciples and Discipleship: Studies in the Gospel According to Mark.* Edimburgo: T & T Clark, 1986.

Black, C. Clifton. *The Disciples According to Mark: Markan Redaction in Current Debate.* Sheffield, U.K.: JSOT, 1989.

Bruce, Alexander Balmain. *The Training of the Twelve.* Edimburgo: T & T Clark, 1883.

Harrison, Everett F. *A Short Life of Christ,* pp. 136-49. Grand Rapids, Mich.: Eerdmans, 1968.

Hengel, Martin. *The Charismatic Leader and His Followers.* New York: Crossroad, 1981.

Meye, Robert. *Jesus and the Twelve: Discipleship and Revelation in Mark's Gospel.* Grand Rapids, Mich.: Eerdmans, 1968.

Rengstorf, K. H. Mathetes. En *Theological Dictionary of the New Testament,* editado por Gerhard Kittel, 4:415-60. Grand Rapids: Eerdmans, 1967.

Sanders, E. P. *Jesus and Judaism,* pp. 95-106. Filadelfia: Fortress, 1985.

Wilkins, Michael J. «Disciples». En *Dictionary of Jesus and the Gospels,* editado por Joel B. Green, Scot McKnight e I. Howard Marshall, pp. 176-82. Downers Grove Ill.: InterVarsity Press, 1992.

— . *The Concept of Disciple in Matthew's Gospel.* Leiden: E. J. Brill, 1988.

9

EL MENSAJE DE JESÚS

«El reino de Dios se ha acercado»

Los Evangelios indican que Jesús fue un maestro excepcional. Para describirle, se utiliza más de cuarenta veces el término *maestro,* una palabra que incluso el propio Jesús utilizó para referirse a sí mismo (Mt 10.24-25; 23:8). El título arameo *rabí* se utiliza también unas catorce veces para aludir a Cristo. Si bien Jesús no poseía la formación académica que era necesaria para ser rabino, sí desarrolló las mismas actividades que los demás rabinos: enseñó en las sinagogas, proclamó la ley de Dios (Mr 12.28-34), hizo discípulos, se le pidió que arbitrara en disputas de orden legal, (Mr 12:13-17; Lc 12:13-21), debatió con los escribas (Mr 11:27-33), se sentaba para enseñar (Mt 5:1; Mr 4:1), utilizaba las Escrituras para dar apoyo a sus explicaciones (Mr 2:25-26; 10:5-9), utilizaba técnicas literarias para ayudar a sus discípulos a memorizar sus enseñanzas. No obstante, existían algunas diferencias significativas entre Jesús y los rabinos de su época. Si bien es cierto que Jesús enseñó en las sinagogas, la mayor parte de sus enseñanzas las impartió al aire libre y en zonas rurales. Entre su audiencia había muchas personas consideradas indignas de recibir enseñanza rabínica: mujeres, niños, recaudadores de impuestos y pecadores. Como veremos en este capítulo, también el contenido de su enseñanza era bastante diferente.

Jesús era un maestro extraordinario. Sin tener a su alcance ninguno de nuestros recursos tecnológicos modernos, consiguió cautivar profundamente a sus audiencias. En ocasiones, sus facultades didácticas atrajeron a grupos tan numerosos que se le plantearon serios problemas. En una de tales ocasiones hubo de enseñar desde una barca por el gran número de oyentes que se congregaron (Mr 4:1). Escuchándole, las personas estaban tan absortas que se olvidaban de las necesidades básicas de la vida. Los milagros de la alimentación de los cinco mil (Mr 6:30-44) y los cuatro mil (Mr 8.1-10) fueron en parte debidos a sus grandes dotes de maestro. En estos dos casos, las multitudes se acercaron a Jesús para oír su mensaje. No hay referencia alguna a que lo que atrajera a tales grupos fuera el ministerio de sanidad o los milagros.

Hay varias razones que explican el gran éxito que tuvo Jesús como maestro. Una de ellas es que, igual que sucedió en el caso de Juan el Bautista, con Jesús Israel volvía a oír la voz profética tras cuatrocientos años de silencio (ver el apartado «La Venida de Juan el Bautista» en el capítulo seis) lo cual causó una gran conmoción. Había un sentir general de que el mensaje de Jesús procedía de Dios. En contraste con lo que sucedía con otros maestros de aquel tiempo, la predicación de Jesús no estaba anclada en las tradiciones del pasado. En contraste también con la práctica de citar las opiniones de otros maestros, Jesús diría: «en verdad os digo…» Otro de los factores que también tuvo parte en el éxito de Jesús como maestro fue su personalidad, que fascinaba profundamente a las personas. A menudo se pasa por alto otro de los elementos que hacía de Jesús un maestro excepcional y es el entusiasmo que imprimía a sus enseñanzas. Así, además del contenido de su mensaje y de su personalidad como maestro, estaba también el factor del modo en que enseñaba.

En las enseñanzas de Jesús encontramos numerosas figuras literarias. Utilizó varias formas de poesía. En los Evangelios encontramos más de doscientos ejemplos de paralelismos poéticos: paralelismos sinónimos (Mt 7:7-8; Mr 3:24-25), paralelismos antitéticos (Mt 6:22-23; 7:17-18), paralelismos progresivos (Mt 5:17; Mr 9:37), paralelismos cruzados (Mt 23:12; Mr 8:35). Utilizó además la hipérbole (Mt 5:29-30; 38-42; 7:3-5), juegos de palabras (Mt 16:18; 23:24), símiles (Lc 13:34; 17:6), metáforas (Mt 5:13; Mr 8:15), proverbios (Mt 26:52; Mr 6:4), acertijos (Mt 11.11; Mr 14:58), paradojas (Mt 23:27-28; Mr 12:41-44), comparaciones (Mt 7:9-11; 10:25), ironía (Mt 16:2-3; Lc 12:16-21), y preguntas para responder a otras preguntas (Mr 3:1-4; 11:27-33). Hizo uso incluso de acciones de carácter figurativo o parabólico (Mr 2:15-16; 3:14-19).

El recurso literario didáctico más conocido que Jesús utilizó en su ministerio docente fue la parábola. En los Evangelios tenemos entre cincuenta y cinco y setenta y cinco parábolas (dependiendo de si definimos ciertos dichos como metáforas, símiles o parábolas). Durante los dieciocho primeros siglos de historia de la Iglesia, las parábolas se interpretaron como alegorías en las que se buscaba un sentido a los detalles específicos de cada parábola. Hoy, más correctamente, se las considera como amplias metáforas que tienden a enseñar en esencia un solo punto. Sin embargo, en ocasiones los detalles de algunas parábolas pueden tener una significación alegórica (Mt 13:24-30, 36:43; 22:2-10; Mr 12:1-12). La clave para detectar tales detalles alegóricos válidos es preguntarnos si los primeros oyentes de la parábola habrían o no interpretado tales detalles de este modo. Al hacernos estas preguntas resulta obvio que el anillo (Lc 15:22) y el becerro engordado (v. 23) de la parábola del hijo pródigo, no pueden ser referencias al bautismo y a la cena del Señor, aunque la viña que se menciona en Marcos 12:1-12 sí se habría interpretado como una referencia a Israel (Is 5:1-2).

Las parábolas fueron especialmente útiles para Jesús como instrumento didáctico. Con ellas los oyentes suelen sentirse desarmados puesto que su sentido se hace claro antes de que éstos puedan oponerse a lo que se está enseñando. Un buen ejemplo de ello lo encontramos en la parábola que Natán utilizó para dirigirse a David (2 Sam 12:1-4). Antes de que David pudiera levantar sus defensas contra el objetivo de la parábola, la flecha había alcanzado el blanco de su corazón: «¡tú eres aquel hombre!» (2 Sam 12:7). Jesús utilizó frecuentemente parábolas para salvar la hostilidad de sus oyentes. Las parábolas de la oveja y la moneda perdida y del hijo pródigo son un buen ejemplo de ello (Lc 15:1-32).

Las parábolas también constituían para Jesús un modo efectivo de introducir enseñanzas potencialmente peligrosas. Hablar de la llegada del reino de Dios suscitaba la preocupación de Poncio Pilato, el gobernador romano. No obstante, las afirmaciones de que el reino de Dios es como «una semilla de mostaza» (Lc 13:18-19) o como «levadura» eran lo suficientemente enigmáticas como para que las autoridades políticas las consideraran inofensivas. Mediante esta utilización de las parábolas Jesús podía hablar de un modo velado de delicadas cuestiones políticas. Por ello, en quienes estaban fuera del círculo de sus seguidores se cumplían las palabras «al oir oireis, y no entendereis; y viendo vereis, y no percibireis» (Mt 13:14). Sin embargo, a quienes estaban dentro del círculo de creyentes, tales enseñanzas les eran explicadas.

El contenido de las enseñanzas de Jesús se centraba en la venida del reino de Dios: por medio de su ministerio, tal reino había llegado y, con él también se había hecho posible una nueva intimidad con Dios y la recepción de un nuevo poder que capacitaría a sus seguidores para vivir la ética del reino.

Una nueva era: la llegada del reino de Dios

La llegada del reino de Dios es un elemento esencial de la enseñanza de Jesús. Marcos nos da un resumen del mensaje de Jesús: «El tiempo se ha cumplido y el reino de Dios se ha acercado; arrepentíos y creed en el Evangelio». (Mr 1:15; comparar con Mt 4:23; Lc 4:42-43). Las expresiones «reino de Dios» que encontramos en Marcos y Lucas y «reino de los cielos» que aparece en Mateo (la primera la encontramos también en Mateo cuatro veces) se utilizan ochenta y siete veces en los Evangelios. Su importancia se pone de relieve, no solo por la frecuencia con que aparecen, sino también por su presencia en pasajes clave como las Bienaventuranzas, el Padrenuestro, la última cena y en parábolas de importancia trascendental. Sin embargo y a pesar del importante papel que tiene esta expresión en el mensaje y ministerio de Jesús, existe una gran confusión con respecto al significado que Él quiso darle.

En el siglo XIX era muy popular interpretar el reino de Dios como una referencia al gobierno espiritual de Dios en las vidas de los creyentes. Esencialmente no se le confería un carácter escatológico y su interpretación se circunscribía a este mundo. La esfera de su operación era el corazón humano. Sin embargo, con el transcurso del tiempo, se hizo evidente que entre los contemporáneos de Jesús y los autores bíblicos, nunca se entendió que el corazón humano fuera la esfera esencial del reino de Dios. Esta concepción tenía muy poco en común con lo que se entendía en el primer siglo. Era más bien una lectura de las enseñanzas de Jesús hecha desde los objetivos liberales del siglo XIX.

Otra concepción de esta expresión que negaba también su significación escatológica es la que veía la naturaleza del reino de Dios como esencialmente política. Al anunciar la llegada del reino de Dios, Jesús pretendía reunir al pueblo de Israel y conducirlo en un intento revolucionario de derrocar al gobierno romano. Sus intenciones reales eran establecer un gobierno político judío con Jerusalén como capital. Según este enfoque, aunque Jesús no era zelote, sí simpatizaba con este grupo radical. No obstante, existen muchos dichos de Jesús que refutan este punto de vista. Ningún zelote hubiera podido decir: «Bienaventurados los que procuran la paz, pues ellos serán llamados hijos de Dios»

(Mt 5:9), o «Dad al César lo que es del César, y a Dios lo que es de Dios. Y se maravillaban de Él» (Mr 12:17). El hecho de que no se intentara detener y ejecutar a los seguidores de Jesús, sino que se les permitiera quedarse en Jerusalén y formar una comunidad demuestra que ni las autoridades romanas ni las judías le consideraban un revolucionario político.

Es imposible negar la dimensión escatológica de las enseñanzas de Jesús respecto al reino de Dios. Por ello, los eruditos tienden a situarse en distintas posiciones que ponen de relieve este elemento escatológico. Algunos sostienen que Jesús enseñó que, con su aparición, el reino de Dios se había hecho realidad. Varios pasajes apoyan este punto de vista:

La ley y los profetas *se proclamaron* hasta Juan; desde entonces se anuncian las buenas nuevas del reino de Dios (Lc 16:16).

Nadie pone un remiendo de tela nueva en un vestido viejo, porque entonces el remiendo al encogerse tira de él, lo nuevo de lo viejo, y se produce una rotura peor. Y nadie echa vino nuevo en odres viejos, porque entonces el vino romperá el odre, y se pierde el vino y también los odres; sino que se echa vino nuevo en odres nuevos. (Mar 2:21-22; ver también Lc 11:20; 17:20-21).

En estos pasajes, Jesús pretendía que, de algún modo, el reino de Dios había llegado. No es que estuviera cercano sino que era ya una realidad presente; de algún modo, se había ya materializado. El pacto que Dios había hecho con Abraham, Isaac y Jacob y con sus descendientes había prescrito. El reino de Dios había llegado y con él un «nuevo» pacto.

Junto con algunos dichos específicos que hacen alusión a la venida del reino de Dios, hay también otros dichos y acciones de Jesús que revelan su percepción del reino como una realidad presente. Existe un grupo de estos dichos que pone implícitamente de relieve la concepción de Jesús de que, con su venida, se estaban cumpliendo las profecías del Antiguo Testamento. Encontramos un ejemplo de ello en las palabras de Jesús a sus discípulos: «Pero dichosos vuestros ojos, porque ven, y vuestros oídos, porque oyen. Porque en verdad os digo que muchos profetas y justos desearon ver lo que vosotros veis, y no lo vieron; y oír lo que vosotros oís, y no lo oyeron» (Mt 13:16-17). Con la venida de Jesús se estaban cumpliendo la ley y los profetas (Mt 5:17). Numerosas promesas del Antiguo Testamento se estaban haciendo realidad. Otro ejemplo lo encontramos en la respuesta de Jesús a la pregunta de Juan el Bautista respecto a si era verdaderamente el Cristo: «Y respondiendo Jesús, les dijo: Id y contad a Juan lo que oís y veis: los CIEGOS RECIBEN LA VISTA y los cojos andan, los leprosos quedan limpios, los sordos oyen, los muertos son resucitados y a los POBRES SE LES ANUNCIA EL EVANGELIO. Y bienaventurado es el que no se escandaliza de mí» (Mat 11:4-6; ver también Lc 4:18-19).

En cumplimiento de las promesas del Antiguo Testamento, había llegado el momento en que Dios visitaría a los desposeídos. Los perdidos, los marginados, los dolientes, los recaudadores de impuestos y los pecadores estaban siendo llamados. Los «pobres» oían la proclamación de las buenas nuevas del reino. Jesús puso esto de relieve tanto por medio de su mensaje como mediante sus acciones de carácter parabólico. El que Jesús «comiera y bebiera» con los marginados no era algo accidental; lo hizo precisamente porque de manera consciente se esforzó por dar cumplimiento a profecías del Antiguo Testamento como las de Isaías 62:1-2 (ver también Is 29:18).

Otro de los signos de la venida del reino de Dios que se manifestaron en el ministerio de Jesús eran las sanidades y exorcismos que llevaba a cabo. En general se acepta que Jesús veía sus milagros como una prueba de que el reino de Dios había iniciado su manifestación. Al echar fuera demonios, el reino se estaba manifestando. Los exorcismos de Jesús no eran simplemente un anuncio del reino futuro sino una prueba de su llegada efectiva. Tras refutar la idea absurda de que sus milagros tenían un origen satánico, Jesús afirmó: «Pero si yo por el dedo de Dios echo fuera los demonios, entonces el reino de Dios ha llegado a vosotros» (Lc 11:20). La derrota de Satanás en tales exorcismos ha de entenderse como una indicación de que el prometido reino de Dios se había convertido en una realidad presente.

Los autores de los Evangelios veían también los milagros de sanidad y los exorcismos tan característicos del ministerio de Jesús (Lc 4:31-41) como manifestaciones íntimamente relacionadas con la proclamación de la llegada del reino (Lc 4:42-44), en especial la sanidad de los ciegos (Mr 8:22-26; 10:46-52; ver también Is 29:18; 35:5 y 61:1 en la LXX). La alimentación de los cinco mil y de los cuatro mil eran anticipos del partimiento del pan en el reino de Dios. Más adelante, por medio de su resurrección, Jesús demostraría de manera aun más poderosa que había llegado el fin de los siglos (1 Cor 10:11): el reino había llegado.

Ciertas enseñanzas y acciones de Jesús están estrechamente vinculadas con el cumplimiento de varias promesas veterotestamentarias y presentan implícitamente lo que algunos estudiosos llaman la «restauración» de Israel. Tales enseñanzas y acciones comprenden varios acontecimientos: el llamamiento de los Doce (ver el apartado titulado «El llamamiento de los discípulos» en el capítulo anterior), el ofrecimiento anticipado de salvación a los gentiles (Mt 8:5-13, Mr 7:24-30; ver también Mr 13:10; 14:9) el establecimiento de un nuevo pacto (ver el apartado «La interpretación de la Cena del Señor» en el capítulo quince), el juicio del templo (ver «El significado de este acontecimiento» en el capítulo catorce) y la reunión de los marginados en el reino.

No hay nada en las enseñanzas de Jesús que dé pie a la suposición de que su ministerio terrenal serviría para dar cumplimiento a las esperanzas nacionalistas o militares judías. Si definimos la llegada del reino de Dios que Jesús proclamó como la «restauración» de Israel, en tal caso y por definición Jesús enseñó tal «restauración». No obstante ello requeriría una explicación del término *restauración* tan distinta de la concepción del judaísmo del primer siglo que no podría seguir significando la «restauración» de Israel. Algunas enseñanzas de Jesús como la destrucción del templo y la caída de Jerusalén no tendrían ningún sentido para los judíos que estuvieran esperando la «restauración» de Israel en el primer siglo.

También es evidente que Jesús no se veía como un reformador religioso con la misión de restaurar la pureza de la religión del Antiguo Testamento. Es cierto que ocasionalmente intentó corregir algunas prácticas corruptas (cf. Mr 7:1-23; 10:2-12; Mt 5:21-48), sin embargo, no entendía que su misión consistiera principalmente en purificar la adoración de Israel. Con su venida, la fe veterotestamentaria –el pacto que Dios hizo con Israel– se estaba cumpliendo y estaba siendo trascendida. El reino de Dios había llegado. No era suficiente esforzarse para que el vestido viejo se remendara con una tela adecuada o que el vino viejo se depositara en odres viejos (Mr 2:21-22). Aquellos días habían llegado a su fin. ¡El reino de Dios había llegado!

Por ello, parece mejor entender la llegada del reino de Dios como el cumplimiento de las promesas veterotestamentarias. No existen claros indicios en las enseñanzas de Jesús de que algún día, en un futuro lejano, vaya a producirse la «restauración» de Israel como nación. El sentido de pasajes como Mateo 19:28 y 23:39, que se citan a menudo para apoyar este punto de vista, dista mucho de ser claro.

Por otra parte, existen pasajes en los que Jesús enseña que el reino de Dios implica un acontecimiento futuro, algo que todavía no se ha producido:

Padre. . . venga tu reino. (Lc 11:2)
No todo el que me dice: «Señor, Señor», entrará en el reino de los cielos, sino el que hace la voluntad de mi Padre que está en los cielos. Muchos me dirán en aquel día: «Señor, Señor, ¿no profetizamos en tu nombre, y en tu nombre echamos fuera demonios, y en tu nombre hicimos muchos milagros?» Y entonces les declararé: «Jamás os conocí; APARTAOS DE MÍ, LOS QUE PRACTICÁIS LA INIQUI-DAD». (Mt 7:21-23; ver también Mt 5:19-20; 8:11-12; 25:31-46; Mr 14:25; Lc 13: 22-30; etc.).

En estos pasajes Jesús enseñó que el reino de Dios era una realidad futura: «todavía no» plenamente consumada. En algunos casos, el reino de Dios se entiende como sinónimo de la «vida eterna» (Mr10:17, 23; Jn 3:3-5, 15-16). Para describir esta concepción, a menudo se utiliza la expresión escatológica *consistente* o *coherente*.

Para Jesús, algunos acontecimientos clave eran todavía futuros. Los más importantes eran la resurrección de los muertos (Mr 12:18-27) y el juicio final (Lc 10:13-15; 11:31-32). Tales acontecimientos se producirían cuando Jesús regresara como el Hijo del Hombre para juzgar al mundo (Mt 13:41-43; Mr 8:38; 13:24-27). En aquel día, Él separará a las ovejas de los cabritos (Mt 25:31-46), lo cual significará bendición para los justos (Lc 6:20-23), pero condenación para los malvados (Mt 7:21-23; Lc 6:24-26). En aquel tiempo, la historia tal como ahora la conocemos llegará a su fin, el tiempo dejará paso a la eternidad y el reino de Dios se consumará. Respecto al día exacto en que esto sucederá, Jesús confesó que ni siquiera Él mismo lo conocía, sino solo Dios (Mr 13:32). Por tanto, Jesús rechazó cualquier especulación al respecto (ver Hch 1:6-7).

La naturaleza simbólica del lenguaje que Jesús utilizó para hablar de los acontecimientos futuros ha generado bastante confusión. Su predicción del juicio que caería sobre Jerusalén está impregnada de lenguaje metafórico que cuando se interpreta literalmente produce gran confusión. No es de extrañar que Jesús utilizara el mismo tipo de lenguaje e imaginería que los profetas del Antiguo Testamento para describir acontecimientos futuros ordenados por Dios. Isaías describió la caída del imperio babilónico a manos de los medos con un lenguaje cósmico (Is 13:9-11) y Jeremías se sirvió de la misma terminología (Jer 4: 23-28) para narrar el juicio de Dios sobre Jerusalén (Jer 4:3-5, 10, 11, 31), de modo que Jesús utilizó un lenguaje similar para hablar de unos acontecimientos que estaban próximos. Por esta razón, no siempre es fácil separar las profecías de Jesús que hacen referencia a la destrucción de Jerusalén (Mt 22:2-10; Mr 13:5-23; Lc 19:41-44) y del templo (Mr 13:2, 14; Lc 13:33-35) que tuvieron lugar en el año 70 dC., de los acontecimientos vinculados a la consumación del reino al final de la Historia (Mr 13:24-27; Lc 21: 25-36).

En ocasiones, los proponentes de la posición de la «consumación» han negado la autenticidad de aquellos pasajes de los Evangelios que apoyan el punto de vista «consistente», y por su parte quienes defienden esta última posición escatológica han negado la autenticidad de los pasajes que dan apoyo a la posición de la «consumación». Sin embargo, no podemos escoger la serie de textos que nos conviene y negar la otra ya que en la enseñanza de Jesús ambas están presentes. La confusión que produce la presencia tanto del «ya» como del «todavía no» se agrava con nuestra tendencia a entender el «reino» como una entidad espacial estática. Si el reino de Dios conlleva la venida de cierto tipo de territorio ¿cómo podía Jesús afirmar que ello se había producido en su ministerio? Por otra parte, si Él entendía el término *reino* de una manera dinámica, en el sentido del «reinado» de Dios, podía entonces abarcar tanto un presente como un futuro. De hecho, este es el modo en que tanto el Antiguo como el Nuevo Testamento entienden este término (ver Mt 6:33; 20:20-21; Lc 10:9; 17:21; 19:12-15; 23:42).

Según Jesús, el reino/reinado de Dios había venido de un modo único mediante su ministerio. El Espíritu prometido estaba ya actuando (ver el apartado «El Bautismo de Jesús» en el capítulo seis), y tras la resurrección habría de bautizar a todos los seguidores de Jesús comenzando en Pentecostés. Las profecías del Antiguo Testamento se estaban cumpliendo y se estaba iniciando un nuevo pacto (Mr 14:24); la resurrección de los muertos estaba a punto de comenzar (1 Cor 15:20, 23). No obstante, la consumación final de todas las cosas se situaba todavía en el futuro. La fe no había aún dejado paso a la vista, y la esperanza de la Iglesia de sentarse en el banquete mesiánico (Mr 14:25) era todavía una realidad futura y por la que se oraba con pasión: «venga tu reino» (Mt 6:10; ver también 1 Cor 16:22; Ap 22:20).

Es vital mantener un equilibrio entre el «ya» y el «todavía no» del reino de Dios. Cuando abandonamos la tensión entre ambos aspectos y subrayamos uno a expensas del otro, se producen dos importantes errores. Perder de vista el «todavía no» conduce a un entusiasmo triunfalista que nos condena en último análisis a la desilusión y a la frustración.

La naturaleza caída de este mundo y nuestra tendencia al pecado se encargarán de ello. Por otra parte, dejar de lado el «ya» conduce a un derrotismo y a una mentalidad defensiva que bloquea la extensión del Evangelio. En su correcta perspectiva, la enseñanza de Jesús produce una evangelización optimista y agresiva, así como la conciencia de que en esta vida seguimos siendo «extranjeros y peregrinos sobre la tierra» (Heb 11:13).

Una nueva intimidad: Dios como Abba

En contraste con los nombres que se usaban tradicionalmente para describir a Dios o para dirigirse a Él (Yahveh, Elohim, Adonai), Jesús escogió una expresión distinta y más íntima: el término arameo *Abba* («Padre»). A los contemporáneos de Jesús, el concepto de Dios como «Padre» no les era completamente desconocido. En el Antiguo Testamento se utiliza quince veces (por ejemplo, Dt 32:6; Sal 103:13; Is 63:16), seis veces en la literatura apócrifa y ocho en la seudoepigráfica. También la encontramos en los Rollos del Mar Muerto (1QH 9:35 y ss. Y 4Q372). Sin embargo, en los Evangelios el término *Padre* se utiliza más de 165 veces y está presente en todas las etapas de las tradiciones de los Evangelios (Marcos, Q, M, L, Juan). Por ello, mientras que en el Antiguo Testamento y otros textos judíos esta metáfora se utiliza solo de manera ocasional, para Jesús representa el término preferido para dirigirse a Dios.

Se ha debatido mucho respecto al carácter único del término *Abba* como forma de dirigirse a Dios. Si bien, como ya se ha dicho, en los textos judíos es muy infrecuente la utilización de la metáfora «Padre» como modo de *referirse* a Dios, aún lo es más utilizarla para *dirigirse* a Él. En el Antiguo Testamento no se usa de este modo ni una sola vez y en la literatura apócrifa y en la seudoepigráfica tan solo se le da este uso en cinco ocasiones. No se sabe con seguridad si el término *Abba* se utilizaba para dirigirse a Dios en los días de Jesús. De ser así, habría sido muy poco frecuente. Por ello, la frecuencia con que Jesús utilizó esta metáfora y el uso específico que hizo del término *Abba* son completamente fuera de lo común. La Palabra *Abba* aparece tres veces en el Nuevo Testamento:

Y decía: ¡Abba, Padre! Para ti todas las cosas son posibles; aparta de mí esta copa, pero no sea lo que yo quiero, sino lo que tú *quieras* (Mr 14:36).

Y porque sois hijos, Dios ha enviado el Espíritu de su Hijo a nuestros corazones, clamando: ¡Abba! ¡Padre! (Gal 4:6).

Pues no habéis recibido un espíritu de esclavitud para volver otra vez al temor, sino que habéis recibido un espíritu de adopción como hijos, por el cual clamamos: ¡Abba, Padre! El Espíritu mismo da testimonio a nuestro espíritu de que somos hijos de Dios (Rom 8:15-16).

Los dos últimos ejemplos son especialmente importantes puesto que representan un indicativo de que las iglesias de habla griega situadas en Galacia y en Roma (y sin duda en otros lugares) siguieron dirigiéndose a Dios como *Abba* Padre a pesar de no saber arameo. Esto solo puede explicarse de un modo: este era el término que Jesús había utilizado para enseñar a sus discípulos a dirigirse a Dios y la Iglesia atesoraba de tal modo esta palabra que seguía utilizándola aun en el contexto de un idioma extranjero. Sin duda utilizaban también su equivalente griego, sin embargo, oraban tal como Jesús les había enseñado: «*Abba* Padre *[pater]*».

Esta práctica recibió un impulso añadido puesto que Jesús, en respuesta a la petición de sus discípulos en Lc 11:1-2, les enseñó una oración específica conocida como «el Padrenuestro» que habría de identificarles como a sus seguidores. Esta oración comienza con una invocación a Dios como «Padre nuestro que estás en el cielo» (Mt 6:9). La Iglesia primitiva entendió el Padrenuestro como una oración de identificación puesto que la primera vez que alguien la pronunciaba solía ser en el día de su bautismo y tras participar por primera vez de la Cena del Señor.

Se cree que el término Abba es una expresión infantil cuya traducción sería «papá». Sin embargo, si bien los niños pequeños se dirigían a sus padres con este término, también lo hacían los niños de más edad, por lo cual una traducción más acertada sería «padre». Así fue como lo entendieron los autores del Nuevo Testamento y por ello utilizaron el término griego *pater* para traducir esta palabra.

En su relación con Dios, Jesús utilizó el término *Abba* como fórmula preferida para dirigirse a Él (Mt 11:25-27; 26:42; Mr 14:36; Lc 10:21-22; 23:34, 36; Jn 11:41; 17:1; etc.). La única excepción la encontramos en la crucifixión cuando clamó «ELOI, ELOI, ¿LAMA SABACTANI?, que traducido significa, DIOS MÍO, DIOS MÍO, ¿POR QUÉ ME HAS ABANDONADO?» (Mr 15:34). En este caso, tanto el hecho de que estaba muriendo como el siervo del Señor (Mr 10:45), como su cita del Salmo 22:1 requerían que utilizase esta forma distinta de dirigirse a Dios.

Por medio de su obra y de su ministerio, Jesús hizo posible que sus discípulos pudieran también participar de una relación similar de intimidad con Dios. Jesús invitó a sus seguidores a ver y experimentar a Dios, no como un «frío salvador», una «causa primera» o «la Fuerza», sino como un Padre celestial que les amaba y se preocupaba por ellos (Mt 6:25-34). No obstante, Jesús era consciente de que existía una diferencia entre la relación que Él tenía con Dios y la que tenían sus discípulos. Él era Hijo de Dios por naturaleza, mientras que sus seguidores habían entrado en una relación con Él en tanto que hijas e hijos adoptivos por medio de la fe (ver Juan 20:17).

Uno de los principios cardinales del liberalismo del siglo diecinueve era la creencia en la paternidad de Dios. Aún en nuestros días son muchos los que creen que Jesús enseñó la paternidad universal de Dios y la consecuente doctrina de la fraternidad de la Humanidad. Quienes sostienen este punto de vista entienden que el frecuente uso que hace Jesús de la metáfora del «Padre» para referirse a Dios apoya este punto de vista. En el Sermón del Monte, por ejemplo, Jesús utiliza dieciséis veces la expresión «vuestro Padre». Sin embargo, cuando analizamos este hecho con más rigor se hace evidente que Jesús no enseñó la doctrina de la paternidad universal de Dios. Las mencionadas referencias a Dios como «vuestro Padre» han de entenderse en vista del hecho de que Jesús no estaba enseñando a las multitudes sino a sus discípulos (Mt 5:1-2). De igual manera, Jesús enseñó el Padrenuestro a sus discípulos (Lc 11:1-2) y no como una oración universal para el uso indiscriminado de cualquier ser humano en general.

Jesús no enseñó que Dios fuera el Padre de todos los hombres. Nunca fundamentó esta relación con Dios como Padre sobre algo que pudiera aplicarse a cualquier ser humano, como por ejemplo el hecho de que Dios es el Creador de todas las cosas. Más bien al contrario, en ocasiones Jesús afirmó que algunas personas a quien tenían por padre era al diablo (Jn 8:44; comparar con Mt 12:34). Para Jesús, esta relación con Dios como Padre solo era posible por medio de la fe en Él: «Por tanto, todo el que me confiese delante de los hombres, yo también le confesaré delante de mi Padre que está en los cielos. Pero cualquiera que me niegue delante de los hombres, yo también lo negaré delante de mi Padre que está en los cielos» (Mat 10:32-33; ver también 11:27; Mr 8:38; Jn 14:6).

Recientemente, algunos han afirmado que el uso de la metáfora «Padre» como modo de designar a Dios coadyuva a la perpetuación de una cosmovisión machista y también a la opresión de la mujer. Declaran que los cristianos no deberían utilizar un lenguaje tan «sexista» o, caso de conservar esta palabra, han de esforzarse en la utilización al mismo tiempo de terminología femenina. Sin embargo, pocos cristianos (o ninguno) habrán concluido que el hecho de llamar «Padre» a Dios implica que Dios posee atributos sexuales masculinos. La expresión representa sencillamente una metáfora para describir a Dios que es Espíritu y que por tanto carece, no solo de «atributos sexuales», sino de cualquier atributo material.

Renunciar a llamar Padre a Dios significa rechazar *el* modo en que Jesús enseñó a sus seguidores a dirigirse a Él. Pretender que en nuestros días Jesús no usaría esta metáfora para identificarse con la difícil situación de la mujer, es asumir algo que primero habría de demostrarse. La sugerencia de que no deberíamos dirigirnos a Dios como «Padre» rechaza el único título que Jesús enseñó a usar a sus discípulos para presentarse ante Dios.

Las siguientes razones nos ayudarán a ver la importancia de retener el término *Abba* como el nombre más importante para dirigirnos a Dios. (1) Es *la* forma en que Jesús se dirigió a Dios y *la* forma en que enseñó a hacerlo a sus discípulos. Por ello, en ausencia de ningún otro indicio que indique lo contrario, los cristianos deberían seguir las enseñanzas y el ejemplo de Jesús en esta cuestión. (2) La importancia y el valor que esta metáfora tuvo en la vida y pensamiento de la Iglesia primitiva se evidencia en el hecho de que los creyentes siguieron dirigiéndose a Dios con el término *Abba* aunque éste fuera extranjero. (3) Cuando la comunidad cristiana inicia su oración con la cláusula «Padre nuestro..». se está uniendo a otros cristianos de todos los continentes, naciones, razas y colores, idiomas y dialectos que han dado testimonio de su fe orando de este modo a lo largo de dos mil años. Sería muy lamentable que la Iglesia cristiana renunciara a este aspecto de su herencia.

Un nuevo corazón: la ética del reino

Las enseñanzas éticas de Jesús comienzan con un llamamiento a la decisión que aparece de diferentes formas a lo largo de los Evangelios: arrepentirse, seguir, creer, negarse a uno mismo, tomar la Cruz, reconocer a Jesús, guardar las palabras de Jesús, tomar su yugo, perder la propia vida, aborrecer la propia familia, arrancarse la mano o el ojo, vender lo que se tiene y dar a los pobres, etcétera. Los recaudadores de impuestos y los pecadores veían esta llamada a la decisión como un signo de la

Gracia. No era algo que había que cumplir como una tediosa y desagradable obligación sino que se llevaba a cabo gozosamente (Mt 13:44). No obstante, Jesús pidió a quienes querían seguirle que reflexionaran y consideraran el coste de tal decisión (Lc 9:57-62; 14:28-33), puesto que no creía que la Gracia y la Bondad de Dios pudieran catalogarse como «gracia barata».

Las enseñanzas éticas de Jesús parecen de algún modo paradójicas. En un sentido son nuevas y, sin embargo, no lo son, distintas y al mismo tiempo las mismas. Su semejanza con las enseñanzas del Antiguo Testamento se debe al hecho de que tanto las doctrinas éticas del nuevo pacto como las del antiguo se basan en el carácter inmutable de Dios: «Porque yo, el SEÑOR, no cambio» (Mal 3:6). No obstante en las enseñanzas éticas de Jesús hay igualmente una diferencia, una novedad. De entre una cantidad ingente de enseñanzas éticas y tradiciones, Jesús presenta una brillante selección de aquello que es más importante. En unos momentos en que las enseñanzas del Antiguo Testamento estaban a menudo recubiertas de múltiples capas de tradición y casuística, Jesús presentó de manera clara y sencilla la esencia de la Ética y la Moralidad. Enseñanzas que fueron en un tiempo útiles, durante los primeros años del pueblo de Dios (los aspectos ceremoniales de la ley) habían sido ahora superadas por la llegada del reino. Con la vida de Jesús, había llegado la Encarnación de estas enseñanzas. Si alguien quería saber lo que significaba amar, solo tenía que mirar a Jesús.

Junto con una nueva claridad en la palabra y el ejemplo, había también llegado la creación de un nuevo corazón. Jesús trajo consigo el don del reino. Juan el Bautista había bautizado a sus seguidores anticipando la nueva era en que el Espíritu sería derramado sobre los creyentes; Jesús era quien traía consigo este Espíritu. Presente en su persona y en sus acciones durante su ministerio, el Espíritu Santo prometido vendría sobre los creyentes en Pentecostés produciendo una nueva creación (2 Cor 5:17).

No es sorprendente descubrir que las enseñanzas éticas de Jesús se sitúan en sólida continuidad con el Antiguo Testamento. Al fin y al cabo, Él mismo dijo: «No penséis que he venido para abolir la ley o los profetas; no he venido para abolir, sino para cumplir» (Mt 5:17). Igualmente, Jesús entendió el resumen de la responsabilidad humana en términos de «'Y AMARÁS AL SEÑOR TU DIOS CON TODO TU CORAZÓN, Y CON TODA TU ALMA, Y CON TODA TU MENTE, Y CON TODA TU FUERZA.' El segundo es éste: 'AMARÁS A TU PRÓJIMO COMO A

TI MISMO.' No hay otro mandamiento mayor que éstos» (Mar 12:30-31; ver también Lc 11:42; 15:18, 21; 18:2). Puesto que Jesús citaba directamente el Antiguo Testamento (comparar Dt 6:4-5 y Lv 19:18), el frecuente «Oísteis que fue dicho... pero yo os digo..». de Mt 5:21-48 no debería entenderse como un rechazo de las enseñanzas del Antiguo Testamento. La intención de Jesús era más bien poner de relieve varias implicaciones de tales mandamientos. La obediencia externa y el cumplimiento de los mandamientos veterotestamentarios han de ir acompañados por las actitudes internas correspondientes. No basta con que nos preocupemos por limpiar lo de fuera del vaso, también hemos de limpiar lo de dentro (Mt 23:25-26). Un comportamiento «correcto», si no va acompañado de motivaciones puras acaba pareciéndose a un sepulcro hermoseado: su aspecto externo es atractivo, pero no contiene más que huesos putrefactos y carne purulenta (Mt 23:27-28).

Se han hecho numerosos intentos de sistematizar las enseñanzas éticas de Jesús que, normalmente, acaban centrándose en un solo aspecto de su doctrina excluyendo o descuidando los demás. Algunos de los intentos más relevantes de organizar la ética de Jesús los tenemos en la interpretación católica, utópica, luterana, liberal, provisional y existencialista.

La interpretación "católica"

Según este punto de vista, Jesús presentó una ética en dos niveles; el primero comprende una ética que han de seguir todos los cristianos como los Diez Mandamientos, los varios mandamientos a amar y la regla de oro. El segundo nivel ético representa una serie de «consejos evangélicos», dirigidos a los más consagrados e incorporaría cuestiones como la venta de las propias posesiones, la renuncia de la propia familia y del matrimonio. En el catolicismo, tal acercamiento conduce a la diferenciación entre el clero y los seglares mientras que en el protestantismo las diferencias son otras: justificados versus santificados, haber nacido de nuevo versus haber sido bautizados por el Espíritu Santo, ser un creyente carnal versus ser un creyente espiritual y victorioso, tener a Cristo en el corazón como mero residente versus tenerlo sentado en el trono de la propia vida, y conocer a Cristo como Salvador versus conocerle como Señor.

La interpretación "utópica"

Aquí se entienden las enseñanzas de Jesús como dirigidas a todos los cristianos con la intención de formar una nueva sociedad de paz y amor en la Tierra. Generalmente, dentro de esta perspectiva se subrayan ciertos mandamientos: no juzgar; rechazar los litigios legales; la no resistencia; no jurar; la abstinencia del matrimonio; el rechazo de instituciones como la policía, el ejército, los sistemas judiciales y la autoridad civil.

La interpretación "luterana"

Este punto de vista ve las enseñanzas de Jesús como una demanda absoluta de perfección ética que es del todo inalcanzable. Las enseñanzas de Jesús, al igual que los mandamientos del Antiguo Testamento (según las enseñanzas de Pablo), son estándares imposibles de alcanzar. Cualquier intento serio de guardarlos, solo puede llevar a un sentido de culpabilidad y desesperación. No obstante, éste es precisamente su propósito puesto que nuestro sentido de impotencia nos llevará a buscar la Gracia de Dios. Las enseñanzas éticas de Jesús no pretenden producir una justicia personal.

La interpretación "liberal"

Según este punto de vista, las enseñanzas de Jesús pretenden implantar una nueva actitud en nuestros corazones. La intención de Jesús no era exponer ciertas leyes y mandamientos específicos. Tal cosa produciría solo una atmósfera legalista. Jesús estaba mucho más interesado en lo que sus discípulos debían *ser* que en lo que debían *hacer*. Así pues, debemos concentrarnos en aquellas enseñanzas de Jesús que subrayan la actitud interna del corazón más que en producir un determinado comportamiento externo. De un corazón lleno de amor fluirán acciones correctas.

La interpretación "provisional"

Popularizada por Albert Schweitzer, esta interpretación concibe las enseñanzas de Jesús como una ética provisional de emergencia. Esta ética temporal estaría vigente solo durante el corto periodo de tiempo que quedaba antes del final de la Historia. Puesto que el tiempo restante era muy breve, no había tiempo de preocuparse de buscar justicia en los tribunales, del matrimonio, de resistir el mal etcétera. Schweitzer dio un paso más y añadió que, ya que el fin no llegó, las enseñanzas éticas de Jesús eran erróneas. Representaban un idealismo impracticable. No obstante, añadió Schweitzer, la comprometida persistencia de Jesús en esta ética y su dedicación a ella son dignas de admiración.

La interpretación "existencialista"

Según este punto de vista, la ética de Jesús no consiste en un sistema de reglas sino en una llamada a la decisión. Es una ética en la que el individuo se ve constantemente confrontado con la demanda y el llamamiento de Dios a la decisión total y radical. De este modo, las enseñanzas de Jesús pretenden llevarnos a una obediencia radical que no requiere de mandamientos o guía específicos.

Una evaluación de las interpretaciones.

Si bien cada una de estas interpretaciones capta varios aspectos de las enseñanzas éticas de Jesús, ninguna de ellas las entiende en su totalidad.

La interpretación católica pierde de vista que Jesús no hizo ningún llamamiento a un discipulado de dos niveles. Al contrario, lo que dijo fue: «Si alguno quiere venir en pos de mí, niéguese a sí mismo, tome su cruz, y sígame» (Mr 8:34) y «Si alguno viene a mí, y no aborrece a su padre y madre, a *su* mujer e hijos, a *sus* hermanos y hermanas, y aun hasta su propia vida, no puede ser mi discípulo» (Lc 14:26). La concepción misma de las dos etapas se estrella contra afirmaciones como éstas.

La interpretación utópica hace aguas en el hecho de que Jesús no rechazó el papel del gobierno civil en la vida del creyente (Mr 12:13-17). Por otra parte, cuando se interpretan correctamente las distintas enseñanzas utilizadas para apoyar este punto de vista según su forma literaria específica (hipérbole, metáfora, etc.) se hace evidente que no apoyan esta interpretación.

La interpretación luterana entiende correctamente que Jesús enseñó (al igual que Pablo) que la vida de fe comienza con la Gracia y descansa sobre ella. Sin embargo, pierde de vista el hecho de que estas enseñanzas, que al parecer han de llevarnos a la Gracia se dirigen precisamente a quienes ya han experimentado la Gracia de Dios y son seguidores de Jesús. El Sermón del Monte, por ejemplo, se dirige a aquellos que ya eran discípulos (ver Mt 5:1-2).

De manera similar, la interpretación liberal parece ignorar que para Jesús, *ser* y *hacer* van de la mano. En el juicio final, la separación de las ovejas y los cabritos no se basa en lo que *eran* sino en lo que *hicieron*. «Así, todo árbol bueno da frutos buenos; pero el árbol malo da frutos malos... Así que, por sus frutos los conoceréis» (Mt 7:17, 20).

La interpretación de la ética provisional no hace justicia al hecho de que Jesús basó sus enseñanzas éticas en la Creación (Mr 10:6-9), los mandamientos del Antiguo Testamento (Mr 7:9-13) y el carácter de Dios (Lc 6:36) más que en una crisis inminente.

Si bien es cierto que Jesús enseñó la necesidad de una decisión radical, no lo es que dejara a la discreción de sus seguidores el entendimiento de lo que ello significaba. Jesús se ocupó de enseñar a sus discípulos (que habían ya tomado tal decisión radical) lo que significaba vivir una vida de obediencia radical. Por ello, no pueden verse las enseñanzas éticas de Jesús como demandas sin contenido específico como sucede en la interpretación «existencialista», puesto que Él creía que una vida de obediencia radical, requiere guía y dirección. Por consiguiente, Jesús dio enseñanzas éticas específicas para encaminar tal vida radical.

La interpretación del Reino

Para entender las enseñanzas éticas de Jesús hemos de entender su estrecha conexión con la venida del reino de Dios. Puesto que el Dios del reino, es el Dios de Abraham, Isaac, Moisés y los profetas, cabe esperar una continuidad ética con las enseñanzas que Dios dio a su pueblo del Antiguo Testamento. Tales enseñanzas brotan del carácter moral del propio Dios. Por tanto, la santidad ética del Nuevo Pacto se corresponde con la santidad ética del antiguo. No obstante, con la venida del reino y por causa del «ya», se ha dado un paso crucial para el logro de tal santidad. Con la venida del reino de Dios, el estadio «infantil» del antiguo pacto, da paso a la madurez del estadio «adulto» del nuevo. Por ello, ciertas enseñanzas respecto a lo limpio y lo inmundo dan lugar a la libertad (y a la responsabilidad) que encontramos en el Nuevo Pacto

(Gal 4:1-7). Si bien Jesús aludió tácitamente a estas cosas (Mr 7:14:23), se habrían de ir haciendo más claras para la Iglesia tras la Resurrección (Rom 14:1-23; Hch 10-11).

Con el ministerio de Jesús, la concepción de la Gracia y el amor de Dios cobran una dimensión única y singular. Ahora se entiende como nunca antes lo que significa amar a los marginados, pecadores y enemigos. La llamada a los discípulos para que vivan como hijos de Dios se apoya en el conocimiento de que lo son en verdad y de que pueden llamarle *Abba*. El llamamiento a perdonar se fundamenta en la percepción de que también ellos han sido perdonados y lo siguen siendo constantemente (Lc 11:4). Cuando se les llama a renunciar al mundo, al pecado y a Satanás, se dan cuenta de que éste último ya ha sido derrotado y de que ellos son los herederos del reino. Es cierto que la venida del Espíritu Santo prometido era todavía un acontecimiento futuro, pero hasta que llegara el día de Pentecostés, la ética del reino había de vivirse en presencia del Ungido. El Espíritu vendría muy pronto (Jn 16:5-15) y su presencia traería a los discípulos un nuevo corazón con el que vivir la ética del reino y una nueva energía para hacerlo. De este modo, dicha ética del reino, al igual que el reino mismo, se hace realidad en el «ya».

Conclusión

El ministerio de Jesús se caracterizó por el anuncio de que se estaba produciendo algo nuevo. El día tan esperado y anhelado había llegado. La promesas del Antiguo Testamento se estaban cumpliendo. El reino de Dios se había acercado. En las peculiares condiciones de gozo y entusiasmo que traía consigo el nuevo día, ayunar era del todo inapropiado. Eran días de celebración, cual si de unas bodas se tratase (Mr 2:18-19).

Se había inaugurado un nuevo pacto, aunque éste no representaba el rechazo del antiguo, sino su cumplimiento. No significaba el comienzo de una nueva religión o movimiento sino la completa consumación del pacto que Dios había hecho anteriormente con el pueblo de Israel. Tampoco es que Jesús creyera æcomo algunos defendieron más adelanteæ que el nuevo pacto era exactamente el mismo que el anterior. El hecho mismo de que lo llamara «nuevo» (1 Cor 11:25) pone de relieve esta diferencia.

La venida del reino traía consigo una cierta semejanza con la etapa anterior puesto que el Dios del nuevo pacto era el mismo que el del antiguo. En ambos pactos se adoraba al mismo Dios, si bien ahora, con el uso del título *Abba,* se hacía patente una nueva intimidad. En ambos pactos encontramos una ética surgida del mismo carácter inmutable de Dios, aunque ahora tal ética tiene una intencionalidad más profunda y está animada por una nueva energía. Paradójicamente, la ética que enseñó Jesús era nueva y al tiempo distinta: ¡antigua y nueva!

Preguntas para la reflexión

1. ¿Cuál es el testimonio de los Evangelios respecto al carácter de Jesús como maestro? ¿Qué rasgos de su carácter y método pedagógico hacen de Jesús el maestro extraordinario que fue durante su ministerio terrenal?
2. Enumera y resume las distintas dimensiones de la enseñanza de Jesús sobre el reino de Dios. ¿Cuáles son los aspectos presentes de este reino y cuáles los escatológicos? Menciona algunos de los signos de la venida del reino con el ministerio de Jesús. Explica en qué sentido lo fueron.
3. Reflexiona sobre las implicaciones del uso que hizo Jesús del término *abba.* ¿Cómo encajó o contrastó esta manera de dirigirse a Dios en la realidad teológica y sociológica del Israel del primer siglo? ¿Coadyuva el uso del término «padre» a la perpetuación de una cosmovisión machista y a la opresión de la mujer? ¿Qué razones existen para mantener esta designación como el modo de dirigirnos a Dios?
4. ¿Cuál es el punto de arranque de las enseñanzas éticas de Jesús? ¿Describe la relación de las enseñanzas éticas de Jesús con las doctrinas veterotestamentarias? ¿En qué sentido son nuevas y en cuál continuistas?
5. Valora y matiza el papel que tiene la regeneración del individuo en la enseñanza ética de Jesús.
6. Evalúa críticamente (tanto positiva como negativamente) las interpretaciones que han hecho las distintas escuelas de las enseñanzas de Jesús.

Referencias

Barr, James. «Abba Isn't Daddy». *Journal of Theological Studies* 39 (1988): 28-47.

Beasley-Murray, G. R. *Jesus and the Kingdom of God.* Grand Rapids, Mich.: Eerdmans 1986.

Caragounis, C. C. «Kingdom of God/Heaven». En el *Dictionary of Jesus and the Gospels,* editado por Joel B. Green, Scot McKnight e I. Howard Marshall, pp. 417-30; Downers Grove, Ill.: InterVarsity Press, 1992.

Chilton, Bruce, y J. I. H. McDonald. *Jesus and the Ethics of the Kingdom.* Grand Rapids, Mich.: Eerdmans, 1987.

Harvey, A. E. *Strenuous Commands: The Ethic of Jesus.* Philadelphia: Trinity, 1990.

Hurst, L. D. «Ethics of Jesus». En el *Dictionary of Jesus and the Gospels,* editado por Joel Green, Scot McKnight e I. Howard Marshall, pp. 210-22. Downers Grove, Ill.: InterVarsity Press, 1992.

Jeremias, Joachim. *New Testament Theology.* New York: Scribner's, 1971.

Ladd, George Eldon. *Jesus and the Kingdom.* New York: Harper, 1964.

Schrage, Wolfgang. *The Ethics of the New Testament.* Philadelphia: Fortress, 1988.

Stein, Robert H. *The Method and Message of Jesus' Teachings,* pp. 60-114. ED. rev., Louisville, Ky.: Westminster/John Knox, 1994.

10

LA PERSONA DE JESÚS

«¿Quién, pues, es éste que aun el viento y el mar le obedecen?

Quienes presenciaron las sanidades de Jesús (Lc 5:21; Jn 5:12), el control que éste ejercía sobre la Naturaleza (Mr 4:41) y su pretensión de perdonar pecados se hicieron la pregunta: «¿Quién es éste...?». Este mismo interrogante interpeló también a sus discípulos (Mr 4:41), a un inquisitivo Juan el Bautista (Lc 7:18-23) a quienes desafiaban su autoridad (Mr 11:28; Jn 8:25), a Herodes, el tetrarca de Galilea (Lc 9:9), al sumo sacerdote durante el juicio de Jesús (Mr 14:61) y al gobernador romano Poncio Pilato (Mr 15:2). De hecho, Jesús mismo planteó a sus discípulos la pregunta: «¿Quién dicen los hombres que soy yo?» (Mr 8:27).

En ocasiones, Jesús invitó a sus oyentes a reflexionar respecto a su identidad. Al joven rico, que con cierta frivolidad se dirigió a Él llamándole «maestro bueno», le preguntó «¿Por qué me llamas bueno? Nadie es bueno, sino solo uno, Dios». Durante su ministerio, se dieron varias respuestas a esta pregunta. Se dijo que era un profeta enviado por Dios; un profeta; «el» profeta; Elías; Jeremías; Juan el Bautista que había resucitado de los muertos; el Cristo. Para otros, por el contrario, era un demonio, un falso profeta, un engañador o una amenaza para la paz de Israel.

¿Cómo se veía Jesús a sí mismo?

Jesús puso de relieve su propia concepción de sí mismo de tres maneras: por medio de sus acciones, a través de sus discursos y por los títulos que utilizó o aceptó.

Las acciones de Jesús

Sus acciones expresan una singular reivindicación de autoridad. Mediante sus actos se hace patente que Jesús se consideraba con autoridad sobre el templo (Mr 11:15-19; ver 11:27-33), los demonios (Mr 1:27, 32-34), el príncipe de los demonios (Mr 3:27), las enfermedades y dolencias (Mr 1:29-31, 40-45), la Naturaleza (Mr 4:35-41), el sábado (Mr 2:23-28), y aun sobre la propia muerte (Mr 5:21-43; Lc 7.11-17; Jn 11:1-44). Estas acciones suscitaban de manera espontánea la pregunta: «¿Con qué autoridad haces estas cosas, o quién te dio la autoridad para hacer esto?» (Mr 11.28; Jn 2:18). Tal conducta llevaba consigo una clara reivindicación cristológica.

En ocasiones, Jesús llevó a cabo ciertas acciones que se situaban dentro del exclusivo marco de las prerrogativas divinas. Cuando pretendió perdonar los pecados de un paralítico, los escribas protestaron: «¿Por qué habla éste así? Está blasfemando; ¿quién puede perdonar pecados, sino solo Dios?» (Mr 2:7). De igual manera respondieron los presentes en una ocasión en que Jesús perdonó a una mujer: «¿Quién es éste que hasta perdona pecados?» (Lc 7:49). Se han hecho intentos de interpretar estas palabras («tus pecados te son perdonados» [Mr2:5]) como un ejemplo de lo que se ha dado en llamar «pasiva divina», es decir, una forma de expresión reverente para evitar pronunciar el nombre de Dios mediante el uso de la voz pasiva. Según este punto de vista, las palabras de Jesús tendrían el sentido de «Dios ha perdonado tus pecados», en lugar de, «yo, personalmente, te perdono los pecados». Es evidente, sin embargo, que ni Marcos ni Lucas entendieron así estos dichos.

Quienes escucharon a Jesús tampoco entendieron tales palabras según la mencionada interpretación puesto que reaccionaron con gran irritación. Todos ellos consideraron que Jesús estaba arrogándose una prerrogativa que pertenecía solo a Dios. Por otra parte, los relatos no presentan el más ligero indicio de que Jesús intentara explicar a sus oponentes que le habían malentendido. Nada hace pensar que Jesús quisiera decir: «me habéis malinterpretado. Simplemente he utilizado la «pasiva divina» para decirle a esta persona que Dios le ha perdonado». Las narraciones de los Evangelios presentan claramente a Jesús ejerciendo conscientemente una prerrogativa divina y perdonando pecados personalmente.

Otra serie de acciones de Jesús con significación cristológica son sus milagros. Las múltiples acciones de carácter sobrenatural que realizó dan testimonio de su carácter único. El Evangelio de Juan se refiere incluso a ellos como «señales» que revelaban su identidad (Jn 2:11). Si bien Jesús se negó a realizar señales para vindicar su ministerio, también es verdad que sus milagros representaban señales de su carácter singular. Tales milagros suscitaban ciertas preguntas: ¿Quién es éste que puede controlar aun el viento y las olas? (Mr 4:35:41). ¿Quién es éste que cura a los incurables y hasta levanta a los muertos? (ver Mr 5:1-43). La respuesta que produjo la sanación de un hombre que nació ciego es representativa: desde el principio del mundo nunca se llevaron a cabo milagros como estos (Jn 9:32).

Saquear los dominios de Satanás y liberar a los endemoniados requería la presencia de alguien más fuerte que él (Mr 3:27). Por otra parte, Jesús llevaba a cabo estos milagros sin realizar ningún tipo de ensalmo, conjuro o complicado ritual. (Los términos arameos que encontramos en los Evangelios no representan conjuros procedentes del mundo de la magia sino palabras con significados muy sencillos y obvios). En sus exorcismos Jesús no pretendía utilizar o manipular fuerzas impersonales o demoníacas. Al contrario, solo utilizaba sus propias palabras para dar órdenes a los demonios (Mr 9:25). Obviamente, una autoridad como ésta llevó a la gente a preguntarse quién era aquel con autoridad para dar órdenes a los espíritus inmundos (Mr 1:27).

Es cierto que en el pasado otros, como Moisés y Elías, por ejemplo, también habían realizado milagros. Jesús reconoció incluso que algunos de sus contemporáneos echaban fuera demonios (Lc 11:19). Sin embargo, la extensión de los milagros de Jesús era tal que amigos y oponentes por igual estaban asombrados, «jamás hemos visto cosa semejante» (Mr 2:12). Los milagros no eran solo señales de la llegada del reino de Dios, sino también una manifestación del propio reino (Lc 11:22). A diferencia del ministerio de Juan el Bautista, el de Jesús se caracterizó por ser un ministerio de milagros.

En las narraciones de los Evangelios se registran treinta y cuatro milagros distintos y quince menciones explícitas de la actividad milagrosa de Jesús. Además, existen varios relatos en los cuales Jesús es el receptor de un milagro, como por ejemplo la concepción virginal, los acontecimientos que rodearon su bautismo, Transfiguración, resurrección y ascensión.

Es imposible leer las narraciones de los Evangelios sin que surja la pregunta, «¿Quién es este hombre que tiene total autoridad sobre la Naturaleza, la enfermedad e incluso la muerte?» En las acciones de Jesús, la gente veía la osada pretensión de una autoridad única. Igual que el príncipe que, aunque vestido de pobre, revela inconscientemente su identidad por medio de su conducta, también Jesús, a pesar de su forma modesta de vestir y de la humildad de su oficio, reveló la concepción que tenía de sí mismo mediante sus acciones.

Las palabras de Jesús

Mediante sus palabras, Jesús puso también de relieve el modo en que se veía a sí mismo. Jesús reivindicó autoridad sobre el tesoro más preciado de Israel: la ley de Dios (Mt 5:31-32; 38-39; Mr 10:2-12). A pesar de que se consideraba condenable minimizar o contradecir aun los detalles más insignificantes de la ley (*tb Sanedrín* 99a), en ocasiones, Jesús se sintió con plena libertad para revisar y aun anular ciertos aspectos de ella (Mt 5:31-32; Mr 7:1-23). Para justificar tal actitud no se apoyó en la tradición o en la lógica. Lo que le habilitaba para hacer tales afirmaciones era su identidad, y por ello tales observaciones quedaban zanjadas con un mero: «Pero yo os digo...».

Otro aspecto del discurso de Jesús que tiene también una significación cristológica lo encontramos en el uso que hace de la palabra *Amen* (que se traduce como «en verdad os digo»). Esta expresión era muy nueva y singular. Algunos han visto en ella incluso «una cristología encapsulada». Por medio del significado característico que dio a este término, Jesús reivindicó para sus palabras una absoluta certeza. Una certeza que no descansaba en el apoyo que le daba el Antiguo Testamento o en la acumulación de citas rabínicas, o en una lógica impecable. No, la certeza de lo que estaba diciendo se basaba en el hecho de que era Él quien lo decía. La expresión «en verdad, os digo» (Mt 6:5; Mr 10:29-30), había de entenderse con el sentido de «podéis estar seguros de lo que os estoy diciendo, *¡porque os lo digo yo!*» No es de extrañar que las multitudes estuvieran maravilladas por las enseñanzas de Jesús, porque «les enseñaba como *uno* que tiene autoridad, y no como sus escribas» (ver Mt 7:28-29 y Mr 1:27). En varias ocasiones, Jesús se comparó a sí mismo con los grandes hombres del pasado; se veía a sí mismo como alguien mayor que Jonás o Salomón (Mt 12:38-42). Cuando se suscita la pregunta: «¿Eres tú acaso mayor que nuestro padre Abraham que murió?» (Jn 8:53), el autor del Evangelio espera que sus lectores respondan: «Sí, lo es. Jesús es único y mayor que todos los demás». Es mayor que Jacob (Jn 4:12). La venida de Jesús había traído consigo algo mayor que el propio templo (Mt 12:6). Tales palabras entrañan ciertamente una elevada cristología.

Jesús entendió su ministerio docente como la revelación de la sabiduría divina. Utilizó las formas de los antiguos maestros: proverbios, acertijos, poesía, paradojas, parábolas, etcétera. Sus dichos recuerdan con frecuencia a la literatura sapiencial anterior. (Comparar por ejemplo Mt 5:42 con Sirach 4:4-6; Mt 24:18, con Job 39:30; Mr 4:25 con 2 Esdras 7:25). No obstante, Jesús no se veía a sí mismo como otro maestro más de sabiduría sino como su portavoz final. Su sabiduría era mayor que la de Salomón (Mt 12:42). El carácter único de su relación con Dios (Mt 11:25-27) hacía de Él el maestro definitivo. Por ello, el rechazo de su persona y de sus enseñanzas acarrearía un terrible juicio (Mt 23:29-39), puesto que con tal rechazo las personas repudiaban la propia personificación de la sabiduría.

Pero es especialmente en estos dichos relativos al destino humano donde se hace más evidente la elevada concepción que Jesús tenía de su persona y de su llamamiento. Mientras la atención de sus contemporáneos se centraba en los ritos y en la ley, Jesús afirmaba que la cuestión decisiva y determinante para el futuro de las personas era la respuesta que le daban a Él; la felicidad futura de cualquier ser humano dependía de su relación con Jesús. Cielo o infierno, felicidad o perdición: el destino eterno de cada cual depende de la aceptación o el rechazo de Jesús (Mt 10:32-33; 11:6; Mr 8:34-38; 9:37). En la persona de Jesús se nos confronta con la salvación o con el juicio.

No debemos perder de vista o rebajar la naturaleza «absoluta» de la demanda de lealtad que hace Jesús. Requerir una lealtad mayor que la que se debe a los padres, al cónyuge o a los hijos (Lc 14:26) supone solicitar la clase de lealtad que solo Dios está en condiciones de pedir. En vista de ello, es inevitable que surjan preguntas como, «¿Quién es éste que cree que el mundo gira a su alrededor? ¿Un trastornado egoísta? ¿Un falso profeta? ¿O cabe la posibilidad de que sea realmente el Rey de reyes y el Señor de señores?»

Los títulos de Jesús

Lo que está implícito en las palabras y acciones de Jesús se hace más explícito en los títulos cristológicos que utilizó o aceptó como descripciones de su persona. Durante su ministerio, Jesús solo reconoció tales títulos en privado y con grandes reservas, debido a que tales títulos estaban rodeados de concepciones erróneas muy extendidas.

Algunos de sus contemporáneos le identificaron como el Hijo de David (Mt 9:27; 15:22; Mr 10:47-48; 11:1-10) y es muy evidente que, en sus genealogías tanto Mateo (1:1-6) como Lucas (3:31) le vieron como el prometido sucesor de la dinastía davídica y el cumplimiento de las múltiples profecías al respecto. Si bien Jesús aceptó la propiedad de este título, evitó utilizarlo debido a las dimensiones políticas que se le atribuían. Las connotaciones que tal designación tenía para la mayoría de los contemporáneos de Jesús, tenían muy poco en común con el modo en que Él mismo concebía su papel y misión.

Uno de los títulos que Jesús sí utilizó y aceptó con frecuencia fue el de «profeta» (Mt 21:11, 46; Mr 6:4; 14-15; 8:27-28; Lc 7:39; 24:19). El hecho de que muchos pensaran que Jesús era el Elías que había de venir (Mr 8:28) o Jeremías (Mt 16:14) indica que el pueblo le percibía, no ya como un mero profeta, sino como el profeta escatológico. Jesús no era simplemente otro profeta más que venía con su mensaje de arrepentimiento y con nuevos vaticinios sobre el futuro, sino «el» profeta (Dt 18:15) que traía consigo lo que profetas anteriores habían ya pronosticado; no se limitó a anunciar la llegada del reino de Dios sino que lo trajo consigo. No se limitó a predecir la destrucción del templo sino que vino a llevarla a cabo (Mr 15:29). Por ello, la aplicación a Jesús del título «profeta» es correcta, y al tiempo inadecuada. A diferencia de los profetas de tiempos pasados, la autoridad de las palabras de Jesús no venía definida por la frase «así dice el Señor» sino más bien por la expresión «en verdad os digo».

Otro de los títulos que Jesús utilizó y aceptó fue el de «Señor» (*mar* en arameo). Esta palabra podía utilizarse como una fórmula de cortesía equivalente al modo en que en nuestros días nos dirigimos a alguien como «señor», o podía tener una dimensión más elevada cuando se aplicaba a Dios (Mt 7:21-23; Lc 6:46, comparar con 1 Cor 16:22). Sin embargo, cuando se trata de la concepción que Jesús tenía de sí mismo, los títulos más importantes son sin duda «Hijo de Dios», «Mesías/Cristo» e «Hijo del Hombre».

1. Hijo de Dios. El título «Hijo de Dios» aparece a menudo en la Biblia y en la literatura del periodo intertestamentario. Se utiliza con referencia a los ángeles, a reyes, al pueblo de Israel y en la forma actual de 2 de Esdras (7:28; 13.22; 37; 52; 14:9) y del libro de Enoc, como un título para el Mesías. Con este último sentido se utiliza también en los Rollos del Mar Muerto, así como también cuando se comentan textos como Salmos 2:7 y 2 Samuel 7:14. En el Nuevo Testamento, el título "hijo de Dios" se utiliza para referirse al cristiano (Rom 8:14; Gal 3.26; 4:5-6). En los Evangelios, los demonios, Satanás, los discípulos, un centurión romano y una voz del cielo se dirigen a Jesús como Hijo de Dios; y también el propio Jesús utiliza esta expresión para referirse a sí mismo.

Probablemente, el ejemplo más importante de la utilización de este título por parte del propio Jesús es el que encontramos en Mr 13:32 donde, reflexionando acerca de la consumación de todas las cosas, Jesús afirma: «Pero de aquel día o de *aquella* hora nadie sabe, ni siquiera los ángeles en el cielo, ni el Hijo, sino *solo* el Padre». La naturaleza histórica de este dicho se apoya sólidamente en el hecho de que Jesús, como Hijo de Dios confiesa su ignorancia respecto al futuro. Sin duda, este no es el tipo de dicho que la Iglesia primitiva habría creado y puesto en boca del Hijo de Dios. Esto se hace patente con solo observar la tendencia de la Iglesia primitiva a exaltar la dimensión divina de la vida de Jesús tal como se refleja en los evangelios apócrifos (ver el apartado «Fuentes extrabíblicas» en el capítulo segundo). La dificultad que plantea este dicho (¿Cómo podía el Hijo de Dios no conocer esta información?) es una garantía de su autenticidad. Por otra parte, estas palabras revelan también la concepción de Jesús de que su relación con Dios tenía un carácter único y singular. Se diferencia claramente de otros humanos («nadie») y también de los ángeles. Es el «Hijo», y en otros varios lugares, Jesús utilizó este título como indicativo de su carácter único.

En la parábola de los labradores malvados, Jesús se describe a sí mismo diferenciándose de los profetas del Antiguo Testamento. Ellos eran «siervos» mientras que Él era «un hijo amado» (Mr 12:6). El hecho de que el «hijo» fuera asesinado y su cuerpo arrojado «fuera de la viña» –abandonándole al parecer a la descomposición– apoya la autenticidad de esta parábola. En esta narración no se hace mención de la resurrección. Esto sería muy inverosímil si esta parábola, o la referencia al hijo, fueran creación de la Iglesia primitiva. Es muy dudoso que los primeros cristianos hubieran inventado esta narración sin referirse de algún modo a la resurrección del hijo.

Existe todavía otro importante pasaje en el que Jesús enseña que su relación con el Padre era única y singular:

En aquel tiempo, hablando Jesús, dijo: Te alabo, Padre, Señor del cielo y de la tierra, porque ocultaste estas cosas a sabios e inteligentes, y las revelaste a los niños. Sí, Padre, porque así fue de tu agrado. Todas las cosas me han sido entregadas por mi Padre; y nadie conoce al Hijo, sino el Padre, ni nadie conoce al Padre, sino el Hijo, y aquel a quien el Hijo se lo quiera revelar (Mt 11:25-27).

Aquí, de nuevo, Jesús indicó que su relación con el Padre era singular y distinta de cualquier otra. En su condición de Hijo, Jesús era único. Es cierto que, mediante la fe, sus seguidores devienen «hijos» adoptivos (Gal 4:4-7), sin embargo, la filiación de Jesús posee un carácter único. Él es Hijo de Dios por naturaleza. La diferencia de la relación no es simplemente cuantitativa sino cualitativa. Jesús entendía que Él era el «Hijo unigénito» de Dios (Mr 12:6; Jn 3:16).

2. Cristo. Otro importante título que Jesús utilizó para auto designarse es el de «Mesías» (hebreo) o Cristo (griego). Sin embargo, dadas las connotaciones políticas y bélicas asociadas a este término, Jesús evitó utilizarlo abiertamente. Algunos eruditos han afirmado que Jesús nunca asumió este título para referirse a sí mismo. Según este punto de vista, cuando los discípulos creyeron que Jesús había resucitado reinterpretaron el ministerio de Jesús e incluyeron este título. No obstante, ni la tumba vacía ni las apariciones tras la resurrección demostraron que Jesús fuera de hecho el Mesías. Por supuesto, la crucifixión no pudo dar origen a este punto de vista. Este título se relacionó con Jesús puesto que en su ministerio reconoció que era el Ungido, el Mesías/Cristo que esperaba Israel, y porque fue crucificado como Rey de los judíos. Tras su muerte y resurrección, el título se asoció de tal modo a su persona que devino parte de su nombre: Jesucristo.

Sin embargo, durante su ministerio Jesús se abstuvo de utilizar este término públicamente puesto que ello hubiera representado un obstáculo para su ministerio al producir una confrontación inmediata con Roma. El gobierno romano no habría tolerado a un líder popular y carismático que afirmara ser el prometido rey de Israel, descendiente de David, puesto que, según el criterio popular, el Cristo liberaría a Israel de la esclavitud romana y restablecería la monarquía davídica. La utilización pública de este término se entendería como una llamada a la revolución y a la guerra y no podría ser ignorado por Roma. Aunque Jesús hubiera intentado explicar el sentido correcto del término refutando las concepciones erróneas, probablemente no hubiera conseguido su objetivo y tales intentos habrían sido ahogados por una movilización masiva a favor de la gran guerra de liberación.

No obstante, en privado y en ocasiones especiales, Jesús sí reconoció ser el Mesías prometido. Se lo dijo a una mujer samaritana (Jn 4:25-26) y algún tiempo más tarde a sus discípulos en un lugar cercano a Cesarea de Filipo (Mr 8:27-30), pero les pidió que no lo divulgaran. Se han hecho intentos de argüir a partir de este pasaje que, en Cesarea de Filipo, Jesús rechazó este título para referirse a sí mismo (o que al menos Marcos lo enseña en este relato), sin embargo, no hay pruebas que apoyen tal suposición. (Ver el apartado «La confesión de Pedro» en el capítulo undécimo, donde se expone este asunto con más detalle).

Más adelante, cuando durante el transcurso de su juicio el sumo sacerdote le sometió a juramento y le pidió que respondiera esta pregunta, Jesús reconoció que era el Cristo. Mateo y Lucas, sin embargo, revelan que lo hizo con cierta reserva. Su respuesta a la pregunta de si era «el Mesías, el Hijo de Dios» (Mt 26:63) fue afirmativa: «Tú *mismo* lo has dicho» (v. 64). No obstante, afirmó de inmediato: «sin embargo, os digo que desde ahora veréis AL HIJO DEL HOMBRE SENTADO A LA DIESTRA DEL PODER, y VINIENDO SOBRE LAS NUBES DEL CIELO». Jesús reconoció que, dadas las numerosas concepciones erróneas asociadas con el título «Mesías», no podía afirmar su carácter mesiánico sin más; aunque, por otra parte, tampoco podía negarlo. Por ello, su respuesta fue un «Si... pero...». (Ver el apartado «El juicio ante Caifás y el liderazgo judío» en el capítulo diecisiete donde se añaden algunos detalles al comentario de este texto).

Jesús dio una respuesta similar durante el interrogatorio de Poncio Pilato. Cuando se le preguntó «¿Eres tú el Rey de los judíos?» La respuesta de Jesús fue: «Tú *lo* dices» (Mr 15:2). En el relato joánico del juicio, Jesús explicó un poco más su respuesta: «Mi reino no es de este mundo. Si mi reino fuera de este mundo, entonces mis servidores pelearían para que yo no fuera entregado a los judíos; mas ahora mi reino no es de aquí» (Jn 18:36). Durante su juicio y crucifixión, Jesús fue objeto de burlas por haber afirmado ser el Mesías (Mr 15:18, 32, Lc 23:35-39). El apoyo histórico más sólido de que Jesús utilizó este título para referirse a sí mismo es la inscripción que se puso en la Cruz. Era habitual que se expusiera públicamente la razón por la que se ajusticiaba al reo.

En el caso de Jesús, el motivo de su acusación, que se consignó en varios idiomas era, «El rey de los judíos». Este hecho deja claro que Roma condenó a muerte a Jesús por razones políticas y en consideración a su afirmación de ser el Mesías. Ninguna otra razón para la crucifixión sería convincente.

3. Hijo del Hombre. El apelativo más importante que utilizó Jesús para referirse a sí mismo fue el de «Hijo del Hombre». Esto se hace patente, en primer lugar, por su frecuencia (este título aparece sesenta y nueve veces en los Sinópticos y trece en el Evangelio de Juan), en segundo lugar, por el hecho de que aparece en todas las capas de los Evangelios (Marcos, Q, L, M, Juan) y en tercer lugar porque, a excepción de dos ocasiones, siempre aparece en boca de Jesús. (Aun en estas dos excepciones [Lc 24:7 y Jn 12:34], quienes utilizan este título lo hacen en repuesta a un empleo previo del título por parte de Jesús). Por ello, parece evidente que esta era la expresión preferida por Jesús para describir su persona y su obra». No obstante y a pesar de la importancia de este título, existe mucho desacuerdo respecto a su significado.

En el Antiguo Testamento, la expresión «hijo de hombre» aparece en los Salmos (Sl 8:4; 80:17; 144:3), en Ezequiel (noventa y tres veces) y en Daniel 7:13. En los Salmos hace referencia a un «hombre» o «ser humano» y en Ezequiel, la expresión es la que utiliza Dios para referirse al propio profeta. En Daniel, al igual que en *Enoc* 37-71 y en 2 Esdras 13, esta expresión representa un título que se aplica al Mesías. (La cuestión de si las referencias que aparecen en *Enoc* y en 2 Esdras son precristianas o apuntan a una concepción postcristiana de este título que se ha debatido mucho). En este momento, una gran parte del debate respecto a la expresión aramea Hijo del Hombre (*bar enasha*) se centra en si podía o no haberse utilizado como un título. ¿Habrían interpretado esta expresión quienes oían a Jesús como un circunloquio con el que éste habría querido referirse a sí mismo, o bien como una referencia general a un «ser humano»?

Cuando se tradujeron al griego las expresiones arameas de las tradiciones de los Evangelios, la expresión *bar enasha* se entendió como un título. Esta traducción se hizo en un periodo muy temprano de la vida de la Iglesia dada la presencia de cristianos de trasfondo judío que hablaban griego (compara a los helenistas de Hch 6). Además, tal traducción se llevó a cabo en la atmósfera bilingüe de Jerusalén. Es muy poco probable que, bajo tales circunstancias la expresión *bar enasha* se hubiera traducido erróneamente como el título «Hijo del Hombre» que aparece en los Evangelios, sin ser un título en la lengua original. Parece más razonable suponer que estos traductores, muchos de los cuales fueron testigos presenciales de los hechos (Lc 1:2), creyeron que Jesús entendió que esta expresión aramea era un título.

Por otra parte, en varios lugares (Mt 10:23; 19:28; 25:31; Mr 8:38; 13.26; 14:62), Jesús utilizó esta expresión en relación con Daniel 7:13, donde se refiere a un individuo en concreto. El hecho de que este no fuera un título claramente conocido dentro del judaísmo de aquel tiempo, y de que la Iglesia primitiva tampoco lo utilizara para describir a la persona de Jesús (aparece solo cuatro veces en el resto del Nuevo Testamento y solo una vez [Hech 7:56] con el sentido que le dio Jesús), representa un sólido argumento a favor de que la utilización de esta expresión como título en los Evangelios se debe a que Jesús lo utilizó de este modo.

Una de las razones por las que Jesús escogió esta expresión como su manera preferida de hablar de sí mismo es su propia ambigüedad. Como ya se ha apuntado, Jesús evitó la utilización pública de títulos mesiánicos bien conocidos como «Hijo de David» y «Mesías/Cristo». La confusión que reinaba respecto a la expresión «Hijo del Hombre» la hacía muy apropiada para Jesús. Funcionaba como una parábola. A los que estaban dentro de su círculo, este título les revelaba el carácter mesiánico del llamamiento de Jesús, mientras que para los de fuera se convertía en un verdadero enigma (Mr 4:10-12). Entre estos últimos se entendía probablemente como un circunloquio o una referencia general a Jesús como ser humano. Por todo ello servía estupendamente a los propósitos de Jesús que podía utilizarlo públicamente sin ningún temor y, al tiempo, explicar su sentido en privado a sus discípulos (Mr 4:34). «El Hijo del Hombre ha venido...» daba a entender claramente que Jesús había venido de Dios al tiempo que expresaba también su otredad. Explicaba asimismo, que si bien el reino de Dios se había, en cierto modo, materializado con su venida, su plena consumación se situaba todavía en el futuro, con la venida del Hijo del Hombre en «las nubes del cielo» (Dan 7:13; Mr 13:26; 14:62).

La concepción de Jesús sobre su misión

Al comienzo de su ministerio, Jesús anunció que el reino de Dios se había acercado. Él había venido a «ANUNCIAR EL EVANGELIO A LOS POBRES... PROCLAMAR LIBERTAD A LOS CAUTIVOS, Y

LA RECUPERACIÓN DE LA VISTA A LOS CIEGOS; PARA PONER EN LIBERTAD A LOS OPRIMIDOS; PARA PROCLAMAR EL AÑO FAVORABLE DEL SEÑOR» (Lc 4:18-19). Vino a inaugurar un nuevo pacto que traía consigo una nueva intimidad: el privilegio de dirigirse a Dios como «Padre»; y el don supremo del Espíritu. Estos son los frutos del ministerio y la obra de Jesús. Lo que, sin embargo, no se menciona en estas declaraciones son los medios por los cuales estas cosas se harían realidad. Jesús no asumió que la venida del reino, del nuevo pacto y del Espíritu serían meros resultados del curso natural de la Historia. Ni tampoco creyó que tales realidades se manifestarían como simples logros del esfuerzo humano, o como la consecuencia lógica del progreso evolutivo de la Historia. El nuevo pacto y todo lo que se relacionaba con él habrían de ser un fruto de su ministerio.

El pensamiento de Jesús se desarrolló en una cultura basada en la religión del Antiguo Testamento. Al igual que otros judíos, Jesús creía que el nuevo pacto traería consigo el perdón de los pecados (Jer 31:31 y 34). Por otra parte, la plena ratificación del pacto requería el derramamiento ritual de sangre. El sacrificio del cordero pascual con el derramamiento de su sangre estaban en la médula misma de la conmemoración anual del pacto de Dios con Moisés y con el pueblo de Israel. Al comienzo del ministerio de Jesús, Juan el Bautista entendió proféticamente esta dimensión de la obra de Cristo al referirse a Él como el «Cordero de Dios que quita el pecado del mundo» (Jn 1.29; ver también el vs. 36; 1 Cor 5:7; 1 Ped 1.19). No es de extrañar, por tanto, que Jesús entendiera la necesidad de entregarse como sacrificio para confirmar el nuevo pacto, a fin de que pudiera conseguirse la manifestación del reino con todos sus beneficios.

Los intentos de presentar a Jesús como un reformador social o activista político pierden de vista esta dimensión. Se centran casi por completo en un enfoque horizontal que solo contempla el trato con el «prójimo». Esta dimensión existe, sin duda, en las enseñanzas de Jesús: «Amarás a tu prójimo como a ti mismo» (Mr 12:31). No obstante, este mandamiento de orientación horizontal viene precedido por otro de carácter vertical: «Amarás al Señor tu Dios» (Mr 12:30). El relato de Mateo añade: «Este es el grande y el primer mandamiento» (Mt 22:38). Para Jesús, es de importancia vital que nos preocupemos de nuestra relación con Dios. Por encima de todo, el hijo pródigo había pecado contra el «cielo» (Lc 15:18, 21); el juez injusto no «temía a Dios ni respetaba a hombre alguno» (Lc 18:2; observemos que las dimensiones vertical y horizontal van también juntas en Lc 11:42). Para Jesús y sus contemporáneos, el perdón de los pecados era algo esencial (Mr 10:17; Jn 3:3), y el perdón estaba íntimamente vinculado a los sacrificios (Heb 9:22).

Israel anhelaba la venida del Mesías a fin y efecto de que éste restaurara su patrimonio político y les librara de la opresión de sus enemigos, no obstante, Jesús entendía de manera distinta la necesidad de Israel. Lo que Israel necesitaba verdaderamente era el sacrificio que, de una vez y para siempre, resolviera el problema mucho más importante y profundo de su relación con Dios. ¿Pero cómo podía hacerse realidad el perdón de los pecados? ¿Y cómo podía expresarse en la vida diaria la nueva posición justificada delante de Dios resultante de este perdón de los pecados? Para Jesús, esta era la mayor necesidad que el pueblo de Israel tenía que afrontar. Por ello, entendió que su misión mesiánica consistía en hacer realidad el nuevo pacto prometido por los profetas por medio de la ofrenda de sí mismo como sacrificio expiatorio. Con este sacrificio vendría la respuesta a la mayor necesidad de Israel y de la Humanidad, a saber, el perdón que permitiría que personas pecadoras pudieran tener comunión con un Dios santo. Esto traería consigo asimismo el don del Espíritu de Dios que les capacitaría para vivir la ética del reino.

Durante la primera parte de su ministerio, Jesús no habló de esta cuestión con sus discípulos. No obstante, sí hizo algunas alusiones ocasionales a su futura muerte. Explicó que el ayuno era una práctica impropia de la presente etapa de gozosa celebración. Sin embargo, llegarían los días de la ausencia de Jesús (Mr 2:18-20), y entonces el ayuno sí tendría sentido. Tal ayuno y aflicción parece encajar solo en un corto periodo de la experiencia de la primera iglesia (el que va desde el Viernes Santo a la Pascua de Resurrección) ya que ésta no entendía el tiempo en que vivía como un periodo de duelo. Por ello es muy improbable que este dicho hubiera sido creado por los primeros cristianos y puesto en boca de Jesús para justificar la práctica del ayuno. Jesús aludió a su muerte en otros lugares: cuando habló del cumplimiento de su bautismo de un modo que solo puede entenderse como una referencia a su muerte (Mr 10:38-39), cuando dijo que no podía morir sino en Jerusalén (Lc 13:33) y también al afirmar que el Hijo del Hombre estaría tres días y tres noches «en el corazón de la tierra» (Mt 12:40). La referencia de tiempo de este último pasaje no encaja bien con el periodo transcurrido entre la muerte y la resurrección de Jesús y, por ello, es una prueba en favor de su autenticidad.

Fue en Cesarea de Filipo donde Jesús comenzó a hablar de manera explícita de su futura muerte (Mt 16:21; Mr 8:31). No hay duda de que

Marcos organizó de manera atractiva las predicciones que Jesús hizo de su Pasión. En Marcos 8.31-10:45 encontramos tres predicciones de la Pasión (8:31; 9:31; 10:33-34), seguidas en cada caso por un error de los discípulos que a su vez van seguidos por una sección de enseñanzas de Jesús acerca del discipulado. Puede que los relatos de algunas de estas predicciones de la Pasión sean más detallados y que se hayan «rellenado» con los detalles de lo que sucedió después. No obstante, las narraciones de los Evangelios muestran claramente que Jesús procuró preparar de antemano a sus discípulos para su muerte inminente. En su parábola de los labradores malvados (Mr 12:1-12) se referiría a ella públicamente, y en Getsemaní lucharía con su realidad (Mr 14:32-50).

Jesús no vio la necesidad de explicar con detalle el modo en que su muerte traería perdón y sellaría el nuevo pacto. Dejó que fueran sus seguidores quienes aportaran las explicaciones teológicas de estos hechos (por ejemplo Ro 3.24-26; 2 Cor 5:21; Tit 2:14; Heb 9:11-28; 1 Ped 1.18-19; 2.24; 3:18; 1 Jn 2:2). El sentido expiatorio que Jesús vio en su muerte, así como su papel como sello del Nuevo Pacto los encontramos reflejados principalmente en dos textos: «Porque ni aun el Hijo del Hombre vino para ser servido, sino para servir, y para dar su vida en rescate por muchos» (Mr 10:45) y «Y les dijo: Esto es mi sangre del Nuevo Pacto, que es derramada por muchos» (Mr 14:24). En el primero de estos pasajes Jesús enseñó que su misión culminaría en la ofrenda de su vida «en rescate por muchos». Aquí encontramos tanto la idea expiatoria como la sustitutoria. En el contexto de la Santa Cena, Jesús habló de los logros de su muerte: el perdón de los pecados (Mt 26:28) y el sello del nuevo pacto. Esta enseñanza habría de aportar el núcleo a partir del cual se desarrollaría la interpretación posterior respecto al sentido de la muerte de Jesús.

Muchos críticos niegan la autenticidad de estas referencias a la muerte de Jesús y a su naturaleza expiatoria. Estas declaraciones proféticas se entienden como *vaticinia ex eventu* (supuestas profecías hechas después de los hechos, creadas por la Iglesia primitiva y puestas en labios de Jesús). Tal conclusión no debe sorprendernos, es sencillamente una consecuencia natural de la negación de lo sobrenatural y, por ende, de la propia posibilidad de que exista verdadera profecía. Con frecuencia, otra de las razones conducentes al rechazo de la autenticidad de estos pasajes es la repulsión que se siente en algunos círculos por una teología que contempla un sacrificio expiatorio o sustitutorio. No obstante, resulta evidente que Jesús se planteó la posibilidad de su muerte y martirio. Él sabía perfectamente que Juan el Bautista había sido asesinado debido a la animadversión de quienes se oponían a su mensaje. Y, dado que Él era objeto de una hostilidad y conspiraciones parecidas (Mr 3:6; 11:18; 14.1-2; Jn 11:49-53), es muy probable que Jesús hubiera pensado que lo que le sucedió a Juan pudiera sucederle también a Él. De hecho, sería difícil creer que Jesús no se hubiera planteado, no solo la posibilidad, sino la probabilidad incluso, de su martirio. Por otra parte, Jesús vivió en una cultura convencida de que la muerte del justo tenía un efecto expiatorio sobre los pecados de la nación:

> Sé misericordioso con tu pueblo, y que nuestro castigo sirva de descargo en su favor. Haz que mi sangre sirva para su purificación y toma mi vida en rescate por la suya (4 Macabeos 6:29; James H. Charlesworth, ed., *The Old Testament Pseudoepigrapha* [Garden City, Nueva York Double day, 1985], 2:552)

> Por medio de la sangre de estos justos y la propiciación de su muerte, la divina providencia rescató a Israel. (4 Macabeos 17:22; James H. Charlesworth, ed., *The Old Testament Pseudoepigrapha*, 2:563).

Por ello, aun en el caso de que Jesús no hubiera recibido una revelación sobrenatural respecto a su papel como Cordero de Dios, bien habría podido prever lo inevitable de su muerte y entender su sentido redentor. ¿Y dónde hubiera podido suceder esto mejor que en Jerusalén, allí donde su oposición era más furibunda?

Los Evangelios indican que desde el mismo comienzo de su ministerio, Jesús fue plenamente consciente del coste que entrañaba seguir la voluntad de Dios. A juzgar por su referencia posterior al bautismo que le esperaba (Mr 10:38-39), parece que ya en el momento de su bautismo, Jesús era consciente de que su rendición a la voluntad de Dios iba a significar la muerte y quizás incluso la muerte por crucifixión. En el retrato que los Evangelios hacen del ministerio de Jesús no se nos dan indicios para comprender cómo se desarrolló en Él la conciencia de este hecho. El momento exacto en que Jesús fue consciente de todo ello queda confinado dentro de los límites del propio misterio de la Encarnación. Se puede especular al respecto, pero el valor de tales especulaciones será necesariamente cuestionable puesto que representará en esencia la defensa de las propias presuposiciones cristológicas. Una lectura de los evangelios no canónicos de la infancia de Jesús plantea serios interrogantes acerca del valor de tal ejercicio imaginativo. No existe ninguna prueba de carácter histórico que nos permita llegar a conclusión alguna respecto a este asunto.

Conclusión

Los Evangelios ponen de relieve que Jesús fue dando a sus seguidores de manera progresiva una idea de su identidad y de la misión que había venido a llevar a cabo. Tal revelación produjo una gran confusión durante su ministerio, llegando sus discípulos incluso a rechazarla en ocasiones por plantear ésta un conflicto con la concepción predominante acerca del papel mesiánico. Esto se subsanó con la resurrección y la Cruz, que antes había sido algo oscuro y objeto de rechazo, y que más adelante pasó a considerarse como poder y sabiduría de Dios (1 Cor 1:18; 2:7).

Preguntas para la reflexión

1. ¿Por qué crees que en el caso de Jesús se suscitó de un modo tan intenso la cuestión relativa a su identidad?
2. ¿De qué modo/s expresó y transmitió Jesús la concepción que tenía de sí mismo?
3. ¿Qué conclusiones se dedujeron de la pretensión de Jesús de perdonar pecados? ¿Y de sus milagros? ¿De qué manera representaban algunos actos de Jesús una peculiar reivindicación de autoridad?
4. ¿Cómo revelaba el acercamiento de Jesús a la ley su concepción de sí mismo? ¿Qué papel tuvo en este mismo sentido su utilización del término *amén*? ¿Y el de su demanda absoluta de lealtad?
5. ¿Qué títulos aceptó Jesús como definitorios de su identidad? ¿Por qué fue tan reacio en ocasiones a aceptarlos?
6. Resume el sentido e implicaciones de los títulos: *Hijo de Dios, Hijo del Hombre* y *Cristo*.
7. ¿Cuáles entendió Jesús que eran los elementos esenciales de su misión? ¿Cómo encajaba o contrastaba esta concepción con las expectativas mesiánicas y cristológicas de Israel y de sus propios discípulos? ¿Cómo afecta esta perspectiva a la misión de la Iglesia?

Referencias

Bayer, Hans F. *Jesus 'Predictions of Vindication and Resurrection.* Tubinga: J. C. B. Mohr, 1986.

Blackburn, B. L. «Miracles and Miracle Stories». En el *Dictionary of Jesus and the Gospels*, editado por Joel B. Green, Scot McKnight e I. Howard Marshall, pp. 549-60. Downers Grove, Ill.: InterVarsity Press, 1992.

Brown, Raymond E. *The Death of the Messiah,* pp. 1468-91. Nueva York: Doubleday, 1994.

Dunn, James D. G. *Christology in the Making.* Philadelphia: Westminster Press, 1980.

Kim, Seyoon. *The «Son of Man» as the Son of God.* Tubinga: J. C. B. Mohr, 1983.

Marshall, I. Howard. *The Origins of New Testament Christology.* Rev. ed. Downers Grove, Ill.: InterVarsity Press, 1990.

Meyer, Ben F. *The Aims of Jesus.* Londres: SCM Press, 1979.

Sanders, E. P. *The Historical Figure of Jesus,* pp. 238-48. Nueva York: Penguin, 1991.

Stein, Robert H. *The Method and Message of Jesus' Teachings,* pp. 115-51. Rev. ed. Louisville, Ky.: Westminster/John Knox, 1994.

Vermes, Geza. *Jesus the Jew.* Londres: Collins, 1973.

Witherington, Ben, III. *The Christology of Jesus.* Minneapolis: Fortress, 1990.

11

LOS ACONTECIMIENTOS DE CESAREA DE FILIPO

El momento decisivo

En cierto momento de su ministerio, Jesús emprendió un viaje que le llevaría fuera de los confines de Galilea, Judea y Samaria y le introduciría en los territorios predominantemente gentiles de Tiro, Sidón, Cesarea de Filipo y Decápolis (una federación de diez *[deca]*, ciudades *[polis]*). La razón por la que tanto Mateo como Marcos consignan el relato de este viaje (Mt 15:21-18-35; Mr 7:24-9:50) está muy clara: querían demostrar a sus lectores gentiles que, ya durante su ministerio terrenal, Jesús se había preocupado por ellos. Había venido a traer las Buenas Nuevas, no solo a los hijos de Abraham, sino también a los gentiles.

Posibles razones de Jesús para el viaje a territorio gentil

Cuando nos preguntamos por la razón específica de que Jesús emprendiera este viaje a territorio gentil, las certezas se reducen. Se han hecho varias propuestas: para predicar el Evangelio a los gentiles, para reflexionar respecto al éxito (o falta de él) de su ministerio, para encontrar un poco de privacidad y descanso, para huir de la hostilidad de Herodes Antipas, y para enseñar a sus discípulos.

Para predicar el Evangelio a los gentiles

El viaje fue, sin duda, una misión a los gentiles. Sin embargo, esta sugerencia plantea algunos problemas en vista del contexto que Marcos asigna a este viaje: «Levantándose de allí, se fue a la región de Tiro, y entrando en una casa, no quería que nadie lo supiera, pero no pudo pasar inadvertido» (Mar 7:24). Existen otros dichos indicativos de que Jesús no se planteaba una misión a los gentiles durante este viaje o, de hecho, durante su ministerio terrenal (Mt 10:5; Mr 7:27-28). Sin duda habría una misión a los gentiles pero solo tras la muerte y resurrección de Jesús, la Gran Comisión (Mt 28:19-20; Hch 1:8) y la persecución de la joven iglesia (Hch 8:1-4). Es cierto que, sin duda, algunos gentiles oyeron las buenas nuevas durante este viaje, no obstante, éste no fue su propósito esencial.

Para encontrar privacidad y descanso

Mr 7:24 (citado en el apartado anterior) no apoya esta explicación. Es cierto que en ocasiones Jesús buscó privacidad (Mr 4.34; 6:31-32), sin embargo parece haber mejores razones para este viaje.

Para reflexionar respecto al éxito (o falta de él) de su ministerio

En este tiempo Jesús llegó a ser consciente de que tenía que ir a Jesús para dar su vida. Otros han propuesto que Jesús tomó la decisión de ir a Jerusalén para plantearles tanto a los líderes como al pueblo la necesidad de reconocer que el reino de Dios se había acercado y el hecho de que Él era el heredero al trono de David. Tales especulaciones no encuentran apoyo alguno en el texto. Representan tan solo ejemplos de la «psicologización» de Jesús tan popular en el siglo XIX. Quienes sostienen esto ignoran la prueba en sentido contrario que suponen los pasajes en que Jesús alude a su muerte antes de este viaje; por otra parte, negar el carácter histórico de tales pasajes (por ejemplo, Mt 12:38-40; Mr 2:18-20; Jn 2:19-22; 3:14; 8:28; 10:11; 12:7, 23, 32) y fecharlos tras la muerte de Jesús, representa un mero sofisma.

Para huir de la hostilidad de Herodes Antipas, gobernador de Galilea

En apoyo de este punto de vista, se cita a menudo el incidente que se narra en Lucas 13:31-35 en el que algunos fariseos advierten a Jesús de que Herodes quiere matarle. Sin embargo, si algo enseñan estos versículos, es que Jesús no tenía ningún temor de Herodes y sí la convicción de que debía encaminarse a Jerusalén y no a territorio gentil.

Para enseñar a sus discípulos y prepararles para los acontecimientos inmediatos

Ésta es la mejor propuesta. Fue precisamente en aquel momento cuando la percepción de sus discípulos respecto a su persona y a su obra habían llegado a un clímax. Jesús les llevó a una confesión de su carácter mesiánico y comenzó a enseñarles lo necesario e inevitable de su muerte. Lo que aprendieron durante este viaje se convertiría en el fundamento de su predicación posterior.

Tanto Mateo (16:13) como Marcos (8:27) indican que este acontecimiento clave, que señalaría el momento crucial del ministerio de Jesús, tuvo lugar en una ciudad llamada Cesarea de Filipo. Muchos de los gobernantes eran proclives a construir ciudades y dedicárselas al Emperador dándoles el nombre de Cesar(ea). Esto propició que existieran numerosas urbes con este mismo nombre. A ésta se le puso Cesarea de Filipo en honor al tetrarca que la había construido y para diferenciarla de otra Cesarea construida por Herodes el Grande (una ciudad mucho más grande e importante situada cerca de la costa). A esta última se la llamaba sencillamente Cesarea (ver Hch 8:40; 9:30; 10:1, 24).

Cesarea de Filipo estaba situada en las faldas sudoccidentales del Monte Hermón, que es la elevación más importante de esta zona (2814 m). No existe ninguna razón teológica clara o evidente para la mención de Cesarea de Filipo en relación con este incidente. Parece haber un recuerdo histórico relacionado con este episodio lo cual constituye un fuerte testimonio de su historicidad.

La confesión de Pedro

Como maestro consumado que era, el propósito de Jesús consistía en ir llevando a sus discípulos a una comprensión más profunda de quién era

Él. Con el fin de suscitar una respuesta correcta al respecto, Jesús les planteó la pregunta: «¿Quién dicen los hombres que soy?» (Mr 8:27). Los discípulos contestaron con algunas de las especulaciones que habían oído en la calle aunque, por educación, no mencionaron las cosas negativas que decían sus oponentes.

Una de las respuestas que circulaban entre el pueblo es que se trataba de Juan el Bautista. Esta identificación de Jesús con Juan, quizá resucitado de los muertos (Mr 6:16; Lc 9:7), parece extraña si consideramos que ambos fueron contemporáneos y que sus ministerios coincidieron durante un cierto lapso de tiempo. No existe ningún claro paralelo dentro del judaísmo que nos permita suponer que quienes así pensaban estuvieran de hecho sosteniendo que, tras su muerte, Juan el Bautista se había reencarnado en Jesús de Nazaret. Probablemente sea mejor conjeturar que los que pensaban de este modo entendían que el «espíritu» de Juan el Bautista le había sido impartido a Jesús de igual modo que el «espíritu» de Elías había venido a descansar sobre Eliseo (ver 2 Reyes 2:1-15).

Otros creían que la persona de Jesús podía representar el cumplimiento de la profecía referente a Elías que había de regresar antes del Día del Señor (ver Mal 4:5). El que la creencia en el retorno de Elías era una convicción muy extendida se pone de relieve en la alusión de los discípulos (Mr 8:28) y de Herodes Antipas (Mr 6:15). Jesús creyó que esta profecía halló su cumplimiento en el ministerio de Juan el Bautista (Mr 9:11-13). Al parecer, esta fue también la convicción del propio Juan que, vestido de pelo de camello y con un cinto de cuero en su cintura, creyó que estaba cumpliendo este cometido profético (ver el apartado, «La Venida de Juan el Bautista» en el capítulo seis). Aquí de nuevo hemos de entender que la idea más extendida respecto al cumplimiento de esta profecía no era que se hubiera producido alguna forma de reencarnación, sino más bien que Juan compartió con Elías un papel y misión de tal modo que podía hablarse de una nueva manifestación del ministerio del profeta tisbita.

Circulaban otras ideas respecto a quién era Jesús que le identificaban con «alguno de los profetas» (Mr 8:28) o con «Jeremías» (Mt 16:14). En 2 Esdras 2:18 se alude al regreso de los profetas veterotestamentarios Isaías y Jeremías. Y nuevamente la explicación menos probable es la que hace referencia a algún tipo de reencarnación. Es más plausible suponer que lo que se esperaba era una reaparición sobrenatural en la Historia de los profetas muertos, o que Dios levantaría nuevos profetas como Isaías y Jeremías que serían sus herederos «espirituales» y que llevarían a cabo la misión divina.

Después de que los discípulos compendiaran algunos de los rumores respecto a su identidad, Jesús les preguntó directamente: «*Pero vosotros, ¿quién decís que soy yo?*» (Mr 8:29). La construcción del texto griego subraya el pronombre personal «vosotros». ¿Qué era lo que *ellos* habían personalmente observado y aprendido tras compartir todo aquel tiempo con Jesús? Habían visto sus milagros, observado su autoridad y escuchado sus enseñanzas. ¿Qué, pues, habían aprendido? ¿Eran capaces de ver lo que estaba más allá de las esperanzas nacionalistas de muchos de sus contemporáneos? Pedro respondió en nombre de los demás discípulos: «Tú eres el Cristo» (el texto de Lucas reza, «el Mesías de Dios» [Lc 9:20] y el de Mateo, «el Cristo, el Hijo del Dios viviente» [Mt 16:16])». Tras esta confesión, Jesús mandó a sus discípulos que no dijeran nada a nadie. Un reconocimiento abierto de su mesianismo suscitaría erróneas expectativas nacionalistas en una buena parte del pueblo y ello produciría una inmediata confrontación con Roma. El concepto que Jesús tenía de su mesianismo presentaba un marcado contraste con el que sostenían sus coetáneos y, como veremos, incluso con el de sus discípulos.

Algunos han pretendido que o bien Jesús o el evangelista Marcos en su narración rechazan el título de «Mesías» como una descripción aceptable de Jesús. (Resulta evidente a partir de Mt 16:17, que Mateo no entendió de este modo la narración de Marcos). Quienes sostienen esta idea, argumentan que el mandamiento de Jesús para que sus discípulos guarden silencio debe interpretarse como un rechazo del título de Mesías por parte de Marcos y debería interpretarse con el sentido de, «No digáis a nadie tal tontería y despropósito». No obstante, si Marcos pretendía transmitir esta idea lo hizo de un modo singularmente ineficaz puesto que nadie interpretó de este modo sus palabras hasta la segunda mitad del siglo XX.

De hecho, las propias palabras con que Marcos da inicio a su narración: «Principio del Evangelio de Jesucristo», indican que este evangelista quería que sus lectores entendieran que Jesús era sin duda el Mesías. Indudablemente no rechazó el título de «Mesías» como modo legítimo de describir a Jesús. Al contrario, era precisamente el modo en que quería que sus lectores entendieran a Jesús. Marcos quería que el resto de su Evangelio (1:2-16:8) se leyera en vista del hecho que Jesús es el Mesías/Cristo. El mismo texto de Marcos 8:30 refuta también este punto de vista puesto que lo que Jesús ordena a sus discípulos en este versículo, no es que se abstuvieran de decir que el era el Mesías sino «que no hablaran de Él a nadie», es decir, que no proclamaran su mesianismo.

Es igualmente difícil de creer que en esta ocasión Jesús rechazó este título ya que es un hecho que todos los Evangelistas entendieron esta confesión de manera positiva. Evidentemente, todos ellos creyeron que Jesús era el Mesías. Sería absolutamente increíble que, lo que en su momento habría sido un indignado rechazo de este título por parte de Jesús, se convirtiera después en la confesión fundamental de su Iglesia («Jesús es el Cristo») y que a su vez tal confesión llegara a formar parte de su propio nombre («Jesucristo»). Por otra parte, la negación de este título por parte de Jesús como definitorio de su identidad convertiría la crucifixión en algo incomprensible. Jesús fue crucificado bajo acusaciones de orden político y aparte de su reconocimiento de ser el Cristo, sencillamente no podrían explicarse las razones de su sentencia (ver el apartado «Y le crucificaron» en el capítulo dieciocho).

Jesús predice su Pasión

Además de la confesión por parte de sus discípulos de que Jesús era el Cristo, existe otra razón para afirmar que los acontecimientos de Cesarea de Filipo fueron decisivos para el ministerio de Jesús. Tal razón se hace evidente tanto en el relato de Mateo como en el de Marcos. Este último señala que tras la confesión de Pedro, Jesús «comenzó a enseñarles que el Hijo del Hombre debía padecer muchas cosas, y ser rechazado por los ancianos, los principales sacerdotes y los escribas, y ser muerto, y después de tres días resucitar. Y les decía estas palabras claramente» (Mar 8:31-32). Mateo hace de éste el momento decisivo del ministerio de Jesús de un modo aun más explícito si cabe: «Desde entonces Jesucristo comenzó a declarar a sus discípulos que debía ir a Jerusalén y sufrir muchas cosas de parte de los ancianos, de los principales sacerdotes y de los escribas, y ser muerto, y resucitar al tercer día» (Mat 16:21).

Si bien Jesús ya había aludido a su muerte en diferentes ocasiones, es a partir de este momento cuando se esforzó de manera especial en preparar a sus discípulos para enfrentarse con este acontecimiento. De aquí en adelante, Jesús concentraría su enseñanza a sus discípulos en prepararles para su futura Pasión. A partir de ahora, las referencias a su muerte se hacen más claras y frecuentes (Mr 8:31; 9:9, 31, 10:32-34, 38-39, 45, 12:1-12, 14:3-9, 34; Lc 13:33).

No se puede negar que tanto la disposición como la fraseología de las predicciones de la Pasión de Marcos (y por ello también las de Mateo y Lucas) delatan el genio editor del evangelista. Marcos ordenó conscientemente este material de tal manera que tenemos tres predicciones de la Pasión (Mr 8:31; 9:31, 10:32-34), seguidas de tres errores por parte de los discípulos (Mr 8:32-33; 9:33-34; 10:35-41), que a su vez continúan con tres series de enseñanzas acerca del discipulado (Mr 8:34-9:1; 9:35-50; 10:42-45). No obstante, cada uno de los Evangelios Sinópticos señala que, en varias ocasiones, Jesús enseñó a sus discípulos que había de ir a Jerusalén, ser rechazo por los dirigentes judíos, ser muerto y resucitar tres días después. Si bien algunas de estas predicciones pudieron redactarse en vista de los sucesos posteriores (ver Marcos 10:33-34), otras parecen haber sido muy poco alteradas por tales eventos (ver Mr 9:31;10:38-39). Por ejemplo, la expresión «después de tres días» de Marcos 8:31 no encaja con tanta precisión en el marco temporal de los acontecimientos como el tradicional «al tercer día» que encontramos en Mateo 16:21, 17:23; 20:19; Lucas 9:22; 18:33; 24:7, 46; Hechos 10:40; 1 Corintios 15:4.

Esta necesidad de preparar a los discípulos para la futura Pasión de Jesús es del todo comprensible. Solo hay que observar la respuesta de Pedro a esta enseñanza para entender el porqué. A pesar de la ortodoxia de su anterior confesión en el sentido de que Jesús era el Cristo, la concepción que tenía Pedro del sentido de estas palabras era profundamente errónea. En su mente, como en la de la mayoría de sus contemporáneos, no había lugar para el rechazo, el sufrimiento y la muerte de que Jesús había hablado. Jesús había alterado parcialmente los presupuestos nacionalistas de los discípulos respecto a la persona y la obra del Mesías, sin embargo, en su marco conceptual no había espacio para una pasión de carácter mesiánico. Por consiguiente, Pedro comenzó a criticar a Jesús –a reprenderle incluso– por enseñar tales cosas. No es de extrañar que Jesús hubiera ordenado a sus discípulos que no dijeran a nadie que Él era el Cristo. Si los discípulos seguían estando confusos y albergaban todavía ideas erróneas respecto a la obra del Mesías, ¡cuánto más lo estarían las multitudes!

El rechazo de la enseñanza de Jesús por parte de Pedro es muy significativo. Su naturaleza realista y la reprensión que provocó en Jesús aportan credibilidad al incidente. En vista de que Pedro rechazó esta enseñanza en presencia de los demás discípulos, Jesús replicó: «¡Quítate de delante de mí, Satanás!, porque no tienes en mente las cosas de Dios, sino las de los hombres» (Mar 8:33). La teología implícita en la reprensión de Pedro no procedía de Dios sino de este mundo y de su príncipe.

La concepción de un mesianismo sin Cruz tenía su origen, no en en la sabiduría divina, sino en la errónea lógica de este mundo. Por ello, Jesús reprendió a Pedro como representante de Satanás y defensor de sus puntos de vista. (No hay ninguna necesidad de asumir que Satanás hubiera de algún modo «entrado» en el cuerpo de Pedro y estuviera hablando a través de él).

Creer que este incidente supone algo más que la evocación de una experiencia histórica es algo muy difícil de concebir. ¿Quién hubiera podido crear en el marco de la Iglesia un relato en el que Pedro, uno de sus grandes héroes, fuera llamado Satanás? La glorifcación de los apóstoles que se pone de relieve en los evangelios apócrifos evidencia lo improbable de este supuesto. La severidad de la represión de Jesús es una garantía de la historicidad de este incidente. Los intentos de interpretar este relato como una campaña de Marcos contra Pedro y los demás discípulos resultan torpes y poco convincentes (ver Mr 16:7).

La importancia de que Jesús se propusiera preparar a sus discípulos para su muerte se confirma por el hecho de que, a pesar de tales enseñanzas, la Pasión les cogió por completo desprevenidos y produjo enorme confusión entre ellos. Tal confusión puede parecernos extraña a quienes estamos bien familiarizados con el relato de la resurrección de Jesús. Algunos críticos llegan incluso a afirmar que la consternación y el desconcierto de los discípulos demuestran la falsedad de que Jesús les hubiera pronosticado su Pasión. No obstante, tal confusión se explica perfectamente si consideramos que todas las predicciones de la Pasión debieron sonar absolutamente extrañas y peregrinas a los discípulos dadas sus expectativas mesiánicas preconcebidas. Para ellos, un «Mesías sufriente» no era sino una total contradicción de términos. Es imposible determinar si los discípulos pensaban que Jesús acabaría reconociendo que el punto de vista que ellos sostenían sobre el Mesías era el correcto. No podemos reconstruir el modo en que los discípulos porcesaron las enseñanzas de Jesús respecto a la Pasión, pero desde el punto de vista psicológico, su posterior confusión es perfectamente comprensible.

Pedro y la «sentencia de la roca»

El relato que hace Mateo de los acontecimientos que rodean la confesión de Pedro contiene unas palabras que han ejercido una enorme influencia en la historia de la iglesia. Tras la confesión de Pedro, Jesús afirma:

Bienaventurado eres, Simón, hijo de Jonás, porque esto no te lo reveló carne ni sangre, sino mi Padre que está en los cielos. Yo también te digo que tú eres Pedro, y sobre esta roca edificaré mi iglesia; y las puertas del Hades no prevalecerán contra ella. Yo te daré las llaves del reino de los cielos; y lo que ates en la tierra, será atado en los cielos; y lo que desates en la tierra, será desatado en los cielos (Mat 16:17-19).

Desde comienzos del siglo III, este pasaje ha desempeñado un papel crucial en la historia de la Iglesia por lo que respecta al debate acerca del gobierno de la Iglesia. En el catolicismo romano, estas palabras han supuesto un apoyo textual esencial para defender la institución del papado. Según este punto de vista, Jesús estableció a Pedro como vicario suyo en la Tierra hasta su regreso. Tras la muerte de Pedro, este papel de liderazgo pasó a manos de sus sucesores apostólicos llamados «papas». Esta idea se hace patente en todo el arte de la Iglesia Católica, puesto que en todas las pinturas y esculturas que representan a los Apóstoles, siempre se distingue claramente a Pedro por el manojo de llaves que lleva ceñido al cinto. La exégesis que ortodoxos y protestantes han hecho de este pasaje ha negado históricamente tal interpretación.

En el pasado, era por lo general fácil de establecer si determinado comentarista del Evangelio de Mateo era católico o protestante a tenor de cómo interpretaba este pasaje. Si entendía que la roca era una referencia a Pedro, el exégeta era católico romano, mientras que si tal roca se relacionaba con la confesión del apóstol en el sentido de que Jesús era el Cristo, entonces era protestante. Es lamentable que la interpretación de un texto esté ya determinada desde el comienzo por la propia persuasión religiosa. Nuestro trasfondo religioso nos predispone respecto al modo en que interpretamos textos como éste. La percepción de este hecho debería ser el primer paso en nuestros intentos de ser más objetivos.

La cuestión básica en la interpretación de este texto tiene que ver con la palabra *roca*. Al parecer existe un juego de palabras entre los términos *roca* y *Pedro* que proceden de la misma raíz griega: *petra* (roca) y *petros* (Pedro). Quienes niegan la interpretación católico romana argumentan que la diferencia existente entre estos dos términos indica que no pueden entenderse como un juego de palabras. Según este punto de vista, el sentido de las palabras de Jesús es, «Tú eres Pedro, y sobre la roca que representa tu confesión de que yo soy el Cristo, edificaré mi iglesia». En apoyo de esta interpretación hay varios pasajes del Nuevo Testamento que indican que Jesús es el único fundamento de la Iglesia: por ejemplo 1 Corintios 3.11; Efesios 2.20; 1 Pedro 2:4-8; Apocalipsis 1:18; 3:7.

Por otra parte, en griego, la diferencia entre *roca* y *Pedro* se debe al hecho de que *roca* es una palabra femenina (de la primera declinación que requiere la terminación en –*a*), mientras que *Pedro* es un término de género masculino (de la seguna declinación que requiere la terminación en –*os*). De este modo, la diferencia entre estas dos palabras no se debe a una decisión consciente por parte del evangelista sino a una necesidad gramatical del idioma. Es más, si se traducen los términos roca y Pedro en arameo –el idioma de Jesús y sus discípulos–, no hay ninguna diferencia entre las palabras ya que ambas traducirían al mismo término *Kefa*. Así, en arameo sí existe juego de palabras. Lo que Jesús dice es: «Tú eres *Kepha* y sobre esta *Kepha*...».

La forma más sencilla de entender este juego de palabras es asumir que Jesús se está refiriendo a Pedro como «roca» por el papel futuro que desempeñaría en la Iglesia. Pedro habría de ser el primer líder de la Iglesia; la proclamación del Evangelio en Jerusalén, Judea (Hch 2:1-4.31) y Samaria (Hch 8:14-25) se llevaría a cabo por medio de Pedro, y sería también a través de él cómo los gentiles oirían el Evangelio y creerían (Hch 10:1-11:18). Existe, por tanto, un sentido muy real en que el ministerio de Pedro –el líder de los apóstoles– serviría para el establecimiento y desarrollo de la Iglesia.

Sin embargo, nadie puede negar que el fundamento último de la Iglesia no es otro que el propio Jesucristo y que, en un sentido, no existe otro (1 Cor 3:11). Es más, la conducta de Pedro, tanto durante el ministerio de Jesús como después de él, dista mucho de ser infalible (Gal 2:11-21). Una iglesia capaz de prevalecer ante las puertas de infierno había de construirse sobre un fundamento más sólido que la persona de Pedro. No obstante, no hay ninguna necesidad de negar el papel de liderazgo que este apóstol desempeñó dentro de la Iglesia primitiva. Católicos, ortodoxos y protestantes pueden unirse gozosamente en gratitud por el don que Pedro representó para la misma. Por otra parte, sin embargo, no hay ningún indicio, ni en este texto ni en ningún otro lugar del Nuevo Testamento, de que su papel de liderazgo fuera transmitido sucesivamente y a perpetuidad a ningún tipo de sucesor.

Por el contrario, si bien Judas, el traidor, fue sustituido (Hch 1.21-26), otros apóstoles no lo fueron cuando murieron (Hch 12:2). Con respecto a las «llaves» que se dieron a Pedro, debería notarse que en

Mateo 18:18, esta misma autoridad para «atar y desatar» se les da igualmente a todos los discípulos, y en Apocalipsis 1:18 se describe a Jesús como Aquel que en última instancia posee las llaves de la Muerte y del Hades. Signifique lo que signifique este «atar y desatar», resulta evidente que no era una posesión exclusiva del apóstol Pedro.

La autenticidad de este pasaje se ha puesto en tela de juicio por varias razones. (Algunas de tales razones son que la palabra *iglesia* no aparece en ningún otro pasaje de los Evangelios a excepción de Mt 18:17, y también que el grado de autoridad que aquí se le da a Pedro no tiene paralelo en ningún otro lugar del Nuevo Testamento). Por otra parte, su autenticidad recibe apoyo de la naturaleza semítica del dicho. No obstante, la importancia que se ha concedido a este pasaje a lo largo de la historia de la Iglesia está fuera de toda proporción con su papel dentro del Nuevo Testamento. Resulta poco prudente construir un importante sistema o estructura teológica sobre un solo pasaje de la Biblia. Del mismo modo que es temerario fundamentar una práctica esencial en una única y confusa referencia al bautismo por los muertos que encontramos en 1 Corintios 15:29, es también imprudente desarrollar un marco eclesiástico de gran importancia en esta única referencia a Pedro como la roca.

Conclusión

Los acontecimientos de Cesarea de Filipo representaron, sin duda, el momento crucial y decisivo del ministerio de Jesús. Fue en este momento cuando los discípulos entendieron, a pesar de sus propias presuposiciones erróneas, que Jesús era ciertamente el Cristo. Tras esta confesión, Jesús comenzó a preparar a sus discípulos para su futura Pasión. Esta nueva enseñanza habría de producir más confusión todavía durante el ministerio de Jesús; sin embargo, tras la resurrección, los discípulos podrían entender con claridad que la Cruz no fue un error o una tragedia, sino parte del misterio divino. La resurrección no serviría para crear una nueva comprensión de la persona y la obra de Jesús, el Cristo; más bien confirmaría aquello que Él mismo había venido enseñando hasta entonces: Jesús de Nazaret era sin duda el Cristo, el Hijo de Dios, el Salvador del mundo.

Preguntas para la reflexión

1. Valora los pros y contras de las razones presentadas en este capítulo por las que Jesús pudo haberse desplazado al territorio gentil de Cesarea de Filipos.

2. Tras la confesión de Pedro, ¿significa el mandamiento de Jesús a sus discípulos de que guardasen silencio, un rechazo de su mesianismo? ¿Cuál podría ser una mejor explicación de esta prescripción de silencio por parte de Jesús?

3. ¿Qué es lo que permite calificar de «decisivos» los acontecimientos de Cesarea de Filipos?

4. Explica las razones que llevaron a Jesús a comenzar «desde entonces» a hablar con sus discípulos respecto a su muerte.

5. ¿Cuál ha sido tradicionalmente el sentido de las diferentes interpretaciones del «Dicho de la Roca» acerca de Pedro? Explica dónde está el meollo de la diferencia en las interpretaciones. ¿Cuáles son las implicaciones eclesiológicas de interpretar este texto en uno u otro sentido?

6. Reflexiona sobre el significado de las palabras de Mateo 16:17-19. ¿En qué sentidos podría ser Pedro el fundamento de la Iglesia y en cuáles no? ¿Qué tiene que decir la exégesis del texto respecto a la significación de estas palabras?

Referencias

Bayer, Hans F. *Jesus' Predictions of Vindication and Resurrection.* Tubinga: J. C. B. Mohr, 1986.

Brown, Raymond E., Karl P. Donfried y John Reumann, eds. *Peter in the New Testament.* Minneapolis: Augsburg, 1973.

Coragounis, Chrys C. *Peter and the Rock.* Berlin: Walter de Gruyter, 1990.

Culmann, Oscar. *Peter: Disciple, Apostle and Martyr.* Filadelfia, Westminster Press, 1962.

Hooker, Morna D. *The Gospel According to Saint Mark,* pp. 199-207. Peabody, Mass.: Hendrickson, 1991.

Lane William L. *The Gospel According to Mark,* pp. 287-304. Grand Rapids, Mich.: Eerdmans, 1974.

Marcus, Joel. «The Gates of Hades and the Keys of the Kingndom». *Catholic Biblical Quarterly* 50 (1988): 443-55.

Wilkins, Michael J. *The Concept of Disciple in Matthew's Gospel*. Leiden: E. J. Brill, 1988.

12

LA TRANSFIGURACIÓN

Una vislumbre del futuro

El relato de la Transfiguración ha quedado vinculado a los acontecimientos de Cesarea de Filipo por una de las pocas conexiones cronológicas que encontramos en los Evangelios. Según Marcos 9:2 y Mateo 17:1, la Transfiguración tuvo lugar «seis días después» de la confesión de Pedro en Cesarea de Filipo. En Lucas este vínculo cronológico se expresa con la frase: «Y como ocho días después de estas palabras». (Es posible que Lucas esté haciendo un cómputo del tiempo que incluya tanto el día de la confesión como el de la Transfiguración, mientras que Marcos y Mateo no tengan en cuenta estos dos días). Aparte de los acontecimientos que van desde el domingo de ramos al domingo de resurrección, no encontramos ninguna designación cronológica tan específica.

Dado que durante el periodo oral hubiera sido imposible relatar un episodio «seis días después...» sin que surgiera la pregunta: «¿seis días después de qué?», es muy probable que la Transfiguración estuviera vinculada con los sucesos de Cesarea de Filipo antes ya de que Marcos escribiera su Evangelio. (Es dudoso que fuera Marcos quien creara esta precisión cronológica puesto que en ningún otro lugar de su Evangelio –a excepción de la narrativa de la Pasión– aparecen este tipo de reseñas. Es también posible que la referencia de Lucas («como ocho días después de estas palabras») sea el testimonio de una tradición distinta de este vínculo temporal). Como consideraremos en seguida, si realmente queremos entender lo que sucedió en la Transfiguración, no podemos perder de vista los acontecimientos de Cesarea de Filipo.

El lugar

Los tres relatos coinciden en señalar que este acontecimiento tuvo lugar en un «monte» (Mt 17:1; Mr 9:2; Lc 9:28). Mateo y Marcos especifican que se trataba de un monte «alto», lo cual ha suscitado mucho debate respecto a qué monte se está refiriendo.

Tradicionalmente se ha situado este evento en el Monte Tabor, a unos quince Km. al sudoeste del Mar de Galilea. El Tabor es una colina redondeada que se eleva en la llanura de Esdraelon a unos 450 m por encima del llano y a 588 m del nivel del mar. En marcado contraste con la llanura de la que surge, su apariencia es impresionante. En Jueces 4:6, 12, 14 se habla del monte Tabor (ver también Jer 46:18 y Sal 89:12). No obstante, es muy difícil de concebir que pueda considerarse como un «monte alto». Si como afirman algunos, en el tiempo de Jesús una guarnición romana ocupaba la cima de este monte, tendríamos otro argumento para rechazar el Tabor como el verdadero escenario de la Transfiguración (comparar la obra de Josefo, *Guerras de los Judíos* 2.20.6 [2.573]; 4.1.8 [4.54-61]).

Se ha sugerido también que la Transfiguración se produjo en el monte Carmelo, en la costa mediterránea, por la zona de la actual ciudad de Haifa. También se le llama «monte» si bien su altura máxima es menor aún que la del Tabor, alcanzando solo 530 m sobre el nivel del mar. De modo que también dista mucho de ser un «monte alto». Por otra parte, plantea también el problema de encontrarse muy lejos de los acontecimientos y lugares que rodean la Transfiguración: Betsaida (Mr 8:22), Cesarea de Filipo (Mr 8:27), Galilea (Mr 9:30), Capernaum (Mr 9:33). Si se toman en serio todos estos nombres, el monte Carmelo estaría excesivamente apartado de las actividades de Jesús en las mencionadas localidades para aceptarlo como el escenario de la Transfiguración.

La mejor sugerencia es la que propone el Monte Hermón, que se eleva muy por encima de cualquier otro promontorio de la zona alcanzando una altura de 2814 m. Cesarea de Filipo está en las faldas de esta montaña cuyas nieves perpetuas son visibles desde muy lejos. El Monte Hermón es sin duda un «monte alto» en el sentido más pleno de la expresión. El hecho de que la ciudad de Cesarea esté situada en este extenso monte habla a favor de ésta como la posibilidad más verosímil.

En nuestro interés por encontrar «el» monte, no hemos de perder de vista que para los evangelistas, la exacta situación geográfica de este suceso no es una cuestión relevante. En sus relatos –y probablemente también en la tradición oral que los precedió– se describe el lugar sencillamente como un «monte alto». Este hecho debería transmitirnos la advertencia de que, si bien tales preguntas geográficas son legítimas e interesantes, el meollo del episodio no está en su ubicación geográfica. Por supuesto, si alguien califica de mito esta narración dado su carácter milagroso, la cuestión de dónde tuvo lugar carece de sentido. No obstante, aun para quienes sí aceptamos la historicidad del relato, el verdadero quid no está en el dónde sino en la naturaleza del acontecimiento que tuvo lugar.

La Transfiguración

En esta ocasión, Jesús tomó consigo a tres de sus discípulos: a Pedro, a Jacobo y a Juan. Estos tres formaban un círculo más reducido dentro de los Doce. Acompañaron a Jesús cuando se produjo la resurrección de la hija de Jairo (Mr 5:37), en Getsemaní (Mr 14:33) y estuvieron también presentes junto con Andrés en el discurso apocalíptico de Jesús (Mr 13:3). No se da ninguna razón para que Jesús los seleccionara en todas estas ocasiones, pero no parece que el propósito de ello fuera que éstos ejercieran forma alguna de liderazgo jerárquico sobre los Doce.

En el monte, Jesús se *transfiguró* ante los discípulos. Este término sirve para traducir la palabra griega *metemorphothe* (Mr 9:2). Jesús experimentó una transformación sobrenatural. Las explicaciones naturalistas como las que afirman que posiblemente un movimiento de las nubes dejó paso al sol que resplandeció con gran luminosidad sobre la ropa de Jesús, son insuficientes. Las vestiduras de Jesús se hicieron de un blanco deslumbrante (Mr 9:3), pero también cambió el aspecto de su rostro (Lc 9:29). Los evangelistas no entendieron lo sucedido como el resplandor que alguna fuerza externa produjo en Jesús, sino más bien como una luminosidad que emanaba de su interior y que transformó su apariencia externa. Jesús se transfiguró y su rostro resplandecía como el sol (Mt 17:3).

Lucas añade otro elemento a la escena: la aparición de Moisés y Elías «en gloria». Los evangelistas entendieron este hecho como una glorificación temporal de Jesús, y lo que vieron entrañaba tal majestad que los discípulos estaban «aterrados» (Mr 9:6). Por ello, si bien Moisés irradiaba la gloria de Dios tras su encuentro con Él en el Monte Sinaí (Ex 34:29, 30, 35), en esta ocasión, Jesús resplandecía con un anticipo de su propia gloria futura.

Algunos han intentado explicar la Transfiguración como una experiencia alucinatoria de los tres discípulos. Quienes afirman esto se apoyan en las palabras de Mt 17:9, donde Jesús les manda que no hablen a nadie de la «visión» sino hasta después de la resurrección. Esta palabra, no obstante, puede también referirse a acontecimientos históricos. En Éxodo 3:3 y Deuteronomio 28:34, 67, por ejemplo, donde se alude a visiones de carácter claramente histórico, la traducción griega del Antiguo Testamento utiliza la misma palabra que en Mt 17:9. (Ver también la expresión «delante de tus ojos» en Dt 4:34 que se traduce también con el mismo término griego). Pero más importante aun, el sentido general del texto impide que podamos entenderlo como una visión. La palabras de Pedro no permiten que podamos ver la Transfiguración como una visión o un mito.

Sin duda, en el relato mismo se subrayan las similitudes que este acontecimiento guarda con varios temas e incidentes del Antiguo Testamento (Moisés en el Monte, el resplandor del rostro de Moisés, la presencia de una nube, quizá los «seis días»), pero esto no significa que esta narración haya sido creada por alguien que la inventó sin conexión con hecho alguno. Por el contrario, es mucho más fácil entender que se trata de un incidente real de la vida de Jesús que se redactó teniendo en mente estas narraciones veterotestamentarias.

Otra explicación que se ha dado respecto a este relato es que, en un principio, se trataba de una narración de la resurrección que se adaptó y situó en un periodo anterior de la vida de Jesús. Tal interpretación se ha apoyado en la referencia a una nube (ver Hch 1:9) y a un monte alto (Mt 28:16), la referencia a la gloria de Jesús (ver 1 Ped 1:11, 21), la idea de que la incredulidad de los discípulos de Jesús sería inexplicable si en verdad hubieran sido testigos de la Transfiguración, la semejanza que guardan las vestiduras de Jesús con las de los ángeles presentes en la tumba en la mañana de la resurrección, etc. Sin embargo, existen buenas y numerosas razones para entender la Transfiguración como un suceso histórico que tuvo lugar durante el ministerio de Jesús.

La primera de ellas es que tanto los autores de los Evangelios como el de 2 Pedro 1:16-18 lo entendieron de este modo. En segundo lugar, el uso del título «rabí» (Mr 9:5) sería sin duda insólito en el contexto de un relato de la resurrección. Es cierto que Mateo y Lucas consignan «Señor» y «Maestro», no obstante el uso de «rabí» por parte de Marcos indica a las claras que él no heredó esta narración como un relato de la resurrección. La presencia de Pedro, Jacobo y Juan, es igualmente difícil de entender si se tratara de un relato de la resurrección. Si bien estos tres discípulos aparecen juntos durante el ministerio de Jesús, no lo hacen en ninguno de los relatos de aquel hecho. Por último, las impulsivas palabras de Pedro sugiriendo la construcción de tres enramadas –una para Jesús, otra para Moisés y otra para Elías– sería muy extraña tras la resurrección. ¿Acaso tras un acontecimiento de tal magnitud Pedro hubiera podido caer en el despropósito que supone equiparar a Moisés y Elías con Jesús? Sin embargo, en un periodo anterior del ministerio de Jesús, tal error sí es concebible.

¿Qué es lo que sucedió realmente durante la Transfiguración de Jesús? Una de las explicaciones más tempranas es la que nos aporta el propio Nuevo Testamento:

> Porque cuando os dimos a conocer el poder y la venida de nuestro Señor Jesucristo, no seguimos fábulas ingeniosamente inventadas, sino que fuimos testigos oculares de su majestad. Pues cuando Él recibió honor y gloria de Dios Padre, la majestuosa Gloria le hizo esta declaración: Éste es mi Hijo amado en quien me he complacido; y nosotros mismos escuchamos esta declaración, hecha desde el cielo cuando estábamos con Él en el monte santo (2 Pe 1:16-18).

En este pasaje, la Transfiguración se entiende como un anticipo de la gloria que Jesús poseerá en la parusía (su segunda venida). Esta es probablemente la mejor manera de interpretar los difíciles versículos que introducen este relato en cada uno de los Evangelios. Marcos entendió la Transfiguración como el cumplimiento de las palabras de Jesús: «En verdad os digo que hay algunos de los que están aquí que no probarán la muerte hasta que vean el reino de Dios después de que haya venido con poder» (Mr 9:1).

Hay que recordar también que este versículo sigue inmediatamente a Marcos 8:36 donde se habla de la futura venida en gloria del Hijo del Hombre. Mateo 16:28 vincula la Transfiguración, de un modo aun más estrecho, con la parusía mediante las palabras de Jesús: «En verdad os digo que hay algunos de los que están aquí que no probarán la muerte hasta que vean al Hijo del Hombre venir en su reino». Al parecer, pues, tanto los autores de los Evangelios como el autor de 2 Pedro entendieron la Transfiguración como un destello del futuro esplendor del Hijo del Hombre en su gloriosa venida.

Otra posible interpretación entiende que la Transfiguración fue una manifestación de la gloria preexistente del Hijo de Dios. Algunos han sugerido que Juan 1:14 (ver también Jn 12:27-33), podría también ser una alusión de este hecho. Según este pensamiento, en esta ocasión el vaciamiento o «kenosis» del Hijo de Dios (Fil 2:7) dejó de estar operativo temporalmente y la gloria del Verbo preencarnado se hizo visible a través del velo de su humanidad. Sin embargo, en vista de la clara vinculación de la Transfiguración con la parusía que se evidencia en 2 Pedro y en Mateo 16:28, parece mejor interpretar la Transfiguración principalmente como una vislumbre de la futura gloria de Jesús, el Hijo amado.

La aparición de Moisés y Elías

Los tres evangelios sinópticos afirman que Elías y Moisés (Mr 9:4) se aparecieron a Jesús en la Transfiguración. Mateo 17:3 y Lucas 9:30 consignan los nombres en el orden contrario (Moisés y Elías) a fin de enumerarlos según un esquema cronológico más correcto. El significado de su presencia es objeto de debate. ¿Están presentes porque representan el cumplimiento de las Escrituras, a saber, la Ley (Moisés) y los Profetas (Elías)? Puede que sea así como lo entiende Lucas (ver Lucas 16:29, 31; 24:27). Pero, de ser así, ¿acaso no serían Isaías o Jeremías mejores representantes de los Profetas? Hay que considerar, no obstante, el vínculo entre Moisés y Elías que se presenta en Malaquías 4:4-5. Recordemos también que Elías es el primer profeta importante al que se refieren los «Primeros Profetas» (los libros que van desde Josué hasta 2 Reyes).

Otra de las interpretaciones que se ofrecen para la aparición de Moisés y Elías es que, según la tradición, ambos ascendieron al Cielo. (A pesar de Deuteronomio 34:5, la tradición judía se refiere a la ascensión de Moisés al Cielo [Josefo, *Ant* 4.8.48 (4.326)]). Sin embargo, de ser así ¿no sería más apropiada la pareja formada por Enoc y Elías? Otra posibilidad es que estos dos personajes estén presentes porque se trata de los dos únicos santos del Antiguo Testamento que presenciaron una teofanía en un monte (Ex 24:1; 1 Rey 19), o para refutar la idea de que Jesús fuera realmente Elías o uno de los profetas (Mr 8:28; ver también

Dt 18:15). Otros apuntan a que su presencia se debe a la expectativa general de que estos dos personajes aparecieran antes de la llegada de la edad mesiánica. Probablemente, este último papel escatológico de ambos personajes es el que explica mejor su participación en este acontecimiento. La Transfiguración de Jesús y la aparición de Moisés y Elías hicieron que Pedro planteara la posibilidad de construir tres «enramadas». En su propuesta se combina el error de intentar perpetuar y atesorar aquello que es temporal mediante la construcción de unos cobertizos con la equivocación cristológica más seria de equiparar a Moisés y a Elías con Jesús. Si Pedro hubiera entendido correctamente la confesión que él mismo hizo en Cesarea, tal comprensión le habría salvaguardado de este error. Sin embargo, como revela la represión de Jesús (Mr 8:31-33), Pedro y los discípulos carecían de una correcta comprensión de las implicaciones de tal declaración. Marcos señala que Pedro hizo su desafortunada propuesta porque no sabía «qué decir» (Mr 9:6; ver también Lc 9:33).

La voz del Cielo

Otro de los importantes acontecimientos que se produjo durante la Transfiguración fue la audición de una voz procedente del Cielo, lo cual debió de entenderse en relación con las erróneas proposiciones de Pedro, tanto aquí como en Cesarea de Filipo. En contraste con la voz que se oyó en el bautismo de Jesús, que se dirigió a Él (Mr 1:11; Lc 3:22), en esta ocasión la voz se dirigió a Pedro, Jacobo y Juan.

La primera parte: «Este es mi Hijo amado», debe de entenderse como una represión de la sugerencia de construir los tabernáculos. Se ha planteado que el error de Pedro podría haber consistido en querer convertir en permanente una experiencia fugaz. Muy pronto no quedaría con ellos en el monte nadie más sino «solo Jesús» (Mr 9:8). Sin embargo, más grave todavía fue pretender construir un tabernáculo *de igual forma* para Jesús, Moisés y Elías. Estos dos últimos personajes del Antiguo Testamento, aunque ilustres, eran solo siervos y no «hijos». Jesús es el único Hijo. (Comparar esta diferencia en la parábola de los labradores malvados en Mr 12:2-7). Moisés y Elías eran profetas a través de los cuales Dios había hablado, sin embargo, Jesús es el Hijo «a quien constituyó heredero de todas las cosas» (Heb 1:2). El Jesús de la Transfiguración era mucho mayor que ellos.

Pedro y los demás discípulos no habían caído en la cuenta de las implicaciones que se derivaban de la confesión pronunciada en Cesarea de Filipo. Puesto que en el relato de la Transfiguración no se habla de ninguna enseñanza específica de Jesús, tendremos que buscar en otra parte las palabras que hemos de oír («a Él oid»). Tanto por esta razón como por el vínculo temporal que une este episodio con el anterior, tendremos que volver a lo acaecido en Cesarea de Filipo. En esta ciudad y después de la confesión, cuando Jesús comenzó a enseñar respecto a su próxima pasión, Pedro le reprendió por tal enseñanza. Era incapaz de aceptar las palabras del Maestro respecto a su papel mesiánico y modificar sus propias concepciones mesiánicas, que sin duda eran de una naturaleza más política. Pedro no podía aceptar que el sufrimiento y la muerte pudieran formar parte del llamamiento divino de Jesús y de su misión. En aquella ocasión, Jesús había subrayado que el rechazo del rol mesiánico de Jesús por parte de Pedro era de naturaleza satánica. Para Jesús, esta cuestión había quedado zanjada en su tentación.

En la Transfiguración, la voz del cielo interpeló de nuevo a Pedro por su rechazo de la Pasión de Jesús. La orden «a Él oid» representa una reprensión dirigida a Pedro y a los discípulos. Tenían que entender y aceptar las enseñanzas de Jesús respecto al rol mesiánico. Ahora, en consonancia con la afirmación de Jesús en el sentido de que rechazar a un mesías sufriente era satánico, se oyó la voz divina. No hay duda de que los primeros receptores de los relatos de la Transfiguración, sabían que la misión mesiánica de Jesús entrañaba su arresto, juicio, crucifixión, resurrección y ascensión. En el momento de la Transfiguración, sin embargo, Pedro, Jacobo y Juan no disponían de esta panorámica global. Lo que sí podían saber y tenían que aceptar era que representaba una verificación por parte de Dios, tanto de la confesión como de la predicción de la Pasión que tuvieron lugar en Cesarea de Filipo. Era el sello de aprobación de Dios, la divina ratificación, de la enseñanza de Jesús respecto a su llamamiento mesiánico. Jesús era, sin duda, el Cristo, el Hijo de Dios. (El vínculo entre estos dos títulos se establece explícitamente en Mateo 16:16, no obstante, todos los evangelistas entendieron que ambas expresiones eran maneras apropiadas y complementarias de describir a Jesús [comparar Mr 1:1; 14:61; Lc 4:41; 22:67-71]). Precisamente porque Jesús era el Cristo, tenía que sufrir, morir y resucitar al tercer día.

La voz afirmó que los discípulos tenían que aceptar la perspectiva de Jesús respecto al sufrimiento y la muerte como parte de su misión. Cualesquiera que fueran sus anteriores concepciones del papel mesiánico, tenían que dejar paso a la propia enseñanza de Jesús. Los discípulos no podían atreverse a configurar una misión de Jesús hecha a su medida, para que encajara en sus propios esquemas. Por el contrario, tenían que oír lo que el propio Jesús tenía que decir al respecto y renunciar a toda tentación de hacer de Él un Mesías que contara con su aprobación. Sus contemporáneos podían afirmar que la concepción de un mesías sufriente y exangüe era absurda y piedra de tropiezo para la fe (1 Cor 1:23). Sin embargo, quienes estaban dispuestos a escuchar la voz de Dios descubrirían que en el sufrimiento y la muerte de Jesús, se revelaban de hecho el poder y la sabiduría divinos (1 Cor 1:24).

A los seguidores de Jesús, la voz del Cielo sigue transmitiéndoles el mismo mensaje. Lo que en este mundo se considera sabio se revelará, en último análisis, como pura necedad delante de Dios, mientras que aquello que se juzga absurdo (como la muerte expiatoria de Cristo para reconciliar a la Humanidad con Dios) probará finalmente ser sabiduría a ojos de Dios.

De aquí a Jerusalén

Cada uno de los Evangelios sinópticos señala que, tras la Transfiguración, Jesús se dirigió a Jerusalén. Mateo consigna la visita de Jesús a Galilea (Mt 17:22), y especialmente a Capernaum (Mt 17:24), su partida en dirección a las regiones de Judea al otro lado del Jordán (Mt 19:1), la subida a Jerusalén (20:17) atravesando Jericó (20:29) y, por último, la entrada en Jerusalén (21:10). Al igual que Mateo, Marcos narra el viaje de Jesús atravesando Galilea (Mr 9:30), entrando en Capernaum (9:33), en Judea y al otro lado del Jordán (10:1) atravesando Jericó (10:46) camino de Jerusalén (10:32) y entrando finalmente en esta ciudad (Mr 11:11). Lucas señala que, tras los acontecimientos de Cesarea de Filipo y la Transfiguración (9:18-36), Jesús afirmó su rostro para encaminarse con resolución a la Ciudad Santa (9:51). Lo que sigue representa el bloque más amplio de material procedente de Q que encontramos en su Evangelio (9:51-18:14), pero aun dentro de este material se narra el viaje de Jesús atravesando Samaria (9:52), acercándose a Jerusalén de manera gradual (13:22), dirigiéndose hacia esta ciudad por el límite entre Samaria y Galilea (17:11), entrando en Jericó (19:1), acercándose a Jerusalén (19:11) y entrando finalmente en la ciudad (19:41-45).

Considerando que la disposición de una buena parte del material de los Evangelios no sigue un criterio estrictamente cronológico, se hace imposible establecer el tiempo exacto que invirtió Jesús en su viaje a Jerusalén tras los acontecimientos de Cesarea de Filipos y la Transfiguración. Tanto Mateo como Marcos insertan amplias colecciones de materiales entre estos episodios (Mt 18:1-35 la cuarta colección en importancia de los dichos de Jesús en su Evangelio; Lc 9:51-18:34, el bloque más amplio de material procedente de Q). La inserción de estos materiales se debe a consideraciones de orden literario. Por ello, no se puede deducir que Jesús hubo de invertir un buen espacio de tiempo en este viaje basándose en el volumen de sus enseñanzas en esta sección. La naturaleza no cronológica del orden de Lucas de las enseñanzas de Jesús en 9:51-18:14 se aprecia en el hecho de que mucho de este material aparece en Mateo antes de sus relatos de los acontecimientos de Cesarea de Filipos y la Transfiguración.

Si consideramos con seriedad lo que nos dicen los Evangelios sinópticos, el enfoque del ministerio de Jesús sufrió un cambio decisivo durante este tiempo. El periodo de enseñanza en Galilea había tocado a su fin. Jesús seguiría enseñando en su viaje a Jerusalén y también en esta ciudad, sin embargo, la enseñanza tendría ahora un carácter secundario para el cumplimiento del propósito divino: «el Hijo del Hombre debía padecer muchas cosas, y ser rechazado por los ancianos, los principales sacerdotes y los escribas, y ser muerto, y después de tres días resucitar» (Mr 8:31). Por ello, Jesús se concentró en la preparación de sus discípulos para la pasión. Este sería un tema recurrente durante este periodo (ver Mr 9:31-32; 10:33-34, 45; 12:6-11; 14:6-9, 18-21, 22-25). Aun aceptando que esta insistencia pueda deberse en parte al trabajo editorial de los evangelistas, parece evidente que Jesús procuraba preparar a sus discípulos para su próxima pasión. Sin embargo, más importante todavía era la necesidad de Jesús de dar cumplimiento a su llamamiento. Su rostro estaba por tanto afirmado para ir a Jerusalén porque Él no «vino para ser servido, sino para servir, y para dar su vida en rescate por muchos» (Mar 10:45).

Conclusión

La Transfiguración de Jesús está íntimamente vinculada con los acontecimientos de Cesarea de Filipo y ello, no solo en el sentido temporal sino también teológico. En la Transfiguración, se confirmó lo que había acontecido en Cesarea de Filipo y se explicaron con detalle sus implicaciones. Lo que Pedro había confesado era ahora acreditado por la voz divina. Jesús no era Elías, Moisés, un profeta ni Juan el Bautista. La voz confirmaba lo que Pedro había dicho: Jesús era el Mesías/Cristo, el Amado Hijo de Dios. Esto implicaba que no tenía iguales. No se le podía tratar en los mismos términos que a Moisés y a Elías: Jesús era mucho mayor. Quien podía explicar lo que significaba todo esto en relación con su misión era el propio Jesús. Anteriormente, Pedro había intentado imponerle sus propias concepciones mesiánicas lo cual había derivado en un entendimiento satánico del papel del Mesías. En la Transfiguración, la voz ordenó a Pedro y a los demás que escucharan a Jesús. Solo Él estaba cualificado para interpretar el papel que Dios había conferido al Mesías y que habría de llevarle a Jerusalén y a la Cruz.

Preguntas para la reflexión

1. ¿Cuáles crees que son las razones que vinculan la Transfiguración con los acontecimientos de Cesarea de Filipos?
2. Valora la importancia que dan los autores bíblicos a situar el lugar en que se produjo la Transfiguración. ¿Cuál es el monte que mejor encaja con la descripción de los textos? ¿Por qué?
3. Reflexiona acerca de la Transfiguración como una experiencia alucinatoria por parte de los discípulos, ¿es plausible tal interpretación en vista de las descripciones de los evangelistas? ¿Por qué sí o no?
4. Recapitula las distintas interpretaciones de la presencia de Moisés y Elías en el monte de la Transfiguración. ¿Cuál de ellas crees que encaja mejor con el contexto total de la Escritura?
5. ¿Cómo podemos entender el propósito de la voz del Cielo que se oyó en la Transfiguración? ¿En qué se distingue de la que se oyó en el?
6. Resume el valor de la Transfiguración en conjunto para la experiencia preparatoria de los discípulos y de la Iglesia de todos los tiempos.

Referencias

Boobyer, G. H. *St. Mark and the Transfiguration Story.* Edimburgo: T & T Clark, 1942.

Caird, G. B. «The Transfiguration». *Expository Times* 67 (1955): 291-94.

Hooker, Morna D. «'What Doest Thou Here, Elijah?' A Look at St. Mark's Account of the Transfiguration». En *The Glory of Christ in the New Testament,* editado por L. D. Hurst and N. T. Wright, pp. 59-70. Oxford: Clarendon, 1987.

Liefeld, Walter L. «Transfiguration». En el *Dictionary of Jesus and the Gospels,* editado por Joel B. Green, Scot McKnight e I. Howard Marshall, pp. 834-41. Downers Grove, Ill.: InterVarsity Press, 1992.

McGuckin, John Anthony. *The Transfiguration of Christ in Scripture and Tradition.* Lewiston, N.Y.: Edwin Mellen, 1987.

Murphy-O Connor, Jerome. «What Really Happened at the Transfiguration?» *Bible Review 3,* no. 3 (1987): 8-21.

Ramsey, Arthur Michael. *The Glory of God and the Transfiguration of Christ.* Londres, Longmans, Green, 1949.

Stein, Robert H. «Is the Transfiguration (Mark 9:2-8) a Misplaced Resurrection Account?» *Journal of Biblical Literature* 95 (1976): 79-96.

13

LA ENTRADA TRIUNFAL

El rey de Israel entra en Jerusalén

Tras los acontecimientos vinculados a Cesarea de Filipo y la Transfiguración, Jesús llevó a sus discípulos hacia Jerusalén. Para Jesús el momento que habría de coronar su misión estaba más cerca de lo que una lectura superficial de los Evangelios parecería sugerir. Como ya hemos apuntado (ver el apartado «De Aquí a Jerusalén» en el capítulo 12), en este punto, los evangelistas insertaron en sus Evangelios distintas colecciones de tradiciones. Este hecho contribuye a crear la impresión de que el periodo transcurrido hasta que Jesús llegó a Jerusalén fue más prolongado de lo real. Esto se aplica especialmente a Lucas, que inserta en este punto el bloque más amplio de material procedente de Q que encontramos en su Evangelio (Lc 9:51-18:14). Con la entrada triunfal, los evangelistas comienzan a centrar su atención en los acontecimientos de la semana de la Pasión. Marcos dedica a ello seis de los dieciséis capítulos de su Evangelio (11-16).

Los relatos de Marcos y Mateo sugieren que la ruta que tomó Jesús camino de Jerusalén fue la que recorre el lado oriental del Jordán (Mr 10:1; Mt 19:1) vía Jericó (Mr 10:46; Mt 20:29; ver Lc 18:35). Lucas sugiere que una parte de este viaje también discurrió por Samaria (Lc 9:52, ver también Lc 17:11). Desde Jericó (a unos dieciséis km al noroeste del Mar Muerto y a casi 300 m por debajo del nivel del mar) ascendieron durante unos 20 km el empinado camino del desierto llamado el «ascenso de sangre» y llegaron a Jerusalén (a unos 800 m sobre el nivel del mar). Durante este periodo Jesús siguió dedicándose a suplir las necesidades del pueblo y de sus discípulos. Para estos últimos, ello iba a significar una enseñanza intensiva respecto a su próxima pasión (Mr 9:31; 10:32-34, 45); para los primeros, diferentes enseñanzas y sanidades.

La concepción de Jesús de la entrada en Jerusalén

Para los autores de los Evangelios, la entrada triunfal de Jesús en Jerusalén es de gran importancia. Esto se evidencia por el hecho de ser uno de los pocos incidentes de la vida de Jesús que se consignan en los cuatro Evangelios. Los Sinópticos dan la impresión de que los acontecimientos vinculados con la entrada triunfal de Jesús tuvieron lugar inmediatamente después de su entrada en Jerusalén. Juan, sin embargo, deja entrever que Jesús había estado primero en Betania (Jn 10:40; 11:1, 6, 7, 17) y después permaneció en una zona cercana a Jerusalén hasta su entrada en la ciudad (Jn 11:54-12:19). Por otra parte, Juan indica que parte del entusiasmo que Jesús encontró en su entrada triunfal fue suscitado por la reciente resurrección milagrosa de Lázaro (Jn 12:9). Si Jesús hubiera preparado de antemano la utilización de un pollino para su entrada a Jerusalén (como se propondrá más adelante), este hecho representaría una prueba más de que Jesús no entró en la Ciudad Santa el mismo día que salió de Jericó.

La entrada de Jesús en Jerusalén se relaciona con las ubicaciones de Betfagé, Betania y el Monte de los Olivos. Se llama Monte de los Olivos a una cadena de colinas cuya máxima elevación es de unos 900 m sobre el nivel del mar. Esta cadena está situada al este de Jerusalén y separada de la ciudad por el Valle de Cedrón. La exacta ubicación de Betfagé y Betania es incierta. Se ha propuesto que Betfagé se encontraba en la parte occidental del Monte de los Olivos, a unos 800 m por debajo de la cima y Betania todavía más hacia el Este, a unos cuatro km de Jerusalén.

El día en que Jesús entró en Jerusalén, envió a dos de sus discípulos a una aldea desconocida a recoger un pollino en el que nadie había montado todavía. Las instrucciones eran que simplemente tenían que desatarlo y llevárselo a Jesús. En caso de que alguno de los presentes les interpelara al respecto, solo tendrían que decir: «El Señor lo necesita; y enseguida lo devolverá» (Mr 11:3). Al llegar a la aldea encontraron al pollino tal como Jesús les había dicho, y cuando se disponían a desatarlo se les preguntó qué estaban haciendo, también como Jesús les había dicho. Respondieron a los que preguntaban con las palabras acordadas y se les permitió llevarse el animal.

Ha habido mucho debate respecto a cómo hay que entender este incidente. ¿Es en esencia un ejemplo de la presciencia sobrenatural de Jesús? Otros acontecimientos de la vida de Jesús ælas predicciones de su Pasión, por ejemploæ indican que, ciertamente, poseía este atributo. ¿Tenemos acaso aquí otro ejemplo de tal presciencia en acción? ¿O hay que entenderlo más bien como un evento que había sido concertado de antemano? En otras palabras, ¿Había Jesús acordado con alguien que el pollino estaría en cierto lugar para que Él pudiera utilizarlo en su entrada a Jerusalén?

El argumento más sólido a favor de esta última opción es que, el hecho de saber de manera sobrenatural que había un pollino atado en una aldea cercana, no explica lo que sucedió cuando los discípulos quisieron desatarlo. ¿Cuál podía ser la razón de que los dueños permitieran a los discípulos desatar el pollino y llevárselo? El que Jesús pudiera saber por su presciencia que el pollino estaba allí, no explica este hecho. No obstante, éste se hace perfectamente comprensible si Jesús hubiera hecho un trato previo con los dueños del pollino. Cuando se les preguntó a los discípulos por qué estaban desatando el pollino, éstos dijeron simplemente: «el Señor lo necesita», y esta respuesta satisfizo plenamente a quienes habían hecho la pregunta. Su respuesta fue más o menos un «Ah, entonces de acuerdo ». Ello sugiere que aquí, igual que cuando más adelante fue necesario encontrar un aposento alto dispuesto para la celebración de la última cena, Jesús había concertado de antemano el protocolo. Se han hecho intentos de explicar la respuesta de los discípulos («el Señor lo necesita») en el sentido de que el «señor» al que se alude era el propietario humano del pollino, y que éste (presuntamente un discípulo de Jesús), era quien había pedido que se le trajera el animal. Esta explicación, sin embargo, vulnera la intención de los autores de los Sinópticos. Para los evangelistas está claro que el «Señor», solo puede referirse al Señor Jesús», y no al propietario humano del pollino.

La propuesta de que Jesús había llegado a un acuerdo previo para que alguien preparara un pollino en que nadie había montado, conlleva implicaciones cristológicas de gran trascendencia. El intento de explicar lo que sucedió a causa del cansancio de Jesús, pierde de vista por completo el sentido de este suceso. La distancia entre Betania y Jerusalén es de unos 4 km. Es difícil de creer que el Jesús que recorrió toda

Galilea camino de Tiro, Cesarea de Filipo para descender a Jericó y ascender después a Jerusalén, de repente se sintiera cansado. Los autores de los Evangelios quieren que entendamos que Jesús quiso entrar deliberadamente en Jerusalén, no a pie como los demás peregrinos, sino montado concretamente en un pollino.

Los intentos de interpretar la entrada triunfal como un mito mesiánico posterior, creado por la iglesia primitiva en su deseo de dar cumplimiento a las profecías mesiánicas del Antiguo Testamento, no son convincentes. La razón es que el relato más temprano (el de Marcos) carece de cualquier referencia explícita a Zacarías 9:9, que según se supone habría sido la base para tal narración mítica. Esto haría necesario que la fuente que presuntamente dio origen al mito æla cita de Zacaríasæ hubiera sido relegada del relato en un periodo muy temprano (Lucas también la omite). Más adelante, en Mateo 21:5 y en Juan 12.14-15, la cita del Antiguo Testamento habría resurgido.

Parece más sencillo entender este suceso como un acto consciente y simbólico por el que Jesús manifestaba su convicción de ser el Cristo, el rey de Israel tanto tiempo esperado. Sin embargo, en contraste con el rey mesiánico de los *Salmos de Salomón* (17:21-46), Jesús se presentaba irreconocible en su humildad y mansedumbre. Aun sus propios discípulos no entendieron por completo la trascendencia de lo que había sucedido (Jn 12:16).

Nadie había cabalgado todavía en el pollino sobre el que montó Jesús, y por ello era apropiado para la sagrada tarea que había de llevar a cabo (ver 1 Sam 6:7). Cuando llegó el animal, los discípulos echaron sus mantos sobre él. Es difícil precisar si lo hicieron con el propósito práctico de confeccionar una improvisada «silla de montar» o si tal acción respondía al propósito consciente de tratarle como a un elemento mesiánico. Esto último no es impensable si se tiene en cuenta lo trascendental de la ocasión; de hecho, el que la multitud extendiera sus mantos y ramas de palma a su paso lo sugiere (Mt 11:8 comparar con 2 Rey 9:13). Los relatos evangélicos se entienden mejor si se interpretan como un acto mesiánico, consciente o inconsciente, por parte de los discípulos. (El relato de Mateo afirma que los discípulos trajeron dos animales a Jesús: un asna y un pollino y que «pusieron sobre ellos sus mantos, y *Jesús* se sentó encima» (Mt 21:7).

Mientras descendían del Monte de los Olivos en dirección a Jerusalén, el pueblo se congregó trayendo ramas de palma consigo (este hecho es el que da nombre al «Domingo de Ramos»). Se ha debatido bastante si en Jerusalén podía haber palmeras dado lo frío de la estación invernal en esta ciudad; no obstante, en otras ocasiones parece haberlas habido (véase 1 Macabeos 13:51). Es muy posible que, al menos en las más cálidas laderas orientales del Monte de los Olivos, las palmeras encontraran temperaturas favorables para crecer. La presencia de hojas de palmera –un símbolo del nacionalismo judío (especialmente macabeo)– dio al acontecimiento un carácter regio y mesiánico. Es interesante observar que en algunas monedas acuñadas durante el periodo de la revuelta de Bar Kokba (132-35 dC.) aparece el grabado de unas palmeras.

A medida que Jesús se acercaba a Jerusalén el pueblo le saludaba con aclamaciones inspiradas en el Salmo 118; este salmo se utilizaba durante celebraciones como la Fiesta de los Tabernáculos y la Pascua para saludar a los peregrinos: «¡Hosanna! BENDITO EL QUE VIENE EN EL NOMBRE DEL SEÑOR; Bendito el reino de nuestro padre David que viene; ¡Hosanna en las alturas! (Mar 11:9-10). El término *hosanna* representa una oración pidiendo ayuda y significa literalmente: «Sálvanos [por favor]». No obstante, con el transcurso del tiempo se convirtió en un saludo como el «alabado sea Dios» de nuestros días (ver *tm Pesahim* 5:7; 10:5-7). Lucas lo entendió como un saludo de alabanza, de modo que introdujo la cita del salmo con estas palabras: «toda la multitud de los discípulos, regocijándose, comenzó a alabar a Dios a gran voz» (Lc. 19:37).

El hecho de que este salmo se utilizara para dar la bienvenida a los peregrinos en general, explica que Jesús pudiera recibir esta clase de bienvenida en Jerusalén y no levantar sospechas o suscitar una reacción de parte de los dirigentes romanos. Sin duda, el recibimiento que se había dado a Jesús era más entusiasta que el que se daba a otros peregrinos (Lc 19:39-40), sin embargo, ¿acaso no era, al fin y al cabo, un maestro muy popular y hasta un profeta, según la opinión de algunos? Pero, por otra parte, para cierto sector de sus seguidores que formaban parte de la multitud, Jesús no era un mero peregrino que venía a Jerusalén sino «el» Peregrino, su Maestro, su Amo y su Señor. Puede que incluso algunos de ellos albergaran la idea de que Jesús era Aquel «que había de venir». (Observa las connotaciones mesiánicas que tiene esta expresión en Mateo 11:3 y 23:39).

No hay duda de que para Jesús, su entrada tenía un carácter mesiánico. Deliberadamente había acordado que se le preparara un pollino en el que nadie había montado, lo cual indicaba que aquel animal iba a servir para un propósito especial: servirle de montura al rey de Israel. De manera intencional entró en la Ciudad Santa para cumplir Zacarías 9:9, puesto que era el Mesías de Israel. Al entrar en Jerusalén se le saludó, como antes se ha dicho, con aclamaciones inspiradas en un salmo para peregrinos. Aun aquellos que le saludaron de manera tan entusiasta no entendían claramente el significado de todo aquello: Jesús no era solo un peregrino, ni siquiera un peregrino especial, sino «aquel que viene en el nombre del Señor». Más adelante, los autores de los Evangelios procurarían hacer explícito aquello que en esta ocasión solo se insinuaba. Esto es lo que hacen los evangelistas en Mateo 21:5 y Juan 12:15 al citar Zacarías 9:9 mientras que en Lucas 19:38 y Juan 12:13 lo hacen añadiendo «el rey» y «el Rey de Israel» respectivamente.

El significado del acontecimiento para la multitud

El pueblo entendió de manera bastante distinta lo que había sucedido en la entrada triunfal. Para ellos, aquel era el modo natural y tradicional de recibir a un peregrino famoso que venía a Jerusalén. Jesús y sus acompañantes fueron aclamados con el folklórico saludo del Salmo 118. Entre la entusiasta multitud que acompañaba a Jesús estaban también sus discípulos y numerosos peregrinos galileos cuya actitud positiva y devoción hacia Él acrecentaban la atmósfera de fervor. Y sin duda, las ramas y mantos que extendieron sobre el camino al paso de Jesús representaban una manifestación de bienvenida más intensa que la que se dirigiría a un peregrino normal.

En un sentido, pues, quienes afirman que la entrada triunfal no fue más que la entusiasta bienvenida que se dio a un ilustre peregrino y que más tarde se interpretó como un acontecimiento mesiánico en consonancia con las profecías del Antiguo Testamento, tienen en parte razón. Para la mayor parte de quienes acompañaban a Jesús aquel día, lo que sucedió esencialmente fue que se le dio la bienvenida a Jesús de Nazaret. Y sin embargo, para algunos de los discípulos de Jesús había «algo más» en aquel acontecimiento, si bien no estaba del todo claro qué era. La multitud descrita en el Evangelio de Juan gritaba: «¡Hosanna! BENDITO EL QUE VIENE EN EL NOMBRE DEL SEÑOR, el Rey de Israel» (Jn 12:13), no obstante, el evangelista explica: «Sus discípulos no entendieron esto al principio, pero después, cuando Jesús fue glorificado, entonces se acordaron de que esto se había escrito de Él, y de que le habían hecho estas cosas» (Jn 12:16). Los otros evangelistas ponen igualmente de relieve esta ambigüedad respecto a lo que sucedió en aquella ocasión.

Así pues, por parte de Jesús hubo un claro propósito mesiánico en la entrada triunfal a Jerusalén que cumplió claramente lo pronosticado en Zacarías 9:9 (Mt 21:4-5). Sin embargo, solo en el relato de este evento consignado en Lucas 19:38 y Jn 12:13 encontramos que Jesús fuera aclamado con algún título claramente mesiánico, y Juan, como ya hemos dicho, señala que los propios discípulos no entendían claramente la verdadera dimensión de aquel acontecimiento. De modo que, si bien una parte de la multitud entendió que estaba ante un evento mesiánico (sin duda una minoría), para la mayoría no fue así. Según el sentir de la mayoría del pueblo, aquello no era más que una entusiasta y fervorosa bienvenida a Jerusalén para el profeta Jesús de Nazaret.

Conclusión

Para Jesús, la entrada triunfal fue un acto mesiánico cuidadosamente organizado. Un acontecimiento simbólico que los que tenían ojos para ver entenderían y que, sin embargo, sería ininteligible para los demás. Su entrada mesiánica en Jerusalén estuvo envuelta en el mismo tipo de «secreto» que caracterizó su enseñanza parabólica acerca del reino de Dios y el título «Hijo del Hombre». Proponiéndose conscientemente el cumplimiento de la profecía de Zacarías 9:9, Jesús dispuso de antemano que se preparara un pollino en el que nadie había montado todavía. Cuando se lo trajeron, entró a la ciudad montado en él. No entró en Jerusalén andando como los demás peregrinos, sino cabalgando. No obstante, su montura no era un soberbio semental de guerra puesto que Él era manso y humilde de corazón. Entró en Jerusalén, no para sentarse en un trono regio sino a cumplir la misión del Padre. Cabalgó majestuosamente... ¡hacia la muerte!

La multitud sabía muy poco (o nada) de esto. La proximidad de los festejos se combinó con la llegada a la ciudad de un famoso personaje para inspirar una entusiasta bienvenida de peregrino. Sin duda, sus propios seguidores y la multitud de galileos contribuyeron a estimular más aún este entusiamo. No obstante, el salmo utilizado para escenificar la bienvenida iba a ser mucho más apropiado de lo que se creía. Aquel que venía «en el nombre del Señor», venía ciertamente a «salvar» (hosanna), si bien el pueblo no era consciente –igual que sucedió con los discípulos en Cesarea de Filipo– del alcance de su propia confesión. A Jesús se le recibía en calidad de «profeta... de Nazaret de Galilea» (Mt 21:11), no como Mesías y rey. La concepción del pueblo y sus expectativas mesiánicas eran radicalmente distintas; eran incapaces de entender este acontecimiento. Sin lugar a dudas, esto caía dentro de la voluntad de Dios. De haberse producido una recepción a Jesús abiertamente mesiánica por parte del pueblo, la confrontación con Roma habría sido inmediata. El gobierno romano no habría tolerado a ningún Mesías o Rey de Israel. No había lugar para César y, al tiempo, para el Mesías de Dios.

Durante el juicio, cuando se intentó encontrar testigos para condenar a Jesús y justificar la acción política de Roma no se hizo mención alguna de la entrada triunfal. No hay duda de que ni los dirigentes judíos ni los romanos entendieron este acontecimiento como una reivindicación mesiánica o un desafío. Este hecho constituye una clara refutación para quienes interpretan la entrada de Jesús en Jerusalén como un evento de dimensión política y con un propósito revolucionario dentro del programa zelote. Tampoco deberíamos entender la entrada triunfal como una mítica leyenda posterior que surgió del estudio de Zacarías 9:9 por parte de la iglesia primitiva. Según todos los datos, el judaísmo no comenzó a atribuir un carácter mesiánico a Zacarías 9:9 sino hasta el siglo IV de nuestra era.

La entrada triunfal es un acontecimiento histórico que Jesús preparó de antemano y que Él mismo llevó a cabo en cumplimiento de su misión divina. En el lapso de pocos días, esta entusiasta recepción de Jesús habría de convertirse en la vehemente petición de su crucifixión (Mr 15:13-14). No obstante, éste era el día de su bienvenida, y la calurosa acogida de que fue objeto era del todo apropiada. De hecho, si la multitud y los discípulos no hubieran respondido, si éstos hubieran callado, «las piedras» hubieran hablado (Lc 19:40).

Preguntas para la reflexión

1. Medita sobre el valor que conceden los evangelistas a la Entrada Triunfal. ¿Qué elemento/s podría/n indicar que los autores bíblicos lo consideraban un acontecimiento esencial y qué razones podría haber para ello?

2. ¿Qué podría indicar el episodio de la recogida del pollino en relación con la concepción que Jesús tenía de su próxima entrada en Jerusalén?

3. Reflexiona sobre el sentido de la cita de Zacarías 9:9 que hacen Mateo (21:5) y Juan (12:15).
4. ¿Cómo se explica el ambiente festivo que había entre el pueblo y la cálida y jubilosa recepción que dio a Jesús en su entrada a la ciudad?
5. ¿En qué sentido se puede considerar "profético" que la multitud recibiera a Jesús con aclamaciones del Salmo 118?

Referencias

Catchpole, D. R. «The 'Triumphal' Entry». En *Jesus and the Politics of His Day*, ed. por E. Bammel y C. F. D. Moule, pp. 319-34. Cambridge: Cambridge University Press, 1984.

Gundry, Robert H. *Mark: A Commentary on His Apology for the Cross*, pp. 623-34. Grand Rapids, Mich.: Eerdmans, 1993.

Guthrie, Donald. *Jesus the Messiah*, pp. 267-70. Grand Rapids, Mich.: Zondervan, 1972.

Harrison, Everett F. *A Short Life of Christ*, pp. 165-75. Grand Rapids, Mich.: Eerdmans, 1968.

Losie, Lynn A. «Triumphal Entry». En el *Dictionary of Jesus and the Gospels*, editado por Joel B. Green, Scot McKnight e I. Howard Marshall, pp. 854-59. Downers Grove, Ill.: InterVarsity Press, 1992.

Sanders, E. P. *Jesus and Judaism*, pp. 306-8. Philadelphia: Fortress, 1985.

14

LA PURIFICACIÓN DEL TEMPLO

La casa de Dios convertida en cueva de ladrones

En los Evangelios sinópticos, la purificación del templo se vincula estrechamente con la entrada triunfal. En Marcos tiene lugar «al día siguiente» (11:12) mientras que según la narración de Mateo y Lucas se produce inmediatamente después de ella. (ver Mateo 21:12: «Y entró Jesús en el templo y echó fuera a todos los que compraban y vendían», y Lucas 19:45, «Y entrando en el templo, comenzó a echar fuera a los que vendían...»). Puede que Marcos situara deliberadamente la purificación del templo en este momento para ayudar al lector a interpretar este hecho. En varias ocasiones, Marcos sitúa un acontecimiento en medio de otro, como una especie de paréntesis didáctico (ver por ejemplo Mr 3:22-30 entre los vv. 19-21 y 31-35; 5:25-34 entre los vv. 21-24 y 35-43; 6:14-29 entre 6-13 y 30 ff.; 14:3-9 entre los vv. 1-2 y 10-11). Como veremos más adelante, Marcos situó la purificación del templo (11:15-19) como una disgresión pedagógica entre las dos partes del relato de la maldición de la higuera (vv. 12-14 y 20-25) de modo que sus lectores entendieran que la purificación no era un simple acto de limpieza o reforma sino un verdadero juicio.

El problema del relato de Juan

Cuando se compara el relato de la purificación del templo que hacen los Sinópticos con el de Juan surge un problema de dimensiones mayores. El hecho de que los cuatro Evangelios consignen este suceso es un claro testimonio de la importancia de este episodio en la vida de Jesús. No obstante, la ubicación de este relato en el capítulo 2 de Juan suscita un problema en el acto: en este Evangelio, la purificación del templo aparece al comienzo del ministerio de Jesús mientras que en los Sinópticos se sitúa en la última semana del mismo.

Se ha observado repetidamente que los Evangelios canónicos no se redactaron esencialmente siguiendo un criterio cronológico. Marcos (y también Mateo y Lucas que se sirvieron de Marcos) organizó su Evangelio movido por consideraciones de orden geográfico: el ministerio de Jesús en Galilea junto con las tradiciones que se vinculan a él están situados al comienzo mientras que su ministerio en Jerusalén aparece al final. Dado que en Marcos la misión de Jesús en la Ciudad Santa no comienza hasta 11:1, la purificación del templo ha de situarse en algún lugar después de este punto. Juan, sin embargo, que presenta a Jesús viajando sin parar de Galilea a Jerusalén, pudo situar la purificación del templo en varios lugares.

A efectos de armonizar los distintos relatos de los Evangelios, se ha hablado a menudo de dos purificaciones del templo: una que habría tenido lugar al comienzo del ministerio de Jesús (como la que registra Juan) y la otra al final (coincidiendo con los Sinópticos). Sin duda, esta es una posible explicación que, sin embargo, tiene dos factores en su contra. El primero es la estrecha similitud que existe entre los dos relatos (en ambos se mencionan la venta de animales para los sacrificios y el hecho de que Jesús volcó las mesas de los cambistas). El otro es que tanto en Juan como en los Evangelios sinópticos se vincula estrechamente con este acontecimiento la cuestión de la autoridad de Jesús (ver Mr 11:27-33 y Jn 2:18-22). No obstante, existe también una diferencia significativa entre ambos relatos, y es que solo Juan menciona que Jesús hizo «un azote de cuerdas» (2:15) para echar a quienes compraban y vendían en el templo.

Si, como opina la mayoría de los eruditos, hubo solo una purificación del templo, lo más probable es que ésta hubiera tenido lugar hacia el final del ministerio de Jesús. Es probable que Juan situara este episodio de la vida de Jesús al comienzo de su Evangelio como un ejemplo típico de la hostilidad que le profesaron los dirigentes religiosos. De ahí que el lugar que este relato ocupa en el Evangelio de Juan se deba principalmente a consideraciones de carácter literario. Al situar el relato de la purificación del templo en este lugar de su Evangelio Juan esta dando a sus lectores una útil perspectiva previa de lo sucedido en su ministerio. Por ello, se hace evidente desde el mismo comienzo, que la muerte de Jesús era inevitable por la animadversión que el judaismo oficial sentía hacia Él.

La purificación del Templo

En el tiempo de Jesús, el templo de Jerusalén era un edificio imponente. Bordeado en sus límites occidental y oriental por los valles Cedrón y Tiropeo, por la antigua ciudad de David al Sur y por la Fortaleza Antonia al Norte, el templo ocupaba una superficie de más de 14 hectáreas. La zona no era exactamente rectangular, sino un trapezoide con sus lados Norte y Oeste más alargados que los que quedaban al Este y al Sur.

El área del templo en el tiempo de Jesús era la más extensa que este emplazamiento había ocupado en la época antigua. La enorme plataforma estaba rodeada de muros colosales que sustentaban la gran cantidad de material que se había utilizado para nivelar la zona, así como el gran peso del templo y sus edificios adyacentes. Los muros descendían hasta el nivel de la calle, a unos 16 m, y descansaban sobre la roca elevándose hasta casi 30 m. Muchas de las piedras que se utilizaron en la construcción de la muralla eran gigantescas. Algunas de las que han quedado hoy en pie miden unos catorce metros de longitud y pesan más de cien toneladas. Josefo habla de piedras aun más grandes cuando se refiere a la construcción del templo. Algunas de ellas medían 48 codos de largo por 6 de alto y cinco de ancho (*Guerras de los Judíos* 5.5.6 [5:224]). En otro lugar las describe con 25 codos de largo por ocho de alto y 12 de ancho (*Ant.* 15.11.3 [15.392]). (Un codo son unos 46 cm). Aun si se tratara de las dimensiones menores, estas piedras eran de un tamaño enorme.

El templo del tiempo de Jesús era el resultado de reformas ininterrumpidas. Tras la destrucción del templo salomónico por parte de los babilonios en el año 587 aC., éste fue reconstruido por los exiliados que regresaron a Judá con Zorobabel en el 538 aC. Este templo fue sometido a reformas constantes, pero los trabajos más monumentales y que más cambiaron su morfología fueron los que se llevaron a cabo durante el mandato de Herodes el Grande. En el año 20 aC. Herodes comenzó un programa de reconstrucción general de la explanada, los muros y la propia estructura del templo. En esta drástica remodelación participaron unos diez mil trabajadores, mil carretas y mil sacerdotes (Josefo, *Ant.* 15.11.2 [15.390]). Estos sacerdotes fueron previamente adiestrados en varias técnicas de construcción a fin de poder llevar a cabo los trabajos necesarios en los lugares santos del templo, que estaban completamente cerradas al resto del público. Las obras del templo siguieron adelante tras la muerte de Herodes hasta poco antes de su destrucción en el año 70 dC.

El templo estaba en su mayor parte revestido de oro, a excepción de algunas partes construidas con un tipo de piedra de color intensamente blanco. En el tejado había numerosas púas de oro para evitar que los pájaros lo ensuciaran (y contaminaran). Cuando el sol lucía intensamente, el templo reflejaba su luz de tal manera que era imposible mirarlo directamente. Su magnificencia era tal, que podía compararse favorablemente con cualquiera de las siete maravillas del mundo antiguo.

Numerosas puertas permitían el acceso al área del templo. Al Sur estaban las Puertas de Hulda 1 y 2; en la parte Norte estaba la Puerta del Norte; en el Oeste, las que hoy se llaman Puerta de Warren, Puerta de Barclay, Arco de Wilson, y la Puerta del Oeste; la Puerta Dorada permitía acceder al templo desde la parte Este. Cada una de estas puertas franqueaba el paso a una gran superficie llamada el Atrio de los Gentiles. Esta parte es la que configuraba la mayor parte del área del templo. Junto a los muros del edificio se construyeron unas galerías cubiertas o pórticos. En medio del área del templo se construyó una valla de piedra o balaustrada que marcaba el final del Atrio de los Gentiles y que lo separaba de las estancias interiores. Esta balaustrada de piedra, tenía casi 1,5 m de altura y todas sus puertas, que daban acceso a la parte interior del templo, tenían inscripciones en griego y en latín en las que se advertía a los no judíos que les estaba prohibido el paso y que la pena por infringir este reglamento era la muerte.

Franqueada la balaustrada, el judío se encontraba ante unas gradas de catorce peldaños que llevaban a otro muro que tenía más de 10 m de altura. Nueve puertas permitían acceder al otro lado de esta muralla a otro espacio, un tercio del cual (la zona más oriental) recibía el nombre de «Atrio de las Mujeres» mientras que la parte más extensa (la occidental) se llamaba el «Atrio de Israel» (la zona de los hombres). Igual que no se permitía la entrada de los gentiles a las dependencias interiores del templo, tampoco las mujeres podían entrar en el Atrio de Israel. Desde el Atrio de Israel podía accederse entonces al Atrio de los sacerdotes donde se encontraba el altar del holocausto y el templo propiamente dicho. En el Atrio de los sacerdotes –orientado de Este a Oeste– estaba el pórtico que conducía al templo: el Lugar Santo y el Lugar Santísimo.

Cuando Jesús entró en la zona del templo, probablemente por la Puerta Dorada, enfrente del Monte de los Olivos, vio los puestos donde se vendían los animales para los sacrificios y donde se cambiaba el dinero. Durante la época de la Pascua todos los varones judíos adultos estaban obligados a pagar un impuesto anual para el mantenimiento del templo de medio siclo (ver Mt 17:24-27). Este tributo se basaba en la prescripción de Éxodo 30:13-15:

> Esto dará todo el que sea contado: medio siclo, conforme al siclo del santuario. El siclo es de veinte geras. Medio siclo es la ofrenda al SEÑOR. Todo el que sea contado, de veinte años arriba, dará la ofrenda al SEÑOR. El rico no pagará más, ni el pobre pagará menos del medio siclo, al dar la ofrenda al SEÑOR para hacer expiación por vuestras vidas.

Puesto que la mayoría de la monedas de la Antigüedad se acuñaban con imágenes y terminología idolátrica, la única moneda que se aceptaba era el medio siclo tirio (técnicamente el didracma de plata de Tiro). Para facilitar el pago del impuesto, el día decimoquinto del mes anterior a la Pascua (el mes de Adar), en las provincias adyacentes a Jerusalén se instalaban puestos para cambiar el dinero y el día vigésimo quinto se instalaban también en el Atrio de los Gentiles (*tm Seqalim* 1:3). Ni que decir tiene que este cambio de moneda no se hacía «por amor al arte» (*tm Seqalim* 1:6); el incremento que se aplicaba era del 4-8 por ciento.

Jesús observó también que en el mismo lugar se vendían animales para los sacrificios. Visto desde cierto punto de vista, tanto la venta de animales como el cambio del dinero representaba un servicio a los peregrinos que iban a Jerusalén, aunque se les cobrara algo más (*tm Bekorot* 4:5-6). Traer un animal para el sacrificio desde el lugar de origen de los peregrinos era un proceso incómodo; además, el animal tenía que pasar la inspección de los sacerdotes para que estos certificaran que no tenía ningún defecto. Sin embargo, ¿qué podía hacer el propietario si el animal que había traído con tanto esfuerzo no era apto para el sacrificio? Por ello, la venta de animales idóneos y el cambio del dinero podía interpretarse como un esfuerzo por parte de la clase sacerdotal para facilitar las cosas a los adoradores. No obstante, desde otro punto de vista, podía entenderse que el templo había dejado de ser un lugar de adoración para convertirse en una especie de bazar sacerdotal. En lugar de fomentar que el templo fuera una casa de oración para todos los pueblos, el hedor de los animales, sus excrementos, la cacofonía de balidos, berridos, arrullos, etc. distraían la atención del verdadero propósito del templo.

Existen también pruebas de que estas actividades «comerciales» reportaban suculentos beneficios a los dirigentes de la clase sacerdotal. El Talmud consigna un incidente acerca de una ocasión en que se cobró un precio abusivo por los pichones destinados al sacrificio:

> En una ocasión un par de pichones llegaron a costar un denario de oro. El rabino Simeón b. Gamaliel dijo: 'Pongo a este templo por testigo, que no voy a permitir que llegue la noche sin que el precio de los pichones baje a un denario [de plata]'. Entró en el Atrio y se puso a enseñar: 'Aunque una mujer hubiera tenido cinco abortos, o cinco flujos de sangre solo tendría que presentar una sola ofrenda y podría después comer del animal sacrificado y no estaría obligada a presentar otras ofrendas. Y aquel mismo día, el precio de los pichones bajó a un cuarto de denario la pareja. (*tm Keritot* 1.7).

Este incidente pone de manifiesto que, en ocasiones, el precio de los sacrificios era excesivo. Un denario de oro equivalía a veinticinco denarios de plata. Este episodio revela también el antagonismo existente entre al menos algunos fariseos y el sacerdocio saduceo a causa de su práctica de la venta de los sacrificios. Por ello, el rabino Simeón b. Gamaliel pronunció un dictamen que reinterpretaba el sentido de las leyes sacrificiales y reducía el número de sacrificios necesarios. El resultado fue una caída de los precios en el «mercado de valores». Este incidente sugiere también que la acción de Jesús de purificar el templo, pudo haber contado con el apoyo de los fariseos que estaban presentes.

Lo que Jesús vio en el templo le consternó. Lejos de cumplir con su propósito de ser una «Casa de oración para todos los pueblos», la venta de animales para los sacrificios y el cambio del dinero, habían hecho del templo una «cueva de ladrones» (Mr 11:17). Al describir el templo de este modo, Jesús estaba citando el libro de Isaías y Jeremías:

> Y a los extranjeros que se alleguen al SEÑOR para servirle, y para amar el nombre del SEÑOR, para ser sus siervos, a todos los que

guardan el día de reposo sin profanarlo, y se mantienen firmes en mi pacto, yo los traeré a mi santo monte, y los alegraré en mi casa de oración. Sus holocaustos y sus sacrificios serán aceptos sobre mi altar; porque mi casa será llamada casa de oración para todos los pueblos (Isa 56:6-7).

¿Se ha convertido esta casa, que es llamada por mi nombre, en cueva de ladrones delante de vuestros ojos? (Jer 7:11).

(Mateo y Lucas omiten esta doble cita. Puede que ello se deba a que, dado que escribieron sus Evangelios tras la destrucción de Jerusalén, no vieran el posible cumplimiento de estos textos).

Algunos han propuesto que en Marcos 11:17, el término «ladrones» es una referencia a los rebeldes revolucionarios y nacionalistas y que Jesús se estaba quejando de que el templo estaba siendo dominado por una actitud como la de los zelotes. No obstante, éste es precisamente el término que aparece en Jeremías 7:11 y, por ello, no debería insistirse en tal interpretación. En el episodio que estamos considerando no hay nada que nos sitúe en un contexto político o revolucionario. La cuestión esencial es el afán de lucro que se percibía en las dependencias del templo. Por ello, el término «ladrones» se entiende mejor como una referencia al latrocinio que tenía lugar mediante la venta de los animales para el sacrificio y el cambio del dinero.

Movido por una justa indignación, Jesús limpió el templo. Interrumpió el negocio de los cambistas volcando sus mesas y echó del templo a los que vendían animales e incluso a los compradores (notemos lo que dice el texto de Marcos «entrando *Jesús* en el templo comenzó a echar fuera a los que vendían y compraban» [11:15]) puesto que también ellos contribuían a tan vergonzosa situación. En el relato de Juan, se describe a Jesús haciéndose un azote de cuerdas para echar a los causantes de aquello, con lo cual se pone de relieve lo drástico de su intervención (Jn 2:15).

Sin duda, la imagen de Jesús que nos dan los Evangelios dista mucho de la noción de un Jesús débil y afeminado que encontramos en una buena parte del arte cristiano. En esta escena Jesús aparece como el siervo de Dios, justo e irresistible: armado con la razón, capacitado con la fuerza del celo por la persona de Dios y confiado en lo correcto de su proceder. Nadie pudo detenerle en su acción de carácter profético: su virtud, fuerza moral y lo santo de su actuación disuadieron a cualquiera que se hubiera podido plantear oponérsele. Si los funcionarios romanos o los guardas del templo vieron lo que Jesús hizo, no lo consideraron como una alteración significativa del orden o como un intento de provocar un alzamiento. Puede que algunos de los judíos, como el rabí Simeon b. Gamaliel, hubieran hasta estado de acuerdo con su modo de obrar.

Sería, no obstante, peligroso exagerar la verdadera dimensión de la acción de Jesús al purificar el templo; los autores de los Evangelios la ponen de relieve por su importancia teológica. Sin embargo, el incidente se produjo en un espacio muy reducido del inmenso templo y probablemente fue de dimensiones mucho más pequeñas de lo que podría sugerir una lectura superficial de los Evangelios.

El significado de este acontecimiento

Se ha debatido mucho lo que realmente sucedió en la purificación del templo y si puede de hecho hablarse de una «purificación». No obstante, es bastante fácil de entender el modo en que los evangelistas interpretaron este incidente.

La comprensión de los evangelistas

Una de las mejores maneras de comprender el modo en que los evangelistas entendieron esta acción por parte de Jesús, consiste en analizar el modo en que Marcos ha insertado este suceso como un paréntesis en medio de su relato de la maldición de la higuera estéril:

> Al día siguiente, cuando salieron de Betania, Jesús tuvo hambre. Y viendo de lejos una higuera con hojas, fue a ver si quizá pudiera hallar algo en ella; cuando llegó a ella, no encontró más que hojas, porque no era tiempo de higos. Y Jesús, hablando a la higuera, le dijo: Nunca jamás coma nadie fruto de ti. Y sus discípulos le estaban escuchando (Mar 11:12-14).

En este punto del relato, Marcos inserta la narración de la purificación del templo (11:15-19) y, una vez finalizada ésta, pasa a completar el relato de la maldición de la higuera (vv. 20-24). Al insertar la purificación del templo entre las dos partes del relato de la maldición, Marcos está indicando a sus lectores que han de interpretar tal purificación de los lugares santos en vista de lo que le sucedió a la higuera. La maldición de la higuera no fue precisamente un ejemplo de ortodoxia en la práctica de la horticultura, sino más bien la representación de una parábola. Del mismo modo que la higuera (un conocido símbolo veterotestamentario de Israel) que no daba fruto fue juzgada, también el templo, que representaba el judaísmo oficial fue juzgado por su falta de fruto. Para ayudar a sus lectores a ver el aspecto del juicio, Marcos añade al relato la frase: «porque no era tiempo de higos» (Mr 11:13). Este comentario ha originado mucha confusión entre los comentaristas del texto. ¿Por qué habría de juzgarse a una higuera por no dar fruto cuando todavía no era tiempo de ello? Esta dificultad disminuye cuando entendemos esta frase como un comentario dirigido a que sus lectores no malinterpreten lo que sucedió en el templo. Lo que Marcos está diciendo es: «Lo que sucedió no tiene nada que ver con que la higuera diera fruto. Fue una acción parabólica de Jesús. Tenéis que entender este incidente en vista de la maldición de la higuera. Esta es su interpretación: el Hijo de Dios vino al templo, y en lugar de encontrar el fruto de una fiel adoración, no vio más que formas vacías, mero follaje, latrocinio; por ello juzgó al Israel oficial y al templo». Marcos reafirmó este tema del juicio mediante el contexto en que situó este relato que comprende la parábola de los labradores malvados (12:1-11) y el discurso escatológico en el que Jesús habla de la destrucción de Jerusalén y del templo (Mr 13).

La comprensión de Jesús

Existen varias explicaciones respecto al sentido de lo que Jesús estaba haciendo cuando purificó el templo. A continuación se enumerararán algunas de las más importantes:

- El propósito de Jesús con este acto era puramente religioso y reformador. Quería limpiar el templo de sus impurezas erradicando la contaminación procedente del comercio y de la estafa que implicaba la venta de animales para los sacrificios y el negocio de los cambistas.

- Jesús pretendía proteger el acceso de los gentiles al templo y mostrar que había llegado el momento de derribar las barreras entre judíos y gentiles. Con ello, podría hacerse realidad la total inclusión de los gentiles en la adoración de Israel.

- El propósito de Jesús era poner fin a todo el sistema de sacrificios en favor de una forma de adoración más espiritual.

- Mediante esta acción, Jesús profetizó la próxima destrucción del templo y su futura restauración.

- Mediante la purificación del templo, Jesús llamó a una revolución de orden político para derrocar tanto al liderazgo religioso judío como al gobierno romano.

Algunas de estas interpretaciones no tienen mucho sentido. La tercera fue muy popular dentro del liberalismo teológico del siglo XIX pero no encuentra mucho apoyo en los Evangelios. En contradicción con lo que propone esta interpretación, Jesús mandó a un leproso que había sido sanado que fuera al sacerdote y ofreciera el sacrificio que la ley prescribía para estos casos (Mr 1:40-45). En otra ocasión mandó a otros diez leprosos que hicieran lo mismo (Lc 17:11-19). Jesús asumió que sus seguidores seguirían presentando ofrendas y sacrificios (Mt 5:23-24). No existe ninguna prueba de que Jesús se opusiera al sistema de sacrificios. Para Él, el templo era un lugar santo (Mr 11:16) y la esencia de la adoración en este lugar era la presentación de sacrificios a Dios.

Es igualmente evidente que no hay nada en los relatos de la purificación del templo que lleve a suponer que la intención de Jesús era inducir a una revolución política. La purificación del templo no fue un acto de rebelión. De haber sido percibida de este modo, cabría esperar que tanto los soldados romanos acuartelados en la fortaleza Antonia como la policía del templo hubieran tomado cartas en el asunto. Lo más probable es que ambos grupos percibieran el incidente como una escaramuza religiosa interna entre los judíos de la que ellos debían mantenerse al margen. Por otra parte, cabría también esperar que si la intención de Jesús hubiera sido provocar una revuelta, ésta se hubiera producido durante su juicio. Sin embargo y a pesar de que durante su juicio se intentó por todos los medios encontrar alguna prueba contra Él, nada se dijo respecto a la purificación del templo. Si bien algunos eruditos afirman que este incidente fue crucial para llevar a Jesús a la muerte, la completa ausencia de cualquier mención al respecto durante los relatos de su juicio refuta tal afirmación. De haber sido ésta la principal razón para el juicio de Jesús, sería obviamente lógico que los relatos de los Evangelios lo mencionaran. Hay que concluir, pues, que este incidente debió parecer tan anodino y carente de cualquier significación política, tanto a los dirigentes judíos como al gobierno romano, que no se consideró siquiera digno de mención.

La segunda explicación de la purificación del templo como un intento por parte de Jesús para hacer que el judaísmo se abriera más a los gentiles, carece de cualquier apoyo, tanto en los propios relatos como en las demás tradiciones de los Evangelios. Es cierto que se acercaba el momento en que Jesús enviaría a sus seguidores al mundo gentil para predicar el Evangelio; esto, no obstante, sería un mandato dirigido exclusivamente a sus seguidores, no al Israel oficial. Tal explicación parece estar motivada por una corriente integradora políticamente correcta, de igual modo que la explicación de que Jesús quería acabar con el sistema de sacrificios representa el sistema de valores del liberalismo del siglo XIX.

Para entender las razones que llevaron a Jesús a purificar el templo, hemos de observar que los cuatro relatos de los Evangelios vinculan su intervención con la expulsión de los cambistas y de los vendedores de animales para los sacrificios. Jesús no se oponía a estas actividades per se, al contrario, todo su proceder y enseñanzas ponen de relieve que Él secundaba el sistema de sacrificios. Jesús no pretendió purificar el templo de los sacrificios sino de los abusos que se producían. La función del templo no era la de un «mercado» (Jn 2:16). Además de esta comercialización de la casa de Dios, Jesús detectó también el fraude que impregnaba estas actividades. El templo no solo se había convertido en un mercado, sino también en una «cueva de ladrones» (Mr 11:17). Las palabras de Jesús han de entenderse, por tanto, como su valoración del negocio de la venta de animales y el cambio de dinero que se estaba llevando a cabo en el templo.

Sin duda, hay pues un sentido en que Jesús quiso purificar la casa de su Padre. Marcos consigna un interesante comentario que afirma este hecho: «y no permitía que nadie transportara objeto alguno a través del templo» (Mar 11:16). Jesús enseñó que el templo no podía utilizarse como un atajo para ir de un lugar a otro de la ciudad. La casa de Dios era un lugar sagrado y debía utilizarse para el santo propósito por el que fue construido, a saber, la adoración. Para Jesús, pues, considerar los atrios del templo meramente como la línea más corta entre dos puntos de la ciudad era una grave falta de respeto hacia la casa de Dios. (Hay un interesante paralelo de esta cuestión en la Misná, ver *tm Berakot* 9:5).

Por otra parte, esta acción de Jesús parece estar motivada por otras razones aparte de su deseo de purificar y limpiar el templo. Fue también una acción de carácter parabólico que indicaba la proximidad del juicio sobre el templo y sobre la propia nación. En el Evangelio de Juan, la purificación del templo está estrechamente asociada con la predicción de su destrucción por parte de Jesús: «Entonces los judíos respondieron y le dijeron: Ya que haces estas cosas, ¿qué señal nos muestras? Jesús respondió y les dijo: Destruid este templo, y en tres días lo levantaré» (Jn 2:18-19). Este mismo dicho aparece más adelante en el juicio de Jesús (Mr 14:57-59), en su crucifixión (Mr 15:29-30) y en el libro de los Hechos (6:13-15), donde algunos testigos se refieren a estas palabras de Jesús. Jesús alude también a este próximo juicio sobre el templo en otros de sus dichos (Mr 12:1-12; 13:1-23; Lc 19:41-44).

Al igual que los profetas del Antiguo Testamento, Jesús vio en la administración del templo que realizaban los sacerdotes de su tiempo una corrupción del propósito de Dios (ver Jer 8:10; 14:18; 23:11, 33-34; 32:31-32; 34:18-19; Lam 4:13; Ez 22:26; Sof 3:4; Zac 14:21; ver también *Testamento de Leví* 14:1-8; Josefo, *Ant.* 20.8.8 [20.181]; *Targum de Jeremías* 7:1-11). Como los profetas del Antiguo Testamento, Jesús profetizó también la destrucción del templo (ver Jer 4:5-5:31; 7:14; 25:1-38; 26:1-24; Ez 4:1-7:27; Miq 3:9-12). Y también, igual que los profetas del Antiguo Testamento Jesús ilustró este juicio mediante actos simbólicos como la purificación del templo y la maldición de la higuera (ver Jer 19:10; 27:2-7; Ez 4:9-17). No obstante, la predicción de Jesús tiene un alcance mayor que la de los profetas del Antiguo Testamento: Cristo no se limitó a predecir la destrucción del templo y de Jerusalén sino que, igual que en la maldición de la higuera, aquí también Jesús iba a ser el agente de la maldición/juicio. Él mismo se encargaría de su cumplimiento. Había anunciado el juicio y lo llevaría a cabo. A diferencia de los profetas veterotestamentarios, sin embargo, Jesús predijo la destrucción del templo sin dar ninguna indicación de que se construiría uno nuevo en su lugar ya que su ministerio lo haría innecesario (Jn 4:21-23).

Conclusión

El mejor modo de entender la purificación del templo es interpretar este acontecimiento como un acto de carácter simbólico mediante el cual Jesús pretendió purificar los lugares santos, al tiempo que proclamaba el juicio de Dios. Fue un acto purificador por su reprobación de la comercialización de la casa de Dios. El propósito original del templo no era que éste funcionara como mercado de valores o como una oficina de cambio de divisas. Tampoco se había construido para que los sumos sacerdotes fueran los gerentes de un próspero negocio. Por tanto, la acción de Jesús ha de entenderse, en parte al menos, como una purificación. Su referencia al templo como una «cueva de ladrones» (Mr 11:17) y su prohibición de utilizarlo como un atajo (Mr 11:16) así lo demuestran.

No obstante, este acto tenía implicaciones más profundas; era también profético. Pero a diferencia de los profetas del Antiguo Testamento, Jesús no se limitó a predecir la futura destrucción del templo. Sus acciones no fueron sencillamente un pronóstico de lo que iba a sucederle al templo próximamente: Él mismo iba a ejecutar su destrucción, Él mismo se encargaría de que se llevara a cabo.

Las implicaciones cristológicas de la purificación del templo fueron obvias no solo para los evangelistas, sino también para todos los que presenciaron este acontecimiento. Esta es la razón de la pregunta: «¿Con qué autoridad haces estas cosas, o quién te dio la autoridad para hacer esto? (Mar 11:28) y «Ya que haces estas cosas, ¿qué señal nos muestras?» (Jn 2:18).

El sentido de autoridad sobre el templo que Jesús manifestó emanaba de su singular relación con el Dios del templo. En otro momento de su vida había dicho a sus padres: «¿Acaso no sabíais que me era necesario estar en la casa de mi Padre? (Luc 2:49). La purificación del templo pone de relieve que el Hijo del Hombre tiene autoridad divina en la Tierra. Jesús reivindicó autoridad para perdonar pecados (Mr 2:10) y demostró la legitimidad de tal pretensión mediante su poder para sanar (Mr 2:11-12). Reivindicó autoridad sobre el reino de Satanás y sobre lo demónico (Mr 3:27), y demostró la legitimidad de tal pretensión echando fuera demonios. Reivindicó autoridad sobre la vida y la muerte (Jn 11:25-26), y demostró la legitimidad de tal pretensión resucitando a los muertos (Mr 5:21-43; Lc 7:11-15; Jn 11:43-44). En esta ocasión, Jesús reivindicó mediante este acto su autoridad para purificar el templo y para pronunciar sentencia de juicio sobre él; su legitimidad para ello quedaría ampliamente demostrada en los acontecimientos del año 70 dC.

Preguntas para la reflexión

1. Valora la posición que propone dos purificaciones del templo. ¿Existe algún otro modo de resolver el problema que plantea el relato de este acontecimiento por parte de Juan al comienzo de su Evangelio?
2. ¿Qué sentido tiene que Marcos sitúe el relato de la purificación del templo dentro del de la maldición de la higuera?
3. Valora las diferentes explicaciones respecto al significado que Jesús dio a este acto que se exponen en este capítulo.
4. ¿Hay alguna razón/es para atribuir un sentido escatológico a la purificación del templo? En caso afirmativo, enumérala/s y valórala/s.
5. Valora los paralelismos de este acto de Jesús con las acciones proféticas veterotestamentarias.

Referencias

Barrett, Charles Kingsley. «The House of Prayer and the Den of Thieves». En *Jesus und Paulus*, editado por E. Earle Ellis, pp. 13-20. Gottingen: Vadenhoeck & Rupprecht, 1978.

Chilton, Bruce. *The Temple of Jesus: His Sacrificial Program Within a Cultural History of Sacrifice.* University Park: Pennsylvania State University Press, 1992.

Eppstein, Victor. «The Historicity of the Gospel Account of the Cleansing of the Temple». *Zeitschrift fur die neutestamentliche Wissenschaft* 55 (1964): 42-58.

Evans, Craig A. «Jesus' Action in the Temple: Cleansing or Portent of Destruction?» *Catholic Biblical Quarterly* 51 (1989): 237-70.

Gaston, Lloyd. *No Stone on Another: Studies in the Significance of the Fall of Jerusalem in the Synoptic Gospels.* Leiden: E. J. Brill, 1970.

Herzog, W. R., II. «Temple Cleansing». En el *Dictionary of Jesus and the Gospels,* editado por Joel B. Green, Scot McKnight e I. Howard Marshall, pp. 817-21. Downers Grove, Ill.: InterVarsity Press, 1992.

Horsley, Richard A. *Jesus and the Spiral of Violence: Popular Jewish Resistance in Palestine.* San Francisco: Harper & Row, 1987.

Sanders, E. P. *Jesus and Judaism,* pp. 61-76. Philadelphia: Fortress, 1985.

15

LA ÚLTIMA CENA

Jesús mira hacia el futuro

Cuando se comenta el periodo que transcurrió entre el Domingo de Ramos y el Domingo de Resurrección a menudo se ofrece un detallado orden cronológico de lo que sucedió. Una cronología popular de esta «semana santa» propone:

Domingo de Ramos	Entrada de Jesús en Jerusalén (Mr 11:1-2)
Lunes	La purificación del templo (Mr 11:12-19)
Martes	Jesús enseña en el templo y responde preguntas (Mr 11:20-13:37). Plan de Judas para traicionar a Jesús
Miércoles	Jesús descansa
Jueves	La Última Cena, Getsemaní, traición de Judas y arresto de Jesús (Mr 14:12-52)
Viernes	Juicio, crucifixión y sepultura de Jesús
Sábado	Jesús en la tumba
Domingo de Resurrección	La Resurrección

A primera vista, esta cronología parece minuciosa y correcta, no obstante, cuando la analizamos en detalle surgen varios problemas. Uno de ellos se comentó en el capítulo anterior: mientras que en Marcos la purificación del templo se produce el día después de la entrada de Jesús en Jerusalén, en Mateo y Lucas parece tener lugar el mismo día. Otro de los problemas es dilucidar si Marcos y los demás Evangelios pretenden dar una descripción cronológica de esta semana de la vida de Jesús. Es probable que aquí, como también en otros lugares, el orden de la narración siga criterios temáticos más que cronológicos. Por ejemplo, la naturaleza del material de Marcos 12:13-40 es muy semejante. Consiste en relatos de controversias, con los fariseos (vs. 13-17), los saduceos (18-27) y un escriba (28-34) como protagonistas, seguidos por una pregunta como respuesta por parte de Jesús (vs. 35-40). Lo mismo puede decirse del carácter unificado del material escatológico de Marcos 13:3-37. Por otra parte, tampoco encontramos ninguna referencia temporal explícita entre Marcos 11:20 y 14:1. Probablemente, es incorrecto asumir que el material que encontramos entre estas dos referencias está narrando acontecimientos acaecidos durante el mismo día. Otro de los problemas que se plantea en esta cronología es el de establecer si el tiempo se registra según el sistema judío (los días comienzan y terminan a las 6 de la tarde) o según el sistema moderno.

Básicamente, los autores bíblicos quieren que conozcamos varios hechos: que la entrada de Jesús a Jerusalén se produjo poco antes de su muerte y resurrección (la idea de que fue el domingo surge de Juan 12:1, 12); que la Última Cena tuvo lugar justo antes de la crucifixión (1 Cor 11:23); que la crucifixión se llevó a cabo el viernes (Mr 15:42); y que la resurrección tuvo lugar el domingo (Mr 16:1).

El marco histórico

Hacia el atardecer del día de Pascua, Jesús envió a dos de sus discípulos (Pedro Y Juan, según Lucas 22:28) a Jerusalén para que prepararan la comida pascual. Jesús les dijo que les saldría al encuentro un hombre con un cántaro de agua y que tenían que seguirle. A continuación, tendrían que preguntar al propietario de la casa donde entrara este hombre por la ubicación de la estancia en la que el «Maestro» habría de comer la Pascua con sus discípulos y, seguidamente, preparar la celebración en el lugar que éste les indicara.

Dado que acarrear agua se consideraba una «tarea de mujeres», sería poco corriente ver a un hombre haciéndolo. El hecho de que los discípulos tuvieran que mencionar al propietario que venían de parte del «Maestro» y de que hubiera una habitación ya preparada y dispuesta para ellos, apoya la idea de que Jesús acordó previamente este encuentro. Por ello, igual que cuando los discípulos fueron a recoger un asno (ver el apartado «La concepción de Jesús de la entrada en Jerusalén» en el capítulo trece), parece que Jesús planeó de antemano la celebración de la comida pascual con sus discípulos en este «aposento alto» (Mr 14:15).

Pedro y Juan fueron a preparar la comida. No queda del todo claro si su tarea consistió en sacrificar el cordero pascual, asarlo y preparar los otros aspectos del ágape, o si estas cosas ya las había hecho el propietario. De haber sido esto último, la tarea de los dos discípulos habría consistido en supervisar que todo estuviera preparado y encargarse de cualquier otra cosa que quedara pendiente.

No se da ninguna razón para explicar el secretismo con que todo esto se iba a realizar. Algunos han propuesto que Jesús no quería que Judas supiera de antemano dónde iba a estar durante este tiempo. De este modo, Jesús se aseguraría de que no vendrían a arrestarle hasta después de haber disfrutado la celebración de la cena pascual con sus discípulos. (Obsérvese que la referencia a que Judas buscaba una ocasión propicia para entregarle se menciona inmediatamente antes de las instrucciones para la preparación de la Última Cena [Mr 14.11-12]). Otros sugieren que la gran fama y popularidad de Jesús entre el pueblo hacían necesario tal secretismo. Solo de este modo podría estar a solas con sus discípulos (ver Mr 3:20; 6:30-31). Ambas teorías tienen su peso, pero hay que reconocer que no podemos estar seguros respecto a la razón exacta de las reservas que rodean este suceso.

En Juan 13-17 se mencionan varios otros incidentes que se produjeron en el transcurso de esta comida. El escenario general y muchas de las actividades que se describen en estos cinco capítulos son muy similares a los relatos de los Evangelios sinópticos: los sucesos descritos en Juan 13-17 se producen durante la noche de la traición de Jesús (Jn 13:2; 18:1-12); se menciona una comida (Jn 13:1-4), de algún modo, la comida se relaciona con la Pascua (Jn 13:1); se predice la tiple negación de Pedro (Jn 13:36-38); Jesús habla de su partida (Jn 14:1-4, 28; 16:16-24) y tras la comida, Jesús y los discípulos, atravesando el torrente de Cedrón, se dirigen hacia un huerto llamado Getsemaní (Jn 18:1). Todas estas similitudes sugieren que los sucesos de Juan 13-17 tuvieron lugar durante la noche de la Última Cena. Por otra parte, Juan incluye una gran cantidad de material que no aparece en los relatos sinópticos: el lavamiento de los pies de los discípulos por parte de Jesús (Jn 13:3-20); sus enseñanzas acerca del amor (Jn 13:34-35; 15:12-17), la venida del Espíritu Santo (Jn 14.15-17, 26; 15:26; 16:4-15), otros temas

(Jn 14: 8-14, 18-24; 15:18-16:3) y la oración de Jesús por sus discípulos (Jn 17:1-26).

En los relatos de los cuatro Evangelios, Jesús predice la traición de que va a ser objeto a manos de uno de sus discípulos. No conocemos con exactitud la razón por la que Jesús les mencionó este hecho. Resulta más fácil saber por qué consignaron este hecho los autores de los Evangelios. Para ellos no era únicamente otra demostración del carácter singular de Jesús. Esta predicción presenta a Jesús como un profeta que conocía el futuro y lo que estaba a punto de suceder. Sin embargo, para los evangelistas era más importante mostrar que la cruz no era ni una tragedia ni un accidente, sino algo que formaba parte del plan y de la voluntad de Dios desde el principio. Querían manifestar a sus lectores que la cruz fue de hecho la razón de la venida de Jesús. La crucifixión no fue un trágico error o una incidencia humana que malogró los planes de Dios. Por el contrario, como enseñó el propio Jesús durante la Última Cena, la traición que condujo a la cruz se situaba por completo dentro del propósito soberano de Dios. Jesús fue a la cruz de manera voluntaria, sabiendo que estaba dentro del plan de Dios. Había llegado su hora.

La fecha de la Última Cena

Los cuatro Evangelios coinciden en señalar que la crucifixión de Jesús se produjo en viernes (Mt 27:62; Mr 15:42; Lc 23:54; Jn 19:31-42). Según el modo judío de calcular el tiempo, habría sido en algún momento entre las seis de la tarde del jueves y las seis de la tarde del viernes. Cuando se trata de fechar la Última Cena surgen principalmente dos problemas. El primero tiene que ver con Marcos 14:12 y el segundo con el hecho de si esta cena formó parte de la celebración de la Pascua o fue la cena del día anterior.

El problema de Marcos 14:12

En su relato de la Última Cena, Marcos afirma que Jesús mandó a sus discípulos que prepararan la Pascua «El primer día *de la fiesta* de los panes sin levadura, cuando se sacrificaba *el cordero de* la Pascua» (Mr 14:12). El problema es que el cordero se sacrificaba la tarde del día decimocuarto del mes de Nisán, mientras que la Pascua, que era el primer día de los panes sin levadura comenzaba técnicamente el día decimoquinto.

Esta aparente discrepancia se explica mejor si lo que vemos aquí es una diferencia entre la concepción popular respecto a cuándo comenzaba la Pascua y la descripción técnica de su comienzo. Según entendía la mayor parte del pueblo, la celebración de la Pascua comenzaba el día catorce del mes de Nisán con la minuciosa inspección de sus hogares en busca de levadura y el sacrificio del cordero pascual. Tomemos como ejemplo la moderna celebración de la Navidad: para muchos de quienes viven en culturas anglosajonas, la Navidad comienza ya la víspera de esta festividad con el intercambio de regalos, la lectura del relato de la Natividad, o la celebración de servicios religiosos (para otros, comienza incluso antes, con la decoración de su hogar). Sin embargo, técnicamente, la Navidad comienza a las 00.00 h del día 25 de diciembre. Del mismo modo, para la mayoría de los judíos, la Pascua comenzaba la víspera de esta fiesta, el día catorce de Nisán (Se hace referencia al comienzo de la Pascua el día catorce del mes de Nisán en los siguientes textos: Josefo, *Ant* 14.2.1 [14.21] 17.9.3 [17.213], 18.2.2 [18.29] y *Guerras de los Judíos* 2.1.3 [2.10]; 5.3.1 [5.98-99]).

La Última Cena y la Pascua

El problema más serio para fechar la Última Cena es el que plantea su relación con la Pascua. Según los Evangelios Sinópticos, la Última Cena se celebró en el contexto de una comida pascual: ¿Dónde quieres que vayamos y hagamos los preparativos para que comas la Pascua? (Mr 14:12, ver también vs. 14, 16). Hacia el final de la comida, Lucas recoge estas palabras de Jesús: «Intensamente he deseado comer esta Pascua con vosotros antes de padecer» (Lc 22:15). Por otra parte, en el texto de Juan da la impresión de que el juicio y la crucifixión tuvieron lugar antes de la Pascua: «Entonces llevaron a Jesús *de casa* de Caifás al Pretorio. Era muy de mañana. Y ellos no entraron al Pretorio para no contaminarse y poder comer la Pascua» (Jn 18:28; ver también 13:1; 29; 19:31). En estos pasajes se presenta la Pascua como algo todavía futuro.

La pregunta es: ¿se celebró la Última Cena en el contexto de una comida pascual (como en los Evangelios Sinópticos), o tuvo lugar antes de la Pascua (como en Juan)? Se han hecho numerosos intentos de responder a esta pregunta tanto en uno como en otro sentido.

Algunos proponen que los Evangelios Sinópticos están en lo cierto y que la Última Cena fue, de hecho, parte de la celebración pascual. Quienes sostienen este punto de vista proponen que la palabra *pascua* que aparece en Juan 18:28 no se refiere a la Pascua propiamente dicha, sino a otras comidas y celebraciones vinculadas a la Fiesta de los panes sin levadura (ver 2 Cron 30:22). El problema es que es muy difícil dar al término griego *pascha* («Pascua») de Juan 18:28 otro sentido que el de la comida pascual.

Otros sugieren que el que está en lo cierto es Juan. Según este punto de vista, la Última Cena no habría tenido lugar en el contexto de una comida pascual sino, más o menos, un día antes. La razón de que Jesús celebrara prematuramente esta comida es que Él sabía que estaría muerto el día de la Pascua. No obstante, es muy improbable que dentro del judaísmo se permitiera una celebración privada de la Pascua según un calendario personal.

Por tanto, algunos han propuesto que lo que Jesús celebró fue un ágape festivo de otra naturaleza. Este punto de vista se apoya en el hecho de que el relato no hace mención alguna del cordero pascual y que la palabra que se traduce como «pan» (*artos*) no es el término normal que se utiliza con referencia al pan sin levadura (*azyma*). Sin embargo, esta línea argumental no es muy convincente ya que sería normal que la tradición solo consignara los aspectos más importantes de la celebración de la Última Cena y que se omitieran otros secundarios como el del cordero pascual. Respecto al término *artos* y su equivalente hebreo, es el mismo que se usa en el Antiguo Testamento, la Septuaginta, la Misná y los Targúmenes para referirse a los panes de la proposición que eran panes no leudados. Es más, Filón, un erudito judío del primer siglo, se refiere explícitamente a los panes sin levadura de la Pascua como *artos* (ver *De Specialibus Legibus* 2.158). La principal dificultad de este punto de vista radica en que los autores de los Evangelios Sinópticos quisieron dar a entender con sus relatos que la Última Cena tuvo lugar en el contexto de la celebración de la Pascua (ver, por ejemplo, Mr 14.12, 14,16; Lc 22:15).

Puede que tanto Juan como los Sinópticos estén en lo cierto y existen numerosas propuestas que apoyan este terreno intermedio:

- En el año de la crucifixión de Jesús, la fecha de la Pascua coincidía con el sábado y por ello los fariseos celebraron esta festividad un día antes (como lo hizo Jesús según los Sinópticos), mientras que los saduceos mantuvieron la celebración en su día normal, es decir, un día después (y también los sacerdotes según Jn 18:28).

- Aquel año se suscitó una controversia respecto a cuándo habría comenzado el mes de Nisán, y puesto que los fariseos creían que se había iniciado un día antes de lo que pensaban los saduceos, ellos (y también Jesús) la celebraron un día antes que los saduceos (y los sacerdotes).

- Eran necesarios tantos corderos para la celebración de la Pascua, que los sacrificios se prolongaron durante dos días. Por ello, los galileos (y Jesús) celebraron la Pascua un día antes que los habitantes de Judea y (los sacerdotes).

- En aquel tiempo había dos calendarios en uso, uno solar (Qumrán) y otro lunar (el resto del judaísmo), y la diferencia entre Juan y los Sinópticos se debería al uso de dos calendarios distintos.

Existen otras propuestas al respecto, pero todas ellas presentan alguna dificultad, y hay que admitir que hasta este momento no se ha sugerido ninguna solución satisfactoria.

La Última Cena como comida pascual

La plena armonización de los diferentes relatos evangélicos de la Última Cena es una cuestión que permanece sin resolver. Sin embargo, hay varias razones que hacen pensar que la comida que Jesús compartió con sus discípulos en la noche de su traición era ciertamente el ágape pascual.

En primer lugar, Jesús y sus discípulos no regresaron a Betania aquella noche como lo habían hecho en días anteriores, sino que permanecieron dentro de las murallas de Jerusalén para comer la comida en cuestión. La mejor explicación de este hecho es que la Pascua debía comerse dentro de la ciudad de Jerusalén propiamente dicha.

En segundo lugar, Jesús y los discípulos comieron esta comida reclinados. La expresión que se utiliza en Marcos 14:8, «y estando sentados *a la mesa* comiendo», significa de hecho «y estando reclinados *a la mesa* comiendo». Normalmente las personas se sentaban durante las comidas. Solo en ocasiones especiales como la Pascua, por ejemplo, los comensales se reclinaban apoyándose con los brazos sobre almohadones frente a una mesa poco elevada. (Esto explica por qué la mujer de Lc 7:36-50 pudo lavar y ungir los pies de Jesús. Durante las comidas festivas los asistentes se reclinaban frente a la mesa con los pies hacia fuera como si de los radios de una rueda se tratara. Ver también Jn 12:1-8).

En tercer lugar, normalmente la gente solía comer dos veces al día, la primera entre las 10 y las 11 de la mañana y la segunda hacia el final de la tarde. La Última Cena se desarrolló por la noche (Mr 14:17; 1 Cor 11:23). Según Éxodo 12:8 la pascua había de comerse por la noche.

En cuarto lugar, la Última Cena concluyó con un himno (Mt 26:30; Mr 14:26). Era habitual terminar la comida pascual cantando la última parte de los Salmos de Hallel (Sl 113-118).

En quinto lugar, era costumbre que durante la comida de la Pascua se interpretara el significado de los distintos elementos de la celebración (Ex 12:26-27). Esto se hizo en la Última Cena.

Por último, la noche de la Pascua tenía que pasarse dentro de los límites de Jerusalén. La población de Jerusalén, que normalmente era de 25.000 a 30.000 personas, pasaba a ser durante la Pascua de unas 125.000 o más. Era imposible que todos los peregrinos encontraran alojamiento dentro de los muros de la ciudad; por esta razón, los límites de Jerusalén se redefinieron de modo que incluyeran todas las colinas de alrededor. De esta suerte, si bien la Pascua había de comerse intramuros, la noche podía pasarse en las zonas más rurales de la ciudad. El huerto de Getsemaní estaba en las laderas occidentales del monte de los Olivos, mirando a Jerusalén. La noche de la Última Cena, Jesús y los discípulos no regresaron a Betania sino que pernoctaron en Getsemaní que formaba parte del límite rural de Jerusalén. Esto apoya también el carácter pascual de la Última Cena.

Vistas éstas y otras razones parece apropiado concluir que la Última Cena se produjo al final de la Celebración de la Pascua. En tal caso, este marco representa un contexto muy interesante para comprender su significado. La cena pascual, que requería la presencia mínima de 10 personas, constaba esencialmente de seis elementos, todos los cuales tenían una significación simbólica.

1. El cordero pascual solo podía prepararse asándolo sobre el fuego. Tenía que comerse en su totalidad aquella noche. No podía guar-

darse nada de él. Lo que sobrara tenía que quemarse. El cordero retrotraía a los participantes a la época del Éxodo, a la noche en que el ángel de la muerte exterminó a todos los primogénitos de Egipto, y solo aquellos hogares protegidos por la sangre del cordero pascual pudieron escapar.

2. Los panes sin levadura les recordaban que su salvación de Egipto fue una experiencia tan rápida y apresurada que no tuvieron tiempo de preparar pan leudado.

3. El tazón de agua salada les recordaba, por una parte, la angustia y las lágrimas de su cautividad, y por otra el cruce del Mar Rojo.

4. Las hierbas amargas evocaban la amargura de su esclavitud en Egipto.

5. La *charosheth*, una especie de espesa crema de frutas, les recordaba la textura del barro con que hacían los ladrillos durante su esclavitud en Egipto.

6. Por último, se mezclaban cuatro copas de vino tinto con agua y esto les recordaba las promesas que Dios les hizo en Éxodo 6:6-7. Puede que fuera la tercera de estas copas la que Jesús utilizó para la Última Cena (Lc 22:20; 1 Cor 10:16; 11:25). A la cuarta y última copa le seguía una bendición y el canto de un salmo.

Al final de la cena pascual era tradicional que alguien (normalmente el hijo menor de la familia) hiciera la pregunta: «¿Por qué es esta noche distinta de otras noches?». A esta pregunta el anfitrión respondía con una explicación del sentido del ágape evocando la historia del éxodo e ilustrando su relato con los distintos elementos de la cena y su simbolismo. La historia se contaba en primera persona del plural: «En un tiempo *fuimos* esclavos en Egipto... Dios *nos* levantó un libertador, Moisés... Plagas... Pascua... Libertad.».. Como anfitrión de aquella cena, Jesús habría sido quien contara la historia. En vista de este contexto histórico, se hacen muy claros algunos paralelismos entre la Pascua y la Última Cena:

La Pascua	La Cena del Señor
Dios rememora su pacto con Abraham	Se establece un nuevo Pacto
Esclavitud en Egipto	(¿Esclavitud del pecado?)
Liberación de Egipto	Perdón de pecados (Mt 26:28)
La sangre del cordero pascual	La sangre de Cristo, nuestra Pascua (1 Cor 5:7), el Cordero de Dios (Jn 1:29, 36)
Interpretación de los elementos de la Pascua	Interpretación de los elementos de la Cena del Señor
Llamamiento a una celebración continua	Llamamiento a una celebración continua

En vista de este contexto, las enseñanzas de la Última Cena cobran una significación aún más profunda.

La interpretación de la Cena del Señor

Existe una variedad de expresiones que se han vinculado con la Cena del Señor. Algunas de ellas surgen de descripciones bíblicas: el «Partimiento del Pan» (Hch 2:42, ver 2:46; 20:7, 11), la «Eucaristía» (que procede del término griego «dar gracias» en Mt 26:27; Mr 14:23; Lc 22:17, 19; 1 Cor 11:24), la «Mesa del Señor» (1 Cor 10:21), la «comunión» (1 Cor 10:16), la «Cena del Señor» (1 Cor 11:20). Por otra parte, las siguientes expresiones no proceden de descripciones bíblicas: la «misa» (se deriva de la expresión latina *ite, missa est*, «Marchaos, podéis retiraos», con que terminaba este rito), y la «Última Cena». El Nuevo Testamento contiene un cierto número de referencias y alusiones a la Cena del Señor» (Mr 6:42, 8:6; Lc 24:30; Hch 2:42, 46; 20:7, 11; 27:35; Jn 6:25:59; 1 Cor 10:1-22; 11:20-22). Las más importantes son, sin embargo, Mateo 26:26-29; Marcos 14:22-25; Lucas 22:14-20; y 1 Corintios 11:23-26).

Los cuatro últimos relatos se sitúan en dos grupos distintos que representan dos tradiciones distintas respecto a la Cena del Señor:

Mateo y Marcos	Lucas y 1 Corintios
Jesús bendice el pan	Jesús «da gracias» por el pan
«Tomad, comed»	[Falta]
«Esto es mi cuerpo»	«Esto es mi cuerpo» y «que es para vosotros»
[Falta]	«Haced esto en memoria de mí»
«Habiendo dado gracias»	[Falta]
«Esta»	«Esta copa»
«Bebed todos de ella»	[Falta]
«Mi sangre del nuevo pacto»	«El nuevo pacto en mi sangre»
«Que es derramada por muchos»	Lucas tiene: «que es derramada por vosotros», pero esta expresión no aparece en 1 Corintios

El relato de Lucas es singular porque solo él hace referencia a beber la copa y a la venida del reino de Dios antes del pan (Lc 22:17-18). También hay un serio problema textual en relación con la versión de Lucas de la Última Cena. Algunos importantes manuscritos griegos (principalmente el códice de Beza, o D) y varios antiguos manuscritos latinos omiten Lucas 22:19b-20, «haced esto en memoria de mí. De la misma manera tomó la copa después de haber cenado, diciendo: Esta copa es el nuevo pacto en mi sangre, que es derramada por vosotros». Es muy probable, no obstante, que estos manuscritos sean obra de un copista que confundió la secuencia del pan y la copa y olvidó consignar la segunda referencia a la copa.

El significado de la Última Cena gira en torno a cuatro «dichos»: (1) «esto es mi cuerpo», (2) «haced esto en memoria de mí», (3) «esta es mi sangre del nuevo pacto, que es derramada por muchos» y (4) «desde ahora no beberé más de este fruto de la vid, hasta aquel día cuando lo beba de nuevo en el reino de mi Padre».

«Esto es mi cuerpo»

Este primer dicho está presente en los cuatro relatos, si bien Lucas y 1 Corintios añaden «que es para vosotros». No está claro si el origen de esta frase se remonta al propio Jesús, o si simplemente hace explícito lo que estaba ya implícito en sus enseñanzas. A lo largo de la Historia ha habido un gran debate respecto al sentido del término *es*. ¿Habría que entenderlo de un modo literal significando que el pan y la copa son verdaderamente el cuerpo y la sangre de Cristo? Este es en esencia el punto de vista que han venido propugnando la Iglesia Católico Romana y la Luterana. En el catolicismo romano, esta doctrina recibe el nombre de transubstanciación y afirma que durante la Eucaristía, cuando el sacerdote pronuncia las palabras señaladas, el pan y el vino se convierten en el cuerpo y la sangre de Jesús, a pesar de que su apariencia y propiedades demuestren ser las del pan y el vino. Por su parte, la doctrina luterana de la consustanciación sostiene que el pan y vino siguen siendo pan y vino, pero que, sin embargo, el cuerpo y la sangre de Cristo están presentes en ellos.

Otra posibilidad para entender esta expresión es darle un sentido metafórico. Quienes sostienen este punto de vista subrayan la expresión *en memoria* en lugar de *es*. «Esto es mi cuerpo que es para vosotros; haced esto en memoria de mí» (1 Cor 11:24). Una variante de esta posición entiende que lo que tiene lugar en esencia es una conmemoración en la que los creyentes recuerdan la vida y los hechos de Jesús. Esta fue la posición de Zwinglio y es la que sostienen los congregacionalistas, los bautistas y los metodistas. Otra versión de este punto de vista (propugnada por Calvino y la Iglesia Reformada) afirma que por medio de la fe de los creyentes al participar del pan y de la copa, Jesús se hace espiritualmente presente.

En vista del frecuente uso que hizo Jesús de la metáfora y de varias otras figuras de lenguaje, no es necesario insistir en una interpretación literal de sus palabras. En otras ocasiones el Señor se refirió a sí mismo como la vid, la puerta, el buen pastor, etc., sin pretender que estas metáforas se entendieran literalmente. El hecho de que se siga llamando el «pan» y «la copa» a los elementos de la Cena del Señor aun después de haberse participado de ellos (1 Cor 11:26-28) apoya este hecho. Si mientras los discípulos participaban de la Santa Cena se les hubiera preguntado: «¿dónde está el cuerpo de Jesús?», es muy improbable que hubieran señalado el pan; seguramente hubieran mirado hacia Jesús mismo, su anfitrión. Como veremos cuando lleguemos al tercer dicho, es aun más improbable que los discípulos hubieran pensado que el vino que contenía la copa fuera la verdadera sangre de Jesús (ver el apartado de este capítulo: «Esta es mi sangre del nuevo pacto, que es derramada por muchos»).

En este primer dicho, lo que Jesús enseñó es que el propósito de su venida fue entregar su «cuerpo», es decir, entregarse a sí mismo como persona (Rom 12:1; Fil 1:20; 1 Cor 9:27), por nosotros. En aquel momento no era posible que los discípulos entendieran completamente lo que ello significaba. Sin embargo, más adelante, a medida que la Iglesia llegó a entender de un modo más profundo que Jesús había venido del Padre (Jn 1:1-14; Fil 2:6-8), se dio cuenta de que el pan hablaba del Verbo que se hizo carne y llevó nuestros pecados en su cuerpo (1 Ped 2:24). En la Cena del Señor, el pan apunta a la encarnación del Hijo de Dios y a su entrega por la redención del mundo.

«Haced esto en memoria de mí»

Algunos eruditos han cuestionado la autenticidad de este dicho porque no aparece en los relatos de Marcos ni de Mateo. No obstante, sí forma parte del relato más temprano de la Cena del Señor (1 Cor 11:23-26). En esta carta, que fue redactada a mediados de la década de los cincuenta del primer siglo, el apóstol Pablo menciona que «recibió» y «enseñó» la tradición de la Cena del Señor a los corintios al comienzo de su ministerio entre ellos. Las palabras griegas «recibir» y «enseñar» (transmitir), representan términos técnicos que se usaban para hablar de la recepción y transmisión de las tradiciones orales. Si bien Pablo afirma que en el último análisis la tradición que les transmitió procedía del «Señor», es decir, de las propias palabras de Jesús en la Última Cena, de hecho las recibió por medio de la tradición oral de la Iglesia (ver Lucas 1:2; 1 Cor 15:3). Es imposible determinar si esto sucedió a mediados de la década de los cuarenta en la iglesia de Antioquía, o si fue a mediados de los años treinta en la iglesia de Damasco (Hch 9:19-25; 11:22-26; Gal 1:17), o en la de Jerusalén (Hch 9:26-30; Gal 1:18). Hay que reconocer, sin embargo, que este dicho es parte de la forma más antigua de la Cena del Señor que tenemos.

En el contexto de la continua celebración de la Pascua, Jesús enseñó que la Cena del Señor había de ser una conmemoración igualmente periódica. Del mismo modo que el «antiguo» pacto tenía en la Pascua su ritual simbólico, al instituir el «nuevo», Jesús vio también la importancia de una repetición simbólica de sus principales verdades y enseñanzas. El hecho de que la iglesia primitiva estableciera desde el comienzo el hábito de celebrar con regularidad la Cena del Señor (Hch 2:46) se explica mejor si Jesús hubiera dicho algo como «haced esto en memoria de mí». De igual modo que Israel celebraba la Pascua «para que recuerdes todos los días de tu vida el día que saliste de la tierra de Egipto» (Dt 16:3), también la Iglesia tenía que celebrar la Cena del Señor para rememorar el nuevo pacto.

Se ha planteado qué es lo que Jesús quería que sus discípulos recordaran. Una sugerencia al respecto es que Jesús estaba pidiéndoles a sus discípulos que rogaran a Dios que se acordara de Él y le librara. Sin embargo, lo que subrayan todos los relatos, no es que los discípulos tenían que interceder ante Dios a favor de Jesús. En el contexto de nuestra consideración tal interpretación no es posible. Una manera más popular de entender este dicho es considerarlo como la institución de una continua conmemoración en la que los creyentes han de rememorar de manera inteligente y reflexiva la muerte de Jesús. Existe una sugerencia más que propone interpretar el verbo «recordar» con el sentido de «proclamar». Esto concuerda con 1 Corintios 11:26 donde Pablo dice: «Porque todas las veces que comáis este pan y bebáis *esta* copa, la muerte del Señor proclamáis hasta que Él venga». Desde esta posición, se concibe la Cena del Señor principalmente como una proclamación evangelizadora del Evangelio. No obstante, el mejor modo de entender este dicho, es considerarlo como palabras concebidas para la Iglesia y dirigidas a ella. El mandamiento se entiende mejor como una llamada a la constante celebración y rememoración de la muerte sustitutoria de Cristo y su próxima venida. Igual que el objetivo de la Pascua era celebrar, rememorar y recapitular el Éxodo, así también el «recordar» la Cena del Señor tiene como meta celebrar, rememorar y recapitular la muerte de Cristo, nuestra Pascua y su futura venida.

«Esta es mi sangre del nuevo pacto, que es derramada por muchos»

Durante la Pascua, tras beber de la tercera copa se pronunciaba la bendición tradicional: «Bendito tú, Señor nuestro Dios, Rey del mundo, que has creado el fruto de la vid». Tras dar gracias por la copa (Mateo y Marcos), Jesús dijo: «esta es mi sangre del nuevo pacto, que es derramada por muchos». Los cuatro relatos vinculan la copa con «sangre» y con «pacto». Esto trae a la mente las palabras de Éxodo 24:8 donde Moisés, tras ratificar el pacto mediante los sacrificios prescritos dice: «He aquí la sangre del pacto que el SEÑOR ha hecho con vosotros, según todas estas palabras». Se entendía que esta «sangre del pacto» tenía también un efecto expiatorio para los pecados del pueblo. (Ver el comentario de este texto del *Targum Pseudo Jonathan* y el *Targum de Onquelos*). Mateo es quien ve el vínculo con mayor claridad cuando añade el comentario «para perdón de los pecados» (Mt 26:28), con lo cual expresa explícitamente lo que está implícito en la expresión «sangre del pacto» (ver Heb 9:20-22; 10:26-29).

La referencia a un pacto trae a la memoria la promesa de Jeremías 31:31 donde el profeta habla de un tiempo en el que Dios haría un «nuevo pacto con la casa de Israel y la casa de Judá». En la Cena del Señor, Jesús enseñó que este nuevo pacto sería inaugurado y sellado por medio de su sangre, es decir, mediante su muerte expiatoria. En la versión de Lucas y de Pablo de la Cena del Señor se hace una mención explícita a la copa como elemento de un «nuevo» pacto (Lc 22:20; 1 Cor 11:25). En las versiones de Marcos y Mateo no aparece este término, lo cual hace que sea difícil saber si Jesús utilizó o no explícitamente este adjetivo. No obstante, aunque Jesús no hubiera utilizado este término en particular, el concepto está implícito en su enseñanza.

La referencia al perdón de los pecados vinculada al pacto de que habló Jeremías (Jer 31:34) es también elemento integral del pacto que instituyó Jesús. Esto se ve en las alusiones al «perdón de los pecados» de Mateo 26:28 y a la «sangre del nuevo pacto, que es derramada por muchos para el perdón de los pecados» (Mt 26:28 Mr 14:24). Esta última expresión procede de Isaías 53:12 donde el siervo sufriente lleva el «pecado de muchos».

En la Última Cena Jesús reveló que su sangre iba a ser «derramada» por sus seguidores. Su muerte representaba la entrega voluntaria de su vida como un sacrificio. Las palabras de Jesús han de interpretarse en vista de pasajes como Marcos 10:45 («dar su vida en rescate por muchos»), 1 Corintios 15:13 («Cristo murió por nuestros pecados, conforme a las Escrituras») y 1 Pedro 2:24 («y Él mismo llevó nuestros pecados en su cuerpo sobre la cruz... porque por sus heridas fuisteis sanados»). Jesús entendía que su sacrificio inauguraba un nuevo pacto que, sin embargo, no representaba el rechazo del antiguo, sino su cumplimiento. En el contexto del trato de Dios con su pueblo, Jesús estaba iniciando un nuevo periodo de la historia de la salvación.

Igual que sucede con el pan, también cuando se trata de la copa es difícil interpretar literalmente la palabra *es*. La referencia a que la copa es «la sangre del nuevo pacto» se entiende mejor dándole un sentido metafórico. Hay que recordar que la Última Cena se desarrolló en un contexto judío en el que todos estaban bien familiarizados con la prohibición veterotestamentaria de beber sangre (por ejemplo Lv 3:17; 7:26-27; 17:14). Si los discípulos hubieran creído que lo que se les pedía era, literalmente, que bebieran sangre, lo lógico habría sido que protestaran enérgicamente. Solo hay que recordar la protesta de Pedro en Hechos 10:9-16 cuando se le pidió que comiera carne prohibida por la ley, para entender lo difícil que hubiera sido para los discípulos beber sangre. No obstante, no pusieron ningún reparo en beber la copa que Jesús les ofreció. Tampoco la iglesia primitiva encontró problemas por parte de sus miembros judíos en este asunto. Si Pedro hubiera creído que estaba realmente bebiendo sangre, más adelante hubiera tenido probablemente menos reservas ante el mandamiento divino «mata y come» carne prohibida. Es difícil imaginar a Pedro diciendo «De ninguna manera, Señor, porque yo jamás he comido nada impuro o inmundo [aunque a menudo bebo sangre]» (Hech 10:14). Por otra parte, incluso después de haber participado de la copa, se alude a su contenido como «el fruto de la vid» (Mr 14:25). Por ello, lo mejor es entender que lo que Jesús está diciendo en realidad es: «Esta copa, es decir, el vino que contiene, simboliza la entrega de mi vida como un sacrificio que sella el nuevo pacto que Dios está ahora estableciendo».

«Desde ahora no beberé más de este fruto de la vid, hasta aquel día cuando lo beba de nuevo en el reino de mi Padre»

Los cuatro relatos de la Cena del Señor hacen referencia al futuro. Del mismo modo que en la Pascua el pueblo de Dios anticipaba el día del banquete mesiánico y expresaba su anhelo de participar en él (Is 25:6-9; 55:1-2; 65:13), así también, la Cena del Señor no solo mira atrás, a la muerte de Jesús, sino igualmente hacia su futura venida. Aun en la versión de Lucas encontramos esta referencia escatológica, si bien aparece antes de los otros tres dichos. En 1 Corintios, esta nota futura no procede de Jesús, sino de Pablo: «Porque todas las veces que comáis este pan y bebáis *esta* copa, la muerte del Señor proclamáis hasta que Él venga» (1Cor 11:26).

En los Evangelios Sinópticos, esta anticipación del futuro toma la forma de participar del banquete mesiánico cuando Jesús venga. Este es un tema recurrente en las enseñanzas de Jesús (Mt 5:6; 8:11;

Mr 7:24-30; Lc 12:35-38). Es probable que la intención de los autores de los Evangelios fuera que los relatos de la alimentación de los cinco mil (Mr 6:30-44) y la de los cuatro mil (Mr 8:1-10) se entendieran como anticipos de la Cena del Señor y del banquete mesiánico. (Comparar las expresiones «bendijo y partió los panes» y «después de dar gracias, los partió» (Mr 6:41 y 8:6) con «habiéndolo bendecido, lo partió» Mr 14:22). En algunos círculos judíos se creía que la futura redención de Israel se produciría en la noche de la Pascua (*Mekilta al Éxodo* 12:42). La celebración de la Pascua tenía, por tanto, un elevado contenido anticipatorio. De manera similar, en la Última Cena, Jesús llevó a sus seguidores al día en que, con su venida, la historia llegaría a su conclusión (1 Cor 11:26) y todos aquellos que le seguían participarían con Él del festivo banquete mesiánico (Mt 26:29; Mr 14:25; Lc 22:16).

Jesús no vio su muerte como el producto de un trágico error humano o como un capricho del destino. La convicción de que era la voluntad de Dios se consolidaría con la experiencia de Getsemaní. Ahora, al ver que su hora se acercaba, enseñaba a los discípulos no solo la necesidad de su muerte, sino también su significado. Por medio de ella, Dios iba a inaugurar el nuevo pacto prometido en el Antiguo Testamento. Jesús habló de su muerte expiatoria en términos veterotestamentarios: su sangre iba a ser derramada para la redención y el perdón de «muchos». Pero no solo condujo a sus discípulos a su próxima crucifixión sino que les llevó más allá de este acontecimiento, a la futura consumación de todas las cosas. Por tanto, el pan y la copa no solo apuntaban hacia el futuro inmediato, sino también hacia el más distante, al día en que Jesús participaría junto con sus discípulos del banquete mesiánico en el reino plenamente consumado.

Conclusión

Consciente de que su hora había llegado, Jesús utilizó el contexto de la celebración pascual para instituir un nuevo «rito». En este acto que, era tanto rito como ordenanza y sacramento, Jesús habló del propósito y misión de su vida en términos bidimensionales. Al igual que sucedía con sus enseñanzas respecto al reino de Dios, éstos consistían en un cercano «ya» y un más distante «todavía no».

El «ya», cuyo cumplimiento era solo cuestión de horas, implicaba la entrega de su vida en sacrificio para sellar el nuevo pacto que Dios había prometido. Jesús confirió al pan y al vino una simbólica significación eterna. Representaban el cuerpo que entregaba y la «sangre», o propósito expiatorio por el que entregaría dicho cuerpo. Desde aquel día y hasta el final de la Historia, la Cena del Señor recordaría a la Iglesia que la Cruz no era ni un accidente ni una desgracia, sino el acontecimiento que habría de coronar la redención humana. Puede que muchos lo vean como un escollo, como una estupidez o como un desafortunado acto de la barbarie humana. Sin embargo, para los seguidores de Jesús, la cruz ha sido y será siempre objeto de fe y esperanza: el símbolo más peculiar y característico de la fe cristiana. El pan y la copa señalan siempre a la «vieja y tosca cruz» y a la redención que en ella consiguió Jesús.

La segunda dimensión apunta hacia un futuro más distante. Jesús vio la cruz con una mezcla de horror y confianza. El horror de la crucifixión es fácil de entender. La confianza de Jesús la vemos reflejada en sus últimas palabras. Jesús fue a la cruz confiado en su victoria: iba a resucitar de los muertos; iba a ascender al Padre; iba a regresar de nuevo en gloria. Cualquier celebración de la Cena del Señor que se centre solo en el horror de la cruz, decididamente, no es bíblica. La Cena del Señor habla también de una gloriosa reunión de Jesús con sus seguidores. Aun un himno tan triste como «'Varón de Dolores', ¡Qué Nombre!», que con tanto pesar canta sobre la muerte de Jesús, acaba diciendo: «Cuando venga nuestro glorioso Rey, / Trayendo a todos sus redimidos, / Un nuevo cántico entonaremos, / '¡Aleluya, qué Salvador!'». La Iglesia no debe perder jamás de vista esta dimensión de la Cena del Señor ni minimizarla.

Preguntas para la reflexión

1. ¿Cuál es el acercamiento de los autores de los Evangelios a la cronología de la última semana del ministerio de Jesús anterior a su crucifixión?
2. Explica la aparente discrepancia que contiene Marcos 14:12. ¿Existe contradicción entre el relato de los Sinópticos y Juan respecto a la conexión entre la Pascua y la Cena del Señor? Valora las razones que aporta el capítulo para afirmar que no es así.
3. ¿Qué elementos de la Última Cena hacen pensar que ésta era un ágape pascual? Reflexiona acerca del significado simbólico de los distintos elementos de la Pascua en relación con sus equivalentes en la Cena del Señor.

4. ¿Cuál es el sentido principal del pan en la Cena del Señor? Valora el rechazo del dicho «haced esto en memoria de mí» porque no aparece en Mateo y Marcos. Enumera y explica los principales elementos del Nuevo Pacto que se mencionan en la Santa Cena. Reflexiona sobre el valor escatológico de la Última Cena.

5. En vista de todo lo anterior, confecciona una lista de preguntas que sirvan de guía para cumplir con el mandato «Por tanto, pruébese cada uno a sí mismo, y coma así del pan, y beba de la copa» (1 Cor 11:29).

Referencias

Barclay, William. *The Lord's Supper.* Nashville: Abingdon, 1967.

Barth, Markus. *Rediscovering the Lord's Supper.* Atlanta: John Knox, 1988.

Green, Joel B. *The Death of Jesus,* pp. 234-44. Tubinga: J. C. B. Mohr, 1988.

Jeremias, Joachim. *The Eucharistic Words of Jesus.* Londres: SCM Press, 1966.

Klappert, Bertold. «Lord's Supper». En *New International Dictionary of New Testament Theology,* editado por Colin Brown, 2:520-38. Grand Rapids, Mich.: Zondervan, 1976.

Leon-Dufour, Xavier. *Sharing the Eucharistic Bread.* Nueva York: Paulist, 1987. Marshall, I. Howard. *Last Supper and Lord's Supper.* Grand Rapids, Mich.: Eerdmans, 1980.

Reumann, John. *The Supper of the Lord.* Filadelfia: Fortress, 1985.

Stein, Robert H. «Last Supper». En el *Dictionary of Jesus and the Gospels,* editado por Joel B. Green, Scot McKnight e I. Howard Marshall, pp. 444-50. Downers Grove, Ill.: Inter Varsity Press, 1992.

Wainwright, Geoffrey. *Eucharist and Eschatology.* New York: Oxford University Press, 1981.

16

GETSEMANÍ, TRAICIÓN Y ARRESTO

Voluntad de Dios, traición humana y corrupción institucional

Tras comer la Pascua e instituir la Cena del Señor dentro de los límites de Jerusalén, Jesús y sus discípulos se encaminaron hacia el huerto de Getsemaní (Mt 26:36; Mr 14:32). Abandonando los límites urbanos de la ciudad por una de las puertas orientales, descendieron al torrente de Cedrón y ascendieron después por la parte occidental del Monte de los Olivos. Situado en la parte más baja de las faldas que miraban hacia la ciudad, Getsemaní quedaba dentro de lo que se consideraba la «Jerusalén rural». Jesús había planeado pasar allí la noche en lugar de regresar a Betania. Al hacer esto, estaba dando cumplimiento a la normativa judía respecto a la celebración de la Pascua. Sin embargo, no acabaría de pasar toda la noche en Getsemaní porque su «hora» había llegado.

Getsemaní

Cuando llegaron, Jesús tomó consigo a Pedro, Jacobo y Juan y se separó del resto para orar. Estos tres discípulos le habían acompañado con anterioridad al menos en otras dos ocasiones. Estuvieron presentes en la sanación de la hija de Jairo (Mr 5:37) y en la Transfiguración (Mr 9:2).

Aquí les pidió que compartieran su agonía y se mantuvieran velando (Mr 14:34); les encargó que oraran tanto por Él como por ellos mismos, porque se acercaba también el momento de su prueba (Mr 14:38). En este momento de lucha y de agonía, Jesús buscó el consuelo y la comprensión de sus fieles amigos (comparar con 2 Tim 4:9). Apartándose un poco de estos tres discípulos pero manteniéndose a una distancia en que podían oírle (Lucas dice que se situó «como a un tiro de piedra» [22:41]), Jesús comenzó a angustiarse en oración. Probablemente, el contenido de la oración de Jesús que conocemos, procede de las palabras que oyeron estos tres discípulos durante los periodos en que estuvieron despiertos.

Los relatos bíblicos subrayan la gran angustia que Jesús experimentó en aquellos momentos. Marcos comenta que «comenzó a afligirse y a angustiarse mucho», y también que su alma estaba «muy afligida, hasta el punto de la muerte» (14:33-34). El apoyo textual de Lucas 22:44 en el sentido de que el sudor de Jesús «se volvió como gruesas gotas de sangre, que caían sobre la tierra» es bastante cuestionable. Nótese además que el término «como» indica que no se está definiendo una realidad sino más bien estableciendo una comparación. La gran angustia de Jesús se observa de nuevo cuando se nos dice que «se postró en tierra» (Mr 14:35, literalmente «se echó sobre su rostro»). Es difícil de imaginar que la tradición de Getsemaní sea ficcticia en su origen. ¿Quién hubiera podido crear un relato de este tipo en la iglesia primitiva? Es posible que Hebreos 5:7 y Juan 12:27 sean alusiones a esta experiencia de Jesús.

La petición de Jesús al padre fue «¡Abba, Padre! Para ti todas las cosas son posibles; aparta de mí esta copa, pero no sea lo que yo quiero, sino lo que tú *quieras*» (Mr 14:36). Transcurrido un tiempo (no hay que buscar una intencionalidad de exactitud en la expresión «una hora» de Mr 14:37), Jesús fue al lugar donde estaban los discípulos y los halló durmiendo. Tras aleccionarles para que velaran y oraran en vista de su propia necesidad de no entrar en tentación, les dejó nuevamente para seguir orando. Mateo y Marcos mencionan que siguió presentando la misma petición.

Se ha propuesto que lo que Jesús pidió a los discípulos fue que velaran en vista de la próxima aparición de Judas. No obstante, esta interpretación ignora el vínculo que existe entre velar y orar (Mr 14:38; ver también Lc 21:36; Ef 6:18; Col 4:2) y también que tenían que velar *con Jesús* mientras Él oraba. Cuando volvió al lugar donde estaban los discípulos los encontró durmiendo de nuevo. Volvió por tercera vez a la oración y según Mateo 26:44 siguió presentando la misma petición (ver 2 Cor 12:8). A su regreso Pedro, Jacobo y Juan seguían durmiendo.

El cuadro que se nos presenta de Jesús en Getsemaní no es el de un estoico que hace frente a la muerte con temeraria indiferencia. ¿Cuál era la naturaleza de su temor? Se han presentado varias sugerencias al respecto.

Una de ellas es que Jesús tenía temor de la muerte física. Según este punto de vista, Jesús sabía mejor que nadie que la muerte física era una maldición. En Getsemaní vio que, lejos de ser parte del propósito original para la vida humana, la muerte era una violación de lo que Dios pretendía. Sin embargo, si esto era realmente lo que Jesús temía, es extraño que con tanta frecuencia sus seguidores pudieran experimentar –abrazar incluso– la muerte física por su causa sin ninguna queja ni murmuración.

Otra explicación al respecto, es que lo que Jesús temía era una muerte prematura. Esta propuesta plantea que su temor era morir antes de poder acabar por completo la misión que le había sido encomendado. No obstante, Jesús tenía plena confianza en que ni el pajarillo más pequeño podía caer sin el conocimiento del Padre; hasta que llegara «su hora», Dios le protegería de los lazos del enemigo (Sal 124:7; 141:9-10).

Una tercera propuesta afirma que lo que temía Jesús era el castigo que su muerte iba a traer sobre Judas, Poncio Pilato y los líderes de la nación. No obstante, Jesús sabía que su misión serviría para separar a las ovejas de los cabritos, al trigo de la cizaña. En ningún momento de su ministerio abdicó de su cometido por consideraciones de la culpabilidad que otros pudieran contraer al rechazarle. Nada podía hacer para cambiar el hecho de que algunos amaban «más las tinieblas que la luz».

La explicación de este asunto ha de entenderse en el marco del carácter singular de la muerte que Jesús iba a experimentar. Lo que le causaba angustia no era la muerte física sino la idea de dar «su vida en rescate por muchos» (Mr 10:45), el pensamiento de que, si bien no había conocido pecado, iba a convertirse en pecado (2 Cor 5:21), iba a llevar «nuestros pecados sobre el madero» (1 Ped 2:24), sufriría «por los pecados una sola vez, el justo por los injustos» (1 Ped 3:18), se convertiría en «maldición por nosotros porque escrito está: MALDITO TODO EL QUE CUELGA DE UN MADERO» (Gál 3:13). Sabiendo que su «hora» había llegado, temía las consecuencias de beber la «copa» que Dios le había preparado (Mr 10:38). Como en otros lugares, esta copa simboliza la experiencia de la ira de Dios (Sal 11:6; 75:8; Is 51:17, 22; Jer 49:12; Apoc 14:10; 16:19; 17:4). Para Jesús, sin embargo, esta copa no representaba el pago debido a sus propios pecados, sino la asunción del pecado de otros.

Jesús temía la agonía de experimentar la ira que un Dios justo iba a descargar sobre el pecado. A diferencia de los creyentes que pasan por la experiencia de la muerte con un sentido muy real de la presencia de Dios, Jesús estaba próximo a experimentar el abandono de Dios. Los creyentes que atraviesan el sombrío valle de la muerte tienen la fiel promesa de Dios: «Nunca te dejaré ni te desampararé» (Heb 13:5). Pero Jesús sabía que en la hora en que más iba a necesitar a Dios, iba a ser maldito. En ningún otro lugar se hacen más palpables el horror y la tragedia del pecado que en el angustiado gemido de Jesús en la Cruz: «DIOS MÍO, DIOS MÍO, ¿POR QUÉ ME HAS ABANDONADO?» (Mar 15:34).

Al anticipar esta experiencia en Getsemaní, Jesús derramó su corazón ante Dios en un intento de encontrar otra manera de dar cumplimiento a su misión. Jesús no era masoquista, ni tampoco su fe era en modo alguno la representación de un papel virtual. Igual que la del salmista antes de Él, la suya era una oración sincera. Podía expresar sus sentimientos ante Dios de un modo franco. Los autores de los Evangelios son dignos de elogio por su integridad al haber consignado esta tradición. No ponen en boca de Jesús una oración artificial y superficial del estilo de: «Gracias Padre por la oportunidad que pones delante de mí este fin de semana. He oído decir que la crucifixión es una experiencia muy enriquecedora». Al contrario, consciente de la maldad y del horror a que estaba a punto de enfrentarse, Jesús pudo decirle a su Padre con completa honestidad: «¡Abba, Padre! Para ti todas las cosas son posibles; aparta de mí esta copa», no obstante Jesús muestra su fe y confianza en el Padre cuando añade, «pero no sea lo que yo quiero, sino lo que tú *quieras*» (Mar 14:36).

La fe de Jesús y su compromiso con la voluntad de Dios aportan a sus seguidores un patrón a seguir. Igual que el salmista y, especialmente igual que Jesús, los creyentes pueden expresar sus verdaderos sentimientos delante de su Padre y –al tiempo que piden sanidad y liberación– han de acabar diciendo también: «Pero no sea lo que yo quiero, sino lo que tú *quieras*» (Ver también 2 Cor 12:7-9).

En este punto se suscita una interesante pregunta respecto a la naturaleza de la oración de Jesús en Getsemaní. ¿Creía acaso que existía algún otro modo de concluir su misión? ¿Estaba verdaderamente pidiéndole a Dios que apartara de Él la copa de la cruz y que llevara a cabo la redención de los hombres de algún otro modo? ¿O acaso sus palabras eran más bien la expresión de su gran angustia respecto a lo que Él sabía que había de suceder? En vista de las numerosas predicciones de su muerte que hizo el propio Jesús, parece muy poco probable que creyera que aquello que había sido tan claramente decretado en las Escrituras, a saber, su próxima pasión, pudiera alterarse o cambiarse. La Escritura tenía que cumplirse, y esto solo podía significar que su pasión debía llevarse a cabo. Por ello, es mejor entender el lamento de Jesús, «¡Abba, Padre! Para ti todas las cosas son posibles; aparta de mí esta copa», no tanto como una petición a Dios sino como una angustiada expresión de dolor.

No podemos pasar por alto una lamentable situación. A lo largo de todo su ministerio, Jesús se ocupó de todas las necesidades de sus discípulos así como de dirigirles y enseñarles. En Getsemaní vemos, quizá por primera vez, una ocasión en la que Jesús necesitó a sus discípulos. ¡Cuán estimulante hubiera sido saber que sus seguidores habían compartido su agonía en Getsemaní cuando llegó el momento de hacer frente a la cruz! ¡Cuán significativo hubiera sido para Jesús, cuando llegó el momento del sufrimiento, recordar que Pedro, Jacobo y Juan habían compartido su angustia y habían orado fervorosamente por Él! Sin embargo le fallaron porque «vino y los halló durmiendo» (Mr 14:37, 40; comparar con 13:36). Anteriormente sus discípulos no habían entendido sus enseñanzas con respecto a su muerte (Mr 8:32; 9:32; 10:32). Y ahora, cuando en esta hora crucial les pedía ayuda, le fallaron de nuevo. Los discípulos estaban comenzando a abandonarle (Mr 14:27-31).

La traición

La comprensión de la traición de Jesús pivota alrededor de dos preguntas: «*¿Por qué* traicionó Judas a Jesús?» y, «¿qué es exactamente lo que Judas traicionó?«

El porqué

Se ha especulado mucho respecto a la razón que llevó a Judas a traicionar a Jesús. Una interesante explicación es que Judas era el discípulo que más amaba a Jesús y que le servía con más fervor. Según este punto de vista, Judas era el único discípulo que estaba lo suficientemente comprometido con Jesús como para ayudarle a terminar su ministerio. Aunque detestaba tener que hacerlo, asumió la horrible tarea de traicionar al

Maestro. Fue el único que estaba dispuesto a ayudar a que Jesús fuese crucificado a fin de que el plan de Dios pudiera cumplirse. Sin embargo, tal explicación hace aguas si consideramos las palabras de Jesús en Mr 14:21: «Porque el Hijo del Hombre se va tal y como está escrito de Él; pero ¡ay de aquel hombre por quien el Hijo del Hombre es entregado! Mejor *le fuera* a ese hombre no haber nacido». Por otra parte, el Nuevo Testamento habla en términos muy negativos de Judas por haber traicionado a Jesús (Mt 26:16; 21, 23; Mr 14:10, 11, 18: Lc 22:4, 6, 48; Jn 6:64, 71; 12:4; 13.2; 11:21; 21:20). Hay buenas razones para explicar por qué los cristianos no suelen poner a sus hijos el nombre de Judas.

Otra de las propuestas es que Judas traicionó a Jesús por dinero (Mt 26:15). Juan alude incluso al hecho de que Judas sustraía algún dinero de la bolsa común (Jn 12:6). No obstante, treinta piezas de plata no era una gran suma; era el precio que se pagaba por un esclavo (ver Ex 21:32 y Zac 11:13). Otros han intentado explicar la traición de Judas como una reacción a la desilusión producida por las constantes enseñazas de Jesús acerca de su muerte. (Obsérvese que Mr 14.10-11 viene después de 14:3-9). A falta de una clara explicación del texto bíblico, lo razonable es admitir sencillamente que no sabemos la razón de la traición de Judas. Todos los intentos de «psicoanalizar» los motivos de Judas son de carácter especulativo. Los autores bíblicos no estaban interesados en explicar los factores humanos que le llevaron a hacerlo. Su interés principal es subrayar desde el comienzo que la traición estaba dentro del plan divino.

El qué

Esta segunda pregunta es más fácil de responder. Se ha sugerido que lo que Judas traicionó fue el «secreto mesiánico», sin embargo, esto puede descartarse desde el principio. Según este punto de vista, lo que Judas hizo fue revelar a los dirigentes judíos que Jesús enseñaba en secreto que Él era el Mesías. Al hacerlo, Judas había dado una base al Sanedrín para conseguir el arresto y la sentencia de muerte contra Jesús. No obstante, el hecho de que Judas no fuera llamado a declarar durante el juicio de Jesús ante el Sanedrín, refuta la validez de esta propuesta. Si se hubiera pagado a Judas para que traicionara a Jesús revelando su pretensión de ser el Mesías de Israel, hubiera tenido entonces que estar presente durante el juicio como testigo de ello.

Lo que Judas traicionó parece estar bastante claro a juzgar por los relatos de los Evangelios: «Faltaban dos días para la Pascua y para *la fiesta* de los panes sin levadura; y los principales sacerdotes y los escribas buscaban cómo prenderle con engaño y matar*le*; porque decían: No durante la fiesta, no sea que haya un tumulto del pueblo» (Mr 14:1-2). Lo que Judas reveló era el modo en que sus adversarios podían apresarle de un modo discreto, lejos de las multitudes. Dado que los dirigentes judíos no querían exponerse a provocar una revuelta arrestando a Jesús en público, buscaron el modo de hacerlo en secreto, y Judas les brindó la oportunidad. Abandonó pronto la cena (Jn 13:27-30) y les llevó la información que necesitaban: Jesús iba a pasar la noche en Getsemaní. Allí, en la oscuridad y sin que el pueblo sospechara nada, podían arrestar a Jesús. Sin embargo, a pesar de todo ello, Dios controlaba todo. En un sentido, había llegado la hora de los oponentes de Jesús (Lc 22:53), no obstante, en otro sentido, aquella era la hora de *Dios*. Jesús afirma: «Ha llegado la hora» (Dios ha hecho que llegue); «he aquí, el Hijo del Hombre es entregado en manos de los pecadores» (Dios pone a su Hijo en manos de pecadores por medio de la traición de Judas) (Mar 14:41 ver también Jn 12:27). Los verbos de este versículo son un ejemplo de lo que se ha dado en llamar «pasiva divina» (la utilización de la voz pasiva a fin de evitar mencionar el nombre de Dios por una cuestión de reverencia). Dios tenía control de todo lo que estaba aconteciendo. Las Escrituras se estaban cumpliendo.

El arresto

Consciente de que Judas se acercaba con un grupo armado, Jesús le salió al encuentro. No vemos aquí a un Jesús débil. Sus enemigos no tuvieron que rastrear el huerto para encontrarle. Al contrario, Jesús tomó la iniciativa y salió a encontrarles. Los relatos bíblicos no nos presentan a una víctima derrotada, sino a un Cristo triunfante que sale a recibir a sus oponentes para derrotarles en la cruz. Era su hora y Él era el que controlaba la situación. Sus adversarios no se daban cuenta de que estaban simplemente dando cumplimiento a un plan preestablecido del Padre y de su Hijo.

La descripción de la turba que acudió a arrestar a Jesús pone de manifiesto que era un grupo de hombres considerable. Marcos menciona que Judas iba «acompañado de una multitud con espadas y garrotes, de parte de los principales sacerdotes, de los escribas y de los ancianos» (Mr 14:43). Lucas habla de «los principales sacerdotes... los oficiales del templo y... los ancianos» (Lc 22:52) y Juan añade a «la cohorte *romana*, y a *varios* alguaciles de los principales sacerdotes y de los fariseos» (Jn 18:3). La composición de este grupo, aun sin contar a la cohorte que menciona Juan, representa una gran cantidad de personas. Una cohorte (*speira*) era la décima parte de una legión romana, más o menos unos seiscientos hombres. En ocasiones, *speira*, podía hacer referencia a un manípulo (unidad táctica de las legiones romanas. N. del T.) que constaba de doscientos hombres. Está claro que se trata de un destacamento de soldados romanos, puesto que en el Nuevo Testamento, esta palabra se refiere siempre a «tropas romanas» bajo el mando de un «oficial» o *chiliarchos*, un tribuno que mandaba la *speira*. Aún si en lugar de tratarse de una cohorte el término estuviera aludiendo solo a un manípulo, el grupo armado que fue a prender a Jesús era imponente. Estaban dispuestos a sofocar con rapidez y eficiencia cualquier resistencia que pudiera suscitarse. (La provincia romana de Judea albergaba cinco cohortes romanas. Una de ellas estaba apostada en la Fortaleza Antonia de Jerusalén y las otras cuatro estaban estacionadas en Cesarea. Por el contrario, en Siria había cuatro *legiones* que tenían una mayor formación bélica).

A fin de evitar al máximo los disturbios, Judas había acordado previamente identificar a Jesús mediante un beso. Esto era necesario tácticamente ya que con la oscuridad nocturna no sería fácil ver quién era Jesús. Recordemos que en aquel tiempo no había luz eléctrica. Los árboles del Monte de los Olivos dificultaban la penetración de la luz de la luna y las estrellas, y también la propia visibilidad. Lo último que querían los oponentes de Jesús era tener que buscar a Jesús de grupo en grupo de peregrinos; por ello, Judas tenía que indicarles con exactitud quién era.

El beso era el modo normal en que los discípulos saludaban a sus maestros. No obstante, el término que utiliza Marcos para describir este beso de Judas, no es el que se usaba normalmente. Es una forma más intensa y sugiere que Judas pudo haber exagerado un poco, aunque es muy difícil saber si significa que Judas prolongó el beso a fin de que todos pudieran ver con claridad quien era aquel a quien tenían que prender.

La respuesta de Jesús a esta acción de Judas está llena de pasión y de tristeza: «Judas, ¿con un beso entregas al Hijo del Hombre?» (Lc 22:48). En ninguna sociedad y en ningún momento de la historia se ha admirado a los traidores. Sin embargo, en la cultura bíblica, la traición se consideraba un horror especialmente despreciable e inconcebible. «Partir el pan» con alguién, compartir su comida y hospitalidad, establecía un vínculo único. Significaba aceptación (Hch 11:1-18) e implicaba incluso la responsabilidad de proteger y defender a tal persona (Gen 19). Traicionar a alguien con quien se había compartido el pan era uno de los actos más despreciables que podían concebirse. Haber acompañado y dormido bajo el mismo techo con Jesús, haber partido con Él el pan y compartido la copa, haber participado con Él del ágape pascual, y haberle traicionado después, representa sin duda una maldad indescriptible, y la historia se encargará de recordar por ello a Judas Iscariote para siempre.

La respuesta de Jesús a la turba que venía a apresarle está cargada de ironía, hasta de sarcasmo podríamos decir: «¿Habéis salido con espadas y garrotes para arrestarme como contra un ladrón? Cada día estaba con vosotros en el templo enseñando, y no me prendisteis; pero *esto ha sucedido* para que se cumplan las Escrituras» (Mar 14:48-49). Jesús sabía que sus adversarios no tenían el valor de hacer lo que estaban haciendo a plena luz del día y delante del pueblo, y, por ello les reprendió.

La reacción de los discípulos fue de temor y confusión. Su falta de comprensión del carácter expiatorio de la muerte de Jesús unido al rápido desarrollo de los acontecimientos æa pesar de haber sido advertidos æ les produjo una gran consternación, y la aparición de tan gran número de enemigos armados les atemorizó. Todo ello provocó en ellos la reacción natural de huir. Quizá la única excepción fue la de Pedro. En su confusión intentó hacer lo que le pareció natural: luchar. Revolviéndose contra el siervo del sumo sacerdote, descargó sobre él un golpe de espada y le cortó una oreja. (Juan 18:10 menciona que su nombre era Malco y Lc 22:51 consigna que Jesús le sanó). Sin embargo Jesús, lejos de animarle a seguir, le reprendió diciéndole que quienes viven por la espada, morirán por ella. Así, además del temor y la confusión, Pedro se sintió rechazado cuando hizo lo único que se le ocurrió. No es, pues, extraño que también él acabara huyendo.

En esta narración del arresto se hace mención de un joven a quien se describe cubierto solo con una sábana de lino. Este detalle sugiere que procedía de una familia acomodada. Cuando lo prendieron, el joven se deshizo de la sábana y huyó (Mr 14:51-52). El carácter enigmático de este breve relato ha hecho que muchos sugieran que no se trata de un acontecimiento real sino de un mito que pretende enseñar una verdad espiritual. No obstante, todos los intentos de deducir la verdad en cuestión son poco convincentes. Por consiguiente, es difícil de concebir la razón que habría podido inducir a la invención de una historia de este tipo. Los primeros comentaristas de este pasaje lo interpretaron en clave autobiográfica. Creían que Marcos, el autor del Evangelio, incluyó este detalle porque el joven en cuestión era él mismo.

Conclusión

En los acontecimientos que rodean el relato de Getsemaní vemos desvelarse el plan de Dios. La tragedia humana que impregna estos acontecimientos no debería ser un obstáculo para que viéramos que Dios tenía un control total de la situación. En Getsemaní, Judas traicionó a Jesús como éste dijo que ocurriría; le entregaron a los sumos sacerdotes y fue abandonado por sus discípulos, como Él mismo había pronosticado; un poco más tarde y según otra de sus predicciones, Pedro le negó, y a continuación Jesús fue entregado a los dirigentes gentiles, crucificado y resucitó al tercer día de acuerdo también con otras previsiones.

Tampoco podemos dejar de ver que Jesús era completamente dueño de la situación, aún cuando se le presenta angustiado en su lucha por rendirse a la voluntad de Dios. Se estaba cumpliendo todo cuanto había pronosticado y Él tenía control de la situación. Había llegado su hora. El propósito y la misión de su vida estaban llegando a su culminación. Todo ello pone de relieve que Jesús era un verdadero profeta. Sin embargo, era mucho más que eso porque, a diferencia de los profetas, solo Él podía beber la copa de la redención humana.

Estos acontecimientos nos permiten ver lo profundo y horroroso del pecado humano. Lo vemos en la terrible y repulsiva traición de Judas y en la debilidad de los discípulos que no fueron capaces de velar y orar; y lo vemos también en su cobarde huida. En el próximo capítulo tendremos ocasión de ver esta terrible profundidad del pecado en la injusticia y brutalidad del gobierno. Pero por encima de todo, la vemos en la angustia de Jesús: en Getsemaní, el horror de lo que iba a experimentar le abrumó profundamente. Su angustia y lo horrible de la cruz ponen de relieve que el pecado y la depravación humanos no son meras «imperfecciones» de nuestra naturaleza, sino deficiencias tan serias que merecen la ira de Dios. Getsemaní nos advierte acerca de no minimizar el pecado o sus consecuencias.

Preguntas para la reflexión

1. Valora las diferentes propuestas presentadas para explicar el temor y la angustia de Jesús en Getsemaní. ¿Qué vínculo tenía el carácter expiatorio de la muerte de Jesús con su temor y angustia en Getsemaní?

2. ¿Implicaban las palabras de Jesús: «¡Abba, Padre! Para ti todas las cosas son posibles; aparta de mí esta copa» la posibilidad real de que pudiera evitarse su muerte en la Cruz? ¿Cómo habría que entender entonces tales palabras?

3. ¿Cuál es la actitud de los autores bíblicos respecto a las razones personales que llevaron a Judas a traicionar al Señor? ¿Qué nos enseña esto respecto a las preguntas que podemos esperar que el texto bíblico conteste? ¿Qué propósito práctico perseguía la traición de Judas?

4. ¿Cuáles fueron las razones que llevaron a los dirigentes judíos a planear su arresto por la noche y cuál fue el papel del beso de Judas al respecto? ¿Qué nos enseñan los lamentables sucesos considerados en este capítulo acerca de la profundidad del pecado humano? ¿Y acerca de la Soberanía divina?

Referencias

Barbour, R. S. «Gethsemane in the Tradition of the Passion». *New Testament Studies* 16 (1969): 231-51.

Brown, Raymond E. *The Death of the Messiah, pp.* 110-310. New York: Doubleday, 1994.

Green, Joel B. «Gethsemane». En el *Dictionary of Jesus and the Gospels,* editado por Joel B. Green, Scot McKnight e I. Howard Marshall, pp. 265-68. Downers Grove, Ill.: InterVarsity Press, 1992.

—. «Jesus on the Mount of Olives (Luke 22:39-46): Tradition and Theology». *Journal for the Study of the New Testament* 26 (1986): 29-48.

Holleran, J. Warren. *The Synoptic Gethsemane: A Critical Study.* Rome: Universita Gregoriana Editrice, 1973.

Lohse, Eduard. *History of the Suffering and Death of Jesus Christ,* pp. 55-68. Filadelfia: Fortress, 1967.

Stanley, David M. *Jesus in Gethsemane: The Early Church Reflects on the Suffering of Jesus.* New York: Paulist, 1980.

Taylor, Vincent. *The Passion Narrative of St. Luke: A Critical and Historical Investigation.* Cambridge: Cambridge University Press, 1972.

Williams, David John. «Judas Iscariot». En el *Dictionary of Jesus and the Gospels*, editado por Joel B. Green, Scot McKnight e I. Howard Marshall, pp. 406-8. Downers Grove, Ill.: InterVarsity Press, 1992.

17

EL JUICIO

La condena del Inocente

Los acontecimientos que rodean el juicio de Jesús son objeto de intenso debate dadas sus muchas implicaciones. Lo que está en juego no es solo determinar lo que de hecho sucedió. Para algunos, el juicio de Jesús se ha convertido en una excusa para la práctica de un abyecto antisemitismo. Por ello, existe cierta presión en algunos círculos para no ver ninguna participación judía en el juicio. Según este punto de vista no hubo juicio alguno ante el Sanedrín, sino solo ante Poncio Pilato.

En ambos casos, la «historia» se ha convertido en un medio para apoyar puntos de vista particulares. Ningún autor puede investigar los materiales y hablar sobre el juicio de Jesús sin sustraerse a la influencia de algún objetivo predeterminado. Yo no soy una excepción. Mi objetivo particular es, en la medida de lo posible, conciliar los datos bíblicos de modo que configuren un relato armónico de lo que sucedió. Tal intención asume implícitamente que los autores de los Evangelios son testigos fiables de los sucesos que registran.

Al investigar los relatos de los evangelistas tenemos la suerte de contar con varias tradiciones. Probablemente existen tres tradiciones separadas acerca del juicio. Una de ellas es la que descubrimos en los relatos paralelos de Mateo y Marcos. Las otras dos las encontramos en los Evangelios de Lucas y de Juan. Esta «suerte», sin embargo, trae también consigo serios problemas ya que armonizar el material de las distintas tradiciones no es tarea fácil. Puede que el término *armonizar* produzca recelos en algunos lectores, pero es una palabra que define perfectamente lo que queremos decir. En el pasado, se han presentado algunas «armonizaciones» de relatos en conflicto que son ridículas y absurdas. En consecuencia, todo el proceso de armonizar se ha hecho sospechoso. No obstante, es necesario hacer el intento al menos de dilucidar si los diferentes materiales y tradiciones de los Evangelios son compatibles. No deberíamos juzgar negativamente los intentos *per se* de armonizar los relatos, sino solo valorar la medida en que determinadas propuestas tienen o no sentido.

Los acontecimientos que rodean el juicio

Hay que reconocer que los relatos del juicio de Jesús que encontramos en los Evangelios, parecen contradictorios en algunos de sus puntos. En contraste con lo que dicen los Sinópticos, Juan menciona que Jesús fue llevado ante Anás (18:13). Solo Lucas consigna que Pilato envió a Jesús a Herodes Antipas (23:7). Mateo y Marcos hablan de dos «juicios», uno que tuvo lugar por la noche y otro por la mañana, mientras que Lucas solo menciona uno. En Lucas se consigna la negación de Pedro *antes* de la sesión del Sanedrín, mientras que en los demás Evangelios ésta tiene lugar *durante* esta reunión o *después* de ella. Según Juan, los azotes se produjeron antes que en Mateo y Marcos, y aunque Lucas alude a este episodio (23:16-22), no lo menciona explícitamente.

Por supuesto, los relatos concuerdan en muchos puntos importantes: Jesús compareció ante Caifás y ante los dirigentes judíos y fue hallado «culpable»; fue condenado por Poncio Pilato, el gobernador romano; fue objeto de burlas y se escogió a un hombre llamado Barrabás que estaba encarcelado para que fuera liberado en lugar de Él; existen además muchas otras coincidencias.

Comparecencia de Jesús ante Anás

Según Juan 18:13, después de ser arrestado, Jesús fue llevado «primero» a la residencia de Anás, el sumo sacerdote. El uso del término *primero* implica que hubo una segunda vista. Anás fue sumo sacerdote entre los años 6 y 15 dC., y Caifás (yerno de Anás y sumo sacerdote en el poder en aquel entonces) lo fue entre el 18 y el 36 dC. Aunque Anás ya no ejercía como sumo sacerdote cuando Jesús fue arrestado, seguía llamándosele sumo sacerdote (Lc 3:2 y Jn 18:19) porque el título de sumo sacerdote y algunas de sus funciones eran de por vida (*tm Horayot* 3:4). El propósito principal de esta indagación preliminar pudo ser el de dar tiempo a Caifás para que reuniera al Sanedrín. Lo que tuvo lugar no fue un juicio formal, sino un interrogatorio general en busca de pruebas para condenarle. Tras un intento frustrado de encontrar algún indicio en contra de Jesús, Anás le mandó a Caifás (Mr 14:53; Jn 18:24).

El juicio ante Caifás y los dirigentes judíos

A quienes estuvieron en casa de Caifás se les describe como «los principales sacerdotes, los ancianos y los escribas» (Mr 14:53) y «todo el concilio» (*synedrion* v. 55). Esta última palabra es una referencia al Sanedrín, el cuerpo gobernante de los judíos que según *tm Sanedrín* 1:6 estaba formado por setenta ancianos y el sumo sacerdote en ejercicio. No obstante, en este pasaje no está muy claro si la descripción que se hace del Sanedrín puede aplicarse exactamente al tiempo de Jesús. Algunos eruditos han propuesto que en los días de Jesús existían de hecho dos «sanedrines». El primero, el Gran Sanedrín o *Beth Din*, que trataba principalmente las cuestiones de orden religioso y las interpretaciones de la ley. El otro era el Sanedrín Político. Según esta perspectiva, fue este último concilio el que dictaminó el caso de Jesús. Sin embargo, este modo de entender los hechos no encuentra apoyo alguno en las fuentes, donde nunca se habla explícitamente de dos sanedrines.

La impresión que transmite el texto de Mateo y Marcos es que Jesús fue sometido a un juicio formal. Se buscaron pruebas para incriminarle ya que «todo el concilio procuraba obtener testimonio contra Jesús para darle muerte» (Mr 14:55). Se llamó a muchos testigos, pero sus testimonios eran contradictorios. El único punto de acuerdo fue que Jesús había dicho algo respecto a «destruir el templo y reedificarlo en tres días». Pero incluso en este dicho, debido a su naturaleza enigmática, los testimonios no coincidían por completo. En esta etapa del juicio, el testimonio contra Jesús era claramente insuficiente para condenarle. Cuando se le preguntó respecto a las acusaciones de que era objeto, Jesús permaneció en silencio.

A fin de encontrar pruebas contra Él, Caifás cambió de táctica y dirigió sus preguntas al propio Jesús, pero éste se negó a responder. Sin embargo, en cierto momento, Jesús rompió su silencio y comenzó a contestar a las preguntas del sumo sacerdote. ¿A qué se debió este cambio? Mateo nos lo explica. Caifás le puso bajo juramento diciéndole: «Te conjuro por el Dios viviente que nos digas si tú eres el Cristo, el Hijo de Dios» (Mt 26:63). A diferencia de los sistemas judiciales que protegen al acusado de la obligación de declarar en contra de sí mismos, la jurisprudencia judía no contemplaba este derecho. Según Levítico 5:1: «Si alguien peca al ser llamado a testificar, siendo testigo de lo que ha visto o sabe y no *lo* declara, será culpable» (ver también Prov 29:24; 1 Rey 22:16; *tm Sebuot* 4:13). Como judío, Jesús aceptó la legitimidad de aquel juramento bíblico y, por ello, comenzó a responder a las preguntas del sumo sacerdote.

La respuesta de Jesús a la pregunta de si era o no el Mesías se plantea de manera diferente en cada Evangelio. Marcos 14:62 consigna una contestación directa: «yo soy». Sin embargo, tanto Mateo como Lucas la registran de manera distinta: «Tú *mismo* lo has dicho» (Mt 26:64) y «vosotros decís que yo soy» (Lc 22:70). En este punto, los tres evangelistas señalan que Jesús añadió: «Yo soy; y veréis al HIJO DEL HOMBRE SENTADO A LA DIESTRA DEL PODER y VINIENDO CON LAS NUBES DEL CIELO» (Mr 14:62). Mateo y Lucas ponen de relieve que Jesús respondió al sumo sacerdote con reticencia. Los intentos de interpretar la respuesta de Jesús como una negación o rechazo del título mesiánico quedan refutados con la afirmación que hace a continuación. Tanto el sumo sacerdote como todos los demás entendieron la respuesta de Jesús como una afirmación. No hay duda de que Mateo quiso que sus lectores entendieran de este modo la contestación de Jesús. Un poco antes en su Evangelio, Jesús se refirió a la traición de que iba a ser objeto por parte de uno de sus discípulos. Cuando Judas le dijo: «¿Acaso soy yo, Rabí?» (Mat 26:25) Jesús le respondió: «Tú *lo* has dicho». Esta es la misma respuesta que dio en esta ocasión al sumo sacerdote, y ha de entenderse como un «sí».

Es evidente que estos tres evangelistas concuerdan en que Jesús afirmó ante Caifás que era el Mesías. Al parecer, Marcos no tenía tanto interés en transmitir a sus lectores las reservas de Jesús ante esta pregunta. No obstante, lo que registra es correcto porque Jesús respondió afirmativamente a la pregunta del sumo sacerdote: Él era el Mesías. Del mismo modo, la respuesta de Jesús que consignan los textos de Mateo y de Lucas son también correctas, aunque éstos tienen más interés en expresar que Jesús afirmó su mesianismo con reservas. Tales reservas se debían probablemente a que el concepto del papel mesiánico que tenían tanto el Sanedrín como el sumo sacerdote era radicalmente distinto del que tenía Él. De modo que, si bien Jesús no podía ni quería negar que Él era el Mesías, era consciente de que su afirmación iba a ser malinterpretada. Ellos veían al Mesías como un personaje de la realeza al que se vinculaban toda clase de implicaciones políticas. De hecho, la respuesta de Jesús parece haber sido: «Me habéis planteado la pregunta de si soy o no el Mesías, y no voy a negar que lo soy, sin embargo, prefiero referirme a mí mismo como el Hijo del Hombre».

Tras la respuesta de Jesús, Caifás «rasgó sus vestiduras» y afirmó que las palabras de Jesús eran una blasfemia. El acto de rasgar sus vestidos por parte del sumo sacerdote no debe interpretarse como una furiosa reacción incontrolada de ira; no significa que Caifás perdiera los estribos. Al contrario, la rasgadura de las vestiduras sumo sacerdotales era un acto formal de carácter judicial que indicaba la culpabilidad del acusado. Era una acción minuciosamente regulada por la tradición (*tm Sanedrín* 7:5). Todos los presentes estuvieron de acuerdo con este veredicto. Jesús fue considerado culpable y merecedor de la pena de muerte (Mr 14:64). A continuación se le ridiculizó e hizo objeto de burla.

No está claro cuáles fueron exactamente las palabras que llevaron al Sanedrín a considerarle culpable de blasfemia. Este asunto ha sido objeto de mucho debate. Es cuestionable que el mero hecho de afirmar ser el Mesías se considerara una blasfemia, ya que en la revuelta judía de 132-135 dC., Bar Kokhba reivindicó ser el Mesías y, sin embargo, no se le acusó de blasfemia. Lo que quizás propició esta acusación fue la pretensión de Jesús de sentarse a la diestra de Dios, puesto que ello implicaba la posesión de una relación única con Él.

Algunos han propuesto que la blasfemia de Jesús consistió en identificarse con el Hijo del Hombre (Dan 7:13-14) y en su pretensión de ser el Señor de David y de sentarse a la diestra de Dios (Sal 110:1). Otra sugerencia es que la blasfemia hay que verla en la expresión «Yo soy» (Mr 14:62) que es la misma que Dios utilizó para manifestarse en Éxodo 3:14. No obstante, si la verdadera respuesta de Jesús está más cerca de lo que consignan Mateo y Lucas que de las palabras que aparecen en Marcos, esta sugerencia ha de desestimarse. No hay duda de que otras reivindicaciones anteriores de Jesús, como su derecho a perdonar pecados y su facultad para resucitar de entre los muertos, jugaron también su papel para que el Sanedrín llegara a este veredicto. Según *tm Sanedrín* 7:5, la blasfemia se definía técnicamente en términos que requerían la pronunciación del nombre de Dios (YHWH). Pero, según parece, en los días de Jesús el concepto de blasfemia se entendía de un modo más amplio. En el hostil ambiente del juicio, las cosas que Jesús había dicho con anterioridad, sumadas a la forma en que respondió al sumo sacerdote, fueron suficientes para condenarle.

Durante el tiempo que duró este interrogatorio, leemos que Pedro negó tres veces a Jesús. Si bien este episodio había sido ya predicho por Jesús, no deja de ser chocante cuando se lee. La dificultad de explicar que una tradición de este tipo surgiera en vida de Pedro y el hecho de que el relato aparece en los cuatro Evangelios, dan fe de su historicidad. (En apoyo del carácter histórico de este episodio está también la referencia, común a los cuatro textos, a que Pedro se estaba calentando junto a un fuego en el patio del edificio).

Surge la pregunta respecto al momento exacto en que esto tuvo lugar. En Mateo y Marcos, el episodio se sitúa después del interrogatorio del sumo sacerdote y del reconocimiento por parte de Jesús de que era el Cristo. En Lucas aparece un poco antes. Esto se debe, no tanto a una confusión de la cronología como al deseo de Lucas de ordenar las tradiciones del juicio en un orden más lógico (Lc 1:3). En lugar de ir intercalando extractos de la negación de Pedro (Mr 14:53-54, 66-72) y del juicio de Jesús (Mr 14:55-65), Lucas decidió relatarla sin interrupciones. Por ello, tras explicar que Pedro entró en el patio del sumo sacerdote, Lucas continuó sin interrupciones con el relato de su negación. Por su parte, Mateo y Marcos pasan del escenario del patio al del juicio para finalmente regresar al patio y terminar el relato de la negación. Relatar un episodio (el juicio de Jesús) dentro de otro (la negación de Pedro) es una característica del estilo de Marcos. Lucas sigue el procedimiento más lógico de continuar hasta el fin el relato de los acontecimientos. De modo que lo que tenemos aquí no son relatos contradictorios, sino un ejemplo del modo en que los autores bíblicos utilizan distintas técnicas literarias para presentar las mismas tradiciones.

La negación representa una imagen muy negativa de Pedro a quien se presenta actuando de un modo cobarde y engañoso. En ningún momento se intenta excusarle. Si los autores de los Evangelios hubieran querido defenderle, hubieran podido subrayar el hecho de que solo él y otro discípulo (Jn 18:15) siguieron a Jesús cuando le arrestaron. Mientras los demás discípulos sencillamente huyeron, Pedro tuvo el valor de acompañar a Jesús hasta el mismo patio del sumo sacerdote. Hubieran podido cargar más las tintas en lo lóbrego del momento, así como en el sentido de confusión e indefensión que cayó sobre los discípulos. Sin embargo, nada de esto sucede en los Evangelios, que describen a Pedro completamente intimidado por la situación y negando a Jesús, hasta el punto de maldecir y jurar (Mr 14:71).

Los evangelistas concluyen el relato consignando que cuando el gallo cantó, Pedro se vino abajo y lloró. Lucas añade que, en aquel preciso momento, Jesús se volvió y le miró, aunque no nos explica cómo le fue posible hacerlo (Lc 22:61). Pedro experimentaría perdón y restauración (Mr 16:7), sería uno de los encargados de dirigir la Iglesia durante sus primeros años, y la tradición nos dice que, cuando tuvo una nueva oportunidad, confesó a Cristo y dio su vida como mártir en Roma.

Mateo y Marcos afirman que hubo una nueva reunión del Sanedrín aquella mañana muy temprano en la que se produjeron nuevas deliberaciones (Mr 15:1). Esto no fue otro juicio, que hubiera sido innecesario puesto que Jesús había sido ya hallado culpable. (Puede que Lucas haya juntado en una sola las dos reuniones del Sanedrín para simplificar el relato a sus lectores). El propósito del Sanedrín en este encuentro fue recoger las acusaciones que se iban a presentar ante Poncio Pilato, quien en aquel tiempo era el gobernador de Judá. Puesto que el gobernador romano era quien iba a decidir la suerte de Cristo, los dirigentes judíos tenían que formular sus acusaciones de manera que Pilato se convenciera de la necesidad de ejecutar a Jesús.

El Sanedrín había condenado a Jesús en el marco de su competencia en asuntos religiosos. En su opinión, era culpable de blasfemia y debía ser ejecutado. Sin embargo, Roma no estaba interesada en entender lo que suponía una blasfemia según los cánones religiosos judíos. Para que Pilato ejecutara a Jesús había que convencerle de que era un personaje peligroso y de que constituía una amenaza para la estabilidad política y la prosperidad del Imperio. Por ello, el Sanedrín se reunió para formular las acusaciones políticas que presentarían ante Pilato: «Hemos hallado que éste pervierte a nuestra nación, prohibiendo pagar impuesto al César, y diciendo que Él mismo es Cristo, un rey» (Lc 23:2). Estas serían las acusaciones políticas que decidirían la suerte de Jesús. (Encontramos un caso semejante cuando las acusaciones de orden religioso contra Pablo [Hch 21:27-23:10] pasaron a ser políticas [Hch 24:5-6] al ser llevado ante el gobernador romano).

El juicio ante Poncio Pilato

Los cuatro Evangelios concuerdan en el hecho de que Jesús fue llevado de casa de Caifás al Pretorio donde Pilato tenía su residencia. En este punto de la narración, Mateo hace un breve paréntesis y consigna la muerte de Judas. Cuando Judas vio lo que había hecho «sintió remordimiento». La palabra que se traduce de este modo no es la que se utiliza normalmente para hablar de arrepentimiento como dan a entender erróneamente algunas traducciones. Tiene el sentido más bien de «remordimiento» (como expresa correctamente nuestra LBLA. N. Del T.), que puede conducir finalmente al arrepentimiento, pero que no es lo mismo. Judas intentó enmendar lo que había hecho, devolviendo el dinero a los principales sacerdotes, pero al darse cuenta de que tal acción no servía de nada, se ahorcó (Mt 27:3-10).

Según Jn 18:31, la razón por la que el Sanedrín llevó a Jesús ante Pilato es que esta institución había dejado de tener potestad para administrar la pena capital. El Talmud apoya esta afirmación del Evangelio: «Cuarenta años antes de la destrucción del Templo, el Sanedrín se exilió y se aposentó en la Sala del Comercio... dejó de juzgar los casos susceptibles de la pena capital» (*tb Sabat* 15a). Después de oír las acusaciones que le fueron presentadas, Pilato dio inicio al interrogatorio preliminar del inculpado. La acusación que más le preocupaba era la que subrayaba su afirmación de ser el Mesías, el tan esperado Rey de los judíos. Cuando le preguntó si era el Rey de los judíos, Jesús dio la misma respuesta que había dado antes al sumo sacerdote: «tú lo dices». Según Juan, Jesús se refirió a su reino afirmando que era de otro mundo (Jn 18:36-38). No queda claro si Pilato entendió o no esta afirmación, pero al final de su interrogatorio quedó convencido de que Jesús no era culpable de ningún delito digno de muerte.

Este interrogatorio inicial llevó a Pilato a creer que Jesús era inocente de las acusaciones formuladas contra Él. No se explica cómo o por qué llegó el gobernador a esta conclusión. Si solo se convenció de que era políticamente inofensivo o si, por el contrario, quedó impresionado por su inocencia son asuntos que quedan en el terreno de la especulación. Marcos atribuye a Pilato la respuesta típica que Jesús provoca en su Evangelio: Pilato «estaba asombrado» (Mr 15:5). Habiendo llegado a la conclusión de que Jesús era inocente, Pilato intentó ponerle en libertad, pero la insistencia de los dirigentes judíos le disuadió de tal intención. Los líderes religiosos judíos persistieron en reiterar que Jesús era una amenaza para la paz y la seguridad del territorio (Lc 23:5). Por alguna razón, Pilato se sentía intranquilo ante la idea de condenar a muerte a Jesús. Según Lucas, el primer intento de Pilato para derivar el problema consistió en mandar a Jesús a Herodes Antipas.

Jesús ante Herodes Antipas

Cuando Pilato descubrió que Jesús era de Galilea, le envió ante Herodes Antipas que fue tetrarca de Galilea desde el año 4 aC. hasta el 39 dC. No está claro cómo pudo Lucas obtener la información acerca de esta parte del juicio. Puede que fuera por medio de Juana, esposa del mayordomo de Herodes y seguidora de Jesús (Lc 8:3) o mediante Manaén, miembro de la corte de Herodes y seguidor también de Jesús (Hch 13:1). Herodes aparece anteriormente en el relato por haber ordenado la ejecución de Juan el Bautista. Ahora iba a conocer al aun más famoso, Jesús de Nazaret. El conocimiento que Herodes tenía de Jesús y su interés en Él giraban en torno a sus poderes para hacer milagros. Lucas señala que Herodes estaba muy entusiasmado ante la idea de conocer a Jesús porque pensaba que tendría ocasión de verle hacer alguna señal portentosa. No tenía interés en escuchar a Jesús el profeta, sino en ver la actuación de un mago. Sin duda, Jesús llevaba a cabo milagros, pero su actividad más importante era la proclamación del mensaje de Dios. Jesús no era un artista del mundo del espectáculo interesado en encandilar audiencias con prodigios mágicos y aparatosos.

Cuando Herodes le interpeló, Jesús permaneció en silencio. Los líderes religiosos que le habían acompañado hasta la residencia de Herodes, siguieron acusándole. Sin duda, Lucas esperaba que sus lectores asumirían que las acusaciones eran las mismas que se habían presentado ante Pilato. Herodes escarneció a Jesús, frustrado quizás por su silencio. Finalmente, tras vestirle con un elegante manto a modo de burla por su supuesta realeza (Lc 23:11) le volvió a enviar a Pilato. (Aunque el texto griego de Lucas 23:11 podría interpretarse en el sentido de que fue el propio Herodes quien se puso el manto, en vista de Mr 15:17-20 es mejor entender que Herodes mandó que se le pusiera el manto a Jesús). Herodes no quiso asumir la responsabilidad de la ejecución de Jesús y, de nuevo, la razón solo podemos suponerla. ¿Podría ser que hubiera entendido como un error político su ejecución de Juan el Bautista (Mr 6:14-29)? Sin duda, ejecutar a Jesús no le haría especialmente popular entre sus súbditos de Galilea.

Es difícil saber por qué Pilato mandó llevar a Jesús ante Herodes. ¿Estaba intentando pasarle la responsabilidad al tetrarca porque sabía que Jesús era inocente y no quería ejecutarle? ¿Quería acaso reconciliarse con Herodes dándole el honor de dictaminar este famoso caso? ¿O quizá lo que pretendía era conocer la opinión de Herodes respecto a

Jesús para poder tomar una decisión (Ver Hch 25:13-26:32)? La razón por la que Lucas consigna este incidente está clara: Herodes es el segundo gobernante que declara inocente a Jesús (Lc 23:15). No obstante, la razón exacta por la que Pilato le envió a Herodes es incierta. Lucas acaba mencionando que esta situación propició la amistad entre Pilato y Herodes. No deja de ser irónico que la muerte de Jesús sirviera para reconciliar a personas como Pilato y Herodes.

La reanudación del juicio ante Poncio Pilato

Cuando se reanudó el juicio, Pilato siguió intentando la liberación de Jesús. Mateo declara que parte de los reparos de Pilato para condenar a Jesús se debían a un sueño que tuvo su mujer. Animado por la opinión de Herodes, Pilato intentó apaciguar a los oponentes de Jesús proponiéndoles azotarle antes de soltarle (Lc 23:16). Esta proposición fue rechazada. Pilato aún llevaría a cabo otro intento de liberar a Jesús valiéndose de la costumbre de soltar a un recluso durante la Pascua (Mr 15:6). Aparte de lo que dicen los Evangelios, no hay pruebas que demuestren la existencia de esta tradición. Sin embargo, todos los Evangelios la mencionan. La analogía más cercana que tenemos de tal costumbre la encontramos en un texto egipcio; en él, un magistrado dice al acusado: «Mereces ser azotado por tus delitos, pero te entrego al deseo de la multitud». El relato de los Evangelios parece sugerir que esta costumbre era insólita: «Pero es costumbre entre vosotros que os suelte a uno en la Pascua (Jn 18:39). (Ver también Mat 27:15: «Ahora bien, en cada fiesta, el gobernador acostumbraba soltar un preso al pueblo, el que ellos quisieran»).

Puesto que la Pascua era una festividad en que los judíos recordaban su liberación de la esclavitud, era una ocasión muy apropiada para tal costumbre. Sin duda, Pilato estaba seguro de que la multitud escogería al popular Jesús de Nazaret en lugar de Barrabás, el otro candidato, un bandolero revolucionario igualmente notorio, culpable de asesinato. No obstante, para sorpresa de Pilato, instigada por el sumo sacerdote y sus adláteres, la multitud pidió que se soltara a Barrabás; y cuando se le preguntó qué debía hacerse con Jesús, la multitud gritó: «¡Crucifícale!»

Sentado en su estrado (Mt 27:19; Jn 19:13), Pilato siguió haciendo intentos de soltar a Jesús. Sin embargo, cedió finalmente cuando oyó decir a los dirigentes judíos: «Si sueltas a éste, no eres amigo del César;

todo el que se hace rey se opone al César» (Jn 19:12). La frase «no eres amigo del César» representaba una amenaza para Pilato. Si no accedía a la crucifixión de Jesús, sabía que los líderes judíos informarían a Roma de que había puesto en libertad a un peligroso cabecilla que se consideraba rey. Ante esta amenaza, las reservas de Pilato se acabaron. Se lavó las manos públicamente ante todos los presentes y les dijo: «Soy inocente de la sangre de este justo; ¡allá vosotros!» (Mt 27:24), y entregó a Jesús a sus soldados para que le crucificaran.

El retrato de Pilato que trazan los Evangelios es trágico y casi inspira compasión. Tenía un cargo difícil, en un lugar difícil y en un momento igualmente difícil. Hizo todo lo que pudo para soltar a Jesús y solo cedió ante la abrumadora presión que se ejerció sobre sí. Sin embargo, antes de identificarnos en exceso con él, hemos de recordar lo que hizo: sentenció a una muerte terrible a alguien de quien sabía positivamente que era inocente. No estuvo dispuesto a actuar como sabía que debía. Envió a la muerte a la persona más inocente de todos los tiempos, aun estando convencido de su inocencia. Una persona así no merece comprensión o compasión sino repudio. La Historia le recordará siempre en estos términos: «Jesucristo... padeció y fue crucificado bajo Poncio Pilato..». (Ver también Tácito, *Anales* 15:44).

La historicidad del juicio

Se han presentado numerosas objeciones tanto por lo que respecta al orden de los acontecimientos que acabamos de comentar como a su propia historicidad. Algunos han afirmado que toda la reseña del juicio de Jesús ante el Sanedrín es ficticia. Aseveran que, debido al fracaso de la misión a los judíos, la Iglesia primitiva intentó transferir la responsabilidad de la muerte de Jesús a la clase dirigente judía, exculpando al gobierno romano (con quien los líderes judíos querían mantener buenas relaciones). Afirman que los dirigentes judíos no tuvieron nada que ver con el juicio de Jesús, que fue de principio a fin un proceso judicial romano. Fue una invención de la Iglesia primitiva basada en lo que era políticamente correcto en el primer siglo, y que servía para trasladar la responsabilidad de la muerte de Jesús a los judíos eximiendo a Roma. Quienes sostienen este punto de vista creen que, en vista del terrible antisemitismo que esto ha generado a lo largo de los siglos, es necesario corregir el malentendido que ha propiciado el Nuevo Testamento. El antisemitismo que llevó al Holocausto ofrece una importante motivación para interpretar el juicio de Jesús como un proceso estrictamente romano. Al fin y al cabo, el «antirromanismo» no es un peligro al que tengamos hoy que hacer frente mientras que sí lo es el antisemitismo. Los principales apoyos históricos para cuestionar la historicidad de los relatos evangélicos del juicio proceden fundamentalmente de dos áreas. La primera tiene que ver con varias discrepancias existentes entre los relatos bíblicos del juicio y las reglas para este tipo de procedimientos judiciales que encontramos en el Talmud, y en particular en el tratado *Sanedrín*. La segunda procede de la afirmación que, puesto que el judaísmo poseía el derecho de administrar la pena capital, los dirigentes judíos no habrían tenido ninguna necesidad de llevar a Jesús ante Pilato. Hubieran podido condenarle a muerte directamente. Por ello, el hecho de que Jesús fuera sentenciado a muerte por Poncio Pilato y crucificado por las fuerzas romanas indica que no hubo ninguna participación judía en el juicio.

Las reglas judías para el juicio según «tb Sanedrín»

En el tratado *Sanedrín* aparecen varias ordenanzas que supuestamente reglamentaban las actividades del Sanedrín. En el relato del juicio que consignan los Evangelios aparecen más de veinte violaciones del código legal judío que, según este tratado, regulaba los procedimientos del Sanedrín. Cinco de ellos son muy importantes:

1. No podía llegarse a un veredicto de condena durante el mismo día del juicio.
2. Los casos susceptibles de requerir la administración de la pena de muerte no podían tratarse por la noche.
3. La pena de muerte no podía fallarse sino en una sala especial del templo.
4. En vísperas de sábado o de cualquier festividad no podía celebrarse ningún juicio.
5. Había que intentar encontrar testigos para la defensa.

Estas regulaciones representan flagrantes contradicciones respecto a lo que afirman los relatos de los Evangelios que sucedió en el juicio de Jesús y, por ello, algunos eruditos rechazan su historicidad. Los relatos bíblicos no se ven pues como registros históricos, sino como intentos de trasladar la responsabilidad de la crucifixión a los romanos exculpando a los judíos. Desde tal punto de vista, los Evangelios representan un panfleto propagandístico muy bien escrito por gentiles y cristianos, cuyo intento de culpar a los judíos ha generado una gran cantidad de injusto antisemitismo. Pero, poniendo a un lado por un momento el asunto del antisemitismo, existen varias razones para cuestionar el carácter histórico de los relatos del tratado *Sanedrín*.

Para empezar, la redacción de la Misná finalizó alrededor del año 200 dC. y la de los Talmudes hacia el 400 dC. (el de Jerusalén), y el 500 dC. (el de Babilonia). En el pasado, era muy común aceptar sin más lo que decían la Misná y el Talmud respecto a las prácticas de siglos anteriores. Sin embargo, ahora sabemos con certeza que es muy difícil establecer la autenticidad de las situaciones anteriores al año 70 dC. que se describen en el Talmud. A menudo sus descripciones representan reseñas idealizadas de instituciones y prácticas que de hecho eran muy distintas. En este sentido puede plantearse, por ejemplo, si un Sanedrín dominado por una mayoría saducea estaría dispuesto a funcionar según las reglas aprobadas por los fariseos que encontramos en el Talmud.

En segundo lugar, es necesario señalar que existen discrepancias entre las afirmaciones del tratado *Sanedrín* acerca de ciertas situaciones y lo que algunos escritores judíos contemporáneos como Josefo escriben al respecto. Según Josefo, durante este periodo el Sanedrín se reunía fuera de las dependencias del templo (*Guerras de los Judíos* 5.4.2 [5.144]; 6.6.3 [6.354]), la Misná afirma, en cambio, que lo hacían en un lugar dentro de su recinto (*tm Middot* 5:4; *tm Sanedrín* 11:2). Por otra parte, el Talmud parece ponerse del lado de Josefo y declara que hacia el año 30 dC., el Sanedrín se exilió y se reunía fuera del templo en la «Sala del Comercio» (*Hannuth*), que estaba situada o bien en el Monte del Templo o en el Monte de los Olivos (*tb Sanedrín* 41a; *b Sabbat* 15a; *tb Aboda Zara* 8a). De ahí que la regla que aparece en el tratado *Sanedrín* en el sentido de que la pena de muerte solo podía dictarse en un lugar especial del templo donde se reunía el Sanedrín sea un tanto oscura puesto que no sabemos exactamente donde se reunía. En *tm Sanedrín* 11:4 se dice, además, que los ancianos acusados de rebeldía habían de ser ejecutados durante alguna de las tres principales festividades (Pascua, Pentecostés o la Fiesta de los Tabernáculos) en cumplimiento de Deuteronomio 17:13: «Entonces todo el pueblo escuchará y temerá, y no volverá a proceder con presunción».

Hay algo más que hemos de considerar: aun si aceptamos que todas las reglas del tratado *Sanedrín* tenían vigencia en días de Jesús (lo cual es improbable), ¿quién está en condiciones de afirmar que tales reglas no pudieron ser vulneradas æo que no lo fueron, de hechoæ en el juicio de Jesús? Los primeros cristianos denunciaron desde el principio que Jesús no había tenido un juicio justo. ¿Acaso puede aceptarse como prueba de que Jesús fue sometido a un proceso judicial imparcial ante el Sanedrín el hecho de que las reglas del tratado *Sanedrín* así lo demandan? ¿Afirmaría alguien que en los Estados Unidos todos los procesados reciben un juicio justo por el mero hecho de que las leyes de este país así lo demandan? (¿Acaso las leyes de Alemania protegieron a los judíos de los «juicios farsa» y las «cortes canguro» durante el periodo nazi?). La información que aparece en *tb Sanedrín* 43a ha de entenderse como una contrapropaganda de la afirmación de los cristianos de que Jesús no recibió un justo juicio. No obstante, este intento de defender la legitimidad del juicio de Jesús sugiere que lo que sucedió fue precisamente lo contrario, es decir: Jesús no recibió un juicio justo. Sin duda, pocos se atreverían a afirmar que durante los cuarenta días anteriores a la ejecución de Jesús se intentó encontrar testigos a su favor, como afirma este tratado.

Por último, si a fin de cuentas el asunto se redujera a una discrepancia entre los relatos de los Evangelios acerca de lo que ocurrió en el juicio de Jesús y las regulaciones que se describen en el Talmud, ¿a cuál de las dos fuentes hemos de creer? Sin duda, cualquier afirmación en el sentido de que cualquiera de ellas sea más objetiva que la otra sería muy discutible. Por supuesto, los Evangelios se escribieron desde un punto de vista cristiano, pero también el Talmud se escribió con un enfoque judío que idealizaba lo que hubiera tenido que suceder. Por lo que respecta a fechar estas fuentes de información, si se afirma que las tradiciones orales que subyacen en el Talmud se remontan al tiempo en que se desarrollaron los propios acontecimientos, lo mismo puede decirse de las que subyacen en los relatos de los Evangelios. Respecto a la fecha de su redacción, los Evangelios se escribieron bastante más de un siglo antes que la Misná y más de tres o cuatro siglos antes que los Talmudes de Jerusalén y Babilonia respectivamente. Es más, los Evangelios se escribieron en un periodo en que los testigos presenciales de los acontecimientos estaban aún con vida.

La prerogativa de administrar la pena capital en días de Jesús

Algunos eruditos han atacado la historicidad de los relatos evangélicos del juicio afirmando que los judíos del tiempo de Jesús no tenían ninguna necesidad de acudir a Pilato puesto que poseían la prerogativa de administrar la pena de muerte. Para apoyar esta afirmación se aportan algunos ejemplos. Uno de ellos es el derecho judío de ajusticiar a cualquier gentil que abandonara el Atrio de los Gentiles y se adentrara en las estancias interiores. Un muro de piedra separaba el Atrio de los Gentiles de las estancias interiores del templo. En las puertas del muro había carteles que advertían a cualquier gentil que franqueara aquella puerta que sería responsable de su propia muerte. Josefo se refiere explícitamente a este derecho de ejecutar a los gentiles en tal caso (*Guerras de los Judíos* 6.2.4 [6.126]. Ver también 5.5.2 [5.194] y *Ant.* 15.11.5; Hch 21:27-36). No obstante, lo que realmente demuestra la afirmación de Josefo es que los judíos no tenían potestad para administrar la pena capital puesto que subraya que este privilegio en relación con la violación de las estancias interiores del templo tenía el carácter de concesión otorgada por los romanos. El propio hecho de que los romanos permitieran a los judíos administrar la pena capital en este único caso, demuestra que no disfrutaban de tal potestad en otros.

Otro de los ejemplos que, en ocasiones, se presentan para apoyar esta afirmación es el del martirio de Esteban. No obstante, en Hechos 7 la muerte de Esteban no se vincula a ninguna decisión del Sanedrín o a su derecho de administrar la pena de muerte. Esteban murió linchado a manos de la multitud y esto no tiene nada que ver con el derecho judío a la administración de la pena de muerte.

Un tercer ejemplo que se presenta a menudo es el de la muerte de Jacobo, el hermano de Jesús a manos de Anano. Según Josefo (*Ant.* 20.9.1 [20.197-203]), el sumo sacerdote Anano, convocó al Sanedrín y con su aprobación ejecutó por lapidación a Jacobo. Sin embargo, esto demuestra nuevamente lo contrario de lo que se pretende, a saber, la falta de autoridad de los líderes judíos para administrar la pena de muerte. El juicio y lapidación de Jacobo tuvieron lugar en un periodo en que no había ningún gobernador romano en ejercicio, puesto que el antiguo mandatario había muerto, y el nuevo aun no había llegado. Cuando Albino, el nuevo gobernador, tomó posesión de su cargó, destituyó inmediatamente a Anano del sumo sacerdocio porque su ejecución de Jacobo había contravenido la ley romana.

Roma protegía celosamente la prerrogativa de administrar la pena capital. Es incluso cuestionable que el propio gobernador romano pudiera delegar esta autoridad a alguno de sus oficiales. Por tanto, Juan describe fielmente la situación cuando pone en boca de los judíos estas palabras: «A nosotros no nos es permitido dar muerte a nadie» (Jn 18:31). Es interesante en este sentido que los materiales talmúdicos apoyen esta afirmación (*tb Sabat* 15a; *tj Sanedrín* 18a, 24b). Resulta extraño, cuando menos, que precisamente aquí, donde los textos talmúdicos apoyan los relatos de los Evangelios, algunos críticos pretendan que ambos estén en un error.

Conclusión

Al considerar el juicio de Jesús hay una gran necesidad de ser sensibles al modo en que estos relatos se han utilizado y entendido en el pasado para apoyar el antisemitismo. Como cristiano, una de mis experiencias más angustiosas fue la de seguir la serie de televisión *The Holocaust*. En una de las escenas, mientras un grupo de mujeres y niños aguardan desnudos en fila el momento de entrar en la cámara de gas, un guardia nazi les dice: «os hacemos esto porque crucificasteis a Jesús». Lo que es verdaderamente importante no es si los guardias nazis decían o no este tipo de cosas o si las mujeres y los niños se daban cuenta de que estaban a punto de ser gaseados. En el pasado el pueblo judío ha sido objeto de terribles injusticias motivadas por la acusación de haber sido los «asesinos de Cristo». Los cristianos deberían ser los primeros en pronunciarse en contra de tan terribles abusos.

Por otra parte, no deberíamos sucumbir a un deseo políticamente correcto de reescribir los relatos de los Evangelios a fin de refutar esta acusación. No se puede dar un nuevo sesgo a lo que ya sucedió en el pasado. Los relatos de los Evangelios presentan a los líderes judíos del tiempo de Jesús como promotores de su muerte. Y así es como lo entienden también el Nuevo Testamento (Hch 2.23, 36; 1 Ts 2:14-15), Josefo (Ant. 18:3.3 [18.64], la epístola Mara bar Serapion y el Talmud (*tb Sanedrín* 43a). El sumo sacerdote y el Sanedrín fueron los principales responsables. El arresto y el juicio de Jesús fueron fruto de una prolongada conspiración contra Él (Jn 11:47-57). No solo le condenaron, sino que también presionaron a Poncio Pilato para que le ejecutara aunque él quería ponerle en libertad. Nadie que acepte la fiabilidad de los relatos de los Evangelios puede negar estos hechos. No obstante, debe siempre señalarse que en todas estas acciones, los líderes eludieron y manipularon la voluntad del pueblo.

El mayor obstáculo que hubieron de salvar los dirigentes judíos en su deseo de acabar con Jesús, fue el propio pueblo judío. El hecho mismo de que Jesús tuviera que ser traicionado pone de relieve que las autoridades judías no podían arrestarle abiertamente porque el pueblo se hubiera opuesto activamente a ello. Los relatos bíblicos indican claramente que no fue el pueblo judío quien quiso la muerte de Jesús, sino más bien un cierto sector de sus dirigentes quienes la procuraron actuando contrariamente a los deseos del pueblo en general. El único momento en que el pueblo parece ponerse del lado de sus autoridades es en el clamor a favor de la liberación de Barrabás (Mr 15:13-14), pero aun en este caso, los autores de los Evangelios señalan que los sumos sacerdotes incitaron a la multitud para que lo hiciera. En general, se describe la actitud del pueblo judío hacia Jesús de manera positiva: «los principales sacerdotes y los escribas buscaban cómo prenderle con engaño y matarle; porque decían: No durante la fiesta, no sea que haya un tumulto del pueblo» (Mr 14:1-2). (La invocación de la propia maldición por parte del pueblo —«¡Caiga su sangre sobre nosotros y sobre nuestros hijos!»— ha de entenderse por lo que es: una afirmación necia e insensata por parte de algunos judíos que habían sido incitados por los sumos sacerdotes. (Si bien la incredulidad de Israel tuvo serias consecuencias para este pueblo [ver Mt 21:41, 43; Hch 13:46; Rom 11:11], esta insensata automaldición no puede servir en ningún caso como justificación del antisemitismo).

Una comprensión correcta del juicio y la crucifixión de Jesús no deja lugar alguno para el antisemitismo. Hay que recordar que el propio Jesús era judío y que también lo eran todos aquellos que le amaban, sus discípulos y su madre. Esto hace que la soflama «los judíos mataron a Jesús» sea especialmente absurda. En Gálatas 3:29 Pablo afirma que todo aquel que ha puesto su fe en Jesús se convierte en hijo de Abraham. De modo que, en un sentido, todo creyente gentil es un descendiente espiritual de Abraham, es decir, un creyente «judío».

No obstante, en un sentido más profundo, los cristianos saben que *ellos mismos* son la causa de la muerte de Jesús. En definitiva, el responsable de la muerte de Jesús es el creyente por quien Él hubo de morir. Cuando llegó el momento de su crucifixión, aunque no hubiera habido dirigentes judíos o soldados romanos, Jesús hubiera tenido que morir de todos modos. El nuevo pacto del que era portador había de establecerse por medio de su sangre. Por ello, si alguno de quienes disfruta las bendiciones de este nuevo pacto busca un chivo expiatorio a quien hacer responsable de la muerte de Jesús, solo tiene que mirarse en un espejo. Igualmente, culpabilizar de ello a las autoridades judías de aquel entonces, pierde de vista la enseñanza bíblica de que somos nosotros, quienes seguimos a Jesús, los responsables de su crucifixión. La muerte de Jesús fue una necesidad divina (Mr 8:31; 931; 10:33-34, 45). En la fe cristiana no cabe ninguna forma de antisemitismo. En Romanos 9:3, Pablo nos describe una actitud más bíblica: «Porque desearía yo mismo ser anatema, *separado* de Cristo por amor a mis hermanos, mis parientes según la carne».

Preguntas para la reflexión

1. ¿Qué tipo de presupuestos han venido condicionando la orientación de algunas investigaciones acerca del juicio de Jesús y las conclusiones alcanzadas?
2. Confecciona una tabla con los puntos en que los relatos de los diferentes evangelistas coinciden entre sí y aquellos que presentan una discrepancia aparente.
3. Reflexiona sobre las razones que causaron el silencio de Jesús ante sus interrogadores. ¿Qué cambió este hecho y por qué?
4. ¿Por qué se refirió Jesús a sí mismo como Hijo del Hombre en sus respuestas durante el juicio y qué podemos aprender de este hecho?
5. Valora el juicio a que fue sometido Jesús según los criterios del tratado judío *tb Sanedrín*. ¿Sería lógico aceptar que las discrepancias entre los tratados judíos de aquella época y los relatos bíblicos del juicio de Jesús son una buena razón para descartar el carácter histórico de estos últimos? ¿Qué puede deducirse acerca del procedimiento que se aplicó al enjuiciamiento y condena de Jesús? ¿Cuáles son los hechos bíblicos que niegan que los judíos tuvieran la prerogativa de administrar la pena capital de manera absoluta en días de Jesús?

Referencias

Bammel, Ernst, ed. *The Trial of Jesus*. Naperville, Ill.: A. R. Allenson, 1970.

Blinzer, Josef. *The Trial of Jesus: The Jewish and Roman Proceedings Against Jesus Christ*. Westminster, Md.: Newman, 1959.

Brown, Raymond E. *The Death of the Messiah*, pp. 311-877. Nueva York: Doubleday, 1994.

Bruce, F. F. «The Trial of Jesus in the Fourth Gospel». En *Gospel Perspectives: Stories of History and Tradition in the Four Gospels,* editado por by R. T. France, 1:7-20. Sheffield, U.K.: JSOT, 1980.

Catchpole, David R. *The Trial of Jesus: A Study in the Gospels and Jewish Historiography from 1770 to the Present Day.* Leiden: E. J. Brill, 1971.

Corley, Bruce. «Trial of Jesus». En el *Dictionary of Jesus and the Gospels,* editado por Joel B. Green, Scot McKnight e I. Howard Marshall, pp. 841-54. Downers Grove, Ill.: InterVarsity Press, 1992.

Green, Joel B. *The Death of Jesus,* pp. 271-92. Tubinga: J. C. B. Mohr 1988.

Sanders, E. P. *Jesus and Judaism,* pp. 294-318. Filadelfia: Fortress, 1985.

Sherwin-White, A. N. *Roman Society and Roman Law in the New Testament.* Oxford, Clarendon, 1963.

Winter, Paul. *On the Trial of Jesus.* Nueva York: DeGruyter, 1974.

18

SUFRIMIENTO
BAJO PONCIO PILATO,
MUERTE Y SEPULTURA

Despreciado y rechazado,
Varón de dolores

El escenario del juicio bajo Pilato fue el Pretorio. Aunque este término se podría utilizar en relación con la Fortaleza Antonia donde estaba acuartelada la guarnición romana, es mejor entenderlo como una alusión al palacio de Herodes. Esto hace que la referencia al patio del Pretorio de Mr 15:16 encaje mejor. Sin duda, Pilato habría preferido la comodidad y el lujo del palacio a las instalaciones más espartanas de la Fortaleza.

Cuando se hubo pronunciado la sentencia, comenzó la ejecución: «a Jesús, después de hacerle azotar, [Pilato] le entregó para que fuera crucificado» (Mt 27:26; Mr 15:15). Josefo consigna (*Guerras de los Judíos* 2.14.9 [2.306]) que, normalmente, como parte del proceso de la crucifixión se practicaba una flagelación (*fragelloo*). Lucas no se refiere a ello directamente pero alude en varias ocasiones a la propuesta de Pilato de azotar a Jesús y soltarle luego (Lc 23: 16, 22). En el Evangelio de Juan (19:1) se utiliza otro término (*mastizo*) para referirse a la flagelación, y se menciona junto con otras torturas de que Jesús fue objeto antes de ser crucificado.

Desde el Pretorio Jesús fue llevado al lugar de su ejecución, una pequeña colina claramente visible desde lejos. Las ejecuciones eran actos deliberadamente públicos que constituían una advertencia contra la delincuencia y la disidencia. Por ello, el emplazamiento de la ejecución estaba cerca de una carretera de modo que quienes pasaban por ella pudieran presenciarla. El nombre arameo del lugar era Gólgota (cráneo), que es el equivalente del término griego *cranion* y del latino *calvarium*. En los días de Jesús, el Gólgota estaba situado fuera de los muros de la ciudad (Mr 15:20; Jn 19:20; ver también Heb 13:12). Esta es la razón por la que «salieron» (Mt 27:32; cf. Mt 21:39) de la ciudad para llegar hasta ese lugar. Más adelante, cuando Herodes Agripa amplió la ciudad con la llamada «tercera muralla», el Gólgota quedó dentro de los nuevos límites de Jerusalén.

Probablemente, su ubicación sea el lugar donde hoy se eleva la Iglesia del Santo Sepulcro. Algunas tradiciones que se remontan al siglo II vinculan este lugar con el Gólgota, y en el periodo entre 325 y 335, Constantino escogió este lugar para conmemorar la crucifixión. La propuesta del «Calvario de Gordon», otro lugar que se presentó en el siglo XIX, cuanta con pocas pruebas a favor de su autenticidad.

El camino que Jesús siguió hasta llegar al lugar de su crucifixión solo puede conjeturarse. La famosa Vía Dolorosa asume que el juicio tuvo lugar en la Fortaleza Antonia, lo cual es poco probable. Si el juicio de Jesús se produjo en el Palacio, entonces el camino que siguió hasta el Gólgota hubiera sido necesariamente otro. No obstante, hemos de recordar que lo importante de estos acontecimientos no es dónde se produjeron sino cuál es su significado.

Las cruces tenían diferentes formas: en la cruz tradicional o *crux immissa*, el madero vertical sobrepasa al horizontal (como en una *t* minúscula), la *crux commissa*, tenía forma de T mayúscula (el travesaño horizontal descansaba sobre el vertical) y la *crux decussata*, o cruz torcida que parecía una X. En ocasiones, la crucifixión se llevaba a cabo en una especie de andamio al que se crucificaban varios sentenciados uno junto al otro. El hecho de que Jesús tuviera que llevar su cruz, demuestra que en su caso no se le crucificó de este último modo, y otros varios factores favorecen la idea de que en su ejecución se utilizó una cruz tradicional. Uno de ellos es que en Mateo 27:37 (ver también Lc 23:38) se dice que se puso «sobre su cabeza» un cartel que consignaba su acusación formal. Los otros Evangelios también mencionan el hecho de que esta inscripción se fijó a la cruz, y el lugar donde éste sería más fácil de leer es, sin duda, en el espacio del madero vertical que sobrepasaba la cabeza de Jesús (ver Jn 19:19-20).

Cuando abandonó el Pretorio, se obligó a Jesús a acarrear su cruz (comparar con la obra de Plutarco, *De sera num. vind.* 554a). Normalmente, el reo no cargaba toda la cruz, sino solo su travesaño horizontal o *patibulum*. El madero vertical o *staticulum*, se dejaba intencionadamente en el suelo a modo de constante advertencia para todos. Al igual que la instalación de una guillotina o de una horca en una plaza, la pública exposición del *staticulum* pretendía ser una medida disuasoria de la delincuencia. Mientras acarreaba el travesaño horizontal, las fuerzas abandonaron a Jesús. La flagelación se había cobrado su precio. Los soldados romanos instaron a Simón de Cirene a que llevara el travesaño al Gólgota. (Lucas redacta de tal modo este incidente que convierte a Simón en el primero en tomar su cruz y seguir a Jesús [23:26]). Cirene era la capital de la provincia de Cirenaica situada en el territorio de la actual Libia. En Hechos 6:9 se menciona una sinagoga de los cireneos (ver también 11:20; 13:1).

Se han suscitado algunas preguntas respecto a la historicidad de esta referencia. (¿Cómo podía Simón haber estado andando hacia la ciudad durante la Pascua, cuando la normativa sobre el sábado que limitaba las distancias que se podían andar estaba vigente?). No obstante, la historicidad de este incidente está plenamente asegurada por la alusión de Marcos a Simón como el padre de Alejandro y Rufo, es decir, de personas que los lectores de su Evangelio conocían. Es inconcebible que quienes leyeron el relato de Marcos no hubieran preguntado a estos dos hombres acerca de este incidente.

Marcos menciona también que «llevaron» a Jesús al Gólgota; esto puede significar que tras la flagelación Jesús necesitó ayuda para llegar al lugar de su ejecución.

«Y le crucificaron»

Era costumbre que el reo fuera desnudo arrastrando su cruz hasta el lugar de su ejecución. Esto añadía su cuota de vergüenza y humillación a la ejecución. En el caso de Jesús esto no fue así ya que, después de ser azotado y escarnecido, fue vestido de nuevo con sus propia ropa; puede que esto se debiera al especial sentido del pudor característico del pueblo judío. En la cruz –y según lo acostumbrado–, los soldados le despojaron de sus ropas y las dividieron entre ellos; sin embargo, puesto que su túnica (la *chiton* o prenda interior) era sin costura y no la pudieron dividir en cuatro partes (lo cual sugiere que los soldados que formaban el escuadrón de ejecución eran cuatro), echaron suertes sobre ella. Normalmente, los romanos crucificaban a sus reos desnudos. Sin embargo –y debido nuevamente al especial sentido judío del pudor–, puede que a Jesús le permitieran conservar una especie de faja a modo de calzoncillo. El hecho de que no se obligara a Jesús a llevar la cruz desnudo hasta el Gólgota, apoya esta posibilidad.

Cuando llegó al Gólgota, se le ofreció vino mezclado con mirra (Mr 15:23). Respecto a esta costumbre el Talmud dice:

Cuando se va a ejecutar a alguien, se le da una copa de vino con un grano de incienso a fin de anestesiar sus sentidos porque está escrito: *Dad bebida fuerte al que está pereciendo, y vino a los amargados de alma* (Prov 31:6). Y se ha dicho también que las mujeres de la nobleza de Jerusalén solían traer el preparado de manera desinterada. (*tb Sanedrín* 43a).

El ofrecimiento de esta bebida era un auténtico acto de compasión. El vino y la mirra (tanto la mirra como el incienso son resinas gomosas que se extraen de ciertos árboles) se mezclaban para conseguir un efecto anestesiante que reducía el dolor de la víctima. Se desconoce el modo en que actuaba esta mezcla. El efecto embotador del alcohol es de sobras conocido, pero no hay pruebas de que la mirra, que generalmente se relaciona con la preservación de los cadáveres y los perfumes, actúe como droga anestesiante. Sin embargo, al parecer, en días de Jesús se creía que así era.

No está claro si fueron los mismos soldados quienes ofrecieron la bebida a Jesús, o si simplemente permitieron que las mujeres lo hicieran. (Mateo se refiere a la bebida como una mezcla de vino y «hiel». Puede que con esta referencia esté intentando demostrar que este acto daba cumplimiento a Salmos 69:21, entendiendo el gesto más como una burla que como una expresión de misericordia). Cuando probó el vino, Jesús no quiso beberlo. Estaba comprometido con la copa que el Padre le había dado a beber, y la copa de vino y mirra representaba un estorbo para ello.

El término *crucifixión* puede denotar varias formas de pena capital. No siempre es fácil discernir si se está aludiendo a la crucifixión de un reo vivo o la exposición pública del cadáver de una persona que había sido ajusticiada por otros medios. La palabra crucifixión puede también referirse al acto de empalar a una persona, lo cual produciría su muerte instantánea. No obstante, este tipo de muerte no servía a los propósitos de aquellos que preferían que el proceso de la muerte fuese lento y lacerante. La forma más conocida de crucifixión consistía en colgar a una persona en algún tipo de cruz. Esta forma de crucifixión se remonta al menos al siglo VII aC. y fue popularizado por Alejandro Magno. Cuando el imperio romano se extendió hacia Oriente, comenzó a utilizar esta forma de ejecución. Entre los romanos, la crucifixión era una forma de castigo para las clases más bajas. (Obsérvese que la *kenosis* voluntaria de Jesús le llevó a asumir la muerte de un esclavo, a saber, la muerte de cruz [Fil 2:7-8]). A los ciudadanos romanos se les eximía de esta forma de ejecución. Por ello, la tradición nos dice que mientras Pedro murió como mártir en una cruz, Pablo, por ser un ciudadano romano, fue decapitado.

Los judíos estaban muy familiarizados con la crucifixión ya que la utilizaban incluso sus dirigentes. En el siglo primero aC., el sumo sacerdote Alejandro Janeo crucificó a ochocientos fariseos que se sublevaron contra él. En el 4 aC., el gobernador sirio crucificó a doscientos judíos. Josefo se refiere a la crucifixión de ¡quinientos judíos cada día! por parte de Tito durante la revuelta de los años 66-70 dC. Afirma que el número de víctimas era tan grande que no había suficientes cruces para ejecutarlas ni espacio donde levantar los maderos. Aun aceptando que se trata de un lenguaje hiperbólico, resulta evidente que muchísmos judíos debieron de morir crucificados en el periodo de la destrucción de Jerusalén. La crucifixión siguió siendo la principal forma de ejecución en el imperio romano hasta que en el año 337 Constantino la prohibió.

Los métodos de sujeción a la cruz variaban. Los más comunes consistían en atar o clavar a la víctima. Puesto que ello no afectaba a ningún órgano vital, la muerte era lenta. Después de ser sujetada al travesaño horizontal de la cruz, la víctima era levantada por medio de postes ahorquillados que elevaban dicho travesaño por sus dos extremos. El travesaño horizontal con el reo suspendido de él, era entonces encastrado en una muesca hecha a propósito en el poste vertical al que luego se sujetaba. Juan 20:25 deja claro que las manos de Jesús fueron clavadas a la cruz (comparar con Col 2:14). Lucas 24:39 sugiere que también lo fueron sus pies. Los clavos no se insertaban en las palmas de las manos sino en las muñecas, ya que los huesos de las manos no son suficientemente resistentes para soportar el peso de la víctima. (En hebreo, el término «mano» incluye también la muñeca). Normalmente, los clavos se introducían entre los dos huesos principales de la muñeca. Con el descubrimiento de un hombre crucificado en 1968 cuyos pies habían sido clavados por separado a ambos lados del poste vertical, no tiene sentido cuestionar el hecho de que tanto las manos (muñecas) como los pies de Jesús fueron clavados a la cruz.

Si la víctima solo se sujetaba por medio de los clavos, solía morir más rápido de lo que querían sus torturadores. Por ello, en ocasiones colocaban en la cruz un reposapiés o *suppedaneum* o un pedazo de madera para que el reo apoyara las nalgas (*sedile*), o ambas cosas. Esta es la razón por la que, en ocasiones, se decribía la crucifixión como «sentarse en la cruz». Si bien esto daba cierto alivio al cuerpo, lo que se perseguía con este acto no era otra cosa que prolongar la agonía de los reos.

Se ha escrito mucho respecto a la «causa» de la muerte de Jesús. Muchos médicos se han esforzado en analizar los relatos de los Evangelios, acercándose a menudo a ellos como si fueran minuciosos informes médicos preservados para una comunidad científica posterior. Se ha dicho con frecuencia que la causa de la muerte de Jesús fue la asfixia; sin embargo, esto no puede demostrarse categóricamente. Sin duda, también el agotamiento corporal desempeñó algún papel.

La crucifixión es una de las formas de tortura y ejecución más abominables que el mundo ha conocido. Es tan horrible, que solo los cristianos pueden hablar de ella de un modo positivo, y ello solo por la redención que Jesús consiguió a través de la crucifixión. Entre los judíos, esta forma de ejecución se consideraba especialmente abominable por las palabras de Deuteronomio 21:23 («el colgado es maldito de Dios»). Este versículo se aplicó más adelante a esta forma de muerte, añadiendo con ello al terrible sufrimiento físico de la crucifixión, el horror espiritual de la maldición divina. La cruz tiene todo lo que un torturador perverso y sádico podría pedirle a una forma de ejecución. Cicerón, el poeta romano se refirió a ella como «la más cruel y abominable de las torturas» y dijo que «la propia palabra 'cruz' debería estar lejos, no solo del cuerpo de cualquier ciudadano romano, sino también de sus pensamientos, sus ojos y sus oídos» (*Pro Rabirio perduellionis* 5.16). La crucifixión implicaba un tormento lento y prolongado.

En algunos casos, la víctima permanecía viva durante largos días. Las moscas y los insectos se posaban en sus laceradas espaldas y en las heridas de las manos y los pies buscando algo que comer. Un escritor de la Antigüedad se refirió a las víctimas de la crucifixión como «comida para aves de rapiña y macabros despojos para los perros», puesto que los pájaros y otros animales comenzaban a comerse a los crucificados incluso antes de que éstos hubieran fallecido. La agonía de esta muerte era horrible porque la víctima no encontraba alivio alguno para su dolor. Y luego estaban la desnudez, la vergüenza y los insultos de aquellos que parecen encontrar siempre un escalofriante placer en el dolor y el tormento ajenos. El crucificado experimentaba también un sentimiento de absoluta impotencia. Lentamente, muy lentamente aquel cadáver viviente aguardaba la bendición de la muerte. Pero ésta no llegaría hasta que la cruz le arrancara todo el dolor y sufrimiento que le fuera posible. Casi cualquier forma de ejecución de la actualidad parece sorprendentemente «magnánima» cuando se la compara con la crucifixión.

El momento de la crucifixión se consigna de manera distinta en los Evangelios. Todos coinciden en que Jesús fue crucificado la víspera del sábado. Sin embargo, mientras Marcos 15:25 nos dice que la crucifixión de Jesús tuvo lugar a «la hora tercera» (las nueve de la mañana), Juan 19:14 afirma que ésta se produjo «como a la hora sexta» (hacia el mediodía). Mateo y Lucas no nos dan la hora exacta, pero deben estar pensando en términos del marco temporal de Marcos puesto que, junto con él, declaran que a la hora sexta (mediodía) sobrevino una oscuridad (Mt 27:45; Mr 15.33; Lc 23:44). Por ello, si bien no se refieren específicamente a la hora tercera como el momento de la crucifixión de Jesús, parecen asumir que lo fue.

La mejor forma de resolver este conflicto es recordar que en aquel tiempo las referencias temporales carecían de la precisión que tienen en nuestros días. Expresiones como «son las cinco y veinticinco» eran en aquel entonces del todo impensables. En general la gente se refería a la hora tercera, la hora sexta y la hora novena (las nueve de la mañana, las doce del mediodía y las tres de la tarde). De hecho, de las veintitrés referencias temporales específicas del Nuevo Testamento, veinte de ellas repiten estas tres expresiones. Las excepciones están en Mateo 20:9 y Juan 1:39; 4:52. Por supuesto, se podía ser más preciso, como ilustran estos tres últimos ejemplos, pero en general, la gente se contentaba con hablar en términos muy amplios de la hora tercera, sexta y novena. Por ello, un acontecimiento que había ocurrido entre las nueve de la mañana y las doce del mediodía, podía situarse tanto a la hora tercera (las nueve) como a la sexta (las doce del mediodía). No se puede imponer a los escritores bíblicos las exigencias de precisión de épocas posteriores. Observemos el carácter aproximado de la expresión joanina «como la hora sexta». Puede que Juan tuviera también una razón teológica para decidirse por la hora sexta en lugar de la tercera, y es que al mediodía (la hora sexta) era el momento en que se sacrificaban los corderos pascuales. Así, según la cronología de Juan, Jesús, el «cordero de Dios que quita el pecado del mundo» (Jn 1:29, 36) y los corderos pascuales fueron sacrificados al mismo tiempo.

Leemos que Jesús fue crucificado entre dos «ladrones», pero el término griego que se usa en el texto (*lestes*) define mejor a un revolucionario que a un «ladrón» o «salteador». Este mismo término es el que se utiliza con referencia a Barrabás (Jn 18:40), a quien Marcos describe como un sedicioso que había cometido un asesinato durante una insurrección (15:7). No se dice nada respecto a cómo fueron crucificados. Más adelante, la Iglesia vería la muerte de Jesús entre dos «ladrones» como el cumplimiento de la profecía que afirma que sería contado «con los transgresores» (Is 53:12). Sin embargo, no es probable que fuera esta referencia veterotestamentaria la que diera origen a la tradición ya que no se menciona en ninguno de los relatos de los Evangelios. La única alusión a este texto la encontramos en Lucas 22:37. Es evidente que aquel día, Jesús fue la víctima más importante puesto que se le situó en medio de los otros dos reos. Al parecer, también es posible que el punto en que crucificaron a Jesús estuviera un poco más elevado del suelo. Esto explicaría el sentido de las palabras de burla desafiándole a que *descendiera* «de la cruz» (Mr 15:30, 32) y el que tuvieran que utilizar una caña para acercar una esponja a la boca de Jesús (Mr 15:36; ver también Jn 3:14; 8:28; 12:32-34).

Era costumbre que las acusaciones que había contra los crucificados se expusieran públicamente durante el proceso de la ejecución (Suetonio, Calígula 32.2 y Domiciano 10:1; Dion Casio 54.3.7). En ocasiones, el letrero que detallaba los cargos se colgaba al cuello de las víctimas mientras acarreaban la cruz a su lugar de ejecución. En el caso de Jesús, la inscripción se fijó a la cruz por encima de su cabeza. Los cuatro Evangelios dan fe de la presencia de este letrero o *titulus*. El contenido de la inscripción que, según nos dice Juan, estaba redactado en hebreo, latín y griego se consigna del modo siguiente en cada Evangelio:

Este es Jesús, el Rey de los judíos (Mt 27:37)
El Rey de los judíos (Mr 15:26)
Este es el Rey de los judíos (Lc 23:38)
Jesús de Nazaret, el Rey de los judíos (Jn 19:19)

Todos concuerdan que a Jesús se le crucificó bajo la acusación de ser el rey de los judíos (es decir, el Mesías). Pilato informó al pueblo de que Jesús estaba siendo ejecutado por ser el rey de los judíos. Esto tuvo un claro impacto ofensivo sobre los dirigentes judíos que pidieron a Pilato que corrigiera la inscripción de modo que dijera que Jesús «pretendía» ser rey de los judíos, pero Pilato se negó a llevar a cabo tal corrección. Puede que lo hiciera para molestar al liderazgo judío por haberle obligado a hacer algo que no deseaba, pero no podemos estar seguros de ello. No obstante, en su relato de este incidente, Juan recoge la ironía: por medio de esta inscripción, el gobernador romano se convirtió sin saberlo e indirectamente en un testigo de las reivindicaciones mesiánicas de Jesús. A pesar de que los dirigentes judíos habían afirmado que su único rey era César (Jn 19:15), el gobernador romano dio fe de que Jesús era efectivamente su rey. (Ver también Jn 11:50 donde se recoge un caso parecido en el que Caifás, sin saberlo, dio testimonio de la necesidad de que Jesús muriera por toda la nación).

Cuando Jesús fue crucificado comenzaron de nuevo las burlas. Está claro que a lo largo de su juicio y crucifixión, Jesús fue constante objeto de escarnio. Lo hubo en el juicio ante el Sanedrín (Mr 14:65), en la vista ante Herodes (Lc 23:11), en el proceso ante Pilato (Mr 15:17) y durante la crucifixión (Mr 15:29-32). En la cruz, los insultos subieron de tono e intensidad. Los insultos y recriminaciones llegaron de los soldados, los caminantes, los dirigentes judíos e incluso de los ladrones. Las burlas se centraban básicamente en dos asuntos. El primero de ellos era la enigmática afirmación de que reedificaría el templo tres días después de haber sido destruido; el otro, su reivindicación mesiánica de ser el Cristo, el rey de los judíos. Esta última pone de relieve una vez más que la razón por la que se crucificó a Jesús fue su afirmación de ser el Cristo. Teniendo en cuenta que Jesús fue crucificado por Pilato por razones políticas y en vista de la expresión «Rey de los Judíos» que se consignó en el *titulus*, no debería haber dudas de que Jesús creyó, aceptó y enseñó que Él era el Cristo. Su crucifixión disipa cualquier duda al respecto.

Las siete últimas palabras de Jesús

Los Evangelios registran siete dichos distintos que Jesús pronunció desde la cruz. Lucas y Juan consignan tres cada uno de ellos, mientras que Mateo y Marcos presentan uno en común. Establecer el orden exacto en que se produjeron es un asunto muy complejo. La secuencia tradicional es la siguiente: «Padre, perdónales porque no saben lo que hacen»; «Hoy estarás conmigo en el paraíso»; «¡Mujer, he ahí tu hijo!... ¡He ahí tu madre!»; «Dios mío, Dios mío, ¿Por qué me has desamparado?»; «Tengo sed»; «Consumado es»; «Padre, en tus manos encomiendo mi espíritu».

«Padre, perdónales porque no saben lo que hacen» (Lc 23:34)

El testimonio que presentan los manuscritos de este dicho está mezclado. Algunos de los documentos mejores y más antiguos no registran estas palabras. Por ello no está del todo claro si este dicho forma parte de la redacción original de Lucas o si representan un añadido posterior de los copistas. A favor de la primera opción tenemos el testimonio de Hch 7:60 que pone en boca de Esteban un dicho muy parecido. Puesto que Lucas se esforzó en establecer paralelismos entre lo que sucede en su Evangelio y lo que consigna en el libro de los Hechos, esto podría indicar que Hch 7:60 es el equivalente en ese libro de lo que Jesús dice en el Evangelio. Los objetos de esta petición de perdón por parte de Jesús, no serían solo los ignorantes espectadores de su crucifixión, sino también los romanos y los dirigentes judíos que fueron los agentes activos de ella. Aunque ellos creían saber lo que estaban haciendo, en realidad no era así (compárese con el caso de Pablo en Hechos 26:9: si bien el apóstol creía saber lo que hacía al perseguir a la Iglesia, realmente no era así).

«En verdad te digo: hoy estarás conmigo en el paraíso» (Lc 23:43)

Aunque en un principio los dos ladrones crucificados junto a Jesús le escarnecieron por igual, Lucas consigna que más adelante uno de ellos experimentó un cambió de corazón. No se nos dice qué es lo que provocó tal cambio. Si fue ocasionado por un convencimiento de la inocencia de Jesús al observar su carácter, o si tal convencimiento llegó con una revelación sobrenatural, son cosas que no podemos saber con certeza. Para Lucas, este incidente aporta un tes-

293

timonio más de la inocencia de Jesús. Antes, tanto Pilato como Herodes habían constatado ya este hecho, y ahora es un ladrón quien da fe de él. Pero el testimonio de este hombre llega más lejos: confiesa que Jesús es el rey de los judíos y pide que se acuerde de él cuando venga en su reino.

La respuesta de Jesús fue la promesa de que cuando entrara en la plena presencia de Dios (literalmente, «el paraíso»), aquel ladrón le acompañaría. Ni que decir tiene que este dicho ha sido fuente de gran consuelo para multitud de personas a lo largo de todos estos siglos. Sin duda, la salvación es por Gracia. No hay nadie tan malvado, o tan desesperado que no pueda acercarse a Jesús en busca de misericordia y que no obtenga perdón y vida eterna, incluso en la «hora undécima».

«¡Mujer, he ahí tu hijo!... ¡He ahí tu madre!» (Jn 19:26-27)

Es mejor interpretar este dicho de un modo sencillo y directo que intentar encontrarle un profundo simbolismo religioso. Jesús estaba preocupado por el bienestar de su madre y quería asegurarse de que alguien se encargaría de ella. Por ello la encomendó al cuidado del discípulo amado que aquel mismo día la llevaría a su casa. Hasta aquí, Jesús había sido el responsable de velar por su madre, pero se acercaba el momento de su ausencia y, a partir de entonces, sería el discípulo amado quien se ocuparía de ella.

No queda claro cómo encajan en esto los «hermanos y hermanas de Jesús». La idea de que María siguió siendo virgen perpetuamente después del nacimiento de Jesús y que sus hermanos y hermanas eran simples primos encaja aquí perfectamente. (La idea de que los hermanos y hermanas de Jesús eran hijos e hijas de un anterior matrimonio de José no se ajusta tan bien a este episodio, y la perspectiva de que eran hijos de José y de María no encaja en absoluto). No obstante, las pruebas de que los hermanos y hermanas de Jesús eran de hecho hijos de José y María y, por tanto, medio hermanos suyos, son convincentes. Por ello, esta escena sigue planteando un problema. ¿Por qué no encomendó Jesús a su madre a sus propios hijos? ¿Podría ser que puesto que hasta aquel momento sus hermanos y hermanas no creían en Él (ver Jn 7:1-5), Jesús no quería dejar a su madre al cuidado de ellos? Sencillamente no lo sabemos.

«Eloi, eloi, ¿lama sabactani?... Dios mío, dios mío, ¿por qué me has desamparado?» (Mr 15:34)

Este es el único dicho de la cruz que aparece en dos Evangelios. Tanto Marcos como Mateo declaran que estas palabras fueron pronunciadas después de que «hubo oscuridad sobre toda la tierra» (Mr 15:33). Los evangelistas entendieron que esta oscuridad tenía un sentido altamente simbólico. En la Biblia, la oscuridad se relaciona a menudo con el juicio divino (Joel 2:2, 10; 3:15; Am 8:9; Sof 1:15; Sabiduría 5:6), y los autores de los Evangelios querían que sus lectores supieran que la nación iba a experimentar juicio. Sin duda, sus lectores verían en los acontecimientos del año 70 dC. un cumplimiento de este presagio. Otro aspecto de este juicio sería el hecho de que el reino de Dios les sería quitado a los judíos y entregado a los gentiles (Mr 12:9; Rom 11:30-33). Además de su relación con el juicio, la oscuridad se vincula también con el mal. En Getsemaní Jesús había dicho: «esta hora y el poder de las tinieblas son vuestros» (Lc 23:53). Sin duda el tiempo de la crucifixión fue una hora de terrible maldad y «oscuridad».

Se han sugerido muchas posibilidades con respecto a lo que pudo haber causado aquella oscuridad. Es cierto, por supuesto, que tal oscuridad cumple con un propósito teológico, sin embargo, esto no significa que esta referencia tenga que ser ficticia. Se ha propuesto que este periodo de oscuridad se debió a un eclipse –una forma de traducir Lucas 23:45 es «habiéndose eclipsado el sol»–, no obstante, esta explicación es improbable por varias razones. Para empezar, el tiempo máximo de oscuridad debido a un eclipse solar es de unos ocho minutos, y los registros dicen que esta oscuridad comenzó hacia el mediodía y se prolongó hasta las tres de la tarde. En segundo lugar, los eclipses de sol no son posibles durante la luna llena de la Pascua. Otras propuestas identifican este periodo de oscuridad como manchas solares, una erupción volcánica, una tormenta de polvo del desierto o una tormenta normal con aparato eléctrico. Para ser francos, sencillamente no sabemos lo que la produjo. En cuanto al comentario de que hubo oscuridad sobre *toda la Tierra*, deberíamos interpretarlo en el mismo sentido que entendemos textos como Lucas 2:1 con su referencia al decreto de César para que se hiciera un censo de *todo el mundo*: se trata sencillamente de lenguaje descriptivo e hiperbólico.

Existe otro símbolo de juicio estrechamente vinculado con éste: el desgarro del velo del templo de arriba abajo. No importa mucho si se refiere al velo exterior que dejaba paso al santuario (o lugar santo), o si se trata del velo que separaba el lugar santo del santísimo. (El hecho de que el primero de ellos era visible para todos los que estaban en el templo mientras que el segundo lo era solo para los sacerdotes que servían en el santuario, apoya la primera opción. A favor de la segunda está la referencia de Hebreos 10:19-20). El uso de la voz pasiva indica que fue Dios quien rasgó el velo. Si bien es cierto que el desgarro del velo puede usarse como un símbolo de que aquellos que creen en Jesús tienen acceso directo a Dios (ver Heb 10:19-20), su función principal en este texto es la de anunciar un juicio. Dios abandonaba el templo (Mt 23:37-38; *2 Baruc* 6:7; *Testamento de Leví* 10:3), y éste sería pronto destruido. Por otra parte, ya la muerte de Jesús lo había convertido en obsoleto y lo había superado.

La frase «DIOS MÍO, DIOS MÍO, ¿POR QUÉ ME HAS DE-SAMPARADO?'» procede de Salmos 22:1. En su deseo de expresar su agonía y su sentimiento de abandono, Jesús citó un salmo de lamento. Igual que el salmista antes que Él, Jesús se sintió completamente solo. Dios le había dejado sin consuelo. Jesús estaba completamente decidido a obedecer la voluntad de Dios y a sufrir la muerte en la cruz, no obstante no pudo dejar de expresar su agonía. No es necesario asumir que Jesús sabía de antemano todo lo que iba a experimentar. Es aquí, más que en ninguna otra parte, donde se pone claramente de relieve el coste de dar cumplimiento a la voluntad del Padre, y es también aquí más que en ningún otro lugar, donde la comunidad cristiana llega a ser consciente de la gravedad y del horror del pecado.

Recurriendo a su lengua materna, Jesús citó este salmo en arameo, del modo que le era más familiar: «Eloi, Eloi, ¿lema sabactani?». Al oír esto, algunos de los asistentes entendieron que Jesús estaba llamando a Elías ya que la expresión aramea «Dios mío» *(Eloi)* y la traducción griega del nombre Elías *(Elias)* se parecen bastante aunque en arameo ambos términos son muy distintos. Por ello no entendemos muy bien la razón de este malentendido. En respuesta, alguien empapó una esponja en el vinagre que normalmente bebían los soldados y poniéndola en una caña se la ofreció a Jesús. En Juan esta acción se menciona después del siguiente dicho.

«*Tengo sed*» (*Jn 19:28*)

Este grito revela algo del sufrimiento y la impotencia que Jesús experimentó. La tradición ha situado este dicho junto al anterior dada la semejanza de la respuesta que se dio a ambos: se le ofreció a Jesús una esponja empapada en vinagre. El texto de Marcos no deja claro si este acto fue o no una forma de burla. ¿Esperaba acaso que sus lectores interpretaran estas palabras en vista del Salmo 69:21 («Y por comida me dieron hiel, y para mi sed me dieron a beber vinagre»)? De ser así, habría sido un acto hostil. Marcos tampoco deja claro si Jesús aceptó la oferta del vinagre. Juan presenta la oferta como un acto de misericordia y nos dice que Jesús lo aceptó; lo que no queda claro en este Evangelio es si fueron los propios soldados quienes ofrecieron a Jesús esta bebida, o si solo permitieron que lo hiciera alguien de la multitud. Por otra parte, Juan nos dice también que dicha esponja se colocó en el extremo de «una rama de hisopo» (Jn 19:29). Si se refiere al hisopo que se utilizaba en la Pascua (Ex 12:22; Heb 9:18-20), es entonces difícil entender que esta variedad de hisopo hubiera podido soportar el peso de una esponja empapada de vinagre. No se sabe, por tanto, exactamente a qué clase de planta se está haciendo referencia.

«*Consumado es*» (*Jn 19:30*)

Jesús sabía que su obra había llegado a su fin y había vencido. Había terminado la obra por la que había sido enviado. Al hacerlo, había cumplido con la voluntad de Dios y con las Escrituras. Estas palabras son un poderoso recordatorio contra cualquiera que, de algún modo, sugiera que es necesario añadir algo a la gracia que vemos manifestada en la cruz. Indudablemente, la idea de que podemos añadir algo a la obra de Jesús representa una gran temeridad. La Redención se llevó a cabo de una vez y para siempre.

«*Padre, en tus manos encomiendo mi espíritu*» (*Lc 23:46*)

Cuando en la Última Cena Jesús habló de su muerte, lo hizo con gran confianza. Un día participaría junto con sus discípulos del banquete mesiánico. Aquí expresó de nuevo su confianza. Jesús creía con el salmista que Dios no escondería de Él su rostro, sino que escucharía su clamor (Sl 22:24) y le daría vida (v. 29). A diferencia del grito de agonía, esta oración de encomendación se dirige al «Padre».

La muerte de Jesús

Los relatos de los Evangelios no consignan la causa específica de la muerte de Jesús. Algunos han propuesto un fallo cardíaco, otros hablan de asfixia. Cualquiera que fuera la causa fisiológica, los Evangelios dejan claro que, en la hora de su muerte, Jesús controlaba la situación: se dice que *entregó* «el espíritu» (Mt 27:50; Jn 19:30). Existe un vínculo entre la vida y la voluntad. Quienes trabajan entre personas en fase terminal dan fe de que, con frecuencia, llega un momento en que tales personas se entregan voluntariamente a la muerte. En aquel momento, Jesús había cumplido aquello para lo que había sido comisionado. Su tarea había concluido; había corrido con éxito la carrera puesta delante de Él (ver Heb 12:1). Ahora se ponía en manos de su Padre y entregaba el espíritu.

La muerte de Jesús fue acompañada por varias señales. Como ya se ha mencionado, el velo del templo fue rasgado de arriba abajo. Hubo también un terremoto. Algunas rocas se partieron. (En ocasiones se ve un apoyo indirecto de estos fenómenos en las obras de Tácito, *Historias* 5:3, Josefo, *Guerras de los Judíos* 6.5.3 [6.288-96], y *tj Yoma* 6.43c, pero estas referencias son muy ambiguas). Las tumbas se abrieron y muchos muertos resucitaron, entraron en Jerusalén y aparecieron a muchos (Mt 27:52-53). No está del todo claro cómo hay que entender la expresión «después de su resurrección» (27:53. Esto es lo que dice literalmente el texto griego). Puede indicar que aunque las tumbas se abrieron y los muertos revivieron, aquellos que resucitaron no entraron en Jerusalén hasta después de su resurrección, o también que todo esto sucedió después de la resurrección de Jesús.

Las primeras señales (velo, terremoto y rocas) eran advertencias del juicio y daban fe del veredicto de Dios para con Israel, tanto para aquel momento como en el futuro cercano (el año 70 dC.). La resurrección de los muertos era un testimonio de la llegada de la nueva era. Probablemente, el mejor modo de entender esta resurrección sea en el mismo sentido que las otras que encontramos en los relatos de los Evangelios (tanto la hija de Jairo, como el hijo de la viuda de Naín y Lázaro volverían a experimentar la muerte física). La resurrección que nos introduce a la inmortalidad que experimentó Jesús sigue siendo un acontecimiento futuro que aguarda a su segunda venida al final de la Historia. En este punto del relato, los Sinópticos consignan la confesión de un centurión, «verdaderamente, éste era Hijo de Dios» (Mr 15:39; ver tambien Mt 27:54). Esta afirmación hay que entenderla en su sentido cristológico más profundo. Esta es la intención de los evangelistas. La falta del artículo determinado antes de «Hijo» en el texto griego, no significa que haya que traducir, «verdaderamente, éste era *un* Hijo de Dios». En vista del propósito de los evangelistas al registrar esta confesión, hay que entenderlo en el sentido de «verdaderamente, éste era *el* Hijo de Dios», igual que sucede con los títulos que encontramos en Lucas 1:32, 35 y Mateo 27:40, 43, donde el texto griego tampoco consigna ningún artículo. La razón que se da para explicar esta confesión es que el centurión había visto «lo que había sucedido» (Lc 23:47), es decir, había visto «el terremoto y las cosas que sucedían» (Mt 27:54). Tras haber visto estas señales (o haber sido informado de ellas) y haber observado el carácter de Jesús durante la crucifixión, el centurión fue movido a pronunciar esta confesión. No obstante, resulta obvio que su comprensión de lo que implicaba su propia confesión no era tan profunda y completa como la de los lectores del Evangelio.

En el relato de Juan leemos que, dado que el día siguiente era sábado, la ejecución había de concluirse. Entre los judíos no se permitía que durante el sábado el cuerpo de los ajusticiados permaneciera expuesto de este modo (Dt 21:23). Para acelerar la muerte de las víctimas solía quebrárseles las piernas. A este procedimiento se le daba el nombre de *crurifagium*. Esto cumplía un doble propósito: por un lado representaba un fuerte shock para las víctimas que quedaban aún más debilitadas, y por otro les hacía más difícil respirar. Normalmente, cuando los músculos de los pulmones se cansaban, los crucificados levantaban el cuerpo apoyándose en el reposapies (si lo tenían) o en los clavos que sujetaban sus pies, lo cual permitía que los músculos pulmonares recuperaran algo de su tono. Cuando se les rompían las piernas, esto dejaba de ser posible y se les hacía más difícil respirar. Por ello, a los dos ladrones se les rompió las piernas, pero en el caso de Jesús esto no fue necesario porque ya estaba muerto.

Uno de los soldados «le traspasó el costado con una lanza, y al momento salió sangre y agua» (Jn 19:34). Se ha debatido mucho cómo hay que entender estas últimas palabras. Algunos lo han entendido como si del informe de una autopsia se tratara. Se han hecho numerosas investigaciones médicas para dilucidar su sentido. Sin embargo, el propósito de Juan es más teológico que fisiológico. Algunos han entendido que esta precisión iba dirigida a los proto gnósticos que sostenían que Jesús no murió realmente. Esta afirmación de Juan junto con el versículo siguiente se interpretan como la refutación de estas ideas mediante la constatación de que él vio a Jesús morir en la cruz. Vio salir sangre (y con ella la vida) y agua del costado de Jesús. Otros han visto en la sangre y el agua una referencia a la muerte de Jesús como cordero pascual, y a la venida del Espíritu Santo como consecuencia de ello (ver Jn 7:38-39). Otro punto de vista sostiene que se refieren al bautismo (agua), que se vincula a la venida del Espíritu (ver Jn 3:5), y la Cena del Señor (sangre).

La sepultura de Jesús

Muchas veces no se daba sepultura a los cadáveres de los delincuentes. Bien pudiera ser que los de los dos ladrones fueran simplemente arrojados a algún barranco. Sin embargo, esto no ocurrió con el cadáver de Jesús. Su sepultura se vincula con un hombre llamado José de Arimatea, un seguidor secreto de Jesús que era miembro del Sanedrín (Mt 27:57; Jn 19:38). Lucas subraya que José se opuso al plan del Sanedrín de procurar la muerte de Jesús (Lc 23:50-51). (Esto pone de relieve que cuando en Marcos 14:55, 64; 15:1 se habla de «todo el concilio» y de «todos», estas expresiones tienen un carácter hiperbólico). Asumiendo un gran riesgo personal, José se dirigió a Pilato y le pidió el cuerpo de Jesús. No lo hizo en calidad de judío devoto que no quería que se profanase el sábado, sino como un auténtico seguidor de Jesús. Pilato se sorprendió de que Jesús hubiera muerto tan rápidamente, sin embargo, tras confirmar que había fallecido realmente, permitió que José se llevara su cuerpo.

El relato es un tanto impreciso y no resulta del todo claro si fue el propio José quien bajó el cuerpo de Jesús de la cruz o si esto lo hizo alguno de los soldados. Según Juan, Nicodemo, que posiblemente era también un secreto seguidor de Jesús, ayudó a José en la tarea de sepultarle. Envolviendo el cadáver de Jesús en un lienzo de lino, le llevaron a un sepulcro excavado en la roca. Lucas y Juan hablan de un «sepulcro nuevo, en el cual todavía no habían sepultado a nadie» (Lc 23:53; ver también Jn 19:41). Era pues un espacio apropiado para sepultar al Rey de los Judíos. (Compárese con el uso que hizo Jesús de un pollino en el

que nadie había montado el Domingo de Ramos [Lc 19:30, 38]). Mateo
señala que el sepulcro era propiedad de José (Mt 27:60) y que éste
era rico (v. 57). Si bien los Evangelios no se refieren explícitamente a
Isaías 53:9 («Se dispuso con los impíos su sepultura, pero con el rico fue
en su muerte»), algunos intérpretes posteriores han visto este suceso
como un ejemplo del cumplimiento de las profecías bíblicas.

Para preparar el cuerpo, José y Nicodemo lavaron primeramente el
cuerpo dejándolo limpio de toda suciedad y de la sangre seca. Normalmente, quienes preparaban los cadáveres para la sepultura tambien les cor-
taban las uñas y el pelo, les cerraban los ojos, etc. (ver *tm Sabat* 23:5). No se
nos dan todos los detalles de lo que hicieron. Sí se menciona un lienzo
de lino (*sindon*) que se utilizó para envolver a Jesús, mientras que Juan
habla de «telas» (19:40, *othonion*). Puede que los Sinópticos mencionen
solo la tela más grande que se utilizó y que Juan quiera señalar que se
usaron también otras, como el sudario por ejemplo. A diferencia de los
egipcios, los judíos no extraían las vísceras ni practicaban el embalsama-
miento de los cuerpos. Después de lavar el cadáver, lo envolvieron con
especias aromáticas (mirra y áloe) que servían principalmente como des-
odorante para neutralizar el hedor de la descomposición. Según Juan 19:39,
las especias que se utilizaron pesaban unas «cien libras». Una libra romana
eran unos 340 gramos, lo cual arroja un peso enorme (¡unos 34 kg!),
por lo que no está claro si hay que interpretar este peso de un modo
literal o simbólico.

Terminada esta tarea, depositaron el cuerpo en el sepulcro de José y
lo sellaron con una piedra. El sepulcro había sido excavado en la roca
y tenía una abertura aproximada de un metro. En el interior, normalmente la altura de la estancia permitía estar de pie y a medida que crecía el
numero de personas allí sepultadas, en ocasiones se añadían nuevas sa-
las. La piedra utilizada para bloquear la entrada tenía probablemente
forma circular. Ésta se emplazaba dentro de una pequeña zanja a modo
de guía y se hacía correr para sellar la entrada del sepulcro apoyándola
luego contra el muro donde descansaba con firmeza. A fin de preparar-
nos para el relato del sepulcro vacío, los autores de los tres primeros
Evangelios afirman que María Magdalena y otra María estaban allí pre-
senciando cómo daban sepultura al cuerpo de Jesús.

Mateo declara que durante el Día de reposo los dirigentes judíos fueron a ver a Pilato. Estaban preocupados por lo que Jesús había dicho
acerca de resucitar de los muertos al tercer día (Mt 27:62-63). No sabemos si estaban enterados de ello por haber entendido sus enigmáticas

palabras respecto a destruir el templo y reconstruirlo en tres días (Mr 14:58), o si habían oído alguna de las predicciones de la Pasión y resurrección de Jesús (Mr 8:31; 9:31; 10:33-34). Lo que sí sabían, no obstante, era que si los discípulos robaban el cuerpo de Jesús y decían al pueblo que había resucitado de los muertos, «el último engaño... [sería] peor que el primero» (Mt 27:64). De modo que solicitaron que se asegurara el sepulcro a fin de impedir cualquier posibilidad de robo.

La respuesta de Pilato (Mt 27:65) puede interpretarse de dos formas: «ya tenéis vuestra propia guardia. Utilizadla para asegurar el sepulcro», o, «De acuerdo, os concedo lo que me pedís. Os doy una guardia de soldados romanos para que custodien el sepulcro». Varios argumentos favorecen esta última interpretación. (1) El término *soldados (stratiotatis)* que se utiliza en Mt 28:12 para describir a esta guardia, se utiliza casi siempre en el Nuevo Testamento para hablar de soldados romanos (ver Mt 27:27). Nunca se utiliza para referirse a la policía del templo que estaba bajo la supervisión de los dirigentes judíos. (2) En el *Evangelio de Pedro* 8:31, una obra del siglo segundo, se entiende que la guardia eran efectivamente soldados romanos. (3) Si la guardia estuviera formada por militares judíos bajo el control de dirigentes judíos, ¿por qué habrían de tener algún problema con el gobernador romano por la desaparición del cuerpo de Jesús (Mt 28:14)?

Con la guardia romana que se les dio, las autoridades judías sellaron el sepulcro. Esta última acción consistía en colocar cierta cantidad de cera fundida en uno de los puntos de convergencia entre la piedra y el muro, de modo que al secarse delatara cualquier movimiento posterior de la piedra. Sobre la cera se imprimió el sello romano. De este modo, dirigentes judíos y romanos trabajaron codo con codo para evitar cualquier posibilidad de que el cuerpo de Jesús fuera sustraído. No obstante, su poder y autoridad servirían únicamente para proteger el sepulcro durante un solo día, puesto que el domingo todo aquello no habría servido de nada.

Teorías de que Jesús no fue crucificado

En este estudio de la muerte de Jesús no se ha dicho nada respecto a algunas absurdas teorías en el sentido de que, en realidad Jesús de Nazaret no murió en la cruz. La mayor parte de ellas se refutan a sí mismas mediante las propias explicaciones que se proponen acerca de lo que supuestamente sucedió.

Una de estas teorías afirma que quien fue crucificado no fue Jesús sino Simón de Cirene. A su llegada al Gólgota, los soldados confundieron a Simón, que era quien cargaba la cruz, con Jesús, y le crucificaron. Parece casi innecesario refutar esta teoría; baste señalar que era del todo imposible confundir a un Jesús recién flagelado, cubierto de sangre e incapaz de acarrear la cruz, con un hombre que no había sido flagelado. ¿Y es lógico pensar que los soldados que habían conducido a Jesús hasta el Gólgota, hubieran olvidado por completo su aspecto y el modo en que iba vestido durante su recorrido hasta aquel lugar? Y sus enemigos, que seguían increpándole mientras colgaba de la cruz, ¿acaso ellos también se habían olvidado del aspecto de Jesús?

Otra explicación que procede de los ambientes gnósticos afirma que, si bien es cierto que el cuerpo de Cristo fue crucificado, el verdadero Jesús (su espíritu), no lo fue. Algunas de estas interpretaciones llegan incluso a describir al «verdadero» Jesús sentado mientras le están clavando en la cruz, burlándose de la situación. Esta teoría se basa en un dualismo entre cuerpo y espíritu tan insostenible que no requiere refutación. De hecho, acaba admitiendo precisamente aquello que pretende negar mediante su dualismo, a saber, que Jesús de Nazaret, hijo de María, fue crucificado.

Otra teoría propone que a quien de hecho se crucificó, fue a un hermano de Jesús tras haberle confundido con Él. Otra conjetura más, que aparece en el Corán, afirma que Jesús no fue crucificado, sino que un doble le reemplazó: se caracterizó a alguien para que se pareciera a Jesús y fue entregado a la crucifixión. Otra de las propuestas presentadas tiene que ver con Judas. Se dice que, si bien es cierto que Judas convino en traicionar a Jesús, en el último momento, ya en Getsemaní, besó intencionadamente a otro que fue crucificado en su lugar.

Todas estas teorías requieren errores y confusiones increíbles por parte de quienes se encargaron de ejecutar a Jesús. Se hace muy difícil de creer que, aquellos que deseaban con tanta vehemencia su muerte, tomaran a Jesús por otro y pudieran ser engañados con tanta facilidad. Jesús era un personaje público. Había estado enseñando abiertamente en el templo. Para dar crédito a cualquiera de estas teorías habría que alterar radicalmente los relatos de los Evangelios de un modo que los hace inverosímiles.

Conclusión

La muerte de Jesús de Nazaret en la cruz es uno de los acontecimientos más conocidos y mejor atestiguados de la Historia. Quienes la niegan no lo hacen basándose en pruebas fehacientes sino en motivos de orden apologético. No obstante, ¡los hechos son obstinados: Jesús de Nazaret sufrió bajo Poncio Pilato, murió y fue sepultado!

Preguntas para la reflexión

1. ¿Qué razones tenemos para situar el Pretorio en el palacio de Herodes o en la Fortaleza Antonia? Valora las razones que se aportan contra la historicidad de la intervención de Simón de Cirene. ¿De qué datos bíblicos disponemos a favor de su historicidad?
2. Con los datos de este capítulo haz una lista de los «horrores» físicos, psicológicos y espirituales de la muerte de Jesús en la Cruz. ¿Qué nos enseña esta lista respecto al carácter del pecado del hombre? ¿Y acerca del carácter de Dios?
3. Expresa brevemente el sentido de cada una de las «siete palabras de Jesús» en la Cruz junto con, al menos, una aplicación personal de cada una de ellas.
4. Reflexiona sobre el sentido de las señales que se produjeron durante la crucifixión de Jesús y especialmente en el momento de su muerte. ¿Cuál fue su significado general? Expresa brevemente el significado de cada una de ellas.
5. ¿Qué motivó la expresión «verdaderamente, éste era Hijo de Dios» por parte del centurión romano, cuál es el sentido que dan los evangelistas a esta expresión y por qué?
6. Valora las teorías que proponen que Jesús no murió de hecho en la cruz. ¿Qué puede decirse de ellas en vista del testimonio de que disponemos de su muerte y sepultura? ¿Cómo puede calificarse el grado de solidez de este testimonio, nulo, pobre, medio, bastante sólido, sólido, muy sólido?

Referencias

Brown, Raymond E. *The Death of the Messiah,* pp. 880-1524. Nueva York: Doubleday, 1994.

Dodd, C. H. «The Historical Problem of the Death of Jesus». En *More New Testament Studies,* pp. 84-101. Grand Rapids, Mich.: Eerdmans, 1968.

Fitzmyer, Joseph A. «Crucifixion in Ancient Palestine, Qumran Literature and the New Testament». *Catholic Biblical Quarterly* 40 (1978): 493-513.

Green, Joel B. «Death of Jesus». En el *Dictionary of Jesus and the Gospels,* editado por Joel B. Green, Scot McKnight e I. Howard Marshall, pp. 146-63. Downers Grove, Ill: InterVarsity Press, 1992.

—. *The Death of Jesus.* Tubinga: J. C. B. Mohr, 1988.

Hengel, Martin. *Crucifixion in the Ancient World and the Folly of the Message of the Cross.* Filadelfia: Fortress, 1977.

Kiehl, Erich H. *The Passion of Our Lord.* Grand Rapids, Mich.: Baker Book House, 1990.

Lohse, Eduard. *History of the Suffering and Death of Jesus Christ.* Filadelfia: Fortress, 1967.

O'Collins, Gerald G. «Crucifixion». En el *Anchor Bible Dictionary,* 1:1207-10. Nueva York: Doubleday, 1992.

Senior, Donald. *The Passion of Jesus in the Gospel of Mark.* Wilmington, Del: Michael Glazier, 1984.

19

LA RESURRECCIÓN

«¿Por qué buscáis entre los muertos al que vive?»

Hacia el final de la tarde del viernes, el cuerpo de Jesús fue sepultado por José de Arimatea en una tumba de su propiedad. Esto sucedió un poco después de comenzar la celebración del *Sabat* (desde las seis de la tarde del viernes a las seis de la tarde del sábado). Tenía que ser un día de descanso, pero para los seguidores de Jesús fue un jornada de agitación emocional. Los Evangelios no nos informan acerca de su experiencia puesto que el relato de los acontecimientos que van del Viernes Santo al Domingo de Resurrección no se centra en los discípulos, sino en Jesús. Sin embargo, es casi seguro que para los discípulos aquel fue un día marcado por la tristeza y una gran confusión. Preocupados por un posible robo del cuerpo de Jesús por parte de los discípulos, los dirigentes judíos solicitaron a Poncio Pilato una guardia romana para custodiar la tumba y éste se la concedió. Cuando comenzó la celebración del *Sabat*, el sepulcro estaba sellado y custodiado por las tropas romanas. Sin embargo, durante la madrugada de aquel domingo tuvo lugar el acontecimiento más singular y significativo de la historia humana.

Los Evangelios utilizan varias expresiones para referirse al marco temporal de la Resurrección: «después de tres días» (Mt 27:63; Mr 8:31; 9:31; 10:34), «al tercer día» (Mt 16:21; 17:23; 20:19; Lc 9:22; 18:33; 24:7, 46; ver también Lc 13:32; 24:21) y «en tres días» (Mt 26:61; 27:40;

Mr 14:58; 15:29; Jn 2:19-20). (Comparar también Mt 27:64.) ¿Cómo encajan estas expresiones con una resurrección el domingo, o primer día de la semana?

Hay que observar desde el comienzo que para los autores de los Evangelios esta pluralidad de expresiones no supuso ningún problema. Las entendieron como maneras alternativas de decir lo mismo. Mateo utilizó sin problemas cada una de estas expresiones para referirse al momento de la resurrección de Jesús. Para él, tales designaciones encajan perfectamente con una muerte el viernes por la tarde y una resurrección el domingo por la mañana. Teniendo en cuenta la concepción judía del tiempo, la secuencia de los acontecimientos fue la siguiente:

Primer Día	Desde las seis de la tarde del jueves hasta las seis de la tarde del viernes, periodo que comprende la Última Cena, Getsemaní, el juicio de Jesús, su crucifixión y su sepultura
Segundo Día	Desde las seis de la tarde del viernes hasta las seis de la tarde del sábado, periodo de custodia del sepulcro
Tercer Día	Desde las seis de la tarde del sábado hasta las seis de la tarde del domingo, periodo dentro del que tuvo lugar la resurrección

La única dificultad importante es la que se desprende de las palabras de Jesús en Mateo 12:40: «porque como ESTUVO JONÁS EN EL VIENTRE DEL MONSTRUO MARINO TRES DIAS Y TRES NOCHES, así estará el Hijo del Hombre tres días y tres noches en el corazón de la tierra». Entre el viernes por la tarde y el domingo por la mañana es imposible introducir tres «días» y tres «noches» literales. Parece, sin embargo, que «tres días y tres noches» es sencillamente otra manera de decir «al tercer día» o «después de tres días». Esto puede observarse en 1 Samuel 30:12-13, donde aparece la expresión «en tres días y tres noches». La traducción griega del Antiguo Testamento (la Septuaginta) vierte exactamente la misma expresión que encontramos en Mateo 12:40 «tres días y tres noches». En el versículo 13, sin embargo, esta expresión de tiempo se consigna como «en tres días». Por tanto, los autores bíblicos utilizan las expresiones «al tercer día», «después de tres días», «en tres días», y «en tres días y tres noches» para referirse al mismo período de tiempo.

Dificultades en los relatos de la Resurrección

Puesto que los relatos de la resurrección presentan varias discrepancias aparentes, se han hecho numerosos intentos de armonizarlos. Algunos de ellos son más convincentes que otros, pero ninguno es completamente satisfactorio. Muchos eruditos han abandonado toda esperanza de llegar a una solución satisfactoria. Las principales dificultades pueden resumirse del siguiente modo: (1) ¿Cuántas mujeres había realmente en la tumba? ¿Eran cinco (Lucas), tres (Marcos), dos (Mateo) o una (Juan)? (2) ¿Quiénes eran los mensajeros que estaban en el sepulcro? Eran hombres (Marcos y Lucas) o ángeles (Mateo y Juan)? Eran dos (Marcos y Mateo) o uno (Lucas y Juan)? Observemos, no obstante, que el uso del término «*joven*» por parte de Marcos y Lucas, representa la forma tradicional de hacer referencia a los ángeles. Lucas identifica ambos términos en 24:4, 23 (ver también 2 Macabeos 3:26, 33). (3) ¿Estaban los hombres/ángeles dentro del sepulcro (Marcos, Lucas, Juan) o fuera de él (Mateo)? (4) ¿Apareció Jesús a los discípulos en Jerusalén (Lucas) o en Galilea (Mateo)?

El sábado muy temprano algunas mujeres, encabezadas por María Magdalena, salieron de Jerusalén en dirección al sepulcro. Los Evangelios Sinópticos preparan el terreno para este relato señalando que María Magdalena y otra mujer llamada María observaban a distancia cómo sepultaban a Jesús. Por ello, estas mujeres conocían la exacta ubicación del sepulcro. En el relato de la Resurrección, Mateo menciona a estas dos mujeres, mientras que Marcos se refiere a una segunda María como la madre de Jacobo y José (ver también Mr 15:40 con 15:47 y 16:1) y añade a Salomé. Puede que la exclusión del nombre de Salomé por parte de Mateo se deba al papel secundario que ésta tiene en su Evangelio. Juan solo concede importancia a María Magdalena (Jn 20:1), pero Lucas añade a Juana y a «otras mujeres» (Lc 24:10). Su mención de todas estas mujeres armoniza bien con su interés en subrayar el papel femenino que encontramos en su Evangelio. Así pues, el problema del número de mujeres que había en el sepulcro no representa un asunto fundamental, a no ser que se insista en que el número que consignan Juan (una), Mateo (dos) y Marcos (tres) significa que únicamente estaban presentes las mujeres que se mencionan. El propósito de ellas era ungir el cuerpo de Jesús. No se nos dice si la razón de este interés en ungir el cuerpo de Jesús se debía a que no estaban satisfechas con el modo en que lo había hecho José de Arimatea el día anterior, si solo querían «comprobar» que se había hecho todo lo posible, o si había alguna otra razón. Las razones personales que llevaron a aquellas mujeres al sepulcro de Jesús no eran relevantes para los autores de los Evangelios. La importancia de su presencia en aquel lugar radica en que ello les hizo testigos de la resurrección. Marcos menciona que estaban preocupadas acerca de quién les ayudaría a mover la piedra (Mr 16:3). Al parecer no sabían que se había instalado una guardia en el sepulcro, probablemente porque ello se hizo discretamente durante la celebración del *Sabat*. Si consideramos que las mujeres fueron al sepulcro con la intención de ungir el cadáver de Jesús, parece evidente que la idea de la resurrección estaba lejos de sus pensamientos ¡Sin duda, no estaban en la mejor disposición mental para experimentar una alucinación de un Cristo resucitado!

Mateo explica que en aquel momento se produjo un «gran terremoto» (Mt 28:2) y el ángel del Señor apartó la piedra. (Este terremoto no debe confundirse con el que se menciona en Mt 27:51, y referirse a él como una «réplica» del primero es mera especulación.) Mateo comenta que el terremoto produjo verdadero pánico entre los guardias que huyeron despavoridos. Cuando éstos explicaron lo que había sucedido y que el sepulcro estaba vacío, los dirigentes judíos les sobornaron para que dijeran que los discípulos habían robado el cuerpo mientras dormían. Tal informe podría haber tenido serias consecuencias para los soldados. Dormirse durante una guardia podía provocar su ejecución. Por esta razón, los dirigentes judíos se pusieron de acuerdo para «convencer» al gobernador de que no les castigara en caso de que el asunto llegara a sus oídos

Cuando llegaron al sepulcro, las mujeres encontraron que la piedra había sido desplazada de la entrada. El propósito de tal acción no fue permitir que el Cristo resucitado saliera del sepulcro, (ver Jn 20:19) sino permitir que las mujeres entraran en él y vieran que estaba vacío. Llegados aquí, se hace difícil armonizar los cuatro relatos para que formen una unidad comprensible. Esto no significa que no pudieran conciliarse si dispusiéramos de más información. En este momento, sin embargo, no poseemos tal información. Según parece, sucedió algo semejante a lo siguiente.

Al descubrir que el sepulcro estaba vacío, en lugar de pensar que Jesús había resucitado de entre los muertos, las mujeres llegaron a la conclusión de que alguien había robado el cuerpo (Jn 20:2, 13-15). Un mensajero (o mensajeros) angélico les dijo (o dijeron) que Jesús no estaba muerto sino que había resucitado. Jesús mismo se lo confirmó a María Magdalena (Jn 20:16-17). Al decírseles que comunicaran estas cosas a los discípulos, las mujeres salieron del sepulcro y procedieron a hacerlo. El informe fue recibido con escepticismo por parte de los apóstoles. Tampoco ellos estaban preparados psicológicamente para la resurrección. El relato se consideró un «disparate» (Lc 24:11). Pedro y «el otro discípulo» (Jn 20:3) corrieron al sepulcro para verificar la información y descubrieron que las cosas eran como las mujeres habían dicho. No obstante, siguieron teniendo dudas hasta que el propio Jesús se les apareció.

La historicidad del sepulcro vacío

Antes del siglo XX, todo el mundo aceptaba la historicidad del sepulcro vacío, tanto aquellos que creían en la resurrección de Jesús como quienes la negaban. La tumba vacía es de facto «el hecho» histórico más antiguo vinculado con la resurrección. Precede incluso a la aparición de la fe de los discípulos. Los oponentes judíos del cristianismo lo aceptaron ya en el siglo primero, puesto que la teoría de que los discípulos robaron el cuerpo de Jesús (Mt 28:11-15) da por cierto este hecho. Si consideramos fidedigno el relato de Mateo, esta forma de explicar el sepulcro vacío existía ya el primer Domingo de Resurrección. No obstante, en el siglo XX la historicidad de este hecho ha recibido virulentos ataques.

Se han presentado algunos argumentos que desafían la idea de una tumba vacía. Algunos atacan esta tradición como poco fidedigna y afirman que es muy tardía. Pablo, se dice, no sabía nada al respecto. Se entiende que la tradición de la tumba vacía es una legendaria añadidura a los relatos de la resurrección. Fue creada por la Iglesia Primitiva como prueba para demostrar la resurrección de Jesús. Quienes sotienen este punto de vista razonan que, para la mayoría, la resurrección implicaba la transformación del cuerpo físico de Jesús, y que, por tanto, era lógico y necesario afirmar que tras la resurrección su sepulcro había quedado vacío. Así se creó la tradición del sepulcro vacío.

Otra objeción contra la historicidad de la tumba vacía es su ausencia como argumento en la predicación de la Iglesia Primitiva. Este punto se puede conceder con una salvedad. La existencia de la teoría de que los discípulos robaron el cuerpo demuestra que en algunos contextos la tumba vacía formaba parte de la proclamación cristiana. No obstante, es cierto que la predicación cristiana de la resurrección hacía más hincapié en las apariciones del Jesús resucitado que en la tumba vacía (ver, por ejemplo, Hechos 2:32; 3:15; 5:30; 10:39-41). La aparición de la fe de los discípulos no la produjeron los relatos del sepulcro vacío, sino las apariciones del Cristo resucitado. Por otro lado, si bien es cierto que el sepulcro vacío no demostraba la resurrección de Jesús ni la producía, también lo es que la presencia de su cuerpo en la tumba la habría descartado.

Aunque en el siglo XX se ha hecho muy popular negar la realidad del sepulcro vacío, existen sólidos argumentos para negar que se trate de una leyenda de carácter apologético. Los principales de tales argumentos son: la múltiple certificación de este hecho; la proclamación de la resurrección de Jesús afirma implícitamente que la tumba quedó vacía; las mujeres fueron testigos oculares de la existencia de este hecho; los judíos reconocieron su realidad; la tumba que quedó vacía era muy conocida; la veneración del domingo se debe al descubrimiento del sepulcro vacío el primer día de la semana; la tradición más antigua de la resurrección alude al sepulcro vacío.

La múltiple certificación del sepulcro vacío

El relato del sepulcro vacío aparece en los cuatro Evangelios y, al menos, en tres fuentes distintas: Marcos, M y Juan. Esta certificación múltiple aporta un apoyo muy sólido a la tradición. Es más, las presuntas contradicciones que encontramos en estos relatos prestan su apoyo a la amplia extensión de esta tradición en el marco de la proclamación cristiana. Si los relatos de Marcos, M y Juan fueran idénticos, podría entonces plantearse la objeción de que eran meras variantes de un único testimonio. No obstante, las variaciones que encontramos en los relatos apoyan la existencia de esta tradición en tres formas diferentes. El testimonio de estos tres testigos tiene mucho peso.

La proclamación de la resurrección de Jesús afirma implícitamente el hecho de la tumba vacía

La predicación de la resurrección en Jerusalén habría sido imposible si el cuerpo de Jesús hubiera estado en una tumba. La creencia de los judíos en la resurrección demandaba un sepulcro vacío. Lo que se afirmaba con la proclamación de que Jesús resucitó de los muertos, no era que su alma o espíritu seguía vivo tras su muerte. Para los judíos, especialmente para los que estaban influenciados por los fariseos, la resurrección implicaba la vuelta a la vida del cuerpo físico. La presencia de las mortajas vacías en el sepulcro (Jn 20:5-7) presupone la creencia de que el cuerpo de Jesús se había transformado sin que quedara nada de él. Por otra parte, la presencia del cuerpo de Jesús hubiera sido una prueba de que no había resucitado. La proclamación en Jerusalén de que Jesús estaba vivo habiendo resucitado de los muertos implicaba de manera implícita que su cuerpo muerto ya no estaba en el sepulcro. Había dejado de ser corruptible y era ahora incorruptible. Por ello la tumba estaba vacía. Por otra parte, es inconcebible que los judíos que se habían opuesto a Jesús y a sus seguidores no hubieran comprobado por sí mismos si el sepulcro estaba o no realmente vacío. Solo hubieran tenido que exponer públicamente el cuerpo de Jesús para desacreditar de manera concluyente la proclamación cristiana.

Las mujeres fueron testigos oculares del sepulcro vacío

El hecho de que los testigos del sepulcro vacío fueran mujeres, cuyo testimonio se consideraba desautorizado entre los judíos, hace que la fabricación de este relato sea muy poco probable. Si la tumba vacía fuera una creación posterior de la Iglesia Primitiva que pretendía ser un testimonio apologético de la resurrección, ¿por qué se habría mencionado a unas mujeres como testigos principales? Cuanto más tarde se sitúa la creación de este relato y cuanta mayor motivación apologética se le atribuye, más difícil resulta imaginar que pudiera haberse creado basándose casi exclusivamente en unas mujeres como testigos. Además de esta dificultad está el hecho de que, aparte de la tradición de la tumba vacía, las mujeres casi no tienen ningún papel en las tradiciones de la resurrección.

Los judíos reconocieron el hecho del sepulcro vacío

En sus polémicas con los cristianos, los judíos nunca cuestionaron el hecho del sepulcro vacío. La explicación que de este hecho dieron los dirigentes judíos y que se consigna en Mateo 28:11-15 indica que éstos aceptaron de inmediato esta realidad. Si el relato se hubiera originado en una fecha tardía, no habría habido ninguna necesidad de crear tal polémica. En una fecha posterior a los hechos las cuestiones que se habrían suscitado hubieran sido por ejemplo: «¿De qué sepulcro vacío estáis hablando? ¿De dónde procede esta nueva afirmación de que la tumba quedó vacía? Esta es la primera noticia que tenemos de la existencia de un sepulcro vacío». El hecho de que los judíos nunca cuestionaran su realidad indica que esta tradición es muy antigua. Tal concesión pone implícitamente de relieve que, desde el mismo comienzo, los cristianos proclamaron que la tumba de Jesús quedó vacía. Probablemente indica también que los dirigentes judíos la encontraron igualmente vacía.

La tumba que quedó vacía era muy conocida

La referencia al sepulcro de José de Arimatea en los relatos de la sepultura y también, por implicación, en los del sepulcro vacío, está firmemente arraigada en la tradición (Mt 27:57-60; Mr 15:43-46; Lc 23:50-55; Jn 19:38-42). Por ello, esta tradición se centra en una tumba muy concreta conocida igualmente por creyentes y no creyentes, y susceptible de ser investigada por ambos grupos. Es además dudoso que un acuerdo tan amplio respecto a la acreditación de esta tumba en particular se hubiera podido suscitar en un periodo tardío de la vida de la Iglesia.

La veneración del domingo se debe al descubrimiento del sepulcro vacío el primer día de la semana

La tradición de la tumba vacía es la mejor explicación del cambio del día de adoración que se produjo en la Iglesia primitiva. Los primeros creyentes dejaron de celebrar el *Sabat* en el séptimo día de la semana para adorar a Dios el domingo (el primero). ¿Qué sucedió el primer día de la semana que suscitó este cambio de sábado a domingo como día de adoración? Si analizamos las tradiciones de las apariciones de Jesús tras su resurrección, vemos que todas ellas pivotan alrededor del «tercer» día. Sin embargo, no está nada claro por qué tendría que asumir la Iglesia primitiva que la resurrección de Jesús aconteció el primer día de la semana. Si se asume que la crucifixión se produjo el viernes (hasta las seis de la tarde), es bastante lógico entender que la expresión, «después de tres días» implica que la resurrección se produjo el lunes, es decir, en el periodo que transcurrió entre las seis de la tarde del domingo y las seis de la tarde del lunes. Ni en las predicciones de la Pasión ni en las apariciones tras la resurrección hay nada que haga pensar específicamente en el primer día de la semana como el día de la resurrección. La única tradición que alude al primer día de la semana es la de la tumba vacía: «Pasado el día de reposo... Y muy de mañana, el primer día de la semana, llegaron al sepulcro...» (Mr 16:1-2). El único acontecimiento relacionado con la resurrección que está también claramente vinculado al primer día de la semana es la visita de las mujeres al sepulcro. Por tanto, al parecer, la Iglesia primitiva comenzó a celebrar el primer día de la semana porque este fue el día que las mujeres encontraron vacío el sepulcro. El hecho de que el cambio del sábado al domingo tuviera lugar en un periodo temprano de la vida de la Iglesia indica que esta tradición de la tumba vacía se conocía desde el mismo comienzo.

La tradición más antigua de la resurrección alude al sepulcro vacío

Una de las tradiciones más antiguas con respecto a la resurrección, y que encontramos en 1 Corintios 15:3-8, alude a la tumba vacía. La primera carta de Pablo a los corintios se escribió probablemente entre los años 54 y 55 dC. En esta epístola, Pablo hace referencia a una tradición que se le había enseñado a él y que, a su vez, él había impartido a la iglesia de Corinto. La fecha exacta de esta tradición es incierta. No obstante, se ha sugerido que podría haber surgido hacia finales de la tercera década del primer siglo. Aunque la tradición no se refiere específicamente a la tumba vacía, existen buenas razones para creer que Pablo la entendió en este sentido.

Después de afirmar que «Cristo murió por nuestros pecados, conforme a las Escrituras –añade– que fue sepultado y que resucitó al tercer día, conforme a las Escrituras» (1 Cor 15:3-4). Algunos han sugerido que la referencia a que Jesús fue sepultado sirve meramente para confirmar la realidad de su muerte. Es difícil, sin embargo, no interpretar las palabras «murió... fue sepultado... resucitó» sin colegir de ellas que el lugar donde fue sepultado quedó vacío. Para Pablo, que era fariseo, creer en la resurrección de Jesús presuponía la realidad de un sepulcro vacío. (Comparar Hechos 2:25-31, donde se dice que David vio corrupción, pero que esto no sucedió en el caso de Jesús. Esto pone implícitamente de relieve que, en el caso de Jesús, aquello que era susceptible de corrupción [sus restos mortales] desaparecieron del sepulcro cuando resucitó de los muertos).

Explicaciones no sobrenaturales del sepulcro vacío

Las pruebas que certifican la realidad del sepulcro vacío son de peso. Por consiguiente, con el paso de los años, quienes niegan la resurrección de Jesús se han esforzado en aportar alguna otra interpretación que explique por qué estaba vacía la tumba el Domingo de Resurrección. En la convicción de que cada efecto tiene su causa, se han esforzado en encontrar alguna otra explicación de naturaleza racional y no sobrenatural, que explique el suceso. Existen varias explicaciones populares: las mujeres fueron a otro sepulcro; José de Arimatea robó el cadáver; Jesús no murió en la Cruz, sino que simplemente «se desvaneció»; los discípulos robaron el cuerpo de Jesús.

Las mujeres fueron a otro sepulcro

Esta teoría afirma que, el domingo por la mañana, María Magdalena y las otras mujeres fueron a otro sepulcro. Por alguna razón –la oscuridad de la madrugada, su propia agitación emocional etc.– se equivocaron de tumba. Fueron a un sepulcro de aspecto parecido, que se encontraba vacío, y lo confundieron con el de Jesús, donde de hecho seguía reposando su cuerpo.

Hay varios factores que van en contra de tal explicación. En primer lugar, no había transcurrido un largo periodo de tiempo entre la sepultura y la llegada de las mujeres a la tumba vacía. Estamos hablando de un período de unas treinta y seis horas. ¿Es realmente posible que en un espacio tan corto de tiempo las mujeres hubieran olvidado el lugar en que habían sepultado a alguien a quien tanto amaban? Por otra parte, el cementerio de Jerusalén no era uno de nuestros modernos macrocementerios, donde se podía confundir la tumba 10.358 con la 18.494. Estamos hablando de un sepulcro privado. No hay ninguna razón para afirmar que hubiera tumbas tan parecidas en el entorno inmediato que pudieran haberse confundido con la de Jesús. Sabemos también que se trataba de una tumba muy concreta, la de José de Arimatea. Esto significa que el de Jesús no era un sepulcro amorfo, fabricado en serie e igual que los demás. Era una tumba muy concreta, y es prácticamente seguro que los dirigentes judíos se habían asegurado previamente de que el sepulcro en que Jesús iba a ser sepultado estuviera realmente vacío. Por último, si consideramos fidedigno el relato de Mateo cuando nos dice que el sepulcro fue custodiado por unos soldados, puede inferirse que se hubiera notificado con rapidez que se trataba de una confusión por parte de las mujeres. Es interesante notar que uno de los primeros proponentes de este explicación más adelante rechazó esta explicación de la tumba vacía (aunque siguió negando la resurrección de Jesús).

José de Arimatea robó el cadáver

Según esta teoría, el propietario del sepulcro se llevó el cuerpo de Jesús. Esta hipótesis no se basa en ninguna prueba histórica o literaria. Con el mismo rigor (o falta de él), podría plantearse de igual modo que Poncio Pilato robó el cuerpo para hacerles una jugarreta a los dirigentes judíos en venganza por lo que le habían obligado a hacer. La teoría de que José de Arimatea robó el cadáver de Jesús no tiene más pruebas históricas en su apoyo que la de que lo robó Poncio Pilato. Es una hipótesis confeccionada por completo con material de ficción. Por otra parte, ¿qué razones tendría José para hacer algo así? El cuerpo de Jesús había sido sepultado con dignidad en su sepulcro. Exhumar el cadáver para ponerlo en algún otro lugar sería deshonrarlo. Por otro lado, afirmar que José quería crear el mito de la resurrección de Jesús implica asumir que Jesús había pronosticado su futura resurrección, sin embargo, esto es algo que la mayoría de eruditos más críticos tienden a negar.

Por último, ¿qué hacemos con la guardia romana? Si consideramos esta parte de la tradición (Mt 28:11-15) como un relato fidedigno de los hechos, esta teoría queda refutada. Si José se llevó el cuerpo de Jesús, los guardias habrían tenido una explicación perfectamente lógica para los dirigentes judíos. ¿Por qué explicar la tumba vacía diciendo que los discípulos robaron el cuerpo mientras los soldados dormían durante la guardia? Podrían haber dicho sencillamente: «José, el propietario del sepulcro, vino y se llevó el cadáver». El hecho de que no lo hicieran refuta esta teoría, a no ser que se asuma que Mateo 28:11-15 es un relato completamente imaginario.

Jesús no murió en la Cruz sino que simplemente «se desvaneció»

Según este punto de vista, el Jesús que «se desvaneció» se reanimó con el frescor de la cueva, apartó la piedra y se marchó. Esta teoría propone que los soldados romanos confundieron el desvanecimiento de Jesús en la Cruz con su muerte. Sin embargo, los soldados estaban tan seguros de la muerte de Jesús que no le rompieron las piernas como en el caso de los dos ladrones. Y aquellos guardias estaban habituados a la muerte. Como soldados que eran tenían ideas bastante claras acerca de si alguien estaba vivo o muerto. Es muy poco probable que hubieran creído que Jesús estaba muerto cuando en realidad solo se había desvanecido. ¿Y qué sucede con la herida de lanza? ¿Acaso hemos de ignorarla?

Aunque concediéramos que Jesús no murió en la Cruz, parece increíble que alguien piense que podía haber hecho todo lo que era físicamente necesario para poder salir del sepulcro. ¿Cómo habría podido desplazar la piedra con forma de rueda que sellaba el sepulcro? ¿Cómo pudo ponerla de nuevo en la zanja en que se encontraba? ¿Cómo consiguió el punto de apoyo necesario para que la energía fuera productiva? Cuando se trata de empujar un automóvil si en lugar de hacerlo por atrás se hace desde una de las puertas laterales, la fuerza que se aplica desde esta posición es muy poco productiva. Sin embargo, en el caso de que Jesús hubiera apartado la piedra, hubiera tenido que hacerlo empujando hacia arriba y desde el lateral interior de la piedra. También hay que observar al respecto que, según se la describe en Marcos 16:4, la piedra era «muy grande».

La objeción más seria en contra de este punto de vista la planteó un estudioso que no creía en la resurrección y para quien todos los milagros de los Evangelios eran «mitos». Este erudito señaló que un Jesús «desvanecido» con necesidad de ser vendado y de recibir tratamiento médico jamás hubiera podido suscitar en sus discípulos la convicción de que había conquistado a la muerte. En el mejor de los casos, un Jesús así hubiera inspirado sentimientos de compasión, pena o protección. Nunca hubiera provocado el grito jubiloso: «¡Aleluya, ha resucitado! ¡Jesús es el Señor! ¡Ha conquistado a la muerte!» Un Jesús desvanecido podría haber suscitado sentimientos de compasión en sus discípulos pero nunca hubiera podido generar su fe en la resurrección.

Los discípulos robaron el cuerpo

Este es el intento más antiguo de explicar la tumba vacía aparte de la resurrección de Jesús y también tiene que hacer frente a numerosas objeciones. Una de ellas es en cierto modo divertida. Si los guardias estaban durmiendo, ¿cómo pudieron saber lo que sucedió? ¿Es realmente factible pensar que pudieron permanecer dormidos durante una actividad tan ruidosa como apartar una piedra de estas características? Una objeción más seria tiene que ver con la razón por la que los discípulos habrían podido estar interesados en robar el cuerpo de Jesús: ¿Por qué habrían de querer trasladar su cuerpo de un lugar en que había sido sepultado con toda dignidad para llevarle a otro menos digno? ¿Acaso hemos de creer que los discípulos pretendían dar cumplimiento a las predicciones de Jesús respecto a que resucitaría de los muertos?

Algunos eruditos más críticos han descartado esta posibilidad al negar que Jesús hubiera predicho su resurrección de entre los muertos. Sin embargo, lo que refuta este intento de explicación de manera concluyente es que la inmensa mayoría de los eruditos bíblicos concuerdan en que los discípulos creyeron verdaderamente que Jesús resucitó de entre los muertos. No podrían haber creído tal cosa si ellos mismos hubieran sacado del sepulcro el cuerpo de Jesús. Es cierto que existe algún erudito aquí y allá que habla del robo del cuerpo por parte de los discípulos, pero tales eruditos se mueven en el sector extremista de la erudición bíblica. Aun el autor de la obra *The Passover Plot*, que presenta la resurrección de Jesús como un complot cuidadosamente organizado, exime a los discípulos de haber participado en tal conspiración. Los Evangelios dejan claro que lo que dio origen a la fe en la resurrección no fue una valentía repentina e inexplicable por parte de los discípulos que les llevó a robar el cuerpo de Jesús. Al contrario, fue más bien la aparición de la fe en la resurrección lo que dio origen al posterior valor de los discípulos.

Otras explicaciones

Pueden mencionarse brevemente algunas otras razones que se han presentado para explicar por qué quedó vacío el sepulcro. Una de ellas es que el cuerpo de Jesús se desintegró totalmente en un vapor gaseoso durante las treinta y seis horas siguientes a su muerte. De este modo el sepulcro de Jesús habría quedado vacío porque, cuando llegó el Domingo de Resurrección, la totalidad de su organismo se habría evaporado. Ni que decir tiene que tal fenómeno habría sido de carácter milagroso. Los huesos no se evaporan y desaparecen en un día y medio. Si para explicar la tumba vacía se hace necesario un milagro, en tal caso el que han venido proponiendo los cristianos a lo largo de los siglos es mucho más satisfactorio y significativo: ¡Jesús resucitó de los muertos!

Otra teoría plantea que el sepulcro quedó vacío porque los principales sacerdotes robaron el cuerpo a fin de evitar que la tumba de Jesús se convirtiera en un santuario. No obstante, el individuo que sugirió esta teoría aceptó otros aspectos del relato de la resurrección que refutan esta hipótesis, a saber, que los sumos sacerdotes solicitaron una guardia para custodiar el sepulcro y que tal petición les fue concedida. Sin embargo, ¿qué sentido tiene pedir una guardia para proteger el sepulcro de un robo para luego perpetrarlo ellos aquel mismo día? ¿Y por qué entonces no expusieron públicamente el cuerpo de Jesús cuando los discípulos comenzaron a proclamar su resurrección? Por supuesto, en este caso se produciría una extraordinaria ironía cuando, precisamente la acción que se llevó a cabo para evitar que se venerara a Jesús en una tumba convertida en santuario, acabó dando origen a una veneración mucho mayor de Jesucristo como Señor resucitado.

El testimonio de la tumba vacía sigue vigente. Tras analizar las teorías que intentan explicar la tumba vacía se pone en evidencia su naturaleza poco satisfactoria. No existe ninguna explicación de carácter racionalista que sea convincente. Para aquellos que están abiertos a que lo sobrenatural incida en la Historia, la explicación que aportan los Evangelios sigue siendo la más persuasiva. El primer día de la semana, las mujeres se encontraron con un sepulcro vacío porque Jesucristo había conquistado la muerte. Había resucitado de entre los muertos. Habiendo dicho esto, hay que reconocer también que la tumba vacía por sí misma no es suficiente para explicar la fe de los discípulos en la resurrección. Como ya se ha dicho, la presencia del cuerpo de Jesús en la tumba refutaría tal fe, sin embargo, el hecho de que estuviera vacía no sirve *per se* para explicar el cambio de la duda a la fe. Además de la tumba vacía existen, sin embargo, otros testimonios de la resurrección de Cristo.

El testimonio de las apariciones

La primera proclamación cristiana no afirmaba tan solo que Jesús murió por nuestros pecados y que resucitó, sino que murió por nuestros pecados, resucitó y se apareció a ... (ver Hechos 2:32; 3:15; 5:32; 10:39-41; 1 Cor 15:3-8). La resurrección de Jesús nunca fue una abstracción filosófica desconectada de la Historia, sino un acontecimiento histórico acreditado por las apariciones tras su resurrección. La cantidad de apariciones que menciona el Nuevo Testamento es impresionante: a María Magdalena (Jn 20:11, 18), a las mujeres (Mt 28:1-10), a Pedro (Lc 24:34; 1 Cor 15:5), a los discípulos del camino a Emaús (Lc 24:13-35), a los diez discípulos (Lc 24:36-40; Jn 20:19-23; 1 Cor 15:5) a los once discípulos (Jn 20:24-29), a los once discípulos en Galilea (Jn 21:1-23), a quinientos discípulos (1 Cor 15:6; Mt 28:16-20), a Jacobo (1 Cor 15:7), y a los discípulos en la ascensión (Lc 24:50-52; Hechos 1:3-8). El ulterior surgimiento de la fe de los discípulos es también un acontecimiento histórico que la erudición bíblica reconoce sin titubear. ¿Pero, cómo se produjo esta fe? ¿Cuál fue la «causa» de este «efecto»? De nuevo se han propuesto varias teorías.

La explicación racionalista más corriente afirma que la fe en la resurrección fue fruto de una serie de visiones que experimentaron los seguidores de Jesús. Algunos proponen que entre los discípulos se creó un clima de exacerbada expectación y que ello propició sus subjetivas visiones del Cristo resucitado. En tales situaciones, afirman, cualquier cosa podía producir una experiencia visionaria: el golpeteo de una ventana, una visión fugaz de alguien con una túnica como la que Jesús solía llevar, o el sonido de una voz parecida a la suya. Otros plantean que tales visiones se produjeron en el subconsciente de los discípulos y fueron provocadas por sus intentos de resolver las tensiones suscitadas por la muerte de Jesús. No obstante, cabe preguntarse: ¿es normal que los colectivos que están de luto por la muerte de su dirigente resuelvan sus tensiones mediante visiones del difunto resucitado de entre los muertos? Los intentos de explicar las apariciones mediante tal hipótesis encuentran un difícil escollo en el estado de incredulidad que embargaba a los discípulos.

Tal explicación casi demanda que las mujeres hubieran ido al sepulcro aquel domingo por la mañana con la expresa intención de agasajar al Cristo resucitado con una interpretación del coro «Aleluya». Sin embargo, ¿a qué fueron exactamente las mujeres al sepulcro aquella mañana? ¿Iban acaso a recibir a su Señor con cánticos mientras la piedra se apartaba cual telón? ¡De ningún modo! ¡Habían hecho acopio de especias a fin de ungir un cuerpo muerto! ¿Llegaron acaso a la conclusión de que Jesús había resucitado de los muertos al encontrar la tumba vacía? No, lo que pensaban era que alguien se había llevado su cuerpo a alguna parte.

Por otra parte, las dudas de Tomás, si bien fueron objeto de reproche por parte de Jesús, ilustran bien la reticencia de los discípulos a creer que Jesús había resucitado de los muertos (ver también Lc 24:11, 25, 38; Jn 20:24-28). Tal reticencia es bastante comprensible. La muerte de su Señor les había sumergido en un estado de profundo dolor y confusión y ahora se resistían ante la posibilidad de sufrir una nueva desilusión. Y esto era precisamente lo que sucedería si aceptaban el informe de la resurrección de Jesús y luego resultaba ser falso.

Es, por tanto, evidente que entre los seguidores de Jesús no se daban las condiciones idóneas para que se produjeran tales visiones. Al contrario, su estado emocional era tal que más bien habría sofocado cualquier posibilidad de que pudieran producirse. Hay dos cosas más que deben mencionarse en este sentido. Las visiones producidas por el subconsciente tienden a ser de naturaleza individual. Sin embargo, las apariciones tras la resurrección se produjeron entre grupos de personas que, además, las experimentaron al mismo tiempo. Por otra parte, las apariciones tienen aspectos que no son de naturaleza visionaria o abstracta: Algunos discípulos tocaron físicamente a Jesús (Mt 28:9; Lc 24:39; Jn 20:17, 27); Jesús comió con ellos (Lc 24:30, 41-43; Jn 21:13, 15); tuvo largas conversaciones con varias personas al mismo tiempo.

Otra explicación de las apariciones, que se relaciona en cierto modo con la hipótesis de la visión, es la teoría del «telegrama»: tras su muerte, Jesús «telegrafió» imágenes de sí mismo a las mentes de los discípulos. Este es un punto de vista que, en ocasiones, se sostiene en círculos psíquicos, pero se hace acreedor de muchas de las mismas objeciones presentadas contra la hipótesis de la visión. La naturaleza física de las apariciones se opone claramente a tal punto de vista. La teoría del telegrama también entraña una serio dilema moral, ya que se presenta a Jesús como alguien que, de manera fraudulenta, genera en los discípulos visiones telegráficas de sí mismo conducentes a la falsa conclusión de que había resucitado de los muertos.

El mayor testimonio de la resurrección que hubo en la Iglesia primitiva fueron las apariciones del Cristo resucitado a sus seguidores. En la lista de los testigos de las apariciones, Pablo se refiere «a más de quinientos hermanos a la vez». Y, acto seguido, dice a los corintios que «la mayoría de los cuales viven aún, pero algunos ya duermen» (1 Cor 15:6).

Pablo invitó a sus lectores corintios a confirmar por sí mismos los informes de los testigos oculares, puesto que la mayoría de testigos de la resurrección vivían aún en aquel momento. El gran número de apariciones de Jesús, las diversas circunstancias en que éstas se produjeron, la gran cantidad de testigos y, por encima de todo, el carácter de aquellos que daban este testimonio, son factores que produjeron convicción dondequiera que se proclamó el mensaje del Evangelio. Este mensaje, que ahora encontramos en el Nuevo Testamento, sigue hoy trayendo la misma convicción. Sin embargo, además del testimonio de la tumba vacía y de las apariciones tras la resurrección, existe otro testimonio que puede traernos el convencimiento y la certeza de que Jesús resucitó de los muertos.

El testimonio del Cristo Vivo

A lo largo de la existencia de la Iglesia incontables personas han creído en el Cristo resucitado. Si se les preguntaba la razón, algunos eran capaces de ofrecer una defensa razonada de la esperanza que albergaban. Tales personas podían presentar argumentos tanto históricos como filosóficos en defensa de su fe. Otros que tenían una convicción similar, en cambio, no podían explicar sus razones. Su respuesta era simplemente como la del autor del himno: «¿Me preguntas cómo sé que vive? Lo sé porque vive en mi corazón». Tal testimonio no debe descartarse a la ligera. Multitudes de personas de todas las naciones y continentes, de todas las razas y de todos los tiempos se han unido para confesar unánimes: «Jesucristo ha resucitado de entre los muertos». Tal testimonio es sin duda subjetivo. Sin embargo, es un testimonio que está al alcance de todos. La experiencia del Cristo vivo está abierta a todos los que quieran «gustar y ver» por sí mismos (Sal 34:8).

Si Jesús ha resucitado de los muertos y está sentado a la diestra de Dios, como sostienen los cristianos, entonces esta experiencia personal e inmediata del Cristo resucitado debería estar al alcance de todos. La naturaleza abrumadora de este testimonio puede observarse a lo largo de una historia que ha visto a hombres, mujeres y niños dar este supremo testimonio por medio del martirio. Ellos sabían, y nosotros lo sabemos hoy, que nuestro Redentor vive. Hemos experimentado su presencia, su poder y su amor.

El significado de la Resurrección

Qué quiere decir el Nuevo Testamento cuando afirma que Jesús resucitó de entre los muertos? Para algunos, esta es sencillamente una forma mítica de referirse a la «aparición de la fe de los discípulos». Es una manera de decir que, de algún modo (quizá por medio de la reflexión), después de la muerte de Jesús, los discípulos redescubrieron sus enseñanzas. Se convencieron de la verdad que Jesús había enseñado. El contenido exacto que se atribuye a esta verdad refleja por regla general las particulares ideas sociales y éticas del comentarista. Lo que significa para ellos la afirmación: «Jesús resucitó de entre los muertos», es que Dios ayudó a los discípulos a ver el valor de las enseñanzas de Jesús, y por ello éstos renovaron los votos de fidelidad a su causa. El Nuevo Testamento no dice, sin embargo, que quienes resucitaron el Domingo de Resurrección fueran los discípulos, sino Jesús. Fuera lo que fuere lo que les sucedió a los discípulos, fue el resultado de lo que le había sucedido a Jesús la madrugada de aquel mismo día. No deberíamos confundir la fe en la resurrección con la resurrección en sí. Ambas cosas se relacionan como el efecto con la causa. La fe de los discípulos es el efecto de la resurrección de Jesús. Sin esta última la primera sería simple ilusión. El propio Pablo afirma: «Si Cristo no ha resucitado, vana es entonces nuestra predicación, y vana también vuestra fe... si Cristo no ha resucitado, vuestra fe es falsa; todavía estáis en vuestros pecados... Si hemos esperado en Cristo para esta vida solamente, somos, de todos los hombres, los más dignos de lástima» (1 Cor 15:14, 17, 19).

Los relatos de los Evangelios representan la resurrección como algo que experimentó Jesús, no los discípulos. Lo que Jesús experimentó (la resurrección), afectó a los discípulos (la aparición de la fe en la resurrección), sin embargo ambas cosas están separadas en el tiempo y son esencialmente distintas. La experiencia de los discípulos tuvo lugar después de la de Jesús y es algo completamente diferente. Para los discípulos, significó el comienzo de la fe con todas sus bendiciones: la justificación, el perdón, la reconciliación, la paz, la vida eterna, la promesa de una resurrección futura. Para Jesús, implicó la transformación de su cuerpo, de la mortalidad a la inmortalidad. La definición popular que en algunas círculos se hace de la resurrección como «la aparición de la fe de los discípulos» confunde el efecto con la causa y malinterpreta lo que querían decir los autores bíblicos al utilizar el término «resurrección». Solo Jesús experimentó la resurrección.

Cuando el Nuevo Testamento proclama la resurrección de Jesucristo, no quiere decir con ello que los discípulos tuvieron una determinada experiencia. Por supuesto, es cierto que la tuvieron. Sin embargo, aunque los discípulos no hubieran experimentado nada con posterioridad, la resurrección seguiría siendo cierta. La proclamación de la resurrección de Jesucristo es precisamente esto: la resurrección *de Jesucristo*. Esta resurrección no es lo mismo que el hecho de la tumba vacía, aunque lo presupone. No se trata de la resucitación del cuerpo de Jesús a la vida física. Las resurrecciones de la hija de Jairo, de Lázaro y del hijo de la viuda de Naín fueron fenómenos de esta naturaleza. Todas estas personas recuperaron temporalmente la vida física, pero posteriormente murieron. En el caso de Jesús, no obstante, su resurrección significó la entrada en la inmortalidad. Fue un acontecimiento escatológico en el sentido más pleno del término. Todo aquello que era susceptible de mortalidad y de maldad fue transformado en una vida inmortal, y en el caso de Jesús significó la vuelta a la gloria que poseía antes de su encarnación y de su exaltación a la diestra de Dios.

La Ascensión

Según el libro de los Hechos, después de su muerte, el Cristo resucitado se apareció a sus seguidores «con muchas pruebas convincentes» por espacio de cuarenta días (Hechos 1:3). Durante este período les enseñó acerca del reino de Dios. Por otro lado, según Lucas 24:51, la ascensión de Jesús parece haber tenido lugar en Jerusalén inmediatamente después de la resurrección. Sin embargo, puesto que fue el mismo autor quien escribió ambos relatos, está claro que para él no existe contradicción alguna entre ellos. En los Evangelios no se escribe mucho respecto a la actividad de Jesús durante este lapso de cuarenta días, y en los evangelios apócrifos encontramos varias obras de carácter gnóstico que, al parecer, se proponen «remediar» esta ausencia de información.

Inmediatamente después de la resurrección, Jesús se apareció en varias ocasiones en la ciudad de Jerusalén y sus inmediaciones. Algunos de los relatos parecen encajar mejor que otros en este escenario: María Magdalena (Jn 20:11-18), las mujeres (Mt 28:1-10), Pedro (Lc 24:34; 1 Cor 15:5), los discípulos del camino de Emaús (Lc 24:13-35), los diez discípulos (Jn 20:19-24) y los once discípulos (Lc 24:36-48; Jn 20:26-29; 1 Cor 15:5). Inmediatamente después se apareció tal como

había prometido (ver Mr 14:27; 16:7) a los once discípulos en Galilea
Jn 21:1-23), a los quinientos discípulos (1 Cor 15:6; Mt 28:16-20) y a
Jacobo (1 Cor 15:7). Por último, se apareció a los discípulos en Jerusa-
lén en la Ascensión (Lc 24:50-52; Hechos 1:3-9).

Después de la resurrección es bastante probable que los discípulos se
hubieran dirigido de regreso a Galilea, puesto que era allí donde vivían.
La única razón que les había llevado a Jerusalén era que Jesús les había
llevado allí. Ahora que la Pascua había terminado era natural que regresaran a sus hogares de Galilea. Sería también comprensible que hubieran vuelto a Jerusalén para la Fiesta de las Semanas (Pentecostés), que
era la segunda de las tres festividades judías más importantes.

Poco antes del día de Pentecostés y después de ordenar a sus seguidores que permanecieran en Jerusalén hasta la prometida venida del
Espíritu, Jesús ascendió al Cielo en presencia de ellos. Este acontecimiento supuso la última de las apariciones de Jesús tras su resurrección.
No está claro cómo encaja esto con la afirmación de Pablo de haber
visto al Cristo resucitado. No obstante, Pablo menciona explícitamente
que la suya fue una experiencia anormal (1 Cor 15:8). Con la Ascensión,
los seguidores de Jesús dejaron de esperar más apariciones. Su esperanza se centraba ahora en la parousia. Lo que la Iglesia anhelaba ahora era
el cumplimiento de la promesa: «este mismo Jesús, que ha sido tomado
de vosotros al cielo, vendrá de la misma manera, tal como le habéis
visto ir al cielo» (Hechos 1:11).

Conclusión

A diferencia de lo que sucede con la muerte de otros grandes personajes
de la Humanidad, la muerte de Jesús no dio origen a una «Sociedad en
Memoria de Jesús» que se reúne periódicamente para recordar a su héroe. Los acontecimientos de su vida no permitieron tal cosa. El Domingo de Resurrección acabó con esta posibilidad. Sin un sepulcro con los
restos de Jesús no podía haber ningún santuario ni mausoleo que visitar.
No ha quedado un monumento al que sus seguidores pudieran asistir
para leer odas en recuerdo del «tiempo en que estuvo con nosotros». La
tumba quedó vacía. ¡Jesús no estaba muerto, sino vivo! Había conquistado al gran enemigo: la muerte. Jesús vivió entre sus discípulos. Y en
nuestros días continúa habitando en los corazones y vidas de sus seguidores por medio de su Espíritu. Desde entonces, la victoriosa exclama-

ción del Nuevo Testamento y de la Iglesia es: «¡Cristo ha resucitado de los muertos!»

No obstante, la proclamación de la Iglesia Primitiva con respecto a Jesucristo, no es sencillamente «que Cristo murió por nuestros pecados, que fue sepultado, que resucitó y que se apareció a sus discípulos». A esta confesión hay que añadir «y que volverá otra vez». Por otra parte, la ascensión de Jesús indica que la promesa de su regreso no puede ser desmitificada para convertirla en un movimiento o acontecimiento sociológico abstracto o abstruso. «Este Jesús» que ha ascendido volverá «de la misma manera». Si aceptamos el significado que Lucas da a estas palabras, solo podemos interpretarlas en el sentido de que, Jesús de Nazaret, quien resucitó de los muertos, volverá a la Tierra de forma visible y corporal, igual que ascendió.

El relato de la «vida de Jesús» está inacabado. Todavía aguarda al día en que, a su regreso, compartirá con su seguidores el banquete mesiánico (Mr 14:25). Para aquellos que le siguen y le aman, este día es objeto de sus oraciones y anhelos. Cuando la Iglesia ora: «Padre nuestro que estás en el cielo, santificado sea tu nombre. Venga tu reino. Hágase tu voluntad, así en la tierra como en el cielo» (Mt 6:9-10), está pidiendo el cumplimiento de su venida. Este anhelo y oración se han preservado incluso en el Nuevo Testamento por medio de una antigua oración aramea «maranatha» (1 Cor 16:22). Hasta que llegue este día, la Iglesia continuará «aguardando la esperanza bienaventurada y la manifestación de la gloria de nuestro gran Dios y Salvador Cristo Jesús»(Tit 2:13), y orando «¡Ven, Señor Jesús!» (Ap 22:20).

Preguntas para la reflexión

1. ¿Son compatibles las diferentes designaciones bíblicas del periodo que transcurrió entre la muerte y la resurrección de Jesús si se considera el viernes como día de la crucifixión y el domingo el de la resurrección? ¿Consideran los autores de los Evangelios que tales designaciones son incompatibles? Razona tu respuesta. ¿Cómo pueden entenderse las "tres noches" de que habla Mateo 12:40?

2. Valora las objeciones contra la historicidad del sepulcro vacío. ¿Qué puede decirse de su ausencia como argumento en la proclamación de la resurrección por parte de la Iglesia primitiva? Valora la solidez de los argumentos para descartar que los relatos del sepulcro vacío respondan a la redacción de una leyenda de carácter apologético.

3. ¿Qué peso específico tienen las teorías del robo del cuerpo de Jesús para explicar el sepulcro vacío? ¿Y la del desvanecimiento de Jesús en la Cruz?

4. Recapitula y valora las razones para descartar las apariciones de Jesús tras su resurrección como experiencias alucinatorias subjetivas. ¿Era propicio el clima existente entre los discípulos para que se produjeran tales experiencias? ¿Cuáles eran los elementos que hicieron de las apariciones de Jesús el mayor testimonio de la resurrección que hubo en la Iglesia primitiva?

5. Relaciona y diferencia el significado de la resurrección con la aparición de la fe de los discípulos en el Cristo resucitado.

Referencias

Bode, Edward Lynn. *The First Easter Morning: The Gospel Accounts of the Women's Visit to the Tomb of Jesus.* Roma, Biblical Institute Press, 1970.

Craig, William Lane. *The Son Rises: The Historical Evidence for the Resurrection of Jesus.* Chicago: Moody Press, 1981.

Davis, Stephen T. *Risen Indeed: Making Sense of the Resurrection.* Grand Rapids, Mich.: Eerdmans, 1993.

Fitzmyer, Joseph A. «The Ascension of Christ and Pentecost».*Theological Studies* 45 (1984): 409-40.

Giles, Kevin N. «Ascension». En el *Dictionary of Jesus and the Gospels,* editado por Joel B. Green, Scot McKnight e I. Howard Marshall, pp. 46-50. Downers Grove, Ill.: InterVarsity Press, 1992.

Ladd, George E. *I Believe in the Resurrection of Jesus.* Grand Rapids, Mich.: Eerdmans, 1975.

Maile, John F. «The Ascension in Luke-Acts».*Tyndale Bulletin* 37 (1986): 29-59.

Osborne, Grant R. «Resurrection». En el *Dictionary of Jesus and the Gospels,* editado por Joel B. Green, Scot McKnight e I. Howard Marshall, pp. 673-88. Downers Grove, Ill.: Inter Varsity Press, 1992.

Stein, Robert H. «Was the Tomb Really Empty?» *Journal of the Evangelical Theological Society* 20 (1977): 23-29.

Wenham, John. *Easter Enigma: Are the Resurrection Accounts in Conflict?* Grand Rapids, Mich.: Baker Book House, 1992.

BIBLIOGRAFÍA
EN CASTELLANO

Beaude, Pierre-Marie et al, *Jesús*, Editorial Verbo Divino, Navarra, España, 1993.

Boff, Leonardo, *Jesucristo, el Liberador*, Indo-American Press Service, Colombia, 1977.

Bonhoeffer, Dietrich, *¿Quién es y quién fue Jesucristo?* (Su historia y su ministerio), Ediciones Ariel, Barcelona, España, 1971.

Bornkamm, Günther, *Jesús de Nazaret*, Ediciones Sígueme, Salamanca, España, 1996.

Bright, Bill, *La Singularidad de Jesús*, Editorial Unilit, Miami, Fl., 1995.

Bultmann, Rudolf, *Teología del Nuevo Testamento*, Ediciones Sígueme, Salamanca, España, 1981.

Cardedal De, Olegario G., *Jesús de Nazaret (Aproximación a la Cristología)*, Biblioteca de Autores Cristianos, Madrid, 1975 (3ra. Edición 1993).

Carron, Julián, *Jesús, el Mesías manifestado*, Editorial Ciudad Nueva, Fundación San Justino, Madrid, 1993.

Crossan, John Dominic, *Jesús: Vida de un campesino judío*, Crítica (Grupo Grijalbo-Mondadori), Barcelona, España, 1994.

Crossan, John Dominic, *Jesús: biografía revolucionaria*, Grijalbo Mondadori, S.A., Barcelona, España, 1996.

Cuenca, José Antonio, *Cristología actual y Filipenses :2:6-11*, Editorial Clie, Terrassa, 1991.

Cullmann, Oscar, *Cristología del Nuevo Testamento*, Ediciones Sígueme, Salamanca, España, 1998.

Charpentier, Etienne, *¡Cristo ha resucitado!*, Editorial Verbo Divino, Navarra, España, 1987.

Díez Macho, Alejandro, *La Historicidad de los Evangelios de la Infancia, (El entorno de Jesús)*, Ediciones Fe Católica, Madrid, 1977.

Dunn, James D. G., *Jesús y el Espíritu*, Secretario Trinitario, Salamanca, España, 1981.

Duquoc, Christian, *Cristología (Ensayo dogmático sobre Jesús de Nazaret, el Mesías)*, Ediciones Sígueme, Salamanca, España, 1992.

Duquoc, Christian, *Jesús, Hombre libre*, Ediciones Sígueme, Salamanca, España, 1996.

Franco Martínez, César A., *Jesucristo, su persona y su obra*, Editorial Ciudad Nueva, Fundación San Justino, Madrid, 1992.

Fuller, Reginald H., *Fundamentos de la Cristología Neotestamentaria*, Ediciones Cristiandad, Madrid, 1979.

González Faus, José Ignacio, *Acceso a Jesús*, Ediciones Sígueme, Salamanca, España, 1980.

Grau, José y Stibbs, Alan M., *Dios se hizo hombre*, Ediciones Evangélicas Europeas, Barcelona, 1973.

Green, Michael, *¿Quién es este Jesús?* Caribe Betania, 1994.

Grillmeier, Alois, *Cristo en la tradición cristiana*, Ediciones Sígueme, Salamanca, España, 1997.

Harris, Murray J., *3 preguntas clave sobre Jesús*, Colección Teológica Contemporánea 15, Editorial Clie, Terrassa, 2005.

Hendricks, William, *¿Quién es Jesucristo?*, Biblioteca de Doctrina Cristiana, El Paso, TX, 1986.

Jeremías, Joachim, *Teología del Nuevo Testamento*, (Vol I: La predicación de Jesús), Ediciones Sígueme, Salamanca, España, 1985.

Kasper, Walter, *Jesús, El Cristo*, Ediciones Sígueme, Salamanca, España, 1979.

Kennedy, James, *¿Y qué si Jesús no hubiera nacido?* Editorial Caribe, Miami, Fl., 1997.

La Cueva, Francisco, *La Persona y la obra de Jesucristo,* Cursos de formación teológica y evangélica, (Tomo IV), Editorial Clie, Terrassa, sin fecha.

Ladd, George Eldon, *Creo en la resurrección de Jesús*, Editorial Caribe, Miami, Fl., 1977.

Ladd, George Eldon, *Teología del Nuevo Testamento*, Colección Teológica Contemporánea 2, Editorial Clie, Terrassa, 2003.

Lapide, Pinchas, *¿No es este el hijo de José?, (Jesús en el judaísmo actual)*, Riopiedras Ediciones, Barcelona, España, 2000.

León-Dufour, Xavier, *Resurrección de Jesús y mensaje pascual*, Ediciones Sígueme, Salamanca, España, 1992.

Loén-Dufour, Xavier, *Los Evangelios y la historia de Jesús*, Ediciones Cristiandad, Madrid, 1982.

Manson, T.W., *Cristo en la teología de Pablo y Juan*, Ediciones Cristiandad, Madrid, 1975.

Marcos, Juan y Camacho, Fernando, *El Hijo del Hombre*, Ediciones el Almendro de Córdoba, España, 1995.

Mateo-Seco, Lucas F. et al, *Cristo, hijo de Dios y redentor del hombre*, (III simposio internacional de teología de la universidad de Navarra), Ediciones Universidad de Navarra, Pamplona, España, 1982.

Meier, John P., *Un judío marginal. Nueva visión del Jesús histórico*, (3 vols.), Editorial Verbo Divino, Navarra, 1998.

McDowell, Josh y Larson, Bart, *Jesús, una defensa bíblica de la deidad de Cristo*, Editorial Clie, Terrassa, 1988.

McDowell, Josh y Wilson, Bill, *Él anduvo entre nosotros, (Evidencias del Cristo histórico)*, Editorial Unilit, Miami, Fl., 1996.

Moingt, Joseph, *El Hombre que venía de Dios*, (Volumen I y II), Editorial Desclée de Brouwer, Bilbao, España, 1995.

Moltmann, Jürgen, *El camino de Jesucristo*, Ediciones Sígueme, Salamanca, España, 1993.

Moltmann, Jürgen, *El Dios crucificado*, Ediciones Sígueme, Salamanca, España, 1977.

Morgan, Campbell, *Las crisis de Cristo*, (2 Tomos), Editorial Hebrón, San Ignacio, Argentina, sin fecha.

Morris, Leon, *Jesús es el Cristo*, Coleccion Teologica Contemporanea 5, Editorial Clie, Terrassa, 2003.

Muncaster, Ralph, *¿Cómo sabemos que Jesús es Dios?* Editorial Caribe Betania, Miami, Fl., 2002.

Nunez Guido, Luis, *El Verdadero Jesús*, Editorial Clie, Terrassa.

Perez Millos, Samuel, *Curso de exégesis bíblica y bosquejos para predicadores, Vol. 25: Jesús de Nazaret 1*, Editorial Clie, Terrassa, 1995.

Perez Millos, Samuel, *Curso de exégesis bíblica y bosquejos para Predicadores, Vol. 25: Jesus de Nazaret 2*, Editorial Clie, Terrassa, 1995.

Pérez Rodríguez, Gabriel, *La infancia de Jesús*, (Serie Teología en Diálogo No. 4), Salamanca, España, 1990.

Perrot, Charles, *Los relatos de infancia de Jesús*, Editorial Verbo Divino, Navarra, España, 1993.

Pikaza, Xabier, *El Evangelio, (Vida y pascua de Jesús)*, Ediciones Sígueme, Salamanca, España, 1990.

Pikaza, Xabier, *Este es el hombre, (Manual de Cristología)*, Secretario Trinitario, Salamanca, España, 1997.

Pike, James A., *¿Cuál es el tesoro?*, Editorial la Aurora, Buenos Aires, 1970.

Rutenber, G. Culbert, *El Evangelio de la Reconciliación*, Casa Bautista de Publicaciones, El Paso, TX., 1973.

Schierse, Franz Joseph, *Cristología*, Editorial Herder, Barcelona, España, 1983.

Schillebeeckx, Edward, *Jesús, la historia de un viviente*, Ediciones Cristiandad, Madrid, 1981.

Schnackenburg, Rudolf, *La persona de Jesucristo*, Biblioteca Herder, Barcelona, España, 1998.

Schweitzer, Albert, *Investigaciones sobre la vida de Jesús*, Institución San Jerónimo, Valencia, España, 1990.

Segundo, Juan Luis, *La historia perdida y recuperada de Jesús de Nazaret*, (De los Sinópticos a Pablo), Editorial Sal Terrae, Santander, España, 1990.

Sobrino, Jon, *Jesucristo, Liberador, (Lectura histórico-teológica de Jesús de Nazaret)*, Editorial Trotta, Madrid, 1997.

Theissen, Gerd y Merz, Annette, *El Jesús Histórico*, Ediciones Sígueme, Salamanca, España, 1999.

Torres Queiruga, Andrés, *Repensar la Cristología*, Editorial Verbo Divino, Navarra, España, 1996.

Vidal, Senén, *La resurrección de Jesús en las cartas de Pablo*, (Análisis de las tradiciones), Ediciones Sígueme, Salamanca, España, 1982.

Warfield, Benjamin B., *El Señor de la Gloria*, Editorial Clie, Terrassa, España, 1992.

Warfield, Benjamin B., *La Persona y la Obra de Jesucristo*, Editorial Clie, Terrassa, 1993

Wickham, Pablo, *La Persona de Cristo*, (Cursos de Estudios Bíblicos), Literatura Evangélica, Madrid, 1979.

Wilkins, Michael, ed., *Jesús bajo sospecha*, Colección Teológica Contemporánea 4, Editorial Clie, Terrassa, 2003.

Yancey, Philip, *La Biblia que Jesús leyó*, Vida.

Yancy, Philip, *El Jesús que nunca conocí*, Vida.

Zacharias, Ravi, *Jesús entre otros dioses*, Editorial Caribe Betania, Miami, Fl., 2001.